Situation der beiderseitigen Streitkräfte bei Kriegsbeginn 1915.

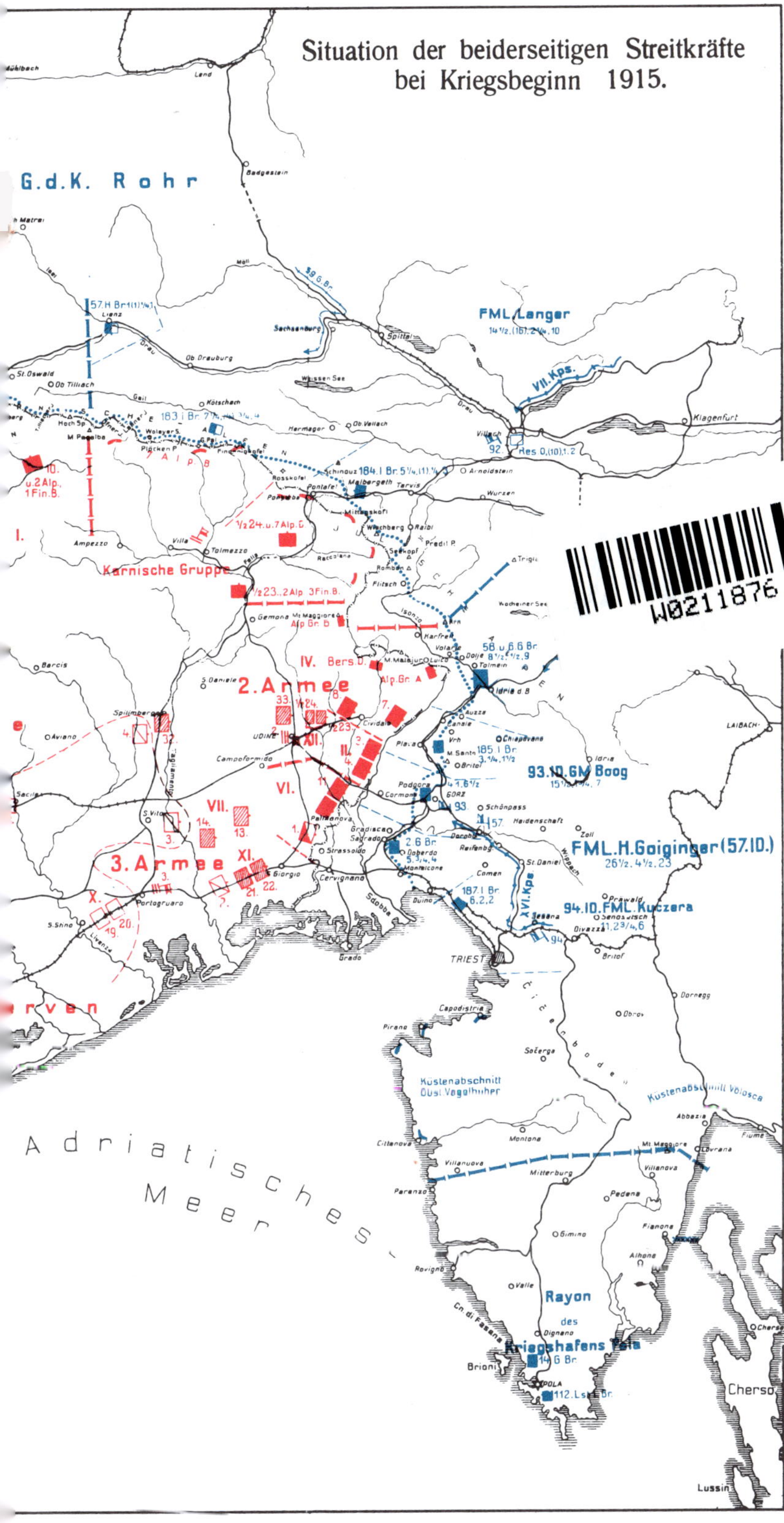

INGOMAR PUST / DIE STEINERNE FRONT

Stocker

Ingomar Pust

Die steinerne Front

Vom Isonzo zur Piave

Auf den Spuren des Gebirgskrieges in den Julischen Alpen

2. Auflage

Leopold Stocker Verlag
Graz – Stuttgart

Umschlaggestaltung: Digitalstudio Werner Rypka, Graz, Thomas Hofer

Bildnachweis: Österreichisches Staatsarchiv/Kriegsarchiv; Dr. Walter Lakomy, Norbert Nau, Simon Grochar; aus dem Nachlaß von General Zeidler von Görz und aus dem Nachlaß von Major Pflanzl

Bibliografische Information Der Deutschen Bibliothek
Die Deutsche Bibliothek verzeichnet diese Publikation in der Deutschen Nationalbibliografie; detaillierte bibliografische Daten sind im Internet über http://dnb.ddb.de abrufbar.

Hinweis: Dieses Buch wurde auf chlorfrei gebleichtem Papier gedruckt. Die zum Schutz vor Verschmutzung verwendete Einschweißfolie ist aus Polyethylen chlor- und schwefelfrei hergestellt. Diese umweltfreundliche Folie verhält sich grundwasserneutral, ist voll recyclingfähig und verbrennt in Müllverbrennungsanlagen völlig ungiftig.

ISBN 3-7020-1095-5

Printed in Austria
Gesamtherstellung: Druckerei Theiss GmbH, A-9431 St. Stefan

VORWORT

Millionen fahren auf breiten Straßen durch Kärnten zum Meer. Die Kolonnen überqueren den Plöckenpaß, und die Blechlawine rollt durch das Kanaltal und über den Predil ins Isonzotal nach Süden.

Berge und Hügel mit furchtbarer Vergangenheit säumen den Weg, Stätten dramatischer Begebenheiten und tollkühner Unternehmungen. Gipfel, Kuppen, Täler, Hänge, die zu Feueressen wurden, in denen Bataillone, Regimenter, Divisionen, Armeen im Inferno der Materialschlacht zu Schlacke verglühten.

Es sind Namen von schreckenerregendem Klang für die, die um die Geschichte wissen. Aber was weiß die Nachwelt davon? Mittagskofel, Rombon, Krn, Monte Grappa, Mrzli Vrh und die vom Todesschauer umwehten Namen der von hunderttausend sterbenden Lippen verfluchten Hügel am Karst.

Isonzo, was ist das? Ein Fluß mit wunderbarer grünblauer Farbe, der wenigstens im Oberlauf noch sauber ist. Für die meisten ist er nicht mehr. Vodice, Monte San Michele, Monte San Gabriele. Was ist das? Nichts als häßliche Hügel am Karst. Niemand weiß heute mehr, daß im Kampf um diesen Karststein auf beiden Seiten Hunderttausende starben, daß hier auch Slawen und Ungarn wie die Löwen kämpften und keinen Fußbreit Boden preisgaben, daß die Italiener ungeheure Blutopfer brachten und mit bewundernswerter Zähigkeit mit vier- bis sechsfacher Übermacht von 1915 bis 1917 in elf Isonzoschlachten vergeblich gegen diese vielsprachige Menschenmauer am Isonzo anrannten und 1917 in der 12. Isonzoschlacht bei Flitsch und Tolmein so in die Flucht gewirbelt wurden, daß sie erst 400 Kilometer weiter südlich an der Piave wieder zum Stehen kamen.

In Flitsch oder Bovec, wie die Slowenen es nennen, sitzen die Gäste heute im behaglichen Speisesaal des Hotels Kanin und schauen durch die breiten Scheiben genau auf das Gelände, auf dem an jenem 24. Oktober 1917 die Giftgaswolke lag, die in den italienischen Reservestellungen blitzschnell jedes Leben auslöschte, während im engen

Flitscher Becken nach einer furchtbaren Artillerievorbereitung vierzigtausend österreichische Soldaten — Steirer, Kärntner, Salzburger, Tiroler, Bosniaken —, die Kerntruppen der Monarchie, zum Sturm vorbrachen.

Vergessen sind die Ereignisse, die Hunderttausenden zum Schicksal wurden. Heute hält man es ja auch für unzeitgemäß, daran zu erinnern, daß die furchtbaren Menschenopfer im Inferno zwischen Alpen und Adria unnötig waren.

Denn: Es ging auf Seiten der Italiener 1915 um keine Lebensinteressen, sondern einzig um Raumgewinn, obwohl Österreich-Ungarn, im Bemühen, den Krieg zu verhindern, von sich aus Gebietsabtretungen angeboten hatte. Aber Rom wollte keine Kompromisse, es wollte den Krieg.

Trotzdem hat sich die Nachwelt heute mit dem Raub Südtirols und des Kanaltales abgefunden. Die blutige Auseinandersetzung zwischen Alpen und Adria ist vergessen und ihre häßlichen Narben hat die Natur getilgt.

Nur noch Weganlagen, Kavernen und Reste von Kampfstellungen erinnern daran.

Das Geschehen in den Julischen Alpen steht im Vordergrund dieses Buches.

1917 zog zwar in die Julischen Alpen selbst wieder der Bergfrieden ein. Dafür aber drang nunmehr zu den Gipfeln von Wischberg und Montasch der Kanonendonner von der Piave und vom Grappamassiv.

Auch an die Tragödie südlich der Julischen Alpen soll hier erinnert werden. Was geschah an der Piave und am Grappa?

Dieser Bericht ist eine Fahrt in die Vergangenheit zu den Kampfstätten des großen Krieges zwischen der Kärntner Grenze und der Adria. Die Erinnerung gilt dem Opfer jener, die für Österreich gefallen sind.

VERGESSENES SCHRIFTTUM

Es waren nicht mehr viele Kriegsteilnehmer von 1915/18 zu finden, die ich befragen konnte. Die alte Armee spricht zu uns fast nur mehr aus Büchern, die meist vergriffen sind.

Leitstrahl meiner Information war das vielbändige, trotz seiner strengen Sachlichkeit oft wortgewaltige Generalstabswerk *„Österreich-Ungarns letzter Krieg 1914—1918"*, herausgegeben vom österreichischen Bundesministerium für Heereswesen und vom Kriegsarchiv Wien.

Mit unsterblichen Worten hat Fritz Weber die Passion des Soldatentums 1915—1918 geschildert. Passagen, die sich mir von Jugend an eingeprägt haben, fand ich wieder in seinem Buch *„Das Ende der alten Armee"*, das der Verlag „Das Bergland-Buch", Salzburg, herausbrachte.

Entscheidende Impulse gab mir Norbert Nau mit seinem Buch *„Der Krieg in der Wischberggruppe"* (Leykam-Verlag, Graz). Interessantes entdeckte ich in der Schrift von Dr. Erwin Steinböck *„Die Kämpfe um den Plöckenpaß"* (Österreichischer Bundesverlag, Militärhistor. Schriftenreihe, Heft 2, Wien) und in Karl Inzingers *„Fünf Jahre unter Waffen"* (Militärwissenschaftlicher Verlag Franz Pubert, Wien).

Dank gesagt sei allen jenen, die mir aus freien Stücken Briefe, Tagebücher, Dokumente und Unterlagen zur Verfügung stellten, wie etwa die Regimentsgeschichte des steirischen IR. 27 von Hermann Fröhlich, des salzburgischen IR. 59 von Max Hoen und die Geschichte des Kärntner Feldjägerbaons Nr. 8 von Jakob Baxa, von den letzten Überlebenden des Baons 1974 im Carinthia Verlag, Klagenfurt, herausgegeben.

Vom Kampfwert des tapferen slowenischen Hausregiments IR. 17 erfuhr ich aus Bodo Kaltenböcks Buch *„Armee im Schatten"* (Tyrolia, Innsbruck) und aus der Regimentsgeschichte des IR. 17, die (ungedruckt) nur mehr in einzelnen Exemplaren existiert. Dem Vergessen entreißen wollte ich die Schilderung der letzten Kriegstage, die sich Dr. Norbert Assam (Graz) in der Schrift *„Des IR. 7 Ringen und Ende"* von der Seele geschrieben hat. Eine Fundgrube von Erinnerungen war mir auch die Grazer *„Tagespost"*.

Vehrerern Julius Kugys verdanke ich einige seiner Kriegserinnerungen. Sie stammen aus einem Kapitel seines Bergbuches, das noch der Veröffentlichung harrt. Einzelheiten über Kugys Leben enthüllten mir seine Bücher *„Arbeit, Musik, Berge, ein Leben“* sowie *„Aus meinem Bergsteigerleben“*, die im Bergverlag Rother, München, erschienen sind.

Aufschlüsse über die große Offensive 1917 gaben mir die Werke *„Der Durchbruch am Isonzo“* von Krafft von Dellmensingen (Stalling Verlag, Oldenburg), *„Das Wunder von Karfreit“* von Alfred Krauss (Lehmann Verlag, München), *„Infanterie greift an“* von Erwin Rommel (Verlag Voggenreiter, Potsdam) und *„Wir zogen nach Friaul“* von Helmut Schittenhelm (Verlag Thienemanns, Stuttgart).

Verblichene Erinnerungen! Aber in ihnen spiegelt sich noch immer ein Flammenschein jener tragischen Epoche, in der die Menschen an der Front — hüben wie drüben — über sich hinausgewachsen waren.

Weitere Literatur zum Thema:

Erich Kern (d. i. Erich Kernmayr): *„Generalfeldmarschall Ferdinand Schörner“* (Schütz-Verlag, Pr. Oldendorf); Fritz Weber: *„Alpenkrieg“* (Verlag Kollitsch, Klagenfurt), *„Isonzo“* (Verlag Kollitsch, Klagenfurt), *„Menschenmauer am Isonzo“* (Verlag Steyrermühl, Leipzig, Wien, Berlin), *„Sturm an der Piave“* (Verlag Steyrermühl Leipzig, Wien, Berlin); Eduard Reut-Nicolussi: *„Tirol unterm Beil“* (Verlag Beck, München); Edwin Erich Dwinger: *„Armee hinterm Stacheldraht* (Verlag Diederichs, Jena).

„PAPIERTIGER“ AN DER GRENZE

28. Juni 1914: Thronfolgermord in Sarajewo! Unheilschwangere Spannung, Mobilisierung, Europa in Flammen.

Der Krieg warf seine dunklen Schatten über die wunderbare Welt der Julischen Alpen. Zu den armen Siedlungen der Trenta, zu den Hütten im Koritnicatal keuchten die Boten mit den Einberufungsbefehlen. Das große Abschiednehmen, das große Sterben, das große Weinen begann.

Ein merkwürdiger Zufall wollte es, daß die schicksalhafte Kunde von der Mobilisierung Julius Kugy, den großen Erschließer, den König der Julischen Alpen, nicht in Triest ereilte, sondern mitten in seinem Reich. Ihm verdanken wir das folgende kurze, bisher unveröffentlichte Stimmungsbild, das die Aufbruchsbereitschaft jener Tage atmet. Es läßt aber auch schon das Unheil erahnen, das sich über den Julischen Alpen selbst zusammenbraute:

„Als Ende Juli 1914 das Ultimatum an Serbien wie ein düsteres Zeichen über uns schwebte, führte ich eine kleine Schar junger Freunde in die Wischberggruppe. Vladimir Dovgan, der erste Begeher des Götterwegs, und Erwin Pöch, mein Begleiter in der Ost- und Nordwand der Kaltwasser Gamsmutter, waren darunter. Wir hatten Oitzinger und Osvaldo Pesamosca mit. Das Wetter war so ungünstig, daß es zu keiner größeren Unternehmung kam. Wir umkreisten den Wischberg auf dessen nordwestlichen Bändern von der Großen Nabois- bis unter die Mosesscharte, und überschritten dann diese zur Findenegghütte. In der Nacht trat ein schwerer Wettersturz ein, es fiel Neuschnee, und als wir zum Seetal abgestiegen waren, fanden wir es von den niedergehenden Wassermengen stark überschwemmt.

Zum Aufruhr der Elemente gesellten sich bald auch die Anzeichen eines anderen, viel gewaltigeren Ereignisses. Aufgeregte Stimmen hallten durch das Tal, der Revierjäger rief nach seinen Gehilfen, Frauen suchten ihre Männer, die in den Gründen oder oben im Hochwald arbeiteten. Wir ahnten, was es war. Die Finanzwache, die uns am angeschwollenen Krummbach erwartete, bestätigte es uns: Mobilisierung! Je weiter wir hinauskamen, um so stärker brandete die Bewegung. In Raibl wehten Fahnen. Erwin hielt es nicht mehr. Der Ruf des Vaterlandes war ihm wie ein Feuerbrand ins Herz gefahren. Er lief sofort nach Tarvis hinaus, da er sich in Villach als Einjährig-Freiwilliger zu stellen hatte. Wir anderen warteten auf das Flitscher Automobil.

In Tarvis waren eben die lieben Fünferjäger einwaggoniert worden. Singend und jauchzend fuhren sie davon. Im letzten Waggon stand Erwin am offenen Fenster. Grüßend beugte er sich heraus und, den Arm erhoben, rief er uns sein helles ‚Heil' zu. So habe ich den schönen lieben Jungen zum letzten Mal gesehen. Er fiel am Lipnik, im Krn-Massiv, 1916. Eine Granate mitten in der Nacht.

‚Geht denn alles Militär weg?' frug ich. ‚Alle, ‚alle, es bleibt nur die Finanzwache an der Grenze. Italien geht mit uns.'

Wie gerne vertraut man seinen Freunden!

Aber bald darauf konnte man aus den Tälern von Dogna und Raccolana Sprengschüsse vernehmen. Italien baute breite Automobilstraßen mitten ins Herz dieser Berge. Meine jungen Freunde freuten sich. Wie flott werde nun der Anmarsch zum Kanin und Montasch werden! In Wirklichkeit waren jene Straßen dazu bestimmt, schwere Artillerie gegen Malborgeth, Predil und Raibl aufzufahren."

Diese Sprengschüsse leiteten freilich auch etwas Positives ein. Sie waren der Beginn der Aufschließung der westlichen Julischen Alpen.

Noch ahnte damals im Kanaltal und im Sočatal niemand, daß sie die Kriegsfurie von Italien her schon ein knappes Jahr später aus ihren Wohnstätten fegen würde. Die Sprengschüsse im Dognatal und im Raccolanatal waren bereits Signale jener unterirdischen Spannungen in Rom, die sich in einem Beutekrieg mit geringem Risiko entladen sollten. Es ging Italien um das Trentino, um Triest, um Görz und um die Vernichtung der Monarchie.

Die Monarchie aber war bis an die Grenzen des Möglichen gegangen, um den Angriffskrieg Italiens zu verhindern.

Wien war im Mai 1915 bereit, den Erpressern in Rom das ganze von Italienern bewohnte Welschtirol, in dem etwa 300.000 Italiener lebten, abzutreten. Es hatte sich damit abgefunden, Ostfriaul bis zum Isonzo an Italien zu verlieren. Das heißt, das ganze Land zwischen

Grado, Cormons einschließlich Görz sollte an Italien abgetreten werden. Auch das Isonzotal mit seinen slowenischen Bewohnern sollte an Italien übergehen. Wien ging bis zum Äußersten. Einen Großteil der Gebiete, in dem die 700.000 Italiener der Monarchie wohnten, wollte man im Einvernehmen mit Berlin opfern.

Nicht bereit war die Monarchie zur Abtretung von Triest, nicht bereit war sie zur Preisgabe des deutschen Südtirols von der Salurner Klause bis zum Brenner. Allerdings bot Wien für das Gebiet von Triest weitgehende Sicherheit gegen jeden Andrang des Slawentums. Triest sollte eine vollständig administrative Autonomie und eine italienische Universität erhalten.

Aber die Regierung des Ministerpräsidenten Salandra und des Außenministers Sonnino wischte die Angebote vom Tisch. Die Anhänger der Neutralität standen auf verlorenem Posten, auch jene, die den Krieg zu einem späteren Zeitpunkt beginnen wollten. Für Salandra und seine Kriegspartei war die Stunde reif um der k. u. k. Monarchie den Todesstoß zu versetzen. Eine ungeheure Kriegshysterie ergriff vor allem die Intellektuellen Italiens. Die Straße tobte. Wer vor dem Krieg warnte, wurde mit dem Tode bedroht. Tat das Volk mit? Nur eine kleine Minderheit wagte es, sich im Parlament dem Kriegsbeschluß entgegenzustellen.

Wir wissen heute, daß die Masse der Bauern und auch das städtische Proletariat von der Kriegshysterie unberührt blieb, sie nahm dann den Krieg ohne Haß als „unabwendbares Schicksal" hin.

Der Krieg war eine Sache der intellektuellen Oberschicht. Einer der feurigsten Kriegshetzer war übrigens ein sozialistischer Redakteur namens Benito Mussolini. Rückgrat des Angriffskrieges wurden die Offiziere. Sie trieben später die Sturmwellen oft mit der Peitsche, mit der Pistole und mit der Drohung des Kriegsgerichtes nach vorne.

„Neutralistische Gesinnung" wurde durch Gesetz zum Verbrechen erklärt. Es ist bezeichnend, daß in Friaul viele Landpfarrer wegen „Neutralismus und Spionage für Österreich" in die Gefängnisse wanderten. Der niedere Klerus fühlte mit dem Volk. Es sind in der Weltgeschichte nicht viele Kriege so unnötig, so leichtfertig von oben vom Zaun gebrochen worden wie 1915 der italienische Angriffskrieg auf die Monarchie.

Es gehört zu der Merkwürdigkeit unserer Zeit, daß Italien dieser Krieg von niemand übel genommen wird. Nicht von der Geschichte, schon gar nicht von Österreich. Unser Geschichtsunterricht vertuscht sogar oder beschönigt. Vor allem wird nie gewürdigt, wie weit die Monarchie gegangen war, um diesen Krieg zu vermeiden. Ja, es gibt Geschichtslehrbücher an unseren Schulen, in denen der Angriffskrieg Italiens überhaupt nicht erwähnt wird!

Im Frühjahr 1915 hielt Rom die Zeit für reif zum Dolchstoß gegen den Bundesgenossen. Die Monarchie hatte an der Ostfront verheerende Verluste erlitten. Die k. u. k. Armee hatte im ersten Kriegsjahr im Osten fast zwei Millionen Mann verloren. Ihre Kraft mußte erschöpft sein.

Freiwillige an die Front

Am 23. Mai 1915 läuteten alle Glocken Kärntens Sturm: Italien hatte Österreich-Ungarn den Krieg erklärt.

Als die Kriegserklärung bekannt wurde, hatte der greise Kaiser Franz Joseph dieses Ereignis seinen Völkern in Worten tiefster Entrüstung verkündet: „Der König von Italien hat Mir den Krieg erklärt. Ein Treubruch, dessengleichen die Geschichte nicht kennt, ist von dem Königreich Italien an seinen beiden Verbündeten begangen worden. Nach einem Bündnis von mehr als 30jähriger Dauer, während dessen es seinen Territorialbesitz mehren und sich zu ungeahnter Blüte entfalten konnte, hat uns Italien in der Stunde der Gefahr verlassen und ist mit fliegenden Fahnen in das Lager unserer Feinde übergegangen."

Diese im Völkerleben nicht alltägliche Kundgebung des Herrschers, heißt es im Generalstabswerk „Österreich-Ungarns letzter Krieg", spiegelte nicht bloß die Stimmung der offiziellen Kreise Österreich-Ungarns wider, sondern die Gefühle des überwiegenden Teiles der Bevölkerung des Fünfzigmillionenreiches. Die Deutschen Österreichs sahen die Kernlande der Monarchie, sahen alpenländischen Boden unmittelbar bedroht; der Bundesgenosse von gestern hatte seine begehrliche Hand nicht bloß nach Triest und Trient, sondern auch nach dem seit uralten Zeiten deutschen Bozen ausgestreckt. Die Magyaren ließ der Abfall Italiens alte nationale Beziehungen vergessen, auf die sich eben noch Stephan

Tisza bei einem eigenartigen diplomatischen Versuch, Italien in zwölfter Stunde zur Umkehr zu bewegen, berufen hatte.

Und die Südslawen schon gar wandten sich wie ein Mann gegen den neuen Feind, der die Slowenen aus dem Isonzotal, die Kroaten und Dalmatiner von der Küste verdrängen und ihre dahinter wohnenden Brüder von der Adria absperren wollte. So kam in jenen Pfingsttagen am Isonzo und auf den Bergen Tirols und Kärntens noch ein letztes Mal Grillparzers Ruf an die Radetzkyarmee zu seinem Recht:

„In deinem Lager ist Österreich."

Aber dieses wehrhafte Österreich war an seiner Südwestfront vorläufig noch ein Papiertiger.

Als der Kriegszustand eingetreten war, kamen beim Verteidiger an der rund 700 Kilometer langen Front nur an die 110 Gewehre auf einen Kilometer. Die Verteidigung bestand aus Landsturmformationen, noch nicht wehrpflichtigen Jungschützen in Kärnten und aus Standschützen in Tirol.

In Österreich eilten über 10.000 freiwillige Schützen zu den Fahnen. Es waren in der Masse Sechzehn- und Siebzehnjährige. Der Kampfwert dieser vier Regimenter, die aus diesen Freiwilligen gebildet wurden, war gering. Die Jungen brachten guten Willen und Vaterlandsliebe mit. Mehr nicht. Militärisch ausgebildet waren sie nicht. Nicht einmal zu einem Scharfschießen hatte es bei allen gereicht. Fünferlei Gewehrmodelle stellten ihre Bewaffnung dar und allen 10.000 Freiwilligen gab man nur zwei Maschinengewehre mit.

Und diese Freiwilligenformationen mit ihren Schützenoffizieren und Unterführern, die selber keine militärische Ausbildung besaßen, besetzten dann den Karnischen Kamm vom Plöckenpaß bis zum Naßfeld, dann die Linie Guggalm, Baskon, Piperscharte, Kleinen Mittagskofel, Strekizza, Schwarzenberg, Naboisscharte, Kaltwasserscharte, Mosesscharte, Findenegghütte, Fischbachalm, Krummbach, Deutsche Kanzel, Schlichtl bis zur Rombonspitze. Vom Rombon aus verlief die Front über den Krn ostwärts des Isonzo bis zum Meer.

Nur in Görz und Tolmein wurden Brückenköpfe gebildet. Auch dort hielt die „Front" nur ein dünner Schleier von Finanzern und Landsturmformationen. Ihr Kampfwert war fast Null. Alle Vorteile waren noch dazu in den Julischen Alpen auf Seite der Angreifer. Die Südseiten der Berge waren um diese Zeit bereits gut gangbar, sie ließen den Anmarsch größerer Verbände zu. Auf der Nordseite mit ihren Wänden lag auf den Höhen noch überall Schnee. Dazu kam, daß auch auf dem Karnischen Kamm und in den Julischen Alpen auf die rechtzeitige Besetzung wichtiger Grenzgipfel verzichtet worden war, um die bis zuletzt andauernden diplomatischen Bemühungen, um eine Verhinderung des Krieges durch freiwillige Gebietsabtretungen nicht zu stören.

So kam es zum Beispiel, daß der beherrschende Mittagskofel im Kanaltal den Italienern überlassen worden war. Auch der Paternkofel im Drei-Zinnen-Gebiet mußte erst nach der Kriegserklärung zurückerobert werden. Bei dieser Unternehmung fiel der berühmte Sepp Innerkofler. In Kärnten wurde auf diese Weise der Cellon auf dem Plöckenpaß den Alpini überlassen, um dann im Juni durch einen Handstreich den Italienern wieder entrissen zu werden.

Angesichts der von kampfkräftigen Truppen entblößten Grenzen gab man sich in den österreichischen Führungsstäben keinen Illusionen hin. Anfang Juni 1915 wurde in Villach das Kommando der 92. Infanterie-Division gebildet. Als Stabschef wurde dazu von der Ostfront Oberstleutnant i. G. Ružičič abkommandiert. Als er sich beim Armeegruppenkommandanten General Rohr in St. Veit an der Glan nach der Meldung verabschiedete, sagte der General: „Wenn ihr euch in eurem Abschnitt noch acht Tage halten könnt, seid ihr alle Helden.“

Auch Generaloberst Conrad von Hötzendorf, der österr.-ungarische Generalstabschef, rechnete damit, daß die Italiener nach vier Wochen die Linie Marburg—Klagenfurt erreicht haben könnten. Wenn es ihm dann nicht gelänge, die Eindringlinge mit Hilfe der inzwischen aus Rußland herangeeilten Truppen zu schlagen, hätten die Italiener in weiteren vier Wochen in Wien sein können.

Damit hatten die Politiker in Rom ja auch gerechnet. Die Monarchie war schon 1914 vor dem Attentat in Sarajewo von Serben und Russen für einen politischen Leichnam gehalten worden. Der von nationalen Gegensätzen zerrissene Staat müsse vier Wochen nach Kriegsbeginn zusammenbrechen, so rechnete man in Staatskanzleien und Generalstäben. In Wirklichkeit aber standen die Völker der Monarchie dann nach Sarajewo wie ein Mann auf, und die Armee schlug mit wechselndem Erfolg Serben und Russen zugleich.

Nun kämpfte die Monarchie beim Kriegseintritt Italiens schon neun Monate lang. Fast das ganze aktive Offizierskorps war in Galizien gefallen, die mit so viel Eifer von Conrad ausgebildeten und gehegten

Gebirgstruppen waren dahin. Jetzt, wo man sie brennend gebraucht hätte, lagen sie zum Großteil unter russischer Erde, und was von alpenländischen Kerntruppen noch da war, konnte nach der Schlacht von Gorlice nur nach und nach aus der Front gelöst werden, um nicht im Osten eine Katastrophe heraufzubeschwören.

Warum kam es nicht in der Folge zum „Spaziergang" nach Wien? Die Gründe sind vielschichtiger Natur. Die italienischen Militärs beschuldigten jedenfalls später die Politiker, sie hätten sich zu einem verfrühten Kriegseintritt treiben lassen, die Armee sei noch nicht fertig gewesen. Das war sicher richtig. Aber der ausschlaggebende Grund für die blutige militärische Pleite war es nicht.

Hauptursache für die zögernde Zielsetzung, für die engbegrenzten Angriffsoperationen war die panische Angst des italienischen Generalstabschefs Cadorna vor einem österreichischen Offensivstoß aus dem Raum Folgaria und Lavarone.

Das Südtiroler Grenzgebirge dringt beiderseits der Etsch wie ein Keil gegen die oberitalienische Ebene vor. Sie bildete ein günstiges Ausfallstor für die beiden nach Venetien führenden Aufmarschbahnen, da die damalige Reichsgrenze oft nur einen Tagemarsch vom Fuß der Berge entfernt war. Am schärfsten sprach sich diese Bedrohung von der Hochfläche von Folgaria—Lavarone her aus, da dieser verhältnismäßig günstige Sammelraum nur 100 Kilometer von Venedig entfernt ist.

Generaloberst Conrad von Hötzendorf, der an die Bündnistreue Italiens nie geglaubt hatte und deshalb ständig den Dolch im Rücken der Monarchie durch einen Präventivkrieg beseitigen wollte, hatte tatsächlich den Stoß aus der Hochfläche von Folgaria geplant und deshalb die Kette von Sperren errichten lassen, die den Aufmarsch der österreichisch-ungarischen Truppen in diesem Raum schützen sollte.

Cadorna hatte mehr als ein Drittel seines Heeres gegen diese Ausfallsbastion Südtirol aufmarschieren lassen. Außerdem hielt er im Hinblick auf die Gefahr eines österreichischen Offensivstoßes aus Tirol starke Heeresreserven im Raum Verona—Vicenza—Bassano bereit.

Conrad plante bei Kriegsbeginn eine offensive Abwehr mit deutscher Hilfe. Aber die Deutschen machten nicht mit. Conrad hat dies dem deutschen Generalstabschef Falkenhayn nie verziehen. Die Deutschen schickten zwar ihr Alpenkorps nach Südtirol, aber mit der Auflage, daß es nicht offensiv auf italienischem Boden eingesetzt werden dürfe.

Österreichische Elitetruppen aber waren nicht verfügbar, die standen alle an der russischen Front.

Die Italiener haben ihre Chance vertan, weil die Armeeführung zu ängstlich und unentschlossen war und weil auch die militärische Aufklärung vollkommen versagt hatte. Man überschätzte die militärische Stärke des Gegners maßlos und hielt z. B. die österreichischen Festungen für uneinnehmbar, die in Wirklichkeit aber nur mehr Atrappen waren. Die Italiener sahen damals schon als Erfolg an, daß sie sich angeblich gegen „starken österreichischen Druck" an der Grenze behaupten konnten. Einen Druck, den es in Wahrheit nicht gab.

Die Festung Malborgeth im Kanaltal hat in der Geschichte schon zweimal eine Rolle gespielt. 1809 deckte hier der siebenbürgische Geniehauptmann Hensel den Rückzug der österreichischen Armee. Er war in Villach stationiert und hatte dort im Frühjahr den Befehl erhalten, eine Sperre in Malborgeth gewissermaßen aus dem Boden zu stampfen. Sie bestand aus Blockhäusern, und in ihnen opferte sich die Besatzung bis zum letzten Mann.

Natürlich blieb von diesen Blockhäusern, die Hensel mit seinen Männern zu verteidigen hatte, kein einziger Balken übrig. Die Monarchie baute auf dem mächtigen Felsen, der hier zwischen den Felsflanken des 1700 m hohen Stabet und den Hängen des Zweispitz und des Mittagskofels das Tal sperrt, ein neues Fort, das immer wieder zögernd dem fortifikatorischen Fortschritt angepaßt wurde. Fast ein Jahrhundert lang hatte das Dörfchen Malborgeth eine auf der Festung liegende Garnison, und allnächtlich tönte der Zapfenstreich des Hornisten in das stille Tal herab.

Bei Kriegsbeginn war das Fort nicht mehr verteidigungsfähig. 1914 hatte es sich in Belgien gezeigt, daß Befestigungen dieser Art den Granaten nicht mehr standhielten. Sie waren der Durchschlagskraft der modernen Geschosse nicht mehr gewachsen. Unter den Panzerkuppeln von Malborgeth hielt man deshalb nur vier Geschütze feuerbereit, die anderen brachte man in Sicherheit.

Der riesige „Betonsarg" der Feste Malborghet war bei Kriegsausbruch geräumt worden. Nur eine „Todesbatterie" hatte eine Besetzung vorzutäuschen. Über die Trümmer des Forts wächst heute der Wald.

Die Sperre war wertlos geworden. Nur die vier Positionsgeschütze täuschten eine Festung vor.

Die Italiener wußten das nicht, und die falschen Informationen, die sie über die Panzerfestung Malborgeth besaßen, lösten zum Glück für Österreich schwere Fehlentscheidungen der italienischen obersten Heeresleitung aus.

Generalleutnant Conte Cadorna, der italienische Generalstabschef und Oberbefehlshaber, hielt 1915 Malborgeth für eine mächtig armierte, im Fels des Festungsberges unangreifbare Talsperre, die einen Durchbruch durch das Fellatal in Richtung Villach unmöglich machen würde. Das war der Grund für das rätselhafte Verhalten der Italiener, die an der Kärntner Grenze stehen blieben, obwohl sie die Grenzsicherungen mühelos hätten überrennen können.

Cadorna hielt es zunächst für nötig, das Fort Malborgeth niederzukämpfen. Der Wert, den er dieser artilleristischen Angriffsvorbereitung zumaß, ist aus der theatralischen Art zu ersehen, mit der die Beschießungsaktion eröffnet wurde. Cadorna fuhr nach Dogna und löste am 12. Juni 1915 höchstpersönlich an einem schweren Geschütz den ersten Schuß auf Malborgeth aus. Ihm folgte eine Kanonade, die fast pausenlos monatelang bis zum August 1915 anhielt. Täglich trommelten die 21 cm- und 28 cm-Mörser auf das Fort, das ganze Tal erbebte unter den furchtbaren Explosionen. Wenn in Dogna das Feuer eröffnet wurde, läuteten vorher die Glocken. Dann mußte die Bevölkerung die Fenster öffnen, um sie vor Vernichtung durch die Druckwellen zu schützen.

Die vier Geschütze in der Festung täuschten immer wieder Abwehrkraft vor. Ihre Bedienungsmannschaft wußte, daß sie sich in einem Betonsarg befand. Die Sperre und das umliegende Gebiet waren bald ein einziges Trümmerfeld. Der Fähnrich, der von einer Beobachtungsstelle außerhalb der Feste das Abwehrfeuer der vier Geschütze leitete, hat damals die auf die Trümmer des Forts niederwuchtenden Granaten gezählt, es waren über 1500 bis Ende Juni. Eines Tages durchschlug eine 28 cm-Granate alle Stockwerke eines Panzerturmes und explodierte

Österreichische Unterkünfte auf dem Kleinen Pal. Im Hintergrund der Cellon, der zum Zeitpunkt der Aufnahme schon wieder in italienischem Besitz war.

im untersten. Der Fortkommandant Hauptmann Ebner und 17 Kanoniere fanden dabei den Tod.

Die Italiener erkannten zwar bald, daß sie die Artillerie der Sperre ausgeschaltet hatten, aber wie man nach dem Krieg erfuhr, hielten sie Malborgeth noch immer für ein waffenstarrendes Bollwerk mit unangreifbaren kavernierten Maschinengewehren. Cadorna erschien deshalb das Risiko für einen Stoß durch die Tarviser Senke noch immer für zu hoch.

Vom Lomek, einem bewaldeten Berg, der nordwärts dem Eingang zur Seisera vorgelagert ist, erlebte Kugy im Juli 1915 das Trommelfeuer auf Malborgeth. Er schrieb darüber in seinen Erinnerungen:

„Unter uns das liebe Wolfsbach, zerschlagen und ausgebrannt, drüben das Seiseratal. Seine herrliche Pforte war weit geöffnet und ließ den Blick auf das Wischbergmassiv frei, das in voller Breitenentfaltung in unvergleichlicher Gliederung und in schimmernder Farbenschönheit gegenüberstand. Seine im ersten Schnee erglänzenden Gipfel erhoben sich aus dem Dufte des schon herbstlich gestimmten Tales zum Sonnenglanz überirdischer Höhen. Nie habe ich den Wischberg so schön gesehen!

Und doch ist es ein anderes Bild, das mir jeden Tag so unvergeßlich macht. Über die glutroten Wälder sahen wir hinab auf die Festung Malborgeth. Auf vereinsamter Höhe über dem totenstillen, menschenverlassenen Kanaltal, verwüstet der Sockel, zerschossen die Mauern, doch immer noch feuernd, ungebändigt und ungebrochen, hoch zu Häupten die sturmerprobte österreichische Standarte, ein Bild kühnen Trotzes und todesmutigen Durchhaltens, so stand sie da nach 4000 Granaten, die auf sie gefallen waren. Eine heiße Welle des Stolzes und glühender Heimatliebe zog durch mein Herz und ich grüßte die Herrliche mit einem jubelnden Schrei der Bewunderung.“

DER HANDSTREICH AM CELLON

Autokolonnen wälzen sich in der Reisezeit über den Plöckenpaß. Die Straße ist zu einer modernen breiten Gebirgsstraße ausgebaut worden. Aus den Ruinen des im Ersten Weltkrieg zerstörten Plöckenhauses wurde ein modernes Hotel. Aber sonst hat sich hier wenig geändert seit der Zeit, da der Donner der Geschütze und das Rattern der Maschinengewehre die Stille der Bergwelt zerriß.

Dieser Paß bildete eine neuralgische Stelle im Gefüge der österreichischen Front in den Julischen Alpen. Er bot nämlich den Italienern die einzige Möglichkeit, die Talsperre von Malborgeth im Kanaltal zu umgehen, durch das Gailtal in das Villacher Becken vorzustoßen und die österreichische Front in den Julischen Alpen von rückwärts aus den Angeln zu heben. Tarvis und Villach waren daher die operativen Ziele der italienischen Divisionen, die vor dem Plöcken aufmarschierten.

Gleich in den ersten Kriegstagen schon ging der den Paß beherrschende Kleine Pal mit seinen steilen Felsflanken verloren.

Mährische Landstürmer waren im noch ungewohnten italienischen Artilleriefeuer zurückgewichen. Die Italiener stießen blitzschnell nach. Eine gefährliche Krise entstand, ohne Pal war die Verteidigung des Passes einfach unmöglich. Der Kleine Pal mußte also um jeden Preis wieder genommen werden.

Es dauerte Tage, bis eine geeignete Gebirgstruppe zusammengekratzt werden konnte. Es waren Reservisten des steirischen Landsturmbaons 10. Vom Paß, von Norden und Osten, kletterten die Landstürmer am 14. Juni 1915 früh über die abschreckend steilen Flanken des Berges und hatten unheimliches Glück. Kurz nach 7 Uhr früh überraschten sie am Gipfelplateau die offenbar vom österreichischen Artilleriefeuer demoralisierten Italiener, nahmen fünf Offiziere und 100 Mann gefangen.

Viermal versuchte der Gegner dann am Nachmittag des 14. Juni die Österreicher von der Höhe herabzuwerfen. Doch die Gegenangriffe wurden blutig abgeschlagen. Unter den deckungslos im Fels liegenden steirischen Landstürmern wüteten die Granaten der italienischen Artillerie.

Aber da nun die Palhöhe in österreichischem Besitz war, wollte man den Erfolg um jeden Preis erweitern und den Gegner auch vom Südhang dieses Berges herabwerfen.

Noch in der Nacht zum 15. Juni wurden drei Kompanien des Banater Infanterieregimentes Nr. 61 auf den Pal beordert, um im Verein mit den steirischen Landstürmern weiter vorzustoßen.

Aber die vorgehenden Einheiten der Banater Schwaben und der Landstürmer wurden im italienischen Artilleriefeuer auf der deckungslosen Hochfläche dezimiert. Dennoch: immer wieder erhoben sich die Reste der Kompanien zum Sturm. Immer wieder wurden sie im Eisenhagel der Granaten zerschlagen, bevor sie die von den Italienern besetzte Südseite des Grenzkammes überhaupt erreichen konnten.

Drei Tage dauerte das Massaker. In der Nacht zum 18. Juni wurden die Trümmer der Baone endlich auf die am 14. Juni eroberte Palhöhe zurückgenommen. Die 800 Mann starke Kampfgruppe hatte in diesen drei Kampftagen 101 Tote und 273 Verwundete verloren.

Die Front erstarrte auf der Höhe nun zum Stellungskrieg. Die Stellungen lagen oft nur eine Handgranatenwurfweite auseinander. Im ganzen Plöckenabschnitt blieb der Kleine Pal der Berg, der in den folgenden zwei Jahren die meisten Opfer forderte.

Ihm gegenüber flankieren im Westen die imponierenden Wände des Cellonkofels den Paß. Auch dieser beherrschende Doppelgipfel wurde bei Kriegsbeginn von den Italienern kampflos besetzt. Die Italiener hatten ja von Süden her bequeme Anstiege. Zur österreichischen Seite hin aber stürzen die Wände jäh in die Tiefe. Sie scheinen unersteigbar zu sein. So glaubten offenbar die Italiener. In der Tat bot diese vor den Österreichern steil aufragende Felspyramide keine Möglichkeit zur Entfaltung eines Angriffes. Der Gipfel konnte nur durch Überraschung und nur durch eine Handvoll kühner Alpinisten erobert werden.

Am 25. Juni 1915 machte der Gendarmeriewachtmeister Steinberger mit fünf Mann der Gendarmerieassistenz das Unmöglichscheinende wahr. Er überrumpelte die kompaniestarke italienische Besatzung auf dem 2226 m hohen Cellon-Ostgipfel und hielt ihn, die schwierigen Nordwände im Rücken, fünf Tage lang, bis Verstärkung kam.

Das war einer der tollkühnsten Handstreiche des Alpenkrieges. Es ist darüber viel geschrieben worden. Wahres, aber auch Unwahres, das zur Legende geworden ist.

Den Handstreich auf den Cellon hatten ganze sechs Mann durchzuführen, ohne Gewißheit darüber zu haben, wie stark die italienische Besatzung des Cellon überhaupt war. Das Unternehmen war ein ausgesprochenes Hasardspiel: darauf aufgebaut, daß es gelingen würde, nach unentdecktem Aufstieg die Posten lautlos zu überwältigen und die Gipfelbesatzung im Morgengrauen im Schlaf zu überwältigen.

Dieses Vorhaben hätte felsgewohnte Kämpfer erfordert. Es setzte ja zuerst die lautlose Querung der Cellon-Ostwand und der Ostschlucht voraus. Das war das Husarenstück Steinbergers und seiner Leute! Sie mußten gewissermaßen vor den Augen der Italiener auf dem Pal und auf dem Cellongipfel Schwierigkeiten im Fels bezwingen, die zumindest vier Mann der Patrouille ohne das eiserne Muß im Frieden nie gemeistert hätten.

Das ist aber eine der Unbegreiflichkeiten dieser Cellonunternehmung: Vier Mann waren gar keine Alpinisten. Es ist nicht wahr, daß das Himmelfahrtskommando aus den besten Kletterern der ganzen Brigade bestand, wie in der Kriegsliteratur immer wieder behauptet wurde. Kein Autor hatte sich die Mühe genommen, die Teilnehmer zu befragen. Das ist nämlich die Wahrheit: Vier Mann der Patrouille waren noch nie geklettert, sie sahen sich unter so schrecklichen Bedingungen zum erstenmal mit brüchigem Fels, mit dem schauerlichen Blick ins Bodenlose konfrontiert.

Ozionig aus Prävali, Franz Erlacher und Bartl Pichler aus der Steiermark waren ebenso wie Franz Bertrank nur zur Gendarmerieassistenz Kötschach-Mauthen abkommandiert worden, weil sie dort als aktive Feldjäger beim FJB. 9 im Frieden gedient hatten und als „ortskundig“ galten. Sie waren 1914 in Galizien verwundet worden und sollten nun als Genesende an der bedrohten Grenze leichten Dienst tun.

„Nie“, so sagten mir Franz Erlacher ebenso wie Bartl Pichler im Jahre 1975, „nie waren wir vorher geklettert, wir kannten gewiß die Gegend, aber nie hat man uns in der aktiven Dienstzeit in die Wände geführt.“

Der einzige, der den Cellon kannte, war Steinberger, zu dessen Dienstbereich der Berg auch im Frieden gehört hatte. Ihm alpinistisch überlegen war der Feldjäger Großmann — der damals schon 30 Jahre alt war. Dem Holzknecht aus dem Gesäuse in der Obersteiermark lag das Wildern im Blut. Er kletterte wie eine Gams, und er war auch die „alpinistische Seele“ der Unternehmung, erinnern sich Pichler und Erlacher.

Die Patrouille hatte nach der schwierigen Überquerung von der Cellonalpe zur Nordostschlucht etwa 400 Höhenmeter in steilem, äußerst brüchigem oder mit tückischen Graspolstern durchsetzten Fels zu klettern.

Man müßte annehmen, daß Steinberger und Großmann je zwei bergunerfahrene Männer der Sturmpatrouille ans Seil genommen hätten. Es hätte diesen moralische Sicherheit verliehen, schnelleres Klettern gestattet und die Gefahr der Entdeckung herabgemindert. Wenn der unbemerkte Aufstieg nicht gelang, war ja die kleine Schar hoffnungslos verloren. Mit Steinen hätten die Alpini sie in die Tiefe schmettern können.

Aber wie Erlacher und Pichler angeben, kletterten sie ohne Seil. Wer stürzt, der stürzt. Jeder mußte mit seiner Angst und mit dem Fels selber fertig werden. Großmann, so berichteten die Überlebenden, habe allerdings einen Strick mitgehabt. An besonders schwierigen, gefährlichen Stellen habe er den Kameraden geholfen, indem er ihnen das Seilende reichte und auf sie beruhigend einwirkte. „Ohne Großmanns Hilfe und Zuspruch hätten wir die Wand nie geschafft“, sagte Erlacher. „Als ich oben war, schwor ich mir, keine Macht der Erde würde mich wieder hinunterbringen. Na, ich bin die Wand dann doch wohl zwanzigmal durchklettert, noch dazu mit einer Zwanzig-Kilo-Last am Rücken.“

Es war erstaunlich, daß die Patrouille damals die steinschlaggefährdete Wand bezwingen konnte, ohne daß die Italiener aus dem unvermeidlichen verstärkten Steinschlag Verdacht schöpften. Die Männer hatten es damals ungleich schwerer als unsere Gebirgssoldaten heute. Sie hatten noch keine Schuhe mit Gummiprofil.

Steinbergers Patrouille trug am Rücken die langen Mannlichergewehre, den Gefechtstornister mit dem Mantel, einen Brotsack, Proviant und Munition. Die Schuhe, die mit Eisennägeln beschlagen waren, machten ein lautloses Klettern schier unmöglich.

Am Abend des 24. Juni 1915 hatte die Patrouille trotzdem glücklich den Ausstieg aus der Wand erreicht, vor ihr lag nur mehr leichter Fels, 15 Minuten weit zum Gipfel. Hier warteten die Stürmer, an den Felsen geschmiegt, die Nacht und das Morgengrauen der Entscheidung ab.

Es ist in vielen Publikationen behauptet worden, die Patrouille hätte die Wand in nächtlicher Kletterei bewältigt. Diese auch in Büchern angesehener Autoren festgehaltene Ansicht ist falsch. Der Stoßtrupp „nächtigte" bereits am Ausstieg zum Gipfel. Die Nordostwand und Nordostschlucht hatten sie noch bei Tageslicht hinter sich gebracht. So berichtet Erlacher.

Daß sich die Angreifer am Ausstieg aus der Wand am Abend unbemerkt bereitstellen konnten, das ist das erste Rätsel um diesen Sturm auf den Cellon. Der Ausstieg ist nämlich ohne weiteres als neuralgische Stelle der Gipfelverteidigung nach Norden und nach Osten erkennbar. Überall sonst stürzt der gigantische Felsklotz des Cellon fast senkrecht in die Tiefe. Hier an dieser Ausstiegsscharte fällt die Felsflanke zwar auch sehr steil in die Tiefe zur Nordostschlucht ab, ist aber bei trockenem Wetter im Sommer durchaus gangbar.

Jeder umsichtige italienische Kommandant auf dem Cellon hätte als erste Maßnahme der Gipfelsicherung den Zugang aus der Nordostschlucht sperren und wenigstens bei Nacht dorthin eine Feldwache legen müssen. Hätten die Italiener das getan, wäre Steinberger mit seinen Leuten ins Verderben geklettert. Aber beim Ausstieg stand weder ein Posten noch wehrte Drahtverhau den Weg aus der Wand. Die Mutigen hatten unglaubliches Glück.

Es wird wohl nie geklärt werden können, warum die italienische Gipfelverteidigung die Einfallspforte zum Einbruch in ihre Stellung ungesichert ließ. Es heißt, die Italiener hätten auch den Weg durch die Nordostwand für unbegehbar gehalten und sich deshalb absolut sicher gefühlt. Das ist möglich. Aber andererseits standen auf der anderen Seite der Grenze Finanzieri, die den Berg auch auf der österreichischen Seite gekannt haben und von der Gamsjägerroute gewußt haben müßten. Sicher ist jedenfalls, daß dem Kommandanten auf dem Cellon noch jede Kriegserfahrung und wahrscheinlich auch die entsprechende Ausbildung im Gebirgskampf fehlte. Das Unternehmen Steinbergers wäre wahrscheinlich im Hinblick auf die wachsende Erfahrung auch beim Gegner schon wenige Wochen später zu einem Himmelfahrtskommando geworden.

An jenem grauenden Morgen, als sich die Einzelkämpfer von Felsblock zu Felsblock zum feindbesetzten Gipfel emporschoben, schrieb man den 25. Juni 1915.

Drüben am Pal war zwar zehn Tage vorher schon die Hölle los gewesen. Aber hier am Cellon war noch kein Schuß gefallen. „Der Posten", so berichtet Erlacher, „stand ohne Gewehr, die Pelerine umgehängt, im ersten Dämmerlicht des beginnenden Tages. Er schlug mit den Armen um die Brust, um sich zu wärmen. Die Juninacht war kalt."

Was dann geschah, ist in den Einzelheiten nicht mehr festzustellen. Steinberger hat über den Sturm selbst nie geschrieben. Erlacher erinnert sich nur mehr, daß der Befehl gelautet hatte, den Posten lautlos anzugehen. „Aber einer von uns", berichtete er, „hatte offensichtlich zu früh die Nerven verloren. Er drückte ab. Der Schuß zerriß die unheimliche Stille, der Posten verschwand." Nach einer anderen Version soll einer der Angreifer allerdings den Posten in die Tiefe geschleudert haben.

Auf jeden Fall: die vorzeitige Feuereröffnung hatte die Alpini alarmiert, sie schälten sich aus ihren Mänteln und Decken und stürzten in kopfloser Flucht zum Westgipfel. Dort muß es allerdings einem beherzten Kommandanten gelungen sein, die Panik zu steuern.

Als nämlich Steinberger versuchte, in die 30 Grad nach Osten geneigte Mulde abzusteigen, die den Westgipfel vom Ostgipfel trennt, da schlug ihm heftiges Feuer entgegen. Er selbst schreibt über diese Phase der Unternehmung:

„Es wird gegen vier Uhr früh gewesen sein, als der Ostgipfel uns gehörte. Es war ein sehr schöner Morgen. Wir rollten rasch Steine herab und machten uns damit eine bescheidene Deckung. Dahinter kauerten wir bis zum Einbruch der Dunkelheit. Während des ganzen Tages wurde vom zweiten Gipfel her auf uns geschossen; wir mußten aber mit den Patronen sehr sparen und konnten nur zeitweise das Feuer erwidern. In der Nacht waren wir besonders auf der Hut. Bald krachte es auf italienischer, bald auf unserer Seite.

In einer Mulde hinter uns lag noch etwas Schnee. Aus Durst leckten wir davon. Unser kleiner Eßvorrat ging bald zu Ende. Am zweiten Tag stieg Großmann ab, überreichte dem Brigadier die Meldung über unsere Lage und kam dann am vierten Tag morgens mit der schon höchst notwendigen Verpflegung wieder. Unwetter mußten wir schutzlos über uns ergehen lassen. Wir fanden wohl eine kleine Felsnische, aber sie war kaum so groß, daß zwei Mann darin stehen konnten.

Am fünften Tag, nachdem Pioniere an den schwierigsten Anstiegsstellen Seile angebracht hatten, kam Verstärkung, und wir waren nun auf dem Ostgipfel insgesamt siebzehn Mann. Ich habe wohl versucht, auch die zweite Spitze zu nehmen, doch die Italiener, die dort nahe vor uns eingenistet waren, warfen derart viele Handgranaten, daß ein Hinüberkommen unmöglich war.

Am 8. Juli — es war schon ein Offizier Kommandant auf unserer Cellonspitze — wurde neuerlich ein Angriff auf den Westgipfel unternommen. Der Finanzbeamte Weilharter war bereits drüben, sprang noch ein Stück vor und schaute kurz über einen Stein. Da traf ihn die Kugel eines Italieners in den Kopf. Ein Finanzer und ich schossen dann fast gleichzeitig auf diesen Italiener, der hinter einem Stein kauerte und von dort herüberfeuerte. Er blieb tot am Platze.

Die westliche Cellonspitze konnte auch diesmal nicht erobert werden. Weilharters Leiche mußten wir wegen des heftigen Abwehrfeuers dem Feinde überlassen. Vor dem Angriff hatte mir Weilharter noch gesagt, daß man ihn, wenn er falle, auf der Cellonspitze begraben solle."

Aus Steinbergers Darstellung geht hervor, daß die Italiener sich wohl an den Westgipfel klammerten, aber keinen Versuch machten, im Gegenstoß den Ostgipfel wiederzugewinnen. Das hätte ihnen keine Schwierigkeiten bereiten können. Sie hatten den gut gangbaren, geradezu bequemen Versorgungsweg in ihrem Rücken, sie wären in der Lage gewesen, in wenigen Stunden Kräfte zum Gegenstoß heranzuziehen. In drei bis vier Stunden hätte eine Kompanie, für die am Berg genügend Raum zur Entwicklung eines Angriffes vorhanden war, vom Paß bis zum Westgipfel gebracht werden können. Selbst wenn sie sich bis zum Abend Zeit gelassen hätten, wäre ihnen der Erfolg sicher gewesen.

Aber sie griffen weder am ersten noch am zweiten Tag an, sie ließen fünf Tage vergehen, bis die österreichische Verstärkung am Gipfel war. Dann war es zu spät. Die Italiener hatten die todsichere Chance ungenützt verstreichen lassen.

Rätselhaft bleibt auch die Frage, warum die Italiener untätig blieben und sogar auf den Einsatz von Artillerie verzichteten. Ihre Batterien verfügten damals schon über eine den Österreichern um ein Vielfaches überlegene Feuerkraft. Sie hatten schon am 14. Juni am Kleinen Pal den Angriff eines Banater Honvéd-Infanterieregiments unter furchtbaren Verlusten zerschlagen. Warum schwiegen diese Batterien nun, als die Hiobsmeldung vom Ostgipfel bei den Kommandostellen zwischen Timau und Plöckenpaß bekannt wurde? Nichts wäre naheliegender gewesen, als den Westgipfel vorübergehend zu räumen, um die Besatzung nicht durch Kurzschüsse zu gefährden, und dann auf den Ostgipfel mit der Feuerfaust einer Haubitzbatterie zu hämmern. Auf dem deckungslosen Fels des Ostgipfels wäre die österreichische Patrouille hinter ihrer armseligen Deckung aus aufgeschichteten Steinen verloren gewesen.

Ein Rätsel bleibt aber auch das Verhalten der österreichischen Führung, die hier sechs Mann zu dieser Unternehmung befahl, von denen vier im Fels völlig unerfahren waren. Fünf Tage lang wurde dann diese Handvoll Leute ohne Munition, ohne Versorgung, ohne Verstärkung auf dem Gipfel belassen.

In der Tat; die Eroberer des Cellon hatten nicht nur unerhörten Mut. Sie hatten auch sagenhaftes Glück.

Nur ein Jahr blieb der Cellon im Besitz der Österreicher. Am 29. Juni 1916 trommelten italienische Geschütze auf die Spitze der gewaltigen Felspyramide. Es war gerade die Stunde der Ablösung. Die zwei Züge einer Hochgebirgskompanie und die Züge der abgelösten tschechischen Besatzung stoben im einsetzenden Feuer in die Kavernen. Und plötzlich waren im Nebel die Alpini in der Stellung. 5 Offiziere und 151 Mann wurden gefangen. Nur 16 Mann entkamen. Einer glitt am Seil der Seilbahn in die Tiefe und landete mit zerfleischten Händen und Schenkeln in der Talstation.

Wie diese Überrumpelung möglich war, ist nie ganz geklärt worden. Die Soldaten, die entkommen waren, wollen ein weißes Tuch gesehen haben, das aus der Offiziersbaracke geschwenkt wurde. An der Front hielt sich damals hartnäckig das Gerücht, daß Verrat durch Tschechen im Spiele war.

Tatsächlich war nach dem Verlust dieses so wichtigen Gipfels eine kriegsgerichtliche Untersuchung gegen den tschechischen Oberleutnant Gedinger eingeleitet worden, der formell an diesem verhängnisvollen Morgen bereits Kommandant auf dem Cellon gewesen ist.

Aber die Untersuchung gegen den Offizier erbrachte offensichtlich keine Tatbestände, die zu einer Verurteilung in Abwesenheit ausgereicht hätten. Die Angaben der wenigen Männer, die der Gefangennahme entronnen waren, schienen dürftig gewesen zu sein und Gedinger selber war ja in italienischer Kriegsgefangenschaft.

Oberstlt. a. D. Fritz Gressl, Wirt des Plöckenhauses und 1941 durch das Narvikunternehmen „Büffel“ bekannt geworden, ist der Meinung, daß alle Vermutungen über Verrat haltlos seien. Er stützt sich hiebei auf die Erzählungen seines Vaters, des legendären Schützenobersten Gressl, der jene Kriegsjahre im Plöckengebiet miterlebt hat.

Nach dieser bisher unveröffentlichten Darstellung war der kampflose Verlust des Cellon nicht auf Verrat, sondern auf eine Verkettung unglückseliger Umstände zurückzuführen.

Gedinger war beim Stab der Gebirgsbrigade in Kötschach-Mauthen eingesetzt und muß sich wohl auf irgendeine Weise den Zorn des Stabschefs zugezogen haben. Er wurde jedenfalls Ende Juni 1916 plötzlich aus dem Stab entfernt und auf den Cellon kommandiert, wo er den Befehl über die aus vier Hochgebirgszügen bestehende Gipfelbesatzung übernehmen sollte.

Das tat er denn auch. Er fuhr am Tag vor dem Überfall mit der Seilbahn auf den Berg, wo er mitten in die Aufbruchstimmung der langersehnten Ablösung geriet.

„Nichts wie fort“, war die Parole der Leute, die einen ganzen schrecklichen Winter in den Kavernen des Cellon hinter sich hatten. Die Ablösung, die über die Seile und Strickleitern der Nordostschlucht nur zugweise erfolgen konnte, dürfte am Morgen des 29. Juni wohl schon im Gange gewesen sein, als der Feuerorkan aus allen Schlünden der italienischen Batterien losbrach und auf alle österreichischen Stellungen im Plöckengebiet niederging. Schwerste Granaten barsten auf dem Cellon und machten den Ostgipfel zu einem flammenspeienden Vulkan.

Hinter der Feuerwalze brachen dann vom Freikofel bis zum Cellon die italienischen Sturmwellen vor.

Überall rannten sie in das Feuer der Verteidiger. Nur am Cellon überraschten sie die abgelöste und einen Teil der neuen Besatzung noch in den Kavernen. Und in dieser gefährlichen Krisensituation kannte der neue Kommandant seine Leute noch nicht und die neue Besatzung kannte ihren Kommandanten nicht. In der Kopflosigkeit fehlte wohl auch der Mann, der die erste Handgranate geworfen hätte.

Fragt sich, warum der italienische Angriff ausgerechnet zur Stunde der Ablösung auf dem Cellon erfolgte?

Fritz Gressl: „Die Italiener könnten die Zeit aus unvorsichtig geführten Telefongesprächen mit der österreichischen Gipfelbesatzung erfahren haben. Alle Gespräche wurden abgehört.“

Der Verlust des Cellon-Ostgipfels hatte weitreichende Folgen für die Verteidigung des Kleinen Pal. Dort waren die Öffnungen vieler Kavernen zum Ostgipfel des Cellon gerichtet. Jetzt waren ihre Mäuler zum Feind hin plötzlich offen. Jahrelange mühselige Sprengarbeit war umsonst. Es mußten neue Kavernen und Stellungen gebaut werden.

Die mächtige Felspyramide des 2226 m hohen Cellon ist heute durch einen gesicherten Weg erschlossen, der der Route der Erstürmer vom Juni 1915 folgt. Das Bundesheer hat ihn gebaut. Er trägt den Namen: Steinbergerweg.

Ein Befehl kam zu spät

Um alle Gipfel dieses Plöckenabschnittes ist im Krieg gerungen worden. Eine Kampfhandlung im März 1916 aber hebt sich von vielen anderen durch die tragischen Umstände ab, von denen sie begleitet war.

Vor der großen Maioffensive in Südtirol war zur Verschleierung der Operationsabsichten ein Ablenkungsangriff auf die italienischen Stellungen im Plöckengebiet anbefohlen worden. Das Unternehmen sollte im ganzen Frontabschnitt durchgeführt werden. Die Sturmtruppen hatten sich hierbei vorsichtig im Schnee an die italienischen Stellungen heranzuarbeiten. Um 3 Uhr früh sollten sie überfallartig ohne Artillerievorbereitung in die Kampfstände des Gegners einbrechen.

Ein Unternehmen, bei dem Tod und Leben von der Schnelligkeit und der Überraschung abhing.

Auf dem Kleinen Pal trafen die Würfel des grausamen Schicksals die Feldjägerkompanie des Oberleutnants Kamper. Sie hatte sich lautlos in der sogenannten „Vorfeldstellung“ bereitzustellen. Diese „Stellung“ war ein Viereck von aufgeschichteten Steinen; die feindwärts vorspringenden Mauern etwa 10 Meter lang. Diese 200 Meter breite Vorstellung war von der Hauptstellung aus durch einen niederen, schwer passierbaren Stollen erreichbar. 30 Schritte weiter im Süden lauerte bereits hinter einem Steinwall der italienische Posten.

In der Nacht zum 25. März 1916 krochen die für den Husarenstreich bestimmten Feldjäger durch den Stollen in das Viereck. Sie bewegten sich sehr langsam. Von der Lautlosigkeit ihrer Bewegung hing ihr Leben ab. Nach Mitternacht standen fast 200 Mann, wie Sardinen zusammengedrängt, im Viereck der Vorstellung. Sie froren. Jeder von ihnen hatte das schreckliche, fade Gefühl im Magen, welches das dumpfe Bewußtsein einer Gefahr erzeugt, der man unentrinnbar ausgeliefert ist. Vom Promos und vom Freikofel zuckten italienische Scheinwerfer auf.

Aber vor den Schemen der Feldjäger auf dem Kleinen Pal rührte sich nichts. Drüben bei den Italienern war es totenstill.

Oberleutnant Kamper sah auf die Uhr. Mit entsetzlicher Trägheit krochen die Minuten: 02 Uhr, 55, 56, 57, 58, 59! Kamper hob die Hand und ließ sie fallen.

„Los!" Die Vordersten sprangen über die Brustwehr, die hinter ihnen folgten. In Haufen stürzten sich die eingeteilten Sturmwellen auf die italienischen Gräben. Um Sekunden nur zu früh.

Denn im Augenblick, als Kamper sich mit der letzten Welle über die Brustwehr schwingen wollte, stürzte der Melder aus dem Tunnel. „Herr Oberleutnant, Herr Oberleutnant, nicht stürmen, Unternehmen abgesagt!"

Eine entsetzliche Situation für Kamper. Aber hier war nichts mehr abzusagen. Selbst wenn er mit der Kraft der Verzweiflung in die Nacht geschrien hätte, hätte er höchstens ein Verhängnis heraufbeschworen, wenn die inzwischen alarmierten italienischen schweren Waffen in die wirr zurückgehenden Haufen geschossen hätten.

Es gab kein Zurück mehr. Kamper sprang in die Nacht. Seine Flammenwerfer wüteten. Im nächtlichen Nahkampf eroberte die Kompanie den Gipfel des Kleinen Pal. Nur 26 Italiener wurden gefangen. Die im Schlaf überrumpelten Besatzungen erlitten in der Gluthölle der Flammenwerfer schwerste Verluste. Der Rest nahm Reißaus.

Aber als es Tag wurde, hämmerte die italienische Artillerie auf die verlorene Gipfelstellung. Drei Tage lang wechselte der Eisenhagel mit Sturmangriffen der Italiener ab. Im blutigen Handgranatenkampf wurde der Gegner jedesmal zurückgeworfen. Reservezüge hetzten in der Nacht nach vorn. Drei Tage und Nächte hielten die Feldjäger die Hölle des Artillerie- und Minenwerferfeuers und die Nahkämpfe mit den Angreifern aus. Dann wurde ihre Lage am 27. März unhaltbar. Um 11 Uhr vormittag rief der Befehl die Überlebenden zurück.

Der zu spät eingetroffene Befehl hat zwei Offizieren und 70 Feldjägern aus Kärnten das Leben gekostet. 172 Mann waren verwundet. Kommandanten im Nachbarabschnitt hatten unter Hinweis auf die Neuschneemassen und eine ungewöhnliche nervöse Wachsamkeit der ihnen gegenüberliegenden Italiener eine Verschiebung des Angriffs erwirkt. Die sonst sehr ausführliche Geschichte des Feldjägerbataillons 8 meldet nicht, was die Ursache der verhängnisvollen verzögerten Befehlsübermittlung war.

Abenteuer in der Kellerwand

Weithin ragt im Plöckengebiet ein Berg mit schrecklichen Nordabstürzen in den Himmel: die 2709 Meter hohe Kellerwand. Die Italiener hielten die fast senkrecht ins obere Valentintal abstürzenden Wände für unersteigbar, sie hatten die Spitze deshalb nur durch Patrouillen gesichert.

Am 5. August 1916 machte der Fähnrich Enzenhofer das Unwahrscheinliche möglich. Er durchkletterte mit 11 Mann in voller Ausrüstung die Wand und richtete sich dort zur Verteidigung ein. Ein waghalsiges alpines Unternehmen, ja fast ein Himmelfahrtskommando, wenn man bedenkt, daß die Feldwache mit der schauerlichen, düsteren Wand im Rücken sich ja in 2709 Meter Höhe auch noch verteidigen mußte. Versorgung und Ablösung wurden zu einem geradezu selbstmörderischen Problem. Über dem Eiskar wurde einmal eine ganze Trägerkolonne durch die Garben eines italienischen MGs aus der Wand geschossen. Der Gipfel wurde am 27. November wieder geräumt. Aber die „Unternehmung Kellerwand“ blieb dennoch für alle Zeit eine bewundernswerte soldatische und eine respektgebietende alpine Tat.

Das Plöckengebiet ist im Winter eine Lawinenfalle. Der „Weiße Tod“ hat hier ebenso viele Opfer gefordert, wie das singende Eisen und das Giftgas, das im Juni 1917 auf die Cellonschulter geschossen wurde. Meterhoher Schnee erstickte im Winter jede Kampftätigkeit.

Im Frühjahr 1917 gruben Männer des Kärntner IR. 7 in achtwöchiger Arbeit einen 780 Meter langen Schneetunnel gegen die italienische Paßsperre vor, um auf diese Weise die im italienischen Zollhäuschen stehende Besatzung auszuheben und sich dort festzusetzen. Am 23. Mai um 2 Uhr nachts stießen 54 Mann unter Fähnrich Pekart durch den Schneestollen vor. Der ersten Sturmpatrouille glückte der Ausfall, doch schon die folgende wurde vom feindlichen Feuer erfaßt. Die italienische Wache — ein Offizier und dreißig Mann — verteidigte sich entschlossen. Es kam zu einem erbitterten Nahkampf, ein Großteil der italienischen Feldwachebesatzung blieb tot oder verwundet am Platze. Nur vier Mann wurden gefangen. Aber auch die Angreifer hatten Verluste: Der Fähnrich und drei seiner Männer fielen, sechs wurden verwundet. Beim Rückzug wurde der Stollen gesprengt.

Auf den sieben Soldatenfriedhöfen des Plöckengebietes liegen an die 3000 Soldaten begraben, Söhne aller Völker der Monarchie. Unter den 30.000 Mann, die den Abschnitt besetzt hielten, waren im November 1915 Soldaten aus 11 Nationen, u. a. 6700 Tschechen, 3200 Serben, 2800 Ungarn, 2400 Ruthenen, 2300 Kroaten, 1800 Slowenen und sogar 800 Soldaten italienischer Sprache.

Diese Friedhöfe sind die einzigen Ruhestätten des ersten Weltkrieges, die heute noch auf österreichischem Boden liegen. Markierte Steige führen auf den Kleinen Pal, der mit seinen Stellungsresten ein wahres Freilichtmuseum des Alpenkrieges geworden ist.

Eine einzigartige Flora schmückt die Hänge des Plöckenabschnittes vom Promos über den Freikofel bis zum Kleinen Pal. Über den einstigen Schützengräben blühen die Vergißmeinnicht, neben den dunklen Augen der Kavernen grüßt der Türkenbund. Auf dem schütteren Almgras des Bodens, auf dem so viele Menschen starben und so viele Verwundete röchelten, glüht der Almrausch: So rot wie Blut.

Oben:
Stollen zur österreichischen Seilbahnstation auf dem Cellon. Durch ihn entkam beim italienischen Überfall auf den Gipfel jener Mann, der sich entlang des Drahtseiles in die Tiefe retten konnte.

Unten:
Österreichisches Gebirgsgeschütz in Stellung auf dem Kleinen Schlichtel. Aufnahme aus den ersten Kriegswochen.

KANONENDONNER UM DEN WISCHBERG

Julius Kugy, der Eroberer der Julierwände, der große Herold dieser Bergwelt, war nie Soldat. Er war wegen seiner Kurzsichtigkeit bei der Musterung 1876 wehruntauglich gewesen und er gestand später in seinem Buch „Arbeit, Musik, Berge, ein Leben", daß er sich wegen seiner Untauglichkeit geschämt habe.

Er war schon 58 Jahre alt, als er doch freiwillig an die Front ging: Als Zivilist, als Alpinberater, dem es zu danken ist, daß die Zahl der Lawinentoten in der Wischberggruppe sich in bescheidenen Grenzen hielt, während sie in den Nachbarabschnitten erschreckende Ausmaße annahm.

Julius Kugy war eine große Gestalt des Alpen-Adriaraumes. Ihm haben alle Völker Denkmäler gesetzt, die im Bann der Julischen Alpen leben. Er war der Sohn eines deutschen Kärntners und einer italienischen Triestinerin. Seine Gefährten im Fels waren Slowenen, Deutsche, Friulaner. Das Vaterland aber, das er liebte, war das große alte übernationale Österreich.

Kugy ist zwar in Görz am 18. Juli 1858 geboren, aber sein Aufenthalt in der Villa Graffenberg des Grafen Coronini war von kurzer Dauer. Im Hafen von Triest hatte nämlich damals eine Choleraepidemie geherrscht, und als diese abgeebbt war, kehrte seine Mutter mit ihm wieder nach Triest zurück. Dort wurde er getauft.

Die Magazine des Handelshauses Kugy & Co. standen in der Via

Oben:
Die Blockscharte am Montasch. Von hier aus leitete die tollkühne Patrouille Horns im Rücken der italienischen Linien das Feuer in das italienische Dognatal.

Unten:
Artilleriebeobachter auf dem Großen Nabois. Von hier aus sah Kugys Gefährte Oitzinger im Sommer 1915 sein Haus in Wolfsbach (Vulbruna) in Flammen aufgehen.

Anastasia. Auch sein Vaterhaus stand dort. Es war einstöckig, von Wiesen und Gärten umgeben; da blühten die Mandelbäume und die Aprikosen, und von den Fenstern aus sah man das Meer.

Die Via Anastasia gibt es heute noch. Sie führt aus der unmittelbaren Nähe des Triester Bahnhofes wie einst nach Opčina hinauf, aber von Villen und Gärten und Mandelbäumen, vom Blick aufs Meer ist keine Spur.

Ein steinernes Meer drängt heute an den Hafen. Die Via Anastasia säumen alte und neue Miets- und Geschäftshäuser, Front an Front, da gibt es keine Lücke mehr. Das einstöckige Haus der Kugys ist längst verschwunden und hat einem weißen Häuserblock Platz gemacht. Nur das Pflaster ist noch da, auf dem der Bergsteiger so oft zum Bahnhof eilte, um nach Tarvis, nach Kronau oder nach Wochein zu fahren.

Kugy hat erst mit sechs Jahren Deutsch gelernt. Er erzählt:

„Die Muttersprache meiner Mutter war italienisch. Wir Buben sprachen deshalb bis zu unserem 5. oder 6. Lebensjahr nur italienisch und kannten kein Wort deutsch. Da sagte eines Tages mein Vater, er sei ein deutscher Kärntner und wünsche, daß die Kinder deutsch erzogen würden. Die Umwandlung wurde sofort ins Werk gesetzt. Die Eltern und auch Urschka, die slowenische Hausgehilfin, sprachen nun deutsch zu uns. Es kam ein deutscher Lehrer ins Haus."

Später besuchte Kugy das deutsche Gymnasium der Hafenstadt, die damals in höchster Blüte stand. Er selbst bekennt, daß er im Gymnasium „der Raufer des Jahrhunderts" war. Aber er war ein guter Schüler, ein begeisterter Botaniker, ein Schwärmer für Musik und schöngeistige Welt. Der Schillerverein, der damals in Triest 2000 Mitglieder zählte, hat mit seinem kulturellen Leben befruchtend auf den jungen Studenten gewirkt.

Nach dem Jus-Studium in Wien machte er sein Gerichtsjahr in Triest, wobei er sein Italienisch perfektionierte. Im Triest der Monarchie war nämlich italienisch nicht nur die Sprache der Marine, auch die Gerichtssprache war italienisch. Bei der Handels- und Kriegsmarine war italienisch die inoffizielle Dienstsprache. In der Marineakademie der Monarchie in Venedig (die später nach Fiume verlegt wurde) wurde nur italienisch unterrichtet. Das Zeugnis, mit dem Wilhelm von Tegetthoff, dem späteren Seehelden der Monarchie, der erfolgreiche Abgang bescheinigt wird, ist in italienischer Sprache ausgestellt.

Das wirft ein bezeichnendes Licht auf die Lage des italienischen Volkstums im alten Österreich.

Übrigens Tegetthoff: Julius Kugy hat ihn noch gekannt. Er hat ihn gesehen, als der Seeheld nach der siegreichen Schlacht von Lissa 1866 nach Triest zurückkam. „Urschka", schrieb Kugy, „führte uns zum großen Volks- und Matrosenfest. Ich hörte noch die brausenden Hurrarufe beim Erscheinen des siegreichen Flottenkommandanten und den feierlichen Akkord der Kaiserhymne".

Kugy hat Uniformierung nie mögen. „Sehe ich einen General oder einen uniformierten Würdenträger", bekennt er, „so denke ich heute noch an einen Hahn, der in seinem bunten Federkleid herumstolziert." Kugy hat auch prompt in seinem Schnürlsamtanzug als Alpinreferent Dienst gemacht und nur bei gefährlichen Unternehmungen eine Uniform angezogen, um nicht als „Franktireur" erschossen zu werden.

Bei aller Abneigung gegen die Uniform war der Herrenmensch Julius Kugy durchaus für Gehorsam und Autorität. Nach dem Krieg schrieb er: „Ich habe mit 58 Jahren noch meine Pflicht erfüllt. Ein Feigling, ein Schwächling ist der, der sein Vaterland in der Not nicht verteidigt."

Kugy hat auch nach dem Krieg als italienischer Staatsbürger kein Hehl aus seinem Einsatz für das alte Vaterland gemacht. Fast trotzig schreibt er: „Ich bin heute italienischer Staatsbürger. Aber das soll man wissen, daß ich, ohne zu zögern, Hab und Gut, Gesundheit und Leben in den Dienst des untergehenden Vaterlandes gestellt habe."

Trotzdem wollte er merkwürdigerweise seine Kriegserinnerungen erst 30 Jahre nach seinem Tode veröffentlicht haben. Er hat sie schon 1917 als letztes Kapitel seines großen Bergbuches „Aus meinem Bergsteigerleben" niedergeschrieben. Aber dieses letzte Kapitel hielt er geheim. Im folgenden sollen einige seiner Erinnerungen im Lichte unserer Zeit lebendig werden. Manche Überraschung kommt dabei zutage.

Kugys „gefährlichste Nacht“

Wunderschöne Ausblicke auf Nabois und Wischberg bietet der Aufstieg zum Praschniksattel, dieser Senke zwischen dem Steinernen Jäger und den Schwalbenspitzen.

Im Krieg sperrte der Sattel den Italienern den Weg ins Kaltwassertal, und wer genau hinsieht, kann dort noch heute die Spuren von Schützengräben sehen. Sonst hat die Natur ihr grünes Kleid über die Stellungen von einst gelegt.

Viel Kampflärm hat es auf dem Praschniksattel nicht gegeben, aber eine der spektakulärsten Unternehmungen, die in den Julischen Alpen im ersten Weltkrieg durchgeführt wurden, ist von hier aus vorbereitet worden.

Einer der jungen Fähnriche, die damals in dem Abschnitt lagen, erinnerte sich nach dem ersten Weltkrieg, nach dem Erscheinen des ersten Kugybuches, in einem Artikel in der „Grazer Tagespost“ an die Begegnung mit Kugy und Horn. Er schrieb damals:

„Bei Betrachtung des Bildes, das Dr. Kugy darstellt, erinnere ich mich noch lebhaft des alten Herrn, der eines Tages im Juni 1915 beim IX. Marschbaon des Grazer Schützenregimentes Nr. 3 auf dem Praschniksattel auftauchte und dort als einziger Zivilist im braunen Schnürlsamtanzug großes Aufsehen erregte. Wir kannten ihn bisher nicht persönlich, wohl aber seinen Namen aus den Jahrbüchern des Deutschen und Österreichischen Alpenvereins, in denen wir seit Kriegsbeginn nach Beschreibungen der Wischberg- und Montaschgruppe fahndeten, um Anstiegsrouten zu erkunden und uns vor allfälligen Überraschungen durch Alpini zu schützen.

Wir jungen Fähnriche lasen dort von seinen kühnen Ersteigungen der grausig steil aufragenden Montaschnordwand und während der Blick von Dr. Kugy hinüber zum Montasch wanderte und das Auge im Geiste seinen Anstiegsrouten folgte, schien uns seine hohe, breitschultrige Gestalt noch wuchtiger, als sie es ohnedies war.

Bald erhielten wir aber weiteren Zuzug von Zivilisten. Da kam eines Tages der Wolfsbacher Führer Oitzinger und der Führer Dupona aus Kaltwasser heraus und wir schlossen daraus, daß es sich wohl um etwas Besonderes handeln müsse, weil auch von uns Patrouillen durchs Seiseratal gegen den Montasch, das Köpfach und den Dognasattel geschickt wurden.

Dann tauchte wieder eines Morgens ein Herr in Zivil bei uns auf, der mir sehr italienisch vorkam, denn er hatte krauses Haar und einen ebensolchen Schnurrbart und wir hielten ihn für einen italienischen Spion. Wie aber staunten wir, als wir hörten, daß dieser Herr soeben aus Knittelfeld in der Steiermark hierher bestellt worden sei. Es war Ing. Horn, der mit der Aufgabe betraut worden war, sich durch die italienischen Feldwachen durchzuschleichen, hinter ihrem Rücken einen Felsturm an der Montasch-Westseite zu erklettern und von dort die Stellung der italienischen Mörser im Dognatale auszukundschaften.

Nachdem Ing. Horn für alle Fälle seinen Zivilrock mit einer Fähnrichsbluse vertauscht hatte, ging's ans Werk. Während sein Rückzugsweg durch Patrouillen gedeckt wurde, erkletterte er den Turm, fand die Mörser, signalisierte ihre Lage den im Latschengewirr der Naboisscharte versteckten Telefonisten und einige Schüsse unserer 35 cm-Mörser aus Raibl fegten ihre italienischen Widersacher weg. Als sich aber nach einigen Wochen die Italiener Ersatz angeschafft hatten, machte sich Ing. Horn ein zweites Mal auf den gefahrvollen Weg, doch scheinen die Italiener seine Mauerhaken entdeckt zu haben, da er den Weg verlegt fand. Diese Heldentat brachte ihm die ‚Goldene' ein."

So sah der steirische Fähnrich von damals das „Unternehmen Horn" aus seiner Sicht vom Praschniksattel aus.

Kugy hat das Unternehmen vorbereitet. Bei einem Erkundungsvorstoß zur Naboisscharte wäre er dort, wo heute die Pellarinihütte steht, beinahe erschossen worden. Aber lassen wir ihn selbst erzählen: „Um die Schneeverhältnisse von der Großen Naboisscharte aus zu prüfen, fuhr ich mit Oitzinger sofort am 1. Juli nach Tarvis und weiter nach Wolfsbach. Ich traf da spät abends ein, nahm bei den Offizieren der Stellung in der Seisera ein Glas Wein; um 11 Uhr nachts führte man mich durch die Drahtverhaue. Oitzinger war an meiner Seite. Wir trugen Mannschaftsblusen, waren aber ohne Waffen, gingen natürlich ohne Laterne. Wir wußten, wo ungefähr die Feldwachen standen, hatten Feldruf, Losung und Parole; vor feindlichen Patrouillen, die in Seisera und Zapraha streifen konnten, war ich gewarnt worden, stete

Deckung hatte man mir dringend empfohlen. Es ist mir erst später klar geworden, wie stark ich mich damals exponiert habe. Wären wir in Feindeshand gefallen, so hätte man uns ohne weiteres nach Kriegsrecht als Spione gerichtet. Meine Kenntnis der Julischen Alpen habe ich mir im ehrlichen Dienste des Alpinismus und ohne alle Nebenabsichten erworben. Wer in Italien wäre damals so vorurteilsfrei gewesen, daß er mir das geglaubt hätte?

Wir schritten langsam der Zapraha zu. Der Himmel war verhangen, es war anfangs so dunkel, daß wir kaum unseren Weg erkannten. Um Mitternacht hörte ich meine erste Granate. Sie erhob sich mit schauerlichem Geheul über dem Pipergrat, gleich darauf vernahmen wir ihren Einschlag von Malborgeth her. In einer Heuhütte schliefen wir eine Stunde, dann stiegen wir vorsichtig und leise in der Zapraha empor. Manchmal trat die Mondsichel aus den ziehenden Wolken hervor: Dann sahen wir im schwachen Schimmer die bleichen Felsgrate in der Höhe, das Schneeband des Götterweges blitzte auf, die Waldberge standen schwarz. Die Situation war mir so neu und alles schien so märchenhaft fremd. Noch niemals hat mich eine Bergnacht mit so ernsten Augen angeschaut.

Im Morgengrauen erreichten wir die Saifnitzer Karnica. Schon hier konnten wir feststellen, daß die Schneeverhältnisse ganz ausgezeichnet waren. Die Kletterwege befanden sich in idealem Zustand. Die Große Naboisscharte war damals von uns noch nicht besetzt. Dagegen befand sich die Bärenlahnscharte in Händen des Feindes. Da wir wußten, daß von dort her die nordwestlichen Wischbergbänder unschwierig in die Naboisscharte herüberführen, da ferner Osvaldo Pesamosca drüben den Italienern zur Verfügung stand, dem diese Bänder so gut bekannt waren wie uns selbst, so näherten wir uns der Scharte mit sehr begründetem Mißtrauen. Oft blieben wir stehen und blickten hinaus, ob sich nichts Verdächtiges zeige. Das letzte Stück nahmen wir in vorsichtigem Anschleichen. Glücklicherweise erwies sich die Scharte als frei, wir blieben lange oben und schauten, vor dem eisigen Winde hinter Felsblöcken geschützt, über die Hochgebirgslandschaft hin.

Wie ernst sind die Berge im Krieg! Keine Laterne leuchtet deinem Weg, kein Biwakfeuer brennt zur Rast, kein freundliches Licht grüßt herauf aus dem nächtlichen Tal. Nicht ferne Kirchenglocken am Morgen, nicht Herdengeläute von den Weiden. Die Almen stehen verlassen, die Ställe leer, die offenen Türen erzählen von Armut und Not. Kein

Hirtenruf, kein Jauchzer aus beseligter Brust. Die Freude ist fortgezogen. In den Hochkaren verängstigte, versprengte Gemsen. Du stehst nicht frei im Licht und grüßest nicht Gottes herrliche Natur. Du liegst gedeckt hinter dem Gipfelblock und spähst in die Runde nach den Stellungen des Feindes. Du suchst nach Mitteln, um ihn zu vernichten. Drüben pochen die Maschinengewehre, der Donner der Geschütze rollt hundertfach durch die Wände!

Als wir durch die Saifnitzer Karnica zurückgingen und eben ein gemütlicheres Sichgehenlassen einzutreten begann, bemerkten wir auf der Karnicascharte Militär. Wir waren zuerst im Zweifel, ob es Freund oder Feind sei, endlich erkannte Oitzinger Jungschützen. Drei von ihnen begannen, rasch gegen uns abzusteigen. Sie riefen uns etwas zu, was wir nicht verstanden. Es fiel mir befremdend auf, daß sie sich sprungweise und hinter Blöcken gedeckt, auf mich zielend, näherten. Wiederholt hörte ich Oitzinger, der entfernt stand, rufen: „Nicht schießen!" Plötzlich stürmten sie hervor und vollführten gegen mich, der ich sie neugierig, und ohne rechtes Verständnis für ihr Tun, ruhig erwartete, einen Staunen erregenden Bajonettangriff. Sie hielten mich für einen verkleideten Spion, fürchteten Alpini, verborgen im nahen Krummholz, und waren ganz sinnlos vor Aufregung und Wut. Im Scherze habe ich später erzählt, ich sei damals nur darum lebend davongekommen, weil die Jungschützen nicht recht wußten, sollen sie mich zuerst „derschießen" oder zuerst „derstechen". In Wahrheit hat mich nur meine große Ruhe gerettet, die mich keinen Augenblick verließ, und die dem zur zweiten Natur wird, der oft durch Gefahren gegangen ist.

Oitzinger komplizierte die Sache. Der treue Mann hatte die Gefahr gesehen, in der sein Herr schwebte, und war herausgesprungen mit der offenkundigen Absicht, dem Führer der Jungschützen die Waffe zu entreißen. Ich sah dessen Finger am Drücker und hatte seine Bajonettspitze an der Brust, die Bajonette der beiden andern am Rücken. Mit einem scharfen Zuruf konnte ich Oitzinger noch rechtzeitig bannen.

Später rauchten wir alle zusammen von meinen Zigarren. Als wir uns in guter Freundschaft trennten, gaben uns die jungen Krieger den „Trost" mit, wir würden ohne Zweifel tiefer unten von feindlichen Patrouillen aufgegriffen werden. Sie wandten sich flink bergwärts, wir setzten in einer etwas eigentümlichen Stimmung unseren Abstieg fort. So scharf habe ich wohl noch nie umher gespäht. Aber die Wälder

der Zapraha lagen so ruhig und still! Als wir heraustraten, verschmähten wir weitere Deckung und zogen angesichts von Köpfach und Mittagskofel in einer geraden Linie über die Wiesen und das weiße Schotterbett des Tales unseren Stellungen zu. Wieder eine warme Suppe und ein Glas Wein bei den Offizieren, dann gingen wir weiter hinaus nach Saifnitz, wo uns ein Wagen erwartete. So endete jener 2. Juli 1915, dessen ich zeitlebens gedenken werde."

Wagnis unterm Drachenturm

Nach dieser Erkundung lief das „Unternehmen Horn" an, das den bisher unerreichbaren, verborgenen italienischen Batterien im Dognatal zum Verhängnis werden sollte.

Über diese kühnste alpine Tat ist viel geschrieben worden. Kugy steuert dazu in seinen Kriegsbildern aus den Julischen Alpen einige bisher unbekannte Details bei:

Bilder rechts:
Oben:
An die 10.000 Freiwillige Jungschützen meldeten sich vor Kriegsausbruch zur Verteidigung der Kärntner Grenze. Ausbildung, Ausrüstung und Bewaffnung waren miserabel. Aber bewundernswert war der Opferwille. Der Schleier der Jungschützen und Landsturmeinheiten täuschte den Italienern eine besetzte Grenze vor.
Unten:
Die ersten Gräber unter der Kastreinspitze. Lawinen hatten sie bald wieder weggerissen.
Bilder umseitig:
Oben:
Das war die italienische Stellung auf dem Kuglic, die 1916 von tollkühnen Freiwilligen besetzt worden war. Reste sind heute noch zu sehen. Auf der Kuppe steht heute die Stuparich-Hütte.
Unten:
Von links nach rechts: Mittagskofel, Piper, Piperscharte (Pfeil) und östlicher und westlicher Zweispitz.

Er war mit Ing. Horn, dem Erschließer des Hornweges, einig darüber, daß der Einblick in das Dognatal am besten aus der Blockscharte erfolgen konnte. Das ist ein wahres Zaubertor, das sich zwischen der Montaschwand und einem vorstehenden Riesenblock knapp unter dem ersten Aufschwung der Drachentürme öffnet. Der Blick ins Dognatal steigert sich dort zu immer gewaltigerer Wirkung, je weiter man zur Kanzel vordringt.

Aber der Weg dazu ist nur den besten Alpinisten vorbehalten. Steile Kaminreihen sind zu überwinden und schmale Bänder über fürchterliche Tiefen. Schwierig schon im Frieden. Aber jetzt lag der Einstieg in der Montaschwand schon hinter den italienischen Feldwachen in der Seisera und drüben am Köpfach (Jofsomdogna) sahen die italienischen Posten Teile der Aufstiegsroute ein.

Horn, dieser tollkühne Mann, hatte sich schon zu Beginn des Krieges freiwillig für eine Unternehmung zur Blockscharte gemeldet, war aber abgewiesen worden und kehrte wieder in seine Eisenbahnwerkstätte nach Knittelfeld zurück, er war ja „uk." gestellt. Jetzt wurde er wieder gerufen und er kam sofort. Es sollte zunächst eine rein alpine

Bilder umseitig:
Oben links:
Leutnant Viktor Stockinger entriß den Italienern in verwegenem Gegenstoß den Kleinen Mittagskofel.
Oben rechts:
Oberleutnant Cordin fiel im Nahkampf um die Spitze des Kleinen Mittagskofel.
Unten:
Kastreinspitze im Sommer. Strickleitern führten zu den einzelnen Postenständen.
Bilder links:
Oben:
Scottihütte auf dem Wischberg. Links vorne der tollkühne Leutnant Dr. Guido Mayer, neben ihm Leutnant Klauer, dahinter Leutnant Klug, ganz rechts Hauptmann Reinl, neben ihm Oberleutnant Milac. Die Aufnahme machte Leutnant Zobek, der 1945 in der CSSR vom tschechischen Mob erhängt wurde.
Unten:
Zwei Mann der einsamen Wischbergbesatzung. Links vorn der Rombon, dahinter der Krn.

Erkundung vorgenommen werden, denn man hatte noch keinen Artilleristen gefunden, der den Schwierigkeiten dieser Route gewachsen gewesen wäre.

Kugy gab Ing. Horn die zwei besten damals verfügbaren Kletterer aus dem Trentatal als Begleiter und als Träger mit. Kugy schreibt, daß die Auswahl dieser beiden ein Mißgriff war. Sie bewährten sich nämlich nur in den Felsen, nicht aber vor dem Feind. Die Angst demoralisierte sie; in der Tat war das Risiko schrecklich. Zu den gewaltigen Schwierigkeiten im Fels und zu der grauenvollen Exposition kam ja noch die drohende Einwirkung durch den Feind. Man wußte ja nicht, ob der Montaschgrat von den Alpini besetzt war. Drüben am Köpfach standen auf jeden Fall die Batterien und Maschinengewehre des Feindes. Wer hier oben getroffen wurde, hatte keine Chance mehr.

Unter diesen Umständen mußte das Klettern sicher eine Nervenfolter gewesen sein, der vor allem einer der beiden nicht gewachsen war. Seine Zaghaftigkeit drohte das ganze Unternehmen in Gefahr zu bringen. Als unten am Wandfuß auch noch eine Alpinipatrouille auftauchte, war es mit seiner Fassung völlig vorbei. Da unten standen doch wahrhaftig an die zehn feindliche Soldaten und sahen alle in die Kaminreihe zu den Österreichern hinauf. Sie haben sie nicht gesehen, sie blickten nur nach oben, weil sie Steinschlag aufmerksam gemacht hatte. Aber das wußten die drei nicht. Den Trentaner lähmte jetzt die Angst, er könne gefangen und als Spion erschossen werden. Der Mann drehte durch.

Was sich da oben zwischen Himmel und Erde abgespielt hat, wird man nie mehr erfahren, denn Ing. Horn, dieser vornehme Mann, hat auch nach dem Krieg über diesen Vorfall in allen seinen Berichten geschwiegen und alle Beteiligten sind längst schon tot. Kugy wird die Einzelheiten dieser dramatischen Auseinandersetzung sicher gewußt haben, aber auch er beschränkt sich auf die lakonische Feststellung, daß Horns „hinreißende Energie und stahlharte Kraft“ die Situation gerettet habe.

Auf jeden Fall ließ er seine Begleiter zurück und überschritt das vom Köpfach aus eingesehene Band zur Blockscharte allein. Er hüllte sich vorher in eine graue Regenhaut und markierte so einen Felsblock, der sich in Zeitlupe unendlich langsam, Zentimeter für Zentimeter, in die Blockscharte hinüber schob.

Die Patrouille kam heil zurück. Jetzt erst schritt man zum militärischen Teil der Aktion.

„Es wurde nun“, schreibt Kugy, „über die nicht leichte Wahl des Artilleriebeobachters beraten, der natürlich Artillerieoffizier und gleichzeitig erstrangiger Felskletterer sein mußte. Ich hatte schon eine Anzahl von Kandidaten dankend ablehnen müssen, da deren alpine Kraft nicht reichte, als sich mir vor dem Gasthof Gelbfuß in Tarvis ein junger Artilleriekadett mit der Bitte um alpine Beschäftigung vorstellte: Dr. Ing. Guido Mayer. Ich wußte sofort, daß der Artilleriebeobachter gefunden sei. Was dieser so ruhig blickende, erst klug und vorsichtig erwägende, dann blitzschnell zufahrende und kühn durchführende junge Mann geleistet hat, ist geradezu wunderbar. Er ist im Verlaufe der Monate der Benjamin aller klarblickenden Elemente in Brigade, Division und Armee geworden und war deren unentbehrlicher und über alles zuverlässiger Held.

Er ist abgesehen von seinen sonstigen militärischen Verwendungen Bergführer, Meisterlehrer der Kletterschule, Patrouillenführer und Aufklärer im schwierigsten Gelände, Artilleriebeobachter, Flieger gewesen, stets mit der gleichen ruhigen und sicheren Vollendung.

Das Unternehmen wurde zweimal in je drei Tagen militärisch durchgeführt, hatte einen großartigen Erfolg. Die Beobachtungen wurden in die Naboisscharte signalisiert. Was an feindlicher schwerer Artillerie sichtbar war: Mörser, Haubitzen, Schiffskanonen, dazu ein großes Infanterielager in Chiout, wurde von unseren 30,5 cm-Motormörsern zusammengeschossen. Ein Jubelschrei ging durch die Armeegruppe Rohr. Acht Tapferkeitsmedaillen, darunter drei goldene, waren der sichtbare Lohn für die Helden der Expedition und für deren Sicherungsmannschaft.

Der Feind war in begreifliche Aufregung geraten und suchte fieberhaft nach unserem Beobachtungspunkt. Vielleicht war die Anzahl der Teilnehmer an der dritten Expedition zu groß gewesen. Vermehrter Steinschlag, Spuren im Schutt der Einstiegstelle scheinen diese verraten zu haben. Der Feind stieß von Köpfach her vor und besetzte den Felseneinstieg.“

Kugys Vermutungen über die Ursache der Entdeckung treffen nicht zu; italienischen Nachkriegsdarstellungen zufolge, hatte man zuerst an Spione gedacht, die vom Dognatal aus den Standort der Batterien verraten haben könnten. Eine wilde Spionenjagd setzte ein. Später konzentrierte man sich rein auf den Montasch. Eine Alpinpatrouille fand dann auf der Blockscharte österreichische Bierflaschen. Das Rätsel war gelöst.

Himmelfahrtskommando am Enzianturm

Nachdem die Beobachtungsstelle in der Blockscharte verloren war, sann Kugy auf neue Möglichkeiten, ein Auge in das Dognatal werfen zu können, in dem die Masse der italienischen schweren Batterien stand.

„Eine Nacht und den ganzen folgenden Tag kombinierte ich im Geiste ohne Unterlaß die vorhandenen Durchstiegs- und Einblicksmöglichkeiten. Am zweiten Tag fuhr mir die Lösung plötzlich wie ein Blitz durch den Sinn.

Der Feind beherrschte damals das westliche Kar unter dem Montasch und damit die Felseneinstiege zum Hornschen Weg, zum Nordwestschulterweg und zum direkten Nordanstieg. Aber das östliche Kar war noch frei und aus diesem legte ich eine neue Route."

Diese neue Route führte, den direkten Nordanstieg und den Nordwestschulterweg querend, durch die ganze Riesenfront der Nordwand bis hinüber zum Drachengrat, in dessen obersten Turmscharten der neue Beobachtungsstand errichtet werden sollte. Er wäre 300 Meter über dem verlorenen Auslug in der Blockscharte gelegen.

Es war ein gewaltiger Plan. Er hätte nach Ansicht Kugys bergsteigerisch alles in den Schatten gestellt, was bisher am Montasch geleistet worden war. Dazu kam aber noch die Gefahr durch den Feind, der ja oben auf den Graten des Montasch saß. Der tollkühne Leutnant Dr. Guido Mayer hatte sich dennoch sofort für die Unternehmung gemeldet, der Brigadekommandant machte aber Kugy einen Strich durch die Rechnung. Er sagte: „Ich riskiere den Mayer nicht." Er war ja das alpine Wunderkind der Brigade.

Dieser Versuch, ein Fenster ins Dognatal aufzutun, mußte zwar aufgegeben werden, aber für ein nicht minder gefährliches Unternehmen riskierte die Brigade den unentbehrlichen alpinen Artillerieoffizier Dr. Guido Mayer dann doch.

Um wenigstens in die Somdognasenke und in die Falten des Planjarückens hineinblicken zu können, begann Kugy als erreichbaren Beobachtungspunkt den 1931 m hohen Enzianturm in Erwägung zu ziehen. Es war ihm natürlich klar, daß es da nicht nur die technischen Schwierigkeiten zu überwinden galt, die enorm waren. Vor dem Krieg war nur dem Geschwisterpaar Poech die Besteigung des Turmes gelungen. Aber damals war Frieden.

Jetzt aber lauerten in 300 Schritt Luftlinie vom Turm entfernt die Alpini auf dem „Schwamm" des Brdogrates. Da gab es bei Tag kein Klettern. Da mußten die mörderisch steil abstürzenden griffarmen Wände bei Finsternis bezwungen werden. Ein ungeheuerliches Beginnen, denn es durfte bei dem nächtlichen Klettern kein Geräusch gemacht werden; da durfte kein Stein fallen, keine Waffen klirren.

Das Kletterphänomen Guido Mayer wagte sich dennoch an dieses Himmelfahrtskommando. Er sicherte den Fuß des Turmes von der Spranje aus gegen Kuglic und Bärenlahnscharte mit den verläßlichsten und besten Männern der Hochgebirgsmannschaft. Dann stieg er in der Nacht vom 12. auf 13. September 1915, nur von seinem getreuen Marek begleitet, vom Enziankar aus ein.

Unbemerkt von den Italienern erreichte er die Spitze. Er lag dann, als es hell wurde, versteckt im Krummholz. Deutlich sah er drüben am Brdograt, am „Schwamm" die unbekümmerte italienische Besatzung. Er hätte sie mit Marek Mann für Mann abschießen können.

Aber dazu war er ja nicht auf den Turm geklettert, er wollte ja in die Somdognasenke schauen.

Und dort war in der Tat etwas Erstaunliches zu sehen. Der Feind war daran, ein eben aufmontiertes Ungetüm schwersten Kalibers gegen Sicht zu markieren. Mayer war gerade noch zurecht gekommen.

Kugy berichtet: „Wir zogen sofort die Konsequenzen. Unser 30,5 cm-Mörser bekam Arbeit. Wenige Tage nachher war das Ungeheuer mit einigen Schüssen in Stücke zerhauen.

Die Schußbeobachtungen hatten wir nicht vom Enzianturm machen können. Telefonleitung dahin oder optische Signale von drüben hätten den Transport verraten. Da ist der Spranjeturm zum ersten Mal zu Ehren gekommen, der später noch wiederholte Male prächtig gedient hat. Er steht nicht so günstig wie der Enzianturm. Aber Mayers unfehlbares Auge hatte die italienische Batterie, von der die schwere Gefahr drohte, schon genau erfaßt; für alles Folgende genügte der Spranjeturm. Das Telefonkabel bis zum Beobachtungsstandpunkt wurde von der Großen Naboisscharte aus durch die NW-Schlucht gelegt. Der Feind hat, als die ersten schweren Granaten gekommen waren, alle unsere Artilleriebeobachter unter wütendes Feuer genommen, aber zu spät und ohne Erfolg. Auch hat er den richtigen, in den Felsen des Spranjeturmes verborgenen Beobachter nicht erspäht.

Ich glaube, wir haben damals Stadt, Hauptbahnhof und Brigadekommando Tarvis vor schwerem Ungemach gerettet. Freund Mayer wurde für diese Tat schön ausgezeichnet. Für mich, den geistigen Urheber der Unternehmung, ist ein kleinstes Wort des Dankes vergessen worden. Aber das macht nichts; es war ja nicht das erste und nicht das letzte Mal und ist vielleicht auch nicht der Rede wert. Ich hatte mich wahrlich nicht um des Dankes willen gemeldet. Das wissen alle."

Über die alpine Großtat Guido Mayers am Enzianturm ist leider nicht viel bekannt geworden.

Als der begeisterte junge Bergsteiger Norbert Nau aus Feldkirchen in Kärnten nach dem ersten Weltkrieg, fasziniert von den Taten in den Julierbergen, begann, die Geschehnisse aufzuzeichnen, da hatte er sich auch an Dr. Guido Mayer in Wien gewandt. Er bat ihn um Mitarbeit, um die Schilderung seiner Unternehmungen.

Mayer hatte abgelehnt.

Die Ursache muß wohl in den unglückseligen politischen Spannungen und im Antisemitismus dieser Zeit gelegen haben. Dr. Guido Mayer, der unbestrittene alpine Held des Wischbergabschnittes, der freiwillig alle Himmelfahrtskommandos am Drachengrat, in der Lawinengasse der Nordostschlucht, am Enzianturm übernommen hatte, war Jude. Er war eine Gestalt, wie sie heute in die israelische Elite des Sechstagekrieges passen würde.

Dr. Mayer hatte damals eine eigene jüdische Sektion des Alpenvereines gegründet, die nach heftigen Anfeindungen schließlich dem Arierparagraphen zum Opfer fiel. Der Groll darüber mag Mayer bewogen haben, Naus Bitte abzulehnen. So fehlt seine Schilderung im Wischbergbuch.

Aber im Kriegsarchiv in Wien ist die trockene Meldung noch vorhanden, die Mayer 1915 damals nach seiner Unternehmung erstattet hatte. In dieser heißt es am Schluß zusammenfassend:

„Der Abstieg wurde im Hochgewitter um 19.30 Uhr des 14. September begonnen und in vollständiger Dunkelheit bis zum Tagesanbruch des 15. September beendet.

Die Kletterei übertrifft an Schwierigkeit alle anderen, von mir während des Feldzuges unternommenen Patrouillengänge. Die Nähe des Gegners, das Tragen der Rüstungen und Waffen über die Wände, der Abstieg im Gewitter hat das Höchstmaß von Anforderungen an die beteiligte Mannschaft gestellt."

Handstreich auf den Montasch

Schon am 8. September 1915 hatte Kugy schriftlich und mündlich den Vorschlag eingereicht, im Handstreich den Montasch zu erobern. Natürlich wurde er zunächst abgelehnt. Er war zu phantastisch. Kugy war ja nie Soldat. Er selbst bekennt: „Ich war trotz meines glänzend ausgebildeten Körpers ob meiner Kurzsichtigkeit vom Militärdienst befreit worden. Das hat mich damals tief beschämt. Ich schlich nach der Stellung auf Umwegen nach Hause, weil ich das Gefühl hatte, es liege ein Makel auf mir, es sei eine Schande".

Jetzt war er als Zivilist Alpinreferent einer ganzen Brigade und als Alpinist wußte er eben, wie gut man vom Montasch auf Neveasenke und Dognatal schauen konnte.

Zunächst schien ein solches Vorhaben tatsächlich undurchführbar zu sein. Der Feind hatte scheinbar alle Gipfel und Scharten zwischen Cregnedul und Montaschgipfel besetzt.

Aber dann zeigte die rege Beobachtungstätigkeit der alpinen Offiziere, daß über dem Brdograt in den Verteidigungsanlagen des Feindes an der Nordseite des großen Berges eine Lücke klaffte. Dr. Mayer und Kugy beobachteten sie unausgesetzt. Verwegene Patrouillen wurden vorgetrieben. Im Jänner 1916 stiegen Dr. Mayer und Lt. Enzendorfer mit ausgesuchten Leuten bei Nacht durch die Huda Paliza bis zur Huda Palizascharte. Cima di Terra Rossa und Huda Palizascharte waren zwar besetzt, aber die Besatzung nahm es nachts offenbar mit dem Wachdienst nicht so genau. Die Patrouille blieb unentdeckt. Wer heute auf dem breiten italienischen Kriegsweg von Nevea auf die Cima di Terra Rossa geht, mag auf der Huda Palizascharte einen Blick in die Tiefe tun und sich mit Respekt an diese kühne Unternehmung jener Jännernacht erinnern.

Die Erkundungen bestätigten alle, daß sich die Lücke im Bereich des Vert Montasch befand. „Sie schien uns oft fast unbegreiflich“, schreibt Kugy, „wir konnten es uns nur mit mangelhafter Kenntnis der Ersteigungsgeschichte erklären“.

Kugy und seine Gefährten hatten recht. Überall gibt es heute Kriegssteige auf dem Hohen Kamm des Montasch. Vom Cregnedul bis zur Cima di Terra Rossa und am Montasch selbst. Zwischen Forca di Palone aber und dem Westende des Vert Montasch gibt es keine Haken, keine Kavernen, keinen Steig.

Die Lücke war also erkannt: Dort wollte Kugy den Feind überrumpeln zwischen Ende März und Anfang Mai 1916. Diese Idee bildete nach seinen Worten „den Inhalt seiner Winterträume 1915/16“. Er hatte die Genugtuung, daß der Keim an zwei Stellen Wurzeln geschlagen hatte: „Beim Armeekommandanten der Jahre 1916 und 1917 und beim Generalstabshauptmann unserer Gebirgsbrigade, Ludwig Scotti, er war mit Feuereifer dabei. Dr. Mayer war, wie immer so auch damals, meiner Meinung gewesen. So packten wir die Vorbereitungen zielbewußt an. Wir brauchten vor allem eine hochalpin geschulte Mannschaft. Dies führte zur Gründung der Kletterschule im Bartolograben bei Saifnitz. Ich werde nicht zuviel behaupten, wenn ich sage, daß aus ihr die bestgeschulte Hochgebirgsmannschaft hervorgegangen ist, welche die österreichisch-ungarische Armee je in geschlossenem Truppenkörper besessen hat.

Unsere Kletterschule wurde ein wiederholt vorgeführtes Schaustück der Brigade. Es ist niemand dagewesen, der über deren Leistungen

Oben:
Der berüchtigte Block am Götterband.

Unten:
Das war die Rast am Götterband an dem Tag, an dem vermutlich das Seil am „Block“ durchgeschnitten worden war. Julius Kugy (links vorne) wartet mit seinen Begleitern auf die Rückkehr von Dovgan. Wußte er, was dieser am Götterband wollte? — Ein einmaliges Bilddokument!

nicht in helles Entzücken ausgebrochen wäre. Das war eine Mannschaft! Fein wie die Berggigerl und scharf wie Bajonette!"

Diese Elite hat sich am Montasch freilich nicht bewähren können. Kugy schreibt: „Bei Gott, bis zu einem Tag Mitte Mai 1916 wäre uns die Überrumpelung gelungen. Aber schon Mitte April konnte man beobachten, daß der Feind, aus dem tief verschneiten Ostkar der Nordwand gegen die Höhe des Brdorückens zu, eine Steiganlage in die Felsen sprengte. Das Loch wurde offenbar zugemacht: Meinen Wintertraum 1915/16 mußte ich zu den andern unerfüllten Träumen legen."

Affäre um Bivacco Stuparich

Um es gleich zu sagen: Als sich diese interessante Geschichte ereignete, gab es die Stuparich-Biwakschachtel noch nicht. Die ist erst nach dem Ersten Weltkrieg entstanden; nach dem Zweiten Weltkrieg wurde sie durch die Schießübungen amerikanischer Artillerie zerstört und wieder aufgebaut.

Es geht hier um die Felskanzel, auf der heute die Biwakschachtel und das neuerbaute Schutzhaus steht, das wohl jeder Julierfahrer kennt. Großartig ist die Schau von diesem Felskopf in das gewaltige Panorama der Seisera.

Der Name Kuglic, den dieser Felskopf bei der Bevölkerung des Kanaltales trug, ist heute aus den Karten verschwunden. Die Bezeichnung der Biwakschachtel hat den alten Namen für diesen markanten, beherrschenden Punkt unter dem Kar der Montaschnordwand verdrängt. Schon vor der Biwakschachtel hat sich dort in alten Zeiten eine kleine Schäferhütte befunden. Sie hat Julius Kugy wiederholt als Nachtquartier gedient.

Am 18. Oktober 1915, als in der Seisera die Kanonen brüllten, und eine österreichische Brigade Köpfach, Somdognasattel und Mittagskofel erstürmen wollte, sollte eine Abteilung unter dem Befehl von

Mannschaftsküche in der Naboisscharte. Von dieser Scharte aus war zu Beginn des Krieges die Signalverbindung zu der Patrouille Horns auf der Blockscharte hergestellt worden.

Dr. Guido Mayer auch den Kuglic besetzen. Sie geriet sehr rasch schon in einen Hinterhalt, wobei Fähnrich Purkowitzer, einer der besten Bergsteiger des Abschnittes, fiel.

Die Italiener hatten den Kuglic erst besetzt, nachdem sie den klassischen österreichischen Beobachtungspunkt in der Blockscharte entdeckt hatten. Damals waren sie längs der Nordwände vorgestoßen und hatten begonnen, den Kuglic zu einem starken, uneinnehmbaren Stützpunkt auszubauen. Noch heute kann man aus den erhalten gebliebenen Anlagen erkennen, daß dieser Kuglic eine Felsenfestung ohnegleichen war. Er versperrte jetzt den österreichischen Patrouillen jeden Aufstieg zum Brdograt und zur Blockscharte. Er bedrohte die ganze Spranje und die Seisera.

Dr. Kugy gestand: „In meinen täglichen Gesprächen mit Dr. Mayer kam der Kuglic fast immer vor. Sprachen wir nicht von ihm, so dachwir an ihn."

Da kam der März 1916. Am Ende eines außerordentlich schneearmen Winters hatten bei lauem Wetter die gewaltigen Schneefälle eingesetzt, in deren unheimlichem Gefolge der weiße Tod dann an der Alpenfront über 16.000 Menschenleben gekostet hat.

Auch in den Julischen Alpen hatte Kugy als Alpinberater seine schwere, sorgenvolle Zeit. „Nichts schien vor Lawinen sicher", erinnerte er sich. „Wir bangten zu jeder Stunde und harrten der bösen Dinge, die jeden Augenblick kommen konnten." Von überall kamen die Hilferufe. Und genau in diesen Tagen, wo an allen weißen Hängen das Verderben lauerte und der Teufel los war, kam Kugy der Kuglic in den Sinn.

Der liegt doch so am Fuß der mächtigen Kare, daß man annehmen muß, die Lawinen aus den Montaschwänden müßten ständig alles hinwegfegen, was sich an dieser Felskanzel anzuklammern wagt.

Aber Kugy wußte es besser. Oft war er im Winter in der Schäferhütte auf dem Kuglic gewesen. Er hatte sie manchmal mit einem Dach angefunden, das die Schneelast eingedrückt hatte, nie aber war sie von einer Lawine weggerissen worden. Ja nicht einmal in der Nähe hatte er, karaufwärts, Spuren von Lawinen entdeckt. Kugy wußte: „Der Kuglic ist lawinensicher". Aber wußten das die Italiener auch?

„Während eines Abendgespräches mit Dr. Mayer", so erzählt Kugy, „fuhr mir der Gedanke durch den Sinn, ob nicht vielleicht der Feind, unter dem Drucke der allerorten übermächtig drohenden Gefahr und in Unkenntnis der Lawinensicherheit des Kuglic, jene Stellung vorübergehend geräumt haben könnte. Wir sandten eine Patrouille unter Führung des Kadetten Pilat in die dem Kuglic gegenüberliegenden Waldhänge des Köpfach und fanden die Vermutung bestätigt. Bis auf einige Wachposten war die Stellung wie ausgestorben und genaue Beobachtung ergab, daß jene Wachposten Strohpuppen waren, auf Täuschung berechnet. Wir meldeten sofort und erbaten den Befehl, die Stellung in der Nacht besetzen zu dürfen. Daß der spätere Gegenstoß des Feindes, der wertvollen Stellung entsprechend, ein sehr starker sein werde, haben wir keinen Augenblick verhehlt. Das war doch klar."

Bei den Kommanden hatte man keine rechte Freude mit der Unternehmung. Sie mußte bei Nacht durchgeführt werden, weil der Aufstieg ja eingesehen war; der Schnee lag mehrere Meter hoch, es waren im unteren Teil sehr steile Flanken zu queren. Jeder, der den heutigen Weg zur Stuparich-Biwakschachtel kennt, kann sich ein Bild von der Schwierigkeit des nächtlichen Vorstoßes machen. Die verwegene Schar mußte in der Seisera zuerst durch die Feldwachenlinie der Italiener schleichen, bevor sie überhaupt zum gefährlichen Anstieg kam. Dennoch stimmte die Brigade zu. Kugy berichtet:

„Am 16. März nachmittags ging Dr. Mayer mit 28 Mann unserer Abteilung ab. Sie haben sich freiwillig gemeldet. Der Generalstabschef der Brigade gestand mir tags darauf, er habe Dr. Mayers wegen in dieser Nacht nicht geschlafen. Ich war des jungen Freundes und unserer Sache so sicher, daß ich sehr gut schlief. Ich wußte, daß wir den Kuglic unserer Brigade auf einem Präsentierteller darbringen würden. Früh am Morgen des 17. weckte mich ein reitender Bote mit Dr. Mayers Telefondepesche: „Kuglic besetzt"! Da ist wohl ein heller Freudenstrahl durch mein Herz gefahren.

Der Tag brachte überraschend rasch Frostwetter, und der Gegenstoß der Alpini setzte sofort mit wohl zehnfacher Übermacht ein. Er kam hauptsächlich von der Richtung des Dreiecksfeldes über dem westlichen Kar her, also von oben herab. Sein Ausgangspunkt waren Karnicasattel und Köpfachstellung. Der Schnee war leider tragfähig geworden. Im stärksten Artilleriefeuer hat Dr. Mayer mit seiner Handvoll Leute den Kuglic 27 Stunden lang gehalten. Die Verstärkungen kamen zu spät oder gar nicht. Die Gründe bespreche ich hier nicht. Ich bin alpiner Mann und nicht Militär. Als die Gefahr, umzingelt zu werden, ganz nahe war, gab er im letzten Augenblick das Zeichen zum Rückzug. Nur einige Schwerverwundete sind in Gefangenschaft geraten. Der brave Kärntner Jungschütze Zipper ist mit Bauchschuß gefallen. Den alten Miggitsch hatte ein Alpino schon am Mantel ergriffen. „Gib Dich!“ schrie er ihn an, „Allanig net“, rief Miggitsch zurück und sprang schneidig die hohe Wand hinab in den Schnee.

Das war die Affäre vom Kuglic, bei der wir alpinen Leute unsere Pflicht getan haben. Und auf die wir trotz Mißerfolges stolz sind. Ludwig Scotti hat gefehlt, sagten wir unter uns. Aber er ruhte schon, allen Erdenkriegen entrückt, friedlich im Grab.“

Ludwig Scotti, der Bruder des Armeekommandanten, war Generalstabshauptmann bei der in den Julischen Alpen eingesetzten Brigade. Kugy war mit ihm sehr eng befreundet. Er rühmte ihn als hochsinnigen Menschen und als kühnen Alpinisten. Ludwig Scotti ist nach Versetzung an die Südtiroler Front in einer Lawine umgekommen.

Aber Kugy irrte sich wohl. Auch ein Scotti hätte nicht helfen können. Es war ein Glück, daß die Männer bei dem schrecklich labilen Schnee jener Tage überhaupt zurückkamen. Ein Halten der Stellung auf dem exponierten Kuglic wäre aber auf die Dauer unmöglich gewesen. Schon deshalb, weil der Stützpunkt durch die Seisera gar nicht zu versorgen war.

Schüsse auf Pesamosca?

Der Nabois ist ein gewaltiges Kolosseum, in dem man überall in unmittelbarster Nähe in aufregenden Details den fürchterlichen Ernst der Wischbergnordwände erleben kann.

Auf seinem Gipfel hatten 1915 die österreichischen Batterien ihre

Die Julische Front verlief von der Guggalm westlich Malborghet bis zum Krn. Die bunt zusammengewürfelte Division, die sie zu verteidigen hatte, verfügte insgesamt über 11.020 Gewehre, 75 MG und 102 Geschütze. Und das auf einer Gebirgsfront von über 30 Kilometer Länge. Ein Teil der Verbände bestand aus Jungschützen, die vor dem Einsatz noch nie scharf geschossen hatten. Der Division gegenüber lagen 43 italienische Bataillone in einer Stärke von rund 45.000 Mann mit 329 Geschützen.

Übersichtskarte der westlichen Julier.

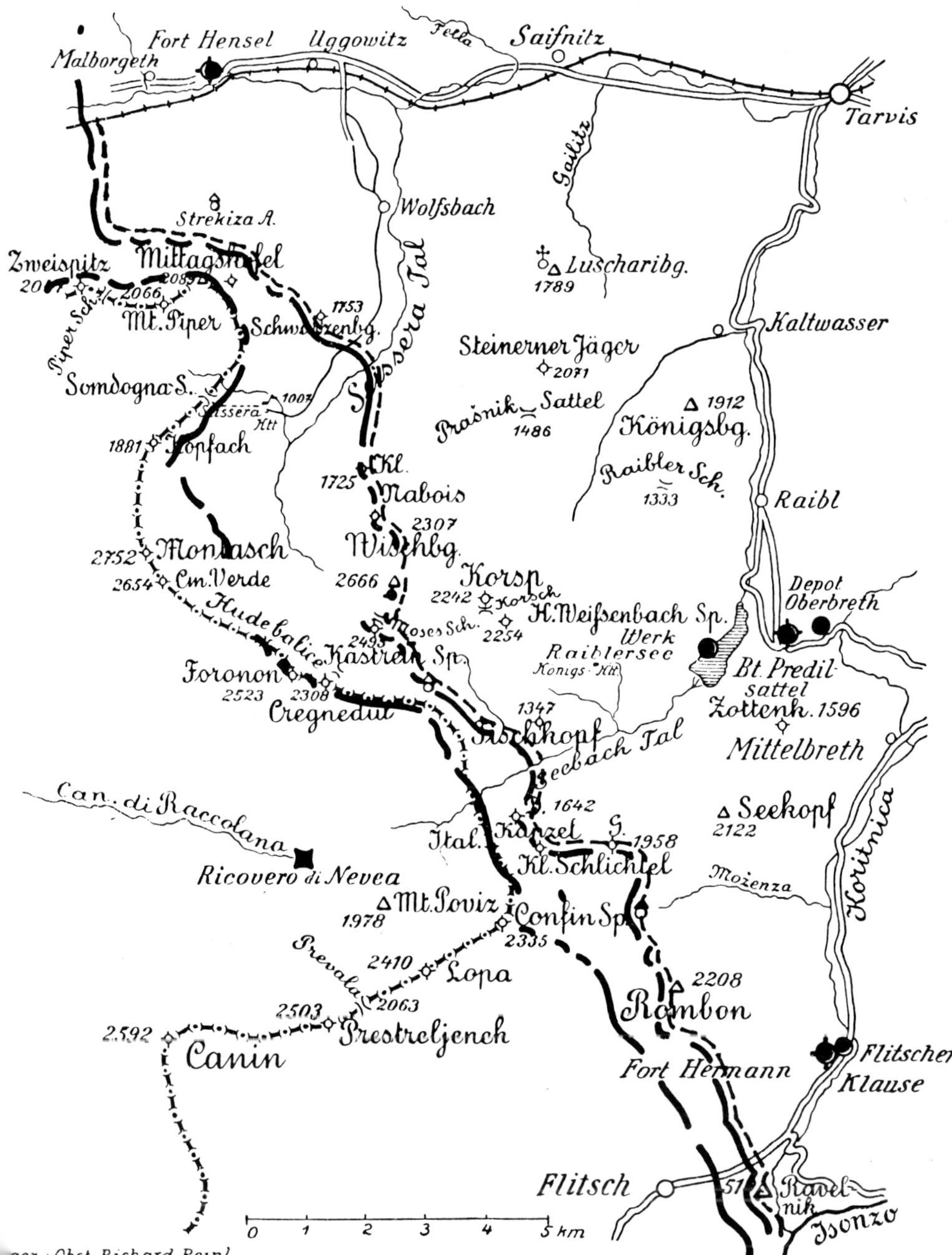

gez.: Obst. Richard Reinl

Beobachter postiert, die in einer Hütte hausten, von der heute keine Spur mehr vorhanden ist. Es mag eine ruhige Stellung gewesen sein, wenngleich es einmal einen kritischen Augenblick gegeben hat.

Nach dem Erscheinen des ersten Kugybuches nach dem Ersten Weltkrieg, erinnerte sich ein ehemaliger Fähnrich eines interessanten Vorfalles. Er schrieb damals in der „Tagespost“:

„Das Titelbild des Kugybuches zeigt eine Aufnahme des Wischberges vom Montasch her. Dr. Kugy erzählt nun von einem Bande, das von der Naboisscharte entlang der Wischbergwestwand zur Mosesscharte und zur Bärenlahnscharte führt. Auf der Naboisscharte war nun stets eine Feldwache der 1. Kompanie und das Band, dessen Verlauf wir nicht kannten, sondern nur ahnten, schien uns immer verdächtig, weil auf ihm leicht eine Alpinipatrouille von der Bärenlahnscharte herüberwechseln und uns wie die Hasen von der Höhe hätte abschießen können. Auf diesem Bande, dessen Verlauf uns und auch mir bis heute, wo ich davon im Buche lese, unbekannt war, stand nun in einer schönen Mondnacht ein biederer Landsturmmann, seines Zeichens Brauereiarbeiter bei Reininghaus in Graz, auf Posten. Auf einmal krachte gegen drei Uhr morgens ein Schuß, daß es in den Wänden hallte. Ich hatte damals gerade Dienst und stürmte aus dem Zelt zum Posten hinauf. Der fast 50jährige Mann war sehr aufgeregt und erzählte, am ganzen Leibe zitternd, daß er im fahlen Mondlicht einige Gestalten auf dem Bande, 800 Meter über dem Tale, an der senkrechten Felswand habe dahinschleichen sehen; in seiner Aufregung habe er geschossen und darauf aus der Tiefe einen schrecklichen Schrei gehört. Ich beruhigte damals den Mann, wollte ihm aber im Geheimen keinen Glauben schenken, denn es klang zu märchenhaft. Heute, wo ich von diesem Bande lese, bitte ich diesen braven Mann um Verzeihung, denn er hat unsere Feldwache und damit die Flanke des Baons gerettet. Meiner Ansicht nach kann diese italienische Patrouille nur einer der Brüder Pesamosca geführt haben, die als Wilderer auch auf österreichischem Boden jeden Gemssteig kannten und Dr. Kugy des öfteren als Führer gedient hatten.

Den Führer Oitzinger traf ich zum letztenmal im September 1915 auf dem Nabois, während er feuchten Auges sein Heimatdorf Wolfsbach (heute Valbruna) und sein Anwesen in Flammen aufgehen sah.“

Feuerregen am Zweispitz

Der Piper, dessen breithingelagerter Klotz mit seinen drei Gipfeln sich steil über der Piperscharte erhebt, war schon am 28. Mai 1915 den Steirern entrissen worden.

Eine Gruppe von zehn Mann und eine ausgesuchte Patrouille von Alpini waren in der Nacht unbemerkt in die Stellung der Verteidiger eingedrungen. Die schlecht ausgebildeten Landstürmer wurden im Schlaf überrascht und gefangen, nachdem die Posten niedergemacht worden waren. Zu allem Überfluß kam am frühen Morgen die österreichische Ablösung und lief ahnungslos den Italienern in die Hände. Die Steirer, die die Piperscharte besetzt hielten, waren nach dem Verlust des Pipergipfels in einer verzweifelten Lage. Die Italiener saßen nun nämlich über ihnen und sahen ihnen buchstäblich in die Menageschüsseln. Sie sahen jede Bewegung in der Scharte. Die Lage der Österreicher, die auch vom Montasch her eingesehen waren, war unhaltbar geworden. Trotzdem wollte man die Scharte nicht räumen. Niemand hatte den Mut zu einem solchen Befehl.

Am 30. Juli 1915 vereinigten die italienischen Batterien des ganzen Abschnittes ihr Feuer auf den Zweispitz-Ostgipfel und die Piperscharte. Die Beobachter in den österreichischen Batterien am Stabet, auf der nördlichen Talseite, sahen ununterbrochen die Feuerblitze der Einschläge aufzucken, Scharte und Ostgipfel waren in Rauch und Flammen gehüllt.

Die steirischen Landstürmer waren dem Feuerorkan schutzlos preisgegeben. Die Steinmauern, hinter denen sie Schutz suchten, zerstoben schon unter den ersten Einschlägen, und die messerscharfen Steinsplitter erhöhten noch die schreckliche Wirkung des ersten Trommelfeuers.

Die Kompanie von Hauptmann Steinmetz des steirischen IR. 27 hatte erst in der vorhergehenden Nacht die Stellung in der Scharte bezogen, die nur aus aufgeschichteten Steinen bestand. Jetzt brach das Unheil über die Schartenbesatzung herein.

Undurchdringlicher Nebel lag auf der Stellung. Pausenlos hämmerten die schweren italienischen Batterien aus dem Dognatal auf Zweispitz und Scharte. Schon in den ersten Stunden waren die Deckungen zerschossen. Die Besatzung lag schutzlos in der Hölle der krepierenden Granaten. Zerfetzte Körperteile der überall umherliegenden Leichen, gellende Hilfeschreie der inmitten des Vernichtungswirbels schutzlos daliegenden Verwundeten. Stunde um Stunde, das Grauen für die Überlebenden nahm kein Ende.

So wie in der Scharte hatte das unaufhörliche Eisengewitter auch auf dem Gipfel des östlichen Zweispitz die Kompanie der steirischen Neunerjäger fürchterlich heimgesucht. Um 13.30 Uhr kam die letzte Meldung des letzten noch lebenden Offiziers. Lt. i. R. Böhm meldete: „Durch Artilleriefeuer beide Züge aufgerieben, teils tot, teils verwundet, Verstärkung dringend nötig!"

Aber für Verstärkung war es schon zu spät. Während der Gipfel im Todeshagel der Granaten lag, erkletterte Leutnant Bernardini aus Udine mit 25 felsgewandten Alpini die ungangbar scheinende Südwestflanke des östlichen Zweispitz. Lautlos tauchten ihre Schatten plötzlich im Nebel vor den letzten, hilflos im Feuer ausharrenden Neunerjägern auf. Sie müssen sich verzweifelt zur Wehr gesetzt haben, denn man hörte in der Scharte Gewehrfeuer vom Zweispitz. Gleichzeitig krepierten in der Scharte Granaten, deren schwarze Explosionsschwaden die Überlebenden betäubten. Vom Zweispitz herunter sprangen Alpini in Flanke und Rücken der Schartenbesatzung. Im Nebel wimmelte es plötzlich auch vor der Stellung von dunklen Gestalten. Ein ganzes Bataillon hatte sich vom Dognatal herauf im Schutz der Feuerglocke und des Nebels an die Stellung herangeschoben. Ein kurzer blutiger Nahkampf spielte sich ab, dann war die Piperscharte verloren. Von der Schartenbesatzung entkamen nur 6 Mann. Alle mit Stichwunden aus dem Nahkampf, ihre Gesichter waren von den Rauchbomben vollkommen schwarz.

Unter den Verwundeten, die auf der Scharte in Gefangenschaft gerieten, war der 15jährige Jakob Klakl, der sich seines Vaters wegen insgeheim zur Kompanie geschwindelt hatte. Im Kampf um die Scharte hatte er sich solange gewehrt, bis er schwerverletzt zusammenbrach. Sein Vater, der schon in Galizien verwundet worden war, erlitt auf der Piperscharte seine zweite Verwundung. Sie wurden 1916, beide invalid, aus der italienischen Gefangenschaft entlassen und erhielten die Silberne Tapferkeitsmedaille.

Von dem Schreckenstag auf dem Gipfel und in der Scharte gibt es keinen Augenzeugenbericht. Aber tief unter der Scharte hat der Bataillonsarzt Dr. Byloff den Kampflärm oben gehört. Er schilderte seine Eindrücke in der Regimentsgeschichte des IR. 27: „Auf der Strekizza beim Kommando war man sorglos, als wenn nichts los wäre. Mein Bericht, daß oben etwas los sei, wurde wenig beachtet. Gefechte in der Piperscharte war man schon gewohnt. Bald darauf meldete ein Fähnrich, daß auf dem Zweispitz Leuchtraketen emporstiegen und daß er eine größere Schwarmlinie habe bergab laufen gesehen; er habe auch gesehen, wie einer von ihnen gefallen sei. Offenbar war ein Angriff der Italiener zurückgeflutet. Aber was die Leuchtraketen am hellichten Tage bedeuten sollten, konnte niemand erklären. Daß es ein Hilferuf sein sollte, kam niemand in den Sinn. Allmählich verstummte der Gefechtslärm; alles war der Überzeugung, daß der Angriff abgewiesen sei, und war daher außer Sorge.

Doch da kamen Gerüchte, vom Fort Hensel aus sähe man Gestalten in der Scharte frei herumgehen; das könnten doch unmöglich eigene sein. Es fing schon an, dunkel zu werden, als vom Baonskommando der Befehl kam, Fähnrich Stingel sollte mit einer Patrouille gegen die Scharte vorgehen und nachsehen, was dort los sei, da alle Verbindungen mit dieser zerstört seien. Der Kompaniekommandant, Oberleutnant von Mirković, wollte dagegen Einwendungen erheben, doch Stingl hatte schon drei Mann zu sich genommen und ging ganz ahnungs- und sorglos fort. Kaum war er weggegangen, da kam die Nachricht, die Scharte sei gefallen und auch der Zweispitz; die Besatzung größtenteils gefangen. Schnell wurde ein Mann Stingl nachgeschickt, er fand die Patrouille nicht mehr und kehrte unverrichteter Dinge zurück."

Dr. Byloff schreibt weiter:

„In der Nacht wollte ein Honvèdbataillon, das die Stellung unter der Scharte und Zweispitz innehatte, einen Gegenangriff unternehmen, jedoch die Division verbot dies. Denn im Grunde genommen war mit Scharte und Zweispitz nicht viel verloren, da uns diese vorgeschobenen Stellungen nur unnötige Verluste machten. Von Rechts wegen hätte man diese Stellungen schon früher freiwillig räumen sollen, doch niemand hatte den Mut, den Befehl hiezu zu geben. Solange der Mt. Piper und die zweite Spitze des Zweispitz in den Händen der Italiener waren, konnten Scharte und Zweispitz immer nur mit Verlusten gehalten werden.

Während der Nacht, etwa gegen 3 Uhr, kam plötzlich ein Mann der Patrouille Stingl zurück und meldete, daß Fähnrich Stingl verwundet vor unserer Stellung liege. Sogleich schickte ich eine Sanitätspatrouille dorthin. Diese brachte Stingl um 7 Uhr morgens in unsere Hütte. Er erzählte folgendes: Er war mit seinen drei Mann zur Piperscharte aufgestiegen und kam bei einbrechender Dunkelheit in deren Nähe. Auf dem steilen Weg zur Scharte hinauf sah er die Leiche eines 27ers liegen, was ihn, der keine Ahnung hatte, daß die Scharte gefallen sei, sehr verwunderte. Aber dessen ungeachtet ging er ohne jede Vorsicht zur Scharte hinauf. Dort hörte er, daß darin gearbeitet werde. Auch sah er eine Menge Gewehre an den Felsen lehnen, mit den Bajonetten darauf. Aber nicht einmal das erweckte seinen Argwohn; er dachte wohl, es seien erbeutete italienische Gewehre. So ging er also sachte zur Offiziersdeckung hin und rief hinein: ‚Na, was ist denn mit euch?' Keine Antwort, alles mäuschenstill. ‚Na, wer ist denn da?' — ‚Savoia-Alpini!' — ertönte da plötzlich der Schreckensruf bei den Italienern, die sich schon überfallen glaubten. — Schüsse krachten. — ‚Zurück!' schrie Stingl und sprang den Abhang hinunter; dabei stürzte er, kollerte etwa zweihundert Meter bergab, blieb mit einem Bluterguß im Sprunggelenk liegen und konnte nicht mehr aufstehen. Seine drei Mann waren den Italienern glücklich entwischt. Als sie aber ihren Führer vermißten, gingen sie auf die Suche zurück und fanden ihn auch gegen Mitternacht. So brachten sie ihn in Sicherheit und holten die Sanitäter. Hätte Stingl statt drei Mann deren zwanzig bei sich gehabt, so hätte er die Alpini schön wieder hinausfeuern können. Ein Gegenangriff hätte sicheren Erfolg gehabt.

Die Italiener begnügten sich mit der Einnahme der Scharte und des Zweispitz und unternahmen nichts weiter. Wären sie gleich weitermarschiert, so hätten sie uns, die wir vom Falle der Scharte noch nichts wußten, schön überrumpeln können und hätten große Erfolge geerntet. So aber nützten sie, wie gewöhnlich, ihren Erfolg nicht aus und blieben in der eroberten Vorstellung."

Der Verlust des Zweispitzostgipfels hatte schwerwiegende Folgen. Damit war die letzte Stellung auf dem Bergkamm zwischen Kanaltal und Dognatal verlorengegangen, die den Österreichern Einblick in das Dognatal gewährt hatte. Die Verteidiger mußten sich jetzt unter den von den Italienern besetzten Höhen in taktisch verzweifelt ungünstig gelegenen Stellungen an die Nordhänge klammern. Die Stellungen der

Freiwilligen Schützen lagen jetzt so unmittelbar unterhalb von Piper, Piperscharte und Zweispitz, daß am 12. Dezember 1916 eine Lawine acht Italiener vom Piper direkt vor die österreichischen Stellungen schleudern konnte. Einer von diesen Italienern konnte sich durch Hilferufe bemerkbar machen und wurde von den Schützen gerettet. Die anderen gingen zugrunde.

Von diesem einen Italiener aber erzählte mir Robert Enko, der Obmann der letzten noch lebenden Freiwilligen Schützen, eine seltsame Geschichte:

„Im Herbst 1915 war bei der Ablösung in einer Stellung unter dem Monte Piper der 16jährige Kärntner Freiwillige Schütze M. Strieder plötzlich spurlos verschwunden. Der Kompaniekommandant vermutete, daß er übergelaufen sei. Aber drei Wochen später kehrte der junge Schütze zurück. Er war beim Austreten von einer italienischen Alpinipatrouille abgefangen worden, als er zwischen den Latschen seine Notdurft verrichten wollte. Der Gefangene wurde in Chiusaforte verhört. Doch konnte er auf abenteuerliche Weise durch die italienischen Linien wieder ins Kanaltal flüchten und die eigene Stellung erreichen. Dort wurde dem Jungen seine Geschichte aber nicht geglaubt. Er wurde zum Kriegsgericht Tarvis gebracht und wartete dort auf seinen Prozeß wegen Fahnenflucht. Vielleicht wäre er auch wirklich verurteilt worden, wenn nicht wenige Tage vor Weihnachten diese feindliche Patrouille mit einer Schneelawine vom Monte Piper in die Tiefe gerissen worden wäre. Sie landete direkt vor den Stellungen der Kärntner Schützen im Rankgraben. Der Italiener, der lebend geborgen werden konnte, gab bei seiner Einvernahme an, daß der Schütze Strieder immer die Wahrheit gesagt hatte. Er wurde enthaftet und schließlich noch ausgezeichnet. Sein späteres Schicksal ist unbekannt.“

An den italienischen Leutnant Bernardini erinnert eine Gedenktafel auf dem Zweispitz. Er hatte für die Eroberung des Gipfels die Silberne Tapferkeitsmedaille erhalten und war 1917 am Isonzo gefallen. Die verfallene Hütte unter dem Ostgipfel trägt heute noch seinen Namen. Nach italienischen Quellen sollen nach dem 30. Juli 100 österreichische Gefallene zu Tal gebracht worden sein. Bei ihren Namen stand in den österreichischen Gefechtsberichten das schicksalhafte Wort: ‚Vermißt‘.

Sinnloser Angriff in der Seisera

Auch wenn die Asphaltstraße im Sommer mit ihrer lärmenden Fracht der Seisera die Unberührtheit vergangener Zeiten genommen hat: Ewig ist die gewaltige Felsenkulisse von Wischberg und Montaschzug und unauslöschlich die Erinnerung an die Schicksale, die mit diesem Tal verbunden sind.

Hier ist Julius Kugy mit seinen Getreuen durchgezogen, bevor es oben in der Montaschnordwand auf Tod und Leben ging. Kugy hat jenes schreckliche Erlebnis an der Stelle, die man später „Passo Oitzinger" getauft hat, in seinem Bergbuch in einer unnachahmlichen Weise aufgezeichnet. Eine unterkühlte Darstellung, die dennoch dem das Blut stocken läßt, der den Blick in die Schauer der Abgründe kennt:

„Oitzinger drohte zu fallen. Da rief ich rasch hinauf, er möge den Rucksack abwerfen. Auch das konnte er nicht. ‚Da geh i' mit!' kam es herab, und schon klang ein Ton der Verzweiflung durch. Wir sahen die furchtbare Gefahr. Da hing er zwischen Himmel und Erde und konnte nicht vor noch zurück. Das Seil, an das er gebunden war, hielt ich zwar nach Möglichkeit fixiert, aber unsicher, Oitzinger stand schon zu hoch über mir, ich hätte ihn schwerlich halten können und wäre mitgerissen worden. Eine kurze Verständigung mit Jože. Von unten war nicht zu helfen. Er mußte um jeden Preis über Oitzinger gelangen. Schon sprang er behend wie eine Katze mit einem Blick wilder Entschlossenheit an die Kante der Bastion und war hinter ihr verschwunden. Es dauerte lange, endlos lange! Würde man mich fragen, so müßte ich sagen, mindestens zwanzig Minuten, vielleicht eine halbe Stunde. Oitzinger hielt sich tapfer. Ich sprach ihm mit wenigen ruhigen Worten Mut zu, wenn ein beklommener Ausruf der Ungeduld oder der Hoffnungslosigkeit herunterdrang, stemmte mich so fest ich konnte, achtete auf das Seil und berechnete sorgfältig alle Möglichkeiten im Falle eines Sturzes. Von Jože noch immer nichts zu sehen noch zu hören. ‚Ich kann nimmer', sagte dann Oitzinger einige Male, und ich bemerkte mit Schrecken, daß seine Beine zu zittern begannen. Da, ein Steinchen! Jože war lautlos ober uns erschienen. Wie ein Adler mit ausgebreiteten Schwingen stieg er nieder. Er hatte ein fabelhaftes Meisterstück vollführt. Nie wieder werden jene Stellen durchklettert werden. Rasch band er seinen Leibriemen an den ausgezogenen Rock und ließ ein Ende zu Oitzinger hinab. Dem gelang es mit letzter Kraft, den Riemen notdürftig an das Seil zu knüpfen. Jože zog es empor und bald darauf lag Oitzinger erschöpft auf dem oberen Gesimse."

Die Route mit dem Passo Oitzinger wurde später versichert. Im Ersten Weltkrieg beseitigten Alpini die Haken und Seile wieder.

Oitzingers Haus, das nach dem Ersten Weltkrieg neu aufgebaut wurde, steht heute noch, obwohl es beim Erdbeben 1976 schwer beschädigt wurde. Aber alle Nachkommen haben das Tal verlassen. Er selber ist 1928 an einer Blinddarmentzündung gestorben. Im Fieberwahn rief er nach dem „Doktor". Nicht nach dem Arzt, nach Julius Kugy: „Er wird mir helfen", sagte er gläubig. Von seinem Geschlecht ist nichts mehr geblieben als das Grabkreuz im Friedhof von Wolfsbach in der Seisera.

Im Ersten Weltkrieg ist die Seisera der Schauplatz des größten militärischen Unternehmens gewesen, das die westlichen Julischen Alpen gesehen haben. Um Einblick in das Dognatal mit seinen zahlreichen Batterien zu gewinnen, setzte die Armeeführung im Oktober 1915 eine ganze steirische Gebirgsbrigade ein. Sie sollte den Italienern die Höhen über dem Dognatal entreißen. Ein Bataillon des IR. 27 sollte von der Seisera aus das Köpfach angreifen. Ein Bataillon desselben Regimentes sollte den Dognasattel stürmen, über den damals die Reichsgrenze dort verlief, wo heute die Gregohütte steht. Hauptangriffsziel war aber der große Mittagskofel (2100 m). Auf ihn waren zwei Bataillone des Schützenregimentes Nr. 3 aus Graz angesetzt.

Es war ein dilettantischer Plan, ohne Schwerpunkt, ohne ausreichende Unterstützung für die Infanterie.

Die ganze Abschnittsartillerie vereinigte am 18. Oktober 1915 ihr Feuer auf den Dognasattel und Mittagskofel. Aber die Batterien schossen im Nebel ohne Beobachtung. Jede Wirkung blieb aus. Als der Angriff einsetzte, mußte er überall im italienischen Abwehrfeuer liegen bleiben. Vom Kleinen Mittagskofel versuchten die Angreifer in weißen Schneemänteln sich über die Grate und Flanken zum Großen Mittagskofel vorzuarbeiten. Sie wurden vom Großen Mittagskofel herunter von den Alpini zuerst mit höhnenden Zurufen empfangen und dann von rasendem Maschinengewehrfeuer erfaßt und niedergemäht.

Lediglich zwischen Köpfach und Mittagskofel war es einem Bataillon gelungen, am Dognasattel die erste italienische Stellung in der Nähe der heutigen Gregohütte zu nehmen. Überall sonst war der Angriff mit blutigen Verlusten gescheitert.

Am Dognasattel hämmerten Kurzschüsse der eigenen 15 cm-Batterien in die eigenen Schwarmlinien und lösten unter den jungen Mannschaften Panik aus. Die italienischen Verluste waren gering. Die Österreicher begruben am Seiserafriedhof 90 Tote. Wieviel von den 400 Verwundeten überlebten, ist unbekannt.

Zehn Jahre später erinnerte sich einer der wenigen Kämpfer von damals, die den Krieg überlebt haben, bei einer Bergfahrt zu den Angriffszielen von 1915 an die Situation an jenem düsteren Oktobertag:

„Bei nebligem Wetter erstiegen damals die Kompanien Hauptmann Ghizolla und Hauptmann Riedlinger den Dognasattel und erreichten die erste Stellung. Im Laufe des Nachmittags erstürmte Hauptmann Ghizolla an der Spitze seiner meist aus blutjungen Mannschaften bestehenden Kompanie die nächste Stellung, unterstützt von den Maschinengewehren des indessen verstorbenen Oberleutnants Freudenreich. Ich sah noch im Geiste den damals etwas beleibten Hauptmann Ghizolla in der ersten Linie, inmitten seiner Mannschaft, die mit „Hurra" und erhobenem Kolben durch die Legföhren daherstürmte, obwohl die italienischen Maschinengewehre ratterten. Viele sanken damals ins Gras, aber bei Einbruch der Dunkelheit war der Sattel in der Hand der Kompanien Ghizolla und Riedlinger. Und Major Righetti, der immer mit dem Trieder in der Hand in der vordersten Linie mitging, konnte mit dem Tageserfolg zufrieden sein, zumal die Artillerie wenig half, weil sie zu schwach war und wegen des Nebels nur schwer schießen konnte.

Am nächsten Tage kamen ungarische Truppen und Kärntner Schützen als Verstärkung. Zeitlich setzte wieder das österreichische Artilleriefeuer ein, traf aber leider unsere Stellung, und wenn die Italiener damals, als wir unter dem Krachen der eigenen 15 cm-Granaten fluchtartig zurückgingen, einen Vorstoß gewagt hätten, wäre es um uns gefehlt gewesen. Damals rettete Major Righetti die Lage, indem er dem Artilleriebeobachter die Telefonmuschel aus der Hand riß und der Artillerie das Einstellen des Feuers gebot.

Von dem Grabe des Infanteristen Matzun, den wir auf dem Sattel in der Nacht begruben und der mit einem Herzschuß fiel, ist nichts mehr zu sehen. Links herüber blickt das Köpfach, das vom IR. Nr. 27, Major Imelic, angegriffen wurde. Weiter links liegt der Karnische Graben, in dem der Fähnrich Purkowitzer, Lehrer in Admont, fiel, nachdem er mit seiner Abteilung in einen Hinterhalt geraten war. Rechts vom Sattel waren damals die Dreier aufgestiegen, konnten aber wegen der Steilheit nur schwer Raum gewinnen und hatten durch die italienische schwere Artillerie arge Verluste gehabt. Dort am Planjarücken, der greifbar nahe herüberschaut, griff die Kompanie Oberleutnant Firbas an, und da fiel auch unser Kamerad Dellacher durch eine Alpinikugel, die sein ehrliches Herz durchbohrte."

Im Rahmen dieses Angriffes waren Alpindetachements nutzloserweise in die Montaschflanken entsandt worden, sie wurden erwischt. Nur der tollkühne Dr. Guido Mayer entkam. Leutnant Klauer hatte am Brdograt Glück, er entkam durch die virtuose Kletterkunst der ganzen Patrouille.

Klauer schrieb nach dem Krieg:

„Am 18. Oktober 1915 erhielt ich die Aufgabe, den Brdograt des Montasch zu erklettern, um den Feind durch Stechschüsse in seiner Flanke zu bedrohen und so den Angriff der gegen P. 1787 vorgehenden, eigenen Abteilungen zu unterstützen. Ich begab mich mit 10 Mann als Spitze bis zum Karnischen Graben voraus. Mir folgten die Fähnriche Mayer, Purkowitzer und Dellacher mit ihren Abteilungen. Während diese ihre Vorbereitungen trafen, zog ich die Spranje aufwärts in die Cianerca, um von da den Brdograt zu erreichen. Nachdem wir bereits allerlei Terrainschwierigkeiten überwunden hatten, mußten wir eine sehr ausgesetzte Kletterstelle in Angriff nehmen, die uns auf ein schmales Band bringen sollte, von dem aus die Ersteigung des Grates möglich erschien.

Als das Felsband erreicht war, erblickte ich auf demselben eine Felsenhöhle, in der sich bei näherer Besichtigung verbrauchte und unverbrauchte feindliche Infanteriemunition vorfand. Unsere Kletterei mußte nun mit doppelter Vorsicht fortgesetzt werden, denn wir hatten mit einer Besetzung des Grates zu rechnen. Dies umso mehr, als wir nach Traversierung des Bandes die Scharte zwischen Brdograt und Enzianturm erreichten und hier ganz frische Fußspuren erblickten, die nach allen Richtungen hin den Schneehang querten. Die Spuren, die nur von einer feindlichen Abteilung stammen konnten, waren kaum 24 Stunden alt.

Wir schlichen nun möglichst gedeckt, jeden Augenblick einen feindlichen Überfall erwartend, bis an den Grat, der glücklich unbesetzt war. Ich ließ nun die Mannschaft, in einem Kamin gedeckt, ausruhen und schob mich selbst, um zu beobachten, bis an den Rand des Grates vor. Ich erstarrte, als ich unterhalb des P. 1787 eine feindliche Abteilung erblickte, welche mit Ferngläsern den Grat absuchte und nach mir ausspähte. Ich wechselte wiederholt meinen Beobachtungsstand, war jedoch jedesmal gleich entdeckt. Als es mir dann einmal gelang, den Beobachtungsposten auf der Cima della Terra Rossa zu erwischen, als er eben in Deckung springen wollte, da war mir alles klar. Der Posten mußte meine Bewegungen und unseren ganzen Aufstieg der Köpfachbesatzung auf irgendeine Weise mitgeteilt haben. Ein gedecktes Operieren diesem Posten gegenüber war unmöglich, da der ganze Brdograt vom Cima della Terra Rossa eingesehen wird. Inzwischen schlug uns neuer Schreck in Bann. Eine feindliche Patrouille näherte sich uns aus der Scharte zwischen Brdograt und Enzianturm. Ich traf sofort die nötigen Vorkehrungen, um dieselbe entsprechend zu empfangen. Die feindliche Patrouille von acht Mann gab jedoch den weiteren Aufstieg auf und zog es vor, die oben erwähnte Felsenhöhle zu besetzen; sie nahmen uns so die einzige Möglichkeit einer Rückkehr durch die Cianerca in die Spranje. Uns in einen Kampf einzulassen war unmöglich, da die Höhle nur über das schmale Felsband, das einzeln passiert werden mußte, zugänglich war. Ich entschloß mich daher, die von der feindlichen Patrouille im Aufstieg gemachte Route im Abstieg zu nehmen. Wir schlichen nun lautlos bis zur obenerwähnten Scharte und kletterten den vornehmlich durch Steinschlag gefährdeten Kamin abwärts. Als wir ungefähr den halben Weg hinter uns hatten, erspähte ich durch das Glas einen Alpini, der am Ausgang unseres Kamins

Oben:
Das war der von den Italienern gefürchtete 30,5 cm-Mörser in Raibl. An der Straße zum Predil ist die ehemalige Stellung des Geschützes (in der Nähe des Friedhofes) noch gut zu erkennen.

Unten:
Auch das gab es: Ein Panzerzug bei Tarvis.

Wache hielt. Durch die losgelösten Steine wurde er unser bald gewahr. Er verschwand in einem Latschenfeld, aus welchem bald darauf 12 Bergstöcke auftauchten. Wir schienen verloren zu sein. Mittlerweile hatte auch die Patrouille auf dem Bande unsere Absicht erkannt und drängte von oben in den Kamin nach. Wir hatten jetzt nur mehr zwischen Tod und Gefangenschaft zu wählen. Mein erster Entschluß war, so rasch als möglich aus dem Kamin zu kommen, denn eine einzige Salve hätte uns vernichten können. Es gelang uns auch über die linke Kaminwand ein Latschenband zu erreichen, das sich scheinbar bis in das oberste Seiserakar hinzog. Nach kurzer Orientierung schlichen wir hart am Boden, durch die Latschen gedeckt, talwärts. Die 12 Bergstöcke der uns entgegenkommenden Alpini rückten immer näher. Aber auch die Patrouille in unserem Rücken war uns schon hart auf den Fersen. Jetzt gab es kein Zögern mehr. Zum Äußersten entschlossen gab ich Befehl, die Feldwachenstellung zu durchbrechen. Ich hoffte, daß es auf diese Weise wenigstens einem von uns gelingen werde, das Schotterkar zu erreichen und Nachricht von unserem Unternehmen zu bringen.

Wir setzten zum Sturm an, die Feldwache wich jedoch, anstatt Widerstand zu leisten, seitlich aus. Wir rutschten nun so rasch wie möglich durch die Latschen, um endlich im Kar festen Fuß zu fassen. Doch keine 30 Schritte und es sperrte uns eine glatte Felswand, über die sich noch ein Wasserfall ergoß, den Weiterweg. Mit der Unbezwingbarkeit dieser Wand hatte also der Feind gerechnet! Zu hoch für einen gewagten Sprung und zum Klettern keine Zeit. Da erblickte ich ein Seil. Das letzte, das wir noch mit uns führten (drei mußten wir bereits im Abstieg hängen lassen). Rasch war es angebracht, und mit einer Schnelligkeit, die nur die äußerste Not gebietet, sauste einer nach dem anderen die Wand hinunter, in den Wassertümpel. Die Hände waren vom Seil verbrannt, wir jedoch gerettet.

Wutentbrannt über dieses Kunststück schossen uns die Alpini ihre Salven nach. Nun galt es noch einen letzten Wettlauf zu tun bis hinter den Enzianturm, um uns gegen die feindlichen Geschosse zu decken.

Infanteristen im Schützennest im Brückenkopf Görz. Sturmdolch und Streitkolben zeugten vom Schrecken des Nahkampfes, der mit urweltlicher Wildheit um jeden Meter Karstboden ausgefochten wurde.

Dann ging es quer durch die Spranje den Hängen des Kleinen Nabois zu, wo wir uns erst Ruhe gönnen konnten. Gegen Abend erreichten wir die vordere Seiserastellung, wo man über unser Einrücken nicht wenig erstaunt war. Man hatte uns bereits abgeschrieben."

Julius Kugy hatte dem mißglückten Angriff der österreichischen Gebirgsbrigade aus der Ferne, als Ohrenzeuge, vom Lomek im Kanaltal aus beigewohnt. Er berichtet darüber:

„Vom Lomek aus konnte ich am 18. und 19. Oktober 1915 den größten Artilleriekampf beobachten, der in unseren Bergen bisher stattgefunden hatte.

An jenen beiden Tagen, die leider für uns ohne Erfolg endeten, ist meine ganze Jugend durch schwere Gefahren gegangen. Klauer, Dibona, Dovgan, Innerkofler und einige andere der Besten kamen am Brdograt des Montasch in eine verzweifelte Bedrängnis und konnten sich nur durch ihre Kletterfertigkeit aus der feindlichen Umzingelung retten. Dr. Mayer stürmte gegen den Kuglic vor und geriet in einen feindlichen Hinterhalt. Josef Purkowitzer ist damals gefallen. Wir Bergsteiger waren anderer Meinung gewesen, folgten aber den erhaltenen Befehlen.

400 Meter unter uns stand am Nordfuß der Nebria einer unserer 30,5 cm-Motormörser und jedesmal, wenn er feuerte, erzitterten die Felsen und besann sich unser Schwalbennest, ob es nicht auffliegen solle. Unsere Halbbatterie hatte die Aufgabe, die feindlichen Beobachter am Mittagskofel niederzuhalten; sie verfeuerte am ersten Tage 720, am zweiten 500 Schrapnelle. Ein herrlicher Sonnenaufgang, der den Montasch in zauberhaften Rosenlichtern aufleuchten ließ, leitete den ersten Kampftag ein. Die beiden Tage sind mir unter ‚Salve', ‚Lage' und ‚Einzelfeuer' wie zwei Stunden verflogen. Das Feuern der Geschütze, das Heulen der aufsteigenden und der niedersausenden Geschosse, die fürchterlichen Explosionen der einschlagenden schweren Minen und Granaten, der ununterbrochen rollende Donner aller Echos dieser Wände vereinigten sich zu einem geradezu überwältigenden Getöse."

W. Inzinger, einer der Batterieoffiziere, die damals dabei waren, erinnerte sich nach dem Krieg:

„Unsere Batterie stand am Stabet. Wir verlegen das Feuer konzentriert auf den Mittagskofel und entwickeln dort einen Qualm wie auf einer Brandstätte.

Gegen Abend und am folgenden Tage sehen wir unsere Infanterie in Schneemänteln vom kleinen Mittagskofel in kleinen Abteilungen gegen die große Kuppe vorgehen — ein mühsames Unternehmen im hohen Schnee! Sie wird von einem mörderischen Maschinengewehrfeuer empfangen. Wir sehen dunkle Punkte im Schnee. Am zweiten Tag flaut das Gefecht ab. Wir hatten 1000 Granaten verfeuert. Die Aktion war zu Ende, über ihre Zweckmäßigkeit sind die Ansichten verschieden."

Aber die Ansichten konnten kaum sehr verschieden gewesen sein! Der Versuch mit so schwachen Kräften und so bescheidener Artillerie, ohne Schwerpunktbildung, die Höhenstellung vom Köpfach bis zum Mittagskofel zu nehmen, war, gelinde gesagt ein leichtfertiges Wagnis. Nur zu entschuldigen vielleicht mit der geringen Erfahrung, die man damals in der höheren Führung über den Angriff im Gebirgskrieg besaß.

Die Toten der Kastreinspitze

Die Felsenmauer der Kastreinspitze (2495 m), die nach allen Seiten, vor allem aber in die Spranje, mit furchtbaren Wänden abstürzt, war im ersten Kriegsjahr Schauplatz zweier merkwürdiger Begebenheiten, die nie ganz geklärt worden sind.

Bei Kriegsbeginn war die Spitze über der Bärenlahnscharte von einer Feldwache des steirischen Landsturm-Infanterieregimentes 27 besetzt worden. Die Bährenlahnscharte war Niemandsland. Drüben auf der Südseite der Scharte wuchteten die Wände des Cregnedul auf. Hier hatten sich die Italiener eingenistet, die den Berg später zu einer mächtigen Festung ausbauten, deren Spuren noch heute zu sehen sind.

Gegen Sicht vom Cregnedul gedeckt, hockten also die alten Landsturmmänner aus der Steiermark hinter Steinblöcken, die sie nachts zusammengetragen hatten. Rundum waren sie von steilen Wänden umgeben. Selbst in die Mosesscharte hinunter, zur eigenen Stellung, gab es damals noch keinen Pfad.

Das Häuflein mag sich darüber im klaren gewesen sein, daß es auf verlorenem Posten lag. Denn mit einer Feldwache allein war diese weitläufige, vollkommen unübersichtliche und durchwegs ausgesetzte Gipfelregion nicht zu sichern.

So kam es denn auch, wie es kommen mußte.

Am 23. August 1915 hüllte ein Feuerüberfall italienischer Batterien vom Köpfach her und vom Dognatal die Gipfel in Rauch und Flammen. Der österreichische Beobachter auf dem Wischberg sah, wie von der nebelumhüllten Kastreinspitze immer wieder rote Lohe aufflammte. Dann verstummte das Bersten der Granaten. Der Posten am Wischberg wagte sich wieder aus seiner Deckung, die auch nur aus einer niederen Steinmauer bestand. Noch war nicht zu erkennen, was das wilde Feuer der Italiener zu bedeuten hatte. Da hörte er im Nebel Gewehrschüsse aus Richtung Kastreinspitze. Auch drüben in der Findeneggstellung, bei der Traufwand, hörte man Schüsse von der Kastrein. Mit großen Pausen knallte es eine Stunde lang.

Dann wurde es still.

Niemand weiß auf österreichischer Seite, was auf der Kastreinspitze im Nebel geschehen war. Denn keiner der steirischen Landstürmer kehrte lebend zurück.

Nur eines ist sicher: Die Italiener hatten im Nebel, von der Bärenlahnscharte aus, die Südflanke der Kastreinspitze erklettert. Es muß da auf den steilen Graten und Flanken von Angreifern nur so gewimmelt haben. Dennoch haben sich die Verteidiger verzweifelt gewehrt. Stummes Zeugnis dafür geben die Toten, die später auf dem Berg unter seltsamen Umständen gefunden worden sind.

Nur zwei Monate erfreuten sich die Italiener des Besitzes der Kastreinspitze. Dann geschah am 3. Oktober 1915 etwas Seltsames!

Die Italiener räumten den Berg.

Es geschah nach einem fürchterlichen Hochgewitter, bei dem sich ungeheure Blitzschläge über den Gipfeln entluden, die gleichzeitig im Schnee versanken. Die Quecksilbersäulen in den Thermometern sanken damals auf Minus 16 Grad.

Als es wieder aufklarte, fiel es dem Beobachter auf dem Wischberg auf, daß auf der Kastreinspitze jedes Leben erstorben schien. Anzeichen deuteten darauf hin, daß die Italiener den Berg verlassen hatten.

Räumung oder Flucht?

Eine österreichische Hochgebirgspatrouille, unter dem Befehl von Fähnrich Oberweger, kletterte unter schwierigsten Bedingungen auf den tief verschneiten und vereisten Berg und fand die Beobachtungen der Wischbergbesatzung bestätigt.

Die Italiener waren fort.

In italienischen Berichten heißt es, die Kastreinspitze sei geräumt worden, weil sie von der Wischbergspitze her eingesehen worden sei und weil ihre Versorgung im Winter nicht möglich gewesen wäre. Aber es war nicht Räumung, es war Flucht.

Die Österreicher, die die Kastreinspitze besetzten, fanden im tiefen Schnee jedenfalls Zelte, Waffen und Ausrüstungsgegenstände, und der bekannte Schriftsteller Gustav Renker, damals als Alpinreferent im Wischbergabschnitt eingesetzt, hat dies nach dem Krieg bestätigt. Er erinnerte sich in einem Bericht, daß er dankbar für eine neue Berghose gewesen sei, die nebst einer Flasche Wein gefunden wurde. Im Tagebuch des Abschnittskommandanten Hauptmann Reinl heißt es unter dem 21. Oktober 1915: „Auf Kastrein italienisches Lager mit vielen Decken, Mänteln und mit Pelz gefütterten Schlafsäcken gefunden. Dazu 10.000 Patronen, 5 Gewehrgranaten und über 100 Fleischkonserven.“

In der Polarkälte des Novembers, in meterhohem Schnee, mußte damals ein Hochgebirgszug auf den fast 2500 Meter hohen Berg klettern, auf dem es nicht die geringsten Unterkünfte gab. Auch die Italiener hatten nur in Zelten gehaust. Das Brigadekommando war entschlossen, die Kastreinspitze auch im Winter besetzt zu halten.

Wie am Polarkreis

Das erinnert an den Befehl, der rund 26 Jahre später die Gebirgsjäger vor Murmansk ohne Unterkünfte in die Hölle der Arktis bannte.

Nur hatte die Besatzung der winterlichen Kastreinspitze zu Sturm, Schnee und Polarkälte noch zusätzliche Todfeinde: die Lawinen, die absolute Isolation und die schauerlichen Eisflanken, die überall in die Tiefe schossen. Dafür hatten sie den Tod durch den Gegner nicht zu fürchten. Der hatte im Winter hier mit sich selbst zu tun.

Es ist nicht bekannt, wie die Besatzung der Kastreinspitze überlebte, aber sie hat überlebt. Die Leidens- und Leistungsfähigkeit des Menschen ist unbegrenzt.

Vermutlich im Frühjahr 1916 ist unter der Mosesscharte ein Friedhof für die Landstürmer angelegt worden, die im Sommer 1915 auf der Kastreinspitze gefallen waren. Es soll sich um acht Gräber gehandelt haben, die im Winter 1916/17 dann von Lawinen fortgerissen wurden.

Die Leichen waren nach und nach gefunden worden. Die letzten drei erst im Mai und Juni 1916. Am 27. Mai 1916 steht in Reinls Tagebuch: „Kopf eines Italieners gefunden." — Wie war das möglich? Wo war sein Leib geblieben?

Wie kam es eigentlich, daß die gefallenen Österreicher nicht schon von den Italienern geborgen worden sind? Die waren doch im September des Jahres 1915 bereits auf dem Berg, als noch kein Schnee gefallen war. Schon aus sanitären Gründen mußten sie Leichen beseitigen. Das haben sie sicher auch getan. Warum haben sie gerade diese acht Mann nicht gefunden, als sie sich auf dem Berg zur Verteidigung einrichteten?

Dafür gibt es wahrscheinlich nur eine Erklärung: Sie müssen an ganz unzugänglichen Stellen gelegen sein.

Wie kamen sie da hin? Waren sie abgestürzt? Hatten sie dort kämpfend bis zum Ende ausgeharrt?

An der Lage der Leichen hätte man sicher Schlüsse auf den vermutlichen Ablauf der Tragödie ziehen können, die sich da in einem winzigen, unbedeutenden Teil der Front vollzogen hatte. Aber Berichte darüber fehlen. Die stolzen Regimenter der Monarchie, die aus dem Alpenland stammten, haben ihre Regimentsgeschichte. Aber wer schrieb schon nach 1918 die Geschichte einer Landsturmformation?

In der Tat, gemessen an dem schauerlichen Drama der Materialschlacht, an den entsetzlichen Verlusten an anderen Kampfstätten, war der Vorfall auf der Kastreinspitze vollkommen bedeutungslos, ein Läppergefecht.

Aber es tritt uns hier doch, herausgelöst aus dem Massengeschehen der Vernichtung, ein erschütterndes Phänomen entgegen: Das Los des unbekannten Kämpfers, der an allen Fronten einsam starb, und von dessen Ende niemand Zeugnis geben kann.

Wie sie starben, weiß Gott allein.

Eine „lebensgefährliche Stellung"

Die Kastreinspitzen, die heute durch einen markierten Weg erschlossen sind, wurden im Lauf der nächsten zwei Kriegsjahre zu einer uneinnehmbaren Festung ausgebaut. Aber der Stellungsdienst auf diesem Berg blieb immer der gefährlichste im ganzen Wischbergabschnitt. Das kam von der Exposition der Stellungen. Im Sommer hatte man ja die Seilsicherungen, um von einer Stellung, von einer Unterkunft zur anderen oder zur Seilbahnstation am Nordgrat zu kommen. Aber im Winter kam jeder Weg auf diesem Berg einer schweren Eistour gleich. Jeder Gang zum Postenstand war eine lebensgefährliche Unternehmung, vor allem bei Nacht. Die Postenstände waren im Sommer immer besetzt. Auch bei Sturm. Schon damals wußte man, daß Stellungen im Hochgebirge nur durch Überraschung zu nehmen sind. Auch im Winter hörte der Sicherungsdienst gegen den Feind nicht auf.

Dabei waren die Drahtverhaue verschwunden. Da lag der Schnee meterhoch über den eigenen und feindlichen Hindernissen, man hätte mit Schi über Pfosten und Drähte hinwegfahren können. Aber die unheimlichen Schneemassen hatten auch Stellungen, Unterkünfte, Geschütze verschüttet. Da mußten bei Freund und Feind alle Hände zugreifen, damit in den Unterständen und den oft mit Seilen an die Wände geketteten Hütten nicht alles Leben erdrückt wurde.

Es waren damals vier bis fünf Meter hohe Stangen zur Kennzeichnung der Steige eingerammt. Lawinengefährdete Stellen, an denen keine andere Wegführung möglich war, wurden durch Tafeln bezeichnet. Aber was half es? Das Risiko des Nachschubes mußte immer wieder in Kauf genommen werden. Der weiße Tod war überall. Er stand beim Posten auf der Feldwache. Er stapfte hinter den Trägern im brusttiefen Schnee überwächteter Wege, er hockte als ständiger Gast auf den

Pritschen der primitiven Unterkünfte. Aber die leichteste Beute der weißen Bestie mit ihren gierigen Tatzen waren in dem ersten Winter, als es noch keine Seilbahnen gab, die Männer der Trägerkompanien, die im Wischbergabschnitt aus Bosnien stammten.

Sie hatten schon im schneefreien Teil des Jahres ihren schweren Dienst. Jede Patrone, jede Handgranate, jedes Brett, jeder Nagel, jedes Stück Brennholz, jeder Liter Wasser mußte doch viele Stunden lang vom Tal in die Bergstellungen hochgeschleppt werden. Da stapften die Trägerkolonnen, Mann hinter Mann in eintönigem Trott, die Last auf dem Rücken, tagaus, tagein die schmalen Pfade zu den Höhenstellungen empor.

Für jeden Kämpfer oben, hinter den aufgeschichteten Steinmauern der Bergstellungen wurden je nach Gelände fünf bis zehn Mann des Etappenraumes gebraucht.

Bei Schnee wurde die Aufgabe der Trägerkolonnen zu mühevoller Qual. Bei Lawinengefahr wurde sie zum Duell mit dem Tod. Es gab Offiziere der Höhenstellungen, die rückhaltlos anerkannten, daß das Schicksal der Träger weit schlimmer war als ihr eigenes Los.

Dabei muß das Dasein der Soldaten in den winzigen Gefängnissen der Unterkünfte in Sturmtagen und in den langen Winternächten eine schwere Nervenbelastung gewesen sein. Wer einmal einen oder zwei Tage in einem komfortablen Schutzhaus unserer Zeit von Schnee oder Schlechtwetter eingemauert war, weiß doch, wie gerne er, bei aller Liebe zu den Bergen, dieser Haft entfloh. Die Soldaten des Alpenkrieges aber waren monatelang in besseren Hundehütten Gefangene des Berges. Selbst wenn es die Wetterlage und die Lawinengefahr gestattet hätte, der Befehl verbot ihnen den Weg ins Tal. Für sie gab es kein Zurück!

Unangenehmes wird schnell vergessen. Die Zeit zwischen den beiden Weltkriegen neigte in einer durchaus positiven Wehrgesinnung in der Berichterstattung über Kriegsereignisse etwas zur Beschönigung.

Es sollte das strahlende Bild heroischer Pflichterfüllung nicht durch Erwähnung negativer Begleiterscheinungen verdunkelt werden. Das war genau das Gegenteil jener Darstellung, die bemüht war, alles Erhabene in den Staub zu ziehen und vom Bild des Soldaten aus der Froschperspektive nur die dreckigen Stiefel zu sehen.

Das Leben von Höhlenmenschen

So sehr schonende Darstellung in mancher Regimentsgeschichte auch gerechtfertigt sein mag, es fehlen dadurch manche Details für ein realistisches Bild.

Es hätte aber zur Realität auch noch dichterischer Ausdrucksfähigkeit bedurft, um die Schrecken eines Bergwinters vor allem im ersten Kriegsjahr zu schildern, in dem es noch keine Kavernen gab. Aber auch im zweiten Winter, in dem die Unterkünfte, oft in die Felsen gesprengt, schon wohnlicher waren, muß das Leben grausam hart gewesen sein. Die Unterstände wurden für Monate zur weltfernen Zelle. Die Besatzungen führten wieder das Leben urzeitlicher Ahnen, nämlich das Leben des Urmenschen in dunklen Felsenhöhlen, mit äußerst spärlichem Licht. Die lichtspendenden Lämpchen waren größtenteils Felderzeugnisse: Gebrauchte Konservenbüchsen wurden mit Petroleum gefüllt, oben geschlossen und ein Tuchstreifen durch ein kleines Loch als Docht hineingesteckt. Das Flämmchen rußte immer, es verbrauchte jedoch das kostbare Erdöl sparsam. Die einzige Wärmequelle war der rotglühende Schwarmofen. Hier zerkochte man die gefrorenen Kaffeekonserven in Schneewasser, hier wurde das gefrorene Brot aufgetaut und die Konserven warm gemacht, wenn der Schneesturm den Weg zur Seilbahn oder Küche unmöglich machte.

Die langen weithin ziehenden Ofenröhren vermochten nie den Rauch zur Gänze aus der Unterwelt ins Freie zu leiten. Die Luft in den engen Zuschlupfstollen war immer verrußt und verqualmt. Von der ersten Kaverne auf dem Wischberg wird berichtet, daß der Mann, der das Essen auf dem Schwarmofen zubereitete, meist an Kohlengasvergiftung erkrankte.

Im Winter 1916/17, als die Schneemassen sich in den Julischen Alpen oft bis zu sechs Meter hoch auftürmten, mauerten sie auch die Öffnungen der Ofenröhren zu. Dann war es mit dem Heizen aus.

„Damals konnte man niemals mit Sicherheit auf einige schöne Tage hoffen", schrieb einer der Offiziere der Hochgebirgskompanie 10, die auf Wischberg, Kastrein und Mosesscharte lag. „Oft begann schon wenige Stunden nach dem tagelangen Toben eines Schneesturmes der Wind von neuem den Schnee zu treiben. Und wieder endete das Schneetreiben in einem entfesselten Orkan.“

Meterhoch Schnee im Unterstand

Norbert Nau hat uns in seinem Wischbergbuch die Erinnerung an ein solches Elementarereignis erhalten:

„Das Rasen eines winterlichen Schneesturmes, der oft viele Tage dauerte, ist unbeschreiblich. Mit unerhörter Wucht peitscht er da stundenlang, tagelang an die Felswand und an die, in einer Höhlung verankerte Hütte, daß sie ununterbrochen vibriert. Das gellende Heulen wird zu einem minutenlangen Schrei, der sich immer wiederholt. An solchen Tagen war das Verlassen der Unterkünfte unmöglich.

Dann saß man im winzigen Raum, in den der Sturm überall, auch vom Boden herauf, winzige Schneestaubfontänen hereintrieb. Der Ofen wurde bis zum Rotglühen geheizt, aber der Raum über dem Boden blieb dennoch eiskalt. In Kopfhöhe hingegen war es unerträglich heiß. In solchen Stunden lag die Mannschaft, in Mänteln frierend, auf den Pritschen. Im Inneren des Raumes türmte sich bei der Tür der Schnee oft meterhoch.“

Wie gefährlich die Situation auch noch nach dem Abflauen eines Schneesturmes sein konnte, bewies ein Vorfall auf der Kastreinspitze. Nachdem ein Orkan, der bereits 24 Stunden ununterbrochen gewütet hatte, etwas abgeflaut war, versuchten einige Leute sich zur Seilbahnstation über der Mosesscharte durchzuarbeiten. An einer sehr gratnahen Stelle peitschte ein kurzer Windstoß den Männern Pulverschnee ins Gesicht und nahm ihnen plötzlich Sicht und Atem. Und schon stürzte ein Korporal, ein Slowene namens Kropej, lautlos ins Nichts. Er fiel mehrere hundert Meter über die Wand in die Mosesschlucht hinunter.

„Vielleicht war er gar nicht tot? Vielleicht hat ein Wunder und der meterhohe Schnee seinen Todessturz verhindert?“

So mögen sich die Kameraden gefragt haben. Aber sie konnten ihm dennoch nicht helfen. Bei dem Schneesturm und den meterhohen Schneemengen war schon der Gedanke an einen Rettungsversuch absurd.

Als am nächsten Tag die Suche nach Kropej aufgenommen werden konnte, blieb sie ergebnislos. „Er wird wohl nie gefunden werden", schrieb Oberleutnant d. R. Jan Milac, der Kommandant der Hochgebirgskompanie 10, damals in sein Tagebuch.

Dieses Tagebuch hat Milac, der nach dem Krieg in seiner Heimat in der Untersteiermark lebte, Norbert Nau für sein Wischbergbuch leihweise zur Verfügung gestellt.

Wenn Milac seine Befehlsstelle auch auf der Königshütte hatte, die nur 1500 Meter hoch lag, so erhellen doch einige seiner Tagebuchnotizen wie Blitzlichter die Situation in den Höhenstellungen der Kompanie. In diesen lagen rund 160 Mann. An die 500 Mann aber waren auf der Königshütte stationiert, um Ausbau und Versorgung dieser Höhenstellungen und der Geschützstellung auf der Korscharte zu gewährleisten. Dies zu einer Zeit, wo es schon eine Seilbahn von der Königshütte zur Korscharte und eine Seilbahn zur Mosesscharte und auf die Kastreinspitze gab. Auf den Wischberg mußte freilich nach wie vor jede Patrone und jedes Stück Brennholz oder Kohle getragen werden. 1917 wurde sogar eine Gebirgshaubitze auf den Gipfel gebracht; im Juni war es in seiner Geschützkaverne feuerbereit auf Brdograt, Montasch, Köpfach und Mittagskofel. Im Oktober 1917 aber mußte es schon zurückgelassen werden, als die Besatzung, zum Vorstürmen in die italienische Ebene, den Wischberg verließ.

Fürchterliche Stürme

Über den letzten Kriegswinter im Wischbergabschnitt geben einige Tagebuchnotizen von Milac Aufschluß:

„23. Februar 1916, Mosesscharte: Fürchterliche Stürme bedeckten in den letzten Tagen unsere Unterkünfte so hoch mit Schnee, daß wir Verbindungstunnels graben mußten. Das Heizen der Unterkünfte ist unmöglich, da kein Zug im Rauchfang."

Am 5. März 1916 schrieb er auf der Mosesscharte: „Telefonisch erfahren, daß unter der Königshütte 18 Mann von einer Lawine verschüttet wurden. Diese Nachricht hat meine Mannschaft tief erschüttert und kleinmütig gemacht. Wir schauen besorgt der Zukunft entgegen. Der Holzvorrat wird immer kleiner."

Und wieder auf der Mosesscharte am 9. März: „Auch die telefonische Verbindung unterbrochen. Wir fühlen uns wie in einer belagerten Festung. Selbst die Verbindung mit Megaphon und Fahne zwischen Mosesscharte und Kastrein mißlungen."

Dann spricht das Tagebuch in der Folge nur mehr von Lawinen.

Am 13. Mai heißt es, nach einer Notiz über die Bergung von Lawinentoten unter der Königshütte, der heutigen Brunnerhütte: „Alle, die von dieser Lawine verschüttet wurden, haben den Todeskampf gewiß bald überstanden. Ganz anders war es wohl für den bis zur Brust verschütteten Mann, der, die furchtbare Nacht in der Lawine eingeklemmt, hilflos dem Brüllen der ringsum abgehenden Lahnen in tiefster Finsternis zuhören mußte. Am nächsten Tag wurde er erst von einer Patrouille gefunden und mit schwerem Nervenschock geborgen."

Das Brot ständig gefroren

Aber das Frühjahr 1916 war nur ein Anfang. Der weiße Schrecken sollte erst mit dem Winter 1916/17, einem der schlimmsten des Jahrhunderts, über die Julischen Alpen hereinbrechen.

Man hatte inzwischen im Sommer 1916 die ersten Kavernen fertiggestellt. Aber sie konnten die grausame Härte des Höhlendaseins im weißen Schrecken nur wenig mildern. Die Einsamkeit wurde zur Qual, die Kälte zum ewigen Feind, jedes Stück Kohle zur Kostbarkeit. An manchen Tagen hockte die Verzweiflung und die Depression mit im Unterstand und der Höhenkoller mag manchmal ein unheimlicher Gast gewesen sein.

Milac schreibt am 7. Februar 1917, nach einer Visite der Kastrein: „Die Kälte ist fürchterlich. Das Brot in den Unterständen ist ständig gefroren. Die Männer frieren in Pelzmänteln an glühenden Öfen."

Und noch etwas hält Milac in diesem Winter fest: Strafmaßnahmen gegen Leute seiner Kompanie, weil sie auf Königshütte drei Gemsen geschossen hatten. Im Revier des Königs August von Sachsen herrschte strenges Jagdverbot. Dabei war der Lebensmittelmangel damals schon Dauergast in Armee und Hinterland.

Für das Ungemach des Winters wurde die Hochgebirgskompanie 10 durch einen friedlichen Sommer belohnt, während gewissermaßen in Sichtweite von Wischberg und Kastreinspitzen die 10. und 11. Isonzoschlacht auf dem Karstboden Leichenberge häufte.

Nur wenige Wochen später war der Krieg auf der Kastreinspitze und den Julischen Alpen zu Ende.

Am 24. Oktober 1917, als die Offensive von Flitsch und Tolmein losbrach, schrieb Milac:

„In der Nacht zum 25. Oktober war die ganze Front bis gegen Görz hinaus durch explodierende Granaten und durch das Mündungsfeuer Tausender Geschütze taghell erleuchtet."

Und dann riß der Befehl zum Vormarsch auch die Besatzung der Kastreinspitze aus ihrem Felsennest.

Am 28. Oktober 1917 sammelte sie in voller Ausrüstung in der Mosesscharte und stieg dann zum bereits eroberten Neveasattel hinab. Milac bedauert im Tagebuch:

„Die mit den Wintervorräten gefüllten Magazine mußten wir schweren Herzens zurücklassen, ebenso alles, was wir in zwei Jahren mit Überanstrengung hinauf befördert hatten. Zur Bewachung ließ ich eine kleine Abteilung zurück, die später wegen Lawinengefahr nach Raibl beordert wurde. Die verlassenen Magazine wurden dann über den Winter ausgeplündert. Mir wurde dafür ein Ersatz von 18.478 Goldkronen vorgeschrieben."

Das Tagebuch meldet nicht, ob dem Oberleutnant d. R. Milac dieser Betrag noch abgezogen wurde. Ein Jahr später brach ja die Monarchie zusammen. Aber die Vorschreibung spricht denn doch Bände. Sie wirft ein Licht auf die Strenge, mit der damals öffentliches Gut verwaltet worden ist.

Kugy: Wir retteten den Wischberg

Julius Kugy hat in seinen Kriegserinnerungen den Wunsch ausgesprochen, man sollte den Weg durch die Nordostschlucht des Wischberges auch im Frieden ebenso erhalten wie die Scottihütte am Gipfel. Die Hütte ist verschwunden, aber mit den Sicherungen in der Nordostschlucht ist Kugys Wunsch wenigstens teilweise in Erfüllung gegangen.

Der Nordostweg war im Frühherbst 1915 unter dem Eindruck der Feindgefahr von der Bärenlahnscharte und den Kastreinspitzen her entstanden.

Damals im August 1915 geriet durch den Verlust der Kastreinspitzen der beherrschende Wischberg (2666 m) in Gefahr. Der Zugang im Süden lag jetzt ständig unter dem Feuer der italienischen Maschinengewehre. Die nur 10 Mann starke Besatzung am Gipfel war abgeschnitten. Würden sie einem italienischen Handstreich standhalten können?

Kugy erinnert sich: „Von heute auf morgen trat die Notwendigkeit eines neuen Wischbergweges an uns heran.

Es war gewiß der kritischste Moment in der Verteidigung des Berges. Bei einem Haar wäre er damals verlorengegangen, und ich glaube, daß wir Bergsteiger ihn gerettet haben.

Zu Divisionär und Brigadier berufen, beantwortete ich einige kurze Fragen:

Ob ich einen, unter den neuen Verhältnissen einblick- und schußsicheren Weg auf den Wischberg wisse?

‚Jawohl, aus der Saifnitzer Karnica durch die Nordostschlucht. Alle anderen Flanken eingesehen und unter Artillerieeinwirkung!‘

Ob der Weg schwierig sei?

‚Sehr schwierig, erstklassige Kletterei, bisher nur dreimal gemacht. Die Gemsen kommen dort nicht durch.‘

Ob ich den Weg für das Militär gangbar herstellen könne?

‚Jawohl.‘

Wie lange ich dazu brauche?

‚24 Stunden für provisorische, drei Tage für defensive Sicherung.'

‚Bitte, veranlassen Sie es', sagte der Divisionär.

Das war zu Mittag. Um 3 Uhr nachmittags fuhr bereits meine rasch zusammengestellte Baumannschaft: Oitzinger und Dibona als Bauleiter, dann Dovgan, Innerkofler und Kirchweger mit den nötigen 15 Mauerhaken und 200 Meter Seil versehen, im Auto nach Kaltwasser ab. Am folgenden Morgen lieferte ich weitere 50 Mauerhaken, noch 200 Meter Seil, Bretter und Holz zu Leitern nach.

23 Stunden nach erhaltenem Auftrag kam vom Praschniksattel die telefonische Meldung, die provisorische Sicherung sei hergestellt. Am Abend des gleichen Tages konnte bereits Fähnrich Klauer die neue verstärkte Wischbergbesatzung, wenn auch mit sehr harter Mühe und mit Einsatz seiner ganzen Kraft durch die Nordostschlucht emporbringen. Am Abend des dritten Tages sind 64 Mann Militär, Arbeiter und Träger ohne den geringsten Unfall in langer Reihe dort abgestiegen. Ein tüchtiger alpiner Verein hätte vom Tage der beschließenden Generalversammlung bis zum Tage der Wegeröffnung ein Jahr oder mehr gebraucht.

Der Feind hatte es bemerkt, daß sich eine starke Faust schützend über den Wischberg legte. Er begann mit schweren Granaten auf den Gipfel zu hämmern, er steigerte seine Kanonade am 14. September 1915 mit schwersten Kalibern zu einem gewaltigen Trommelfeuer auf die Wischbergspitze. Ich werde es immer bedauern, daß ich dieses großartige Ereignis nicht miterlebt habe. Dovgan, der an jenem Tage Führerdienste am Berg versah, erzählte mir, der Gipfel sei wiederholt unter der Wirkung der Volltreffer erzittert.

Damals ist Klauer zu mir gekommen. Er war vorher in den Strekizzastellungen gelegen. Ich kannte ihn schon persönlich und wußte von der unvergleichlichen Kletterkunst dieser geschmeidigen jungen Felsenkatze. Als ich ihn in Tarvis sah, hatte ich sofort den Wunsch, ihn bei uns zu behalten. Er entschied sich zu meiner Freude in diesem Sinne und der helle junge Mann hat sich sofort mit an die Spitze unserer Besten gestellt. ‚Klauergams' wurde er genannt. Nennt man die Verteidiger des Wischbergs, so muß sein Name an erster Stelle stehen."

Der Nordostweg auf den Wischberg war kein Weg für den Winter. Gerade in diesem Jahr 1915 brach der Gebirgswinter mit seinen Schrekken schon früh über die Stellungen in den Julischen Alpen herein.

Auch auf dem Wischberg in fast 2700 m Höhe war die Besatzung in Gefahr zu erfrieren. Die Drahtverbindung mit dem Tal riß ab. Steinschlag und Lawinen zerfetzten die Drähte in der Nordostschlucht.

Trotzdem wagte man nicht, den Wischberg über den Winter zu räumen. Es wurde befohlen, die Wischbergbesatzung abzulösen, obwohl es ein äußerst lawinengefährlicher Tag war. Aber Kugy ist damals nicht gefragt worden. Er hätte gewarnt. Als Leutnant Stagl an der Spitze der Ablösung, der er etwas vorausgeeilt war, den Hang unter dem Gipfel querte, trat er prompt ein Schneebrett los, das die 10 Mann der Ablösung 1000 Meter in die Tiefe riß. Stagl traf sicher keine Schuld, dennoch hat er das Drama nicht aus seinem Bewußtsein verdrängen können. Als Norbert Nau nach dem ersten Weltkrieg sein Wischbergbuch schrieb, lehnte es Stagl ab, an diesem Buch mitzuarbeiten. Er wollte an die Geschehnisse nicht mehr erinnert werden.

Mehr als zwei Jahrzehnte nach dem Unglück hielt sich auf dem Kleinen Wischberg das Holzkreuz über dem Grab von zwei Toten dieses Unglückstages.

Nach dem Unglück war die neue Wischbergbesatzung in eine verzweifelte Lage geraten. Sie hatte vom Gipfel aus die Katastrophe miterlebt und wußte jetzt, daß dieser Abstieg eine Lawinenbahn war. Aber auch nach Süden war ihnen der Rückweg abgeschnitten. Die Männer kämpften mit dem Erfrierungstod. Der Proviant ging zu Ende. Man hatte ja oben nicht die geringsten Wintervorbereitungen getroffen. Bei Polarkälte froren die Männer in einem dünnen Zelt. Bald waren sie so weit, daß sie sich aus eigener Kraft nicht mehr retten konnten.

Zu ihrer Bergung wurde Kugy aus Tarvis gerufen. Er erinnert sich:

„Als ich ankam, hatte eben Dr. Guido Mayer mit einer kleinen Schar unserer Besten einen tollkühnen Versuch gemacht, durch die Nord-

Oben:
Die Steinwüste am San Michele, die im wahrsten Sinne des Wortes mit Blut getränkt wurde.

Unten:
Der Monte Sabotino war der Eckpfeiler des Görzer Brückenkopfes. Österreichische Unterkünfte auf der feindabgewendeten Nordseite. Im Hintergrund die Julischen Alpen.

ostschlucht zu ihnen empor zu gelangen. Er war an der vollständigen Vereisung und an der Lawinengefahr gescheitert. So sehr ich die Tüchtigkeit und den Todesmut von Führer und Mannschaft preisen mußte, so pries ich noch viel mehr ihr Glück, daß sie aus dieser furchtbaren Lawinengasse vollzählig und heil zurückgekommen waren.

Ich leitete den zweiten Rettungsversuch trotz der fortdauernden Lawinengefahr über die Südhänge und hatte innerhalb 24 Stunden die Genugtuung: Rettungspatrouille und gesamte Wischbergbesatzung waren heil im Tal."

Der magische Kreis am Wischberg

Als die am Wischberggipfel durch Feind und Lawinen abgeschnittene Besatzung geborgen war, wagten weder Armee- noch Brigadekommando auch nur daran zu denken, den Wischberg neuerlich zu besetzen. Es war Oktober 1915, aber es war tiefer Winter und die Temperaturen sanken bis auf Minus 20 Grad.

Bis Mai 1916 blieb der Wischberg unbesetzt. Aber im Sommer lebte unter den Alpinoffizieren der Brigade die Debatte darüber auf, ob es notwendig sein würde, den Gipfel im nächsten Winter wieder besetzt zu halten. Einige der jungen Bergsteigeroffiziere waren entschieden dagegen. Schon im Sommer wäre ein italienischer Handstreich auf diesem Gipfel ein schwieriges und fast aussichtsloses Unternehmen gewesen, und dann erst im Winter! Aber Kugy dachte anders. „Ich habe

Oben:
Karstfront. Steinwälle waren die erste Deckung, die aber von jeder Granate in Tausende tödlicher Splitter zerfetzt wurde.

Unten:
Eine der österreichisch-ungarischen Kavernen auf dem Monte Sabotino, die in der fünften Isonzoschlacht zur Flammenhölle wurden, in der die Besatzungen lebendigen Leibes verbrannten.

keinen Augenblick die Gefahr eines feindlichen Handstreiches auf der Wischbergspitze außer Acht gelassen", bekannte er. Wahrscheinlich hat er dabei an Pesamosca gedacht. Der brachte am Wischberg alles fertig, dem traute Kugy offenbar auch einen Überfall auf den Gipfel im Winter zu. Schließlich hat Kugy seine Pappenheimer aus dem Raccolanatal ja lange genug gekannt.

So war er derjenige, der als Alpinberater für eine Winterbesetzung des Berges eintrat und das sogar energisch. Als er einmal im Sommer 1916 mit General Scotti auf dem Gipfel war, drückte sich beim Abschied Leutnant Hans Klug, einer aus der jungen Bergsteigerelite, an die Seite des großen alten Herrn: „Herr Doktor, Sie werden es doch nicht zulassen, daß wir auch im Winter auf dem Wischberg bleiben müssen." Da fuhr Kugy den jungen Offizier an: „Was erlauben Sie sich? Sie haben sich in die Entscheidungen höherer Kommanden doch nicht einzumischen."

So wurde also die Winterbesetzung vorbereitet. Auf dem Papier. Kugy hatte seine Vorschläge zum winterlichen Ausbau der Wischbergspitze für den Winter 1916/17 einverständlich mit Leutnant Dr. Mayer schon nach Mitte Juli 1916 erstattet und den sofortigen Beginn der Arbeiten dringend empfohlen. Die Vorschläge gipfelten in zwei Grundsätzen: 1. Der winterliche Wischberg muß als arktische Unternehmung aufgefaßt werden, wobei die Besatzung vollkommen auf sich selbst gestellt bleiben muß. Eine Versorgung aus dem Tal ist unmöglich. 2. Es darf oben nicht ein militärisches „Proviantdepot" errichtet werden, es muß ein für die Gesamtdauer von sieben Monaten reich bemessenes „besseres Delikatessengeschäft" sein.

Das war natürlich eine für die Intendanz harte Forderung. Aber die Lockung mit dem Delikatessengeschäft hat bei der Jugend gewirkt, die sich freiwillig zur Unternehmung gemeldet hatte.

Jetzt aber ließ sich die Brigade Zeit. „Bevor sich mein Kommando darüber klar geworden war", klagt Kugy, „ob es Winterbesetzung wolle, ob nicht, war der kostbare Arbeitsmonat August vergangen. Als man sich dafür entschied, sollten die Unterkünfte natürlich sofort fertig sein. Da hatte Klauer Arbeit! Aber er hat sie mit seinen Braven fein bewältigt. Als ich am 10. Oktober 1916 unseren Armeekommandanten Carl Scotti auf den Wischberg führte, war alles schon weit voran. Der glänzend schöne Oktober 1916 ist für den rechtzeitigen Ausbau ein großer Glücksfall gewesen. Die reizende, steildachige Unterkunftshütte klebte schon fix und fertig an den Gipfelfelsen, am Eingang zur ersten Kaverne. Wir haben sie an jenem Tage ‚Scottihütte' getauft. Nicht aus eitler Schmeichelei, sondern aus überzeugter treuer Anhänglichkeit an den Armeeführer, der unseren alpinen Herzen immer sehr nahegestanden ist. So soll ihr Name in aller Zukunft bleiben.

Die Winterbesatzung hat fast ausschließlich aus Leuten meiner ursprünglichen Bergführerabteilung bestanden", so Kugy, „zwei Offiziere: Klauer als Kommandant, Fähnrich Hans Paier als Artilleriebeobachter. Fünf Mann: Otto Lorenz, Otto Schwarz, Vladimir Dovgan, Felix Slatko als Koch, Michael Radilović als Schlosser und Mineur. Ich sah die Jugend erst am 27. April 1917 wieder. Da ist sie frisch und fröhlich niedergestiegen und wo sie grünes Gras fand, schlug sie Purzelbäume, so hat es sie gefreut! Vom ‚besseren Delikatessengeschäft' oben scheint allerdings nicht viel übriggeblieben zu sein. Es sind dann Zeiten gekommen, wo in den Stellungen auf Deutscher Kanzel, Jama und Kleiner Schlichtel wehmütig seiner gedacht wurde."

Wenn Kugy auch für den Abschnitt der ganzen Brigade verantwortlich war, seine Sorge blieb der Wischberg, der ließ ihm keine Ruhe.

„Ein scharfes Augenmerk ließ ich von allem Anfang an auf die großen Nordwestbänder des Wischberges halten", schreibt er. „Von der Blockscharte des Montasch hatte Leutnant Dr. Mayer ein Bild der Wischbergwände aufgenommen. Das ließ ich bei der Armee vergrößert vervielfältigen und versah es mit der Einzeichnung sämtlicher Anstiegswege aus der Spranje. In jeder Wischberg-Höhenstellung befand sich ein derartiges Exemplar.

Es trifft sich, daß alle vier Spranjewege eine Stelle durchschreiten, die man mit einem kleinen Kreise umspannen kann. Ich nannte ihn den Kreis bei C. Er liegt südlich des großen Lawinenkegels unterhalb der Nordwestschlucht. Moses- und Große Naboischarte waren von uns besetzt. Hielt man den Kreis bei C sorgsam bewacht, so war der Wischberg vor jeder Überrumpelung aus der Spranje gesichert.

Die führenden Hüter des Berges: Josef Klauer, Hans Klug, Hans Stagl, Erich A. Mayer, Carl Zobek, haben allerdings ihre eigene Kenntnis des Berges im Verlaufe der Zeit so vertieft, daß dieser Behelf später überflüssig wurde. Sowohl für die gesamte Wischberggruppe als für den Montasch habe ich ferner große Karten gezeichnet, in welchen die Hochkämme als Gerippkarte, die Flanken mit den rot eingezeichneten Wegen als Ansicht ausgeführt waren, so daß sie, mit Fotografien zusammengehalten, ein vollkommen klares Bild ergaben. Jede Anstiegsmöglichkeit, jeder Durchschlupf, der zu einem gefährlichen Ziel hätte führen können, war darin festgelegt. Diese Karten wurden dann auf Stein vervielfältigt und haben gute Dienste geleistet. Es gab keine schwache Stelle", berichtet Kugy und stellt fest:

„Großartig ist der Blick von ‚Burgwache' zum Kreis bei C und in die gesamte Nordwestschlucht gewesen. Längs des Grates waren Steinbatterien geschlichtet. Dachte man an die verheerende Wirkung, die eine einzige davon angerichtet hätte, so schlug man unwillkürlich ein Kreuz!"

Es war nicht notwendig, das Kreuz zu schlagen, der Wischberg ist nie angegriffen worden. Umso mehr hatte die Besatzung des festungsartig ausgebauten Berges mit Besuchern aller Art zu rechnen. Der Wischberg war der Paradeberg der Brigade. Kugy hatte u. a. Carl Müller, den Direktor des Alpinen Museums in München, auf den Gipfel geführt.

Ein besonderes Hallo gab es, als einmal der ob seiner Leibesfülle armeebekannte Richter Dr. Seyss auf dem Gipfel auftauchte. Er hatte sich von vier Bosniaken buchstäblich hinaufziehen lassen. Hauptmann Reinl, der Abschnittskommandant, berichtete später, Leutnant Klauer habe ihn damals wutentbrannt angerufen und gesagt: „Jetzt kommt schon jede Kuh herauf." Gleich darauf habe er auch gefragt: „Herr Hauptmann, wann kommen Sie wieder herauf?"

Noch in letzter Stunde hatte man im September 1917 eine Gebirgskanone mit Flaschenzug und im Mannschaftszug auf den Gipfel gebracht. Die Geschützkaverne ist heute noch zu sehen. Das Geschütz feuerte am 25. Oktober 1917 zum letztenmal. Seine Granaten galten den Italienern, die vom Rombon über den Prevala flüchteten und beim Abstieg zum Neveasattel in sein Schußfeld kamen. Dann zog wieder Bergfriede über dem Wischberg ein.

Funkgeräte brüllten auf Fünffingerspitze

Julius Kugy verdanken wir die Schilderung über die ersten Versuche, die 1916 mit den ersten Funkgeräten der Geschichte in den Julischen Alpen durchgeführt wurden.

Bisher hatte man als Verbindungsmittel nur das Telefon und die optische Verbindung mit Lichtblitz. Das letztere war natürlich problematisch. Abgesehen vom Wetter. Nicht jede Station war da von der Natur so günstig gelegen wie jene in der Blockscharte am Montasch, von der man ohne jedes Bedenken mit der Großen Naboisscharte optisch verkehren konnte. Hinüber mit Fahnen, herüber mit Lichtblitz, der haarscharf in die Blockscharte fiel.

Kugy berichtet: „Im Jahre 1916 tauchte die Idee auf, Radioapparate einzusetzen. Da aber ein Spannen der Antenne im schwierigen Felsen untunlich war, so mußten Apparate konstruiert werden, bei denen die gespannte Antenne entfiel.

Oberleutnant Scheuble vom Armeekommando übernahm deren Herstellung. Als sie fertiggestellt waren — Empfangsstation gespannte, Gebestation lose über die Felsen gelegte oder über den Abgrund hängende Antenne —, schritten wir zu Erprobungsversuchen. Ich schlug dazu den Raibler Fünfspitz und den Mangart vor. Meine Empfangspatrouille (sechs Mann, drei Offiziere, Oitzinger und ich) nahmen den ersten Berg. Dr. Mayer führte die Gegenpatrouille (Oblt. Scheuble, Obltn. Chiaris, Dibona und Dovgan) auf den letzteren. So kam ich, zu meiner Freude, mit dem Sohne Ottokar Chiaris in denselben Julischen zusammen, in denen vor 40 und mehr Jahren der Vater, einer meiner vielbewunderten Vorbilder, gewesen ist.

Mein Ausmarsch begann unter trüben Auspizien. Die vollständig bergungeschulte Mannschaft war vom besten Willen erfüllt, aber sie wurde bald müde und litt unter den schweren Lasten. Mein kleiner Radiokadett Wrba sah mich besorgt an. Es war auch für ihn die erste wirkliche Bergtour, er fürchtete für die Unternehmung. Eine entsprechende Verlangsamung des Marschtempos, einige wohlgemeinte Worte der Aufmunterung, einige eingeschobene kleine Rasten stellten den gesunkenen Mut wieder her, und wir erreichten, wenn auch spät in der Nacht, so doch wohlbehalten das Greuther Aibl. Dort war uns das reizende Jagdhaus des Herzogs von Sachsen-Altenburg zur Verfügung gestellt worden, und wir verbrachten darin eine sehr gute Nacht.

Am nächsten Morgen war es bitterkalt und die Nebel hingen so tief herab, daß wir erst nach einigen kurzen Irrgängen an den richtigen Felseneinstieg kamen. Trotzdem hatte ich schon um 8 Uhr die Genugtuung, meine Mannschaft vollzählig und in bester Verfassung am Gipfel versammelt zu sehen. Ich hatte mit Vorbedacht den höchsten Fünfspitz ausgesucht. Dessen Nord- und Südgipfel stehen gerade weit genug auseinander, um das Spannen der Empfangsantenne zu ermöglichen. Dann machten wir ein Feuer an und es entwickelte sich eine richtige Spitzenstimmung, obwohl wir fortgesetzt im dichtesten Nebel standen. Man sah nicht Täler noch Berge.

Um 10 Uhr war Rendezvous an den Apparaten. Wir hatten die Hörmuschel angeschnallt und horchten gespannt. Da hob der Kadett den Finger und sagte: ‚Es brüllt'! Ich hörte nichts als das leise Surren im Uhrwerk des Schleifdetektors.

‚Es brüllt', wiederholte er aufgeregt, indem er mitzuschreiben begann. Und da hörte ich es auch, ganz leise wie ferne, ferne Amsellaute: lang — kurz, lang — kurz, lang! Das waren die tönenden Morsezeichen, unsere Verbindung war hergestellt. Ich lauschte ergriffen und ehrfürchtig diesem Triumph technischen Wissens und Könnens; die drüben sandten einen frierenden Wetterbericht und unterschrieben jammervoll ‚Cadorna'.

‚Sehr leise!' bemerkte ich zum Kadetten. ‚O nein', belehrte mich der, „das nennen wir ‚es brüllt'. Wäre es ein wenig lauter, so würden wir sagen ‚es schmeißt einen um'.

Ich staunte, als ich vernahm, daß es von diesem ‚Gebrüll' noch viele Abstufungen nach abwärts gäbe: ‚Es brüllt', ‚sehr laut', ‚laut', ‚leise', ‚sehr leise', ‚kaum mehr vernehmlich', ‚noch vernehmlich, doch unverständlich', ‚nicht mehr vernehmlich'. Ich hätte unser Gespräch mit ‚kaum mehr vernehmlich' klassifiziert und beneidete die Radiomänner um ihr fein ausgebildetes Gehör.

Erst in den Nachmittagsstunden dachten wir an den Abstieg. Ich war mir meiner Verantwortlichkeit voll bewußt. Aber alles ging vortrefflich, die Mannschaft hatte an der Unternehmung Freude gefunden und benahm sich auch an den steilen Stellen ganz ausgezeichnet. Als ich meinen lieben Artilleriereferenten mitten in der letzten Wand am Seil hinabließ, da kratzte und krabbelte etwas hinter mir. Ich sah mich um, der kleine Kadett kletterte im Zwischenraum zwischen meinem Rücken und der Wand herab und sah mich vertrauensvoll an. Ich stellte ihn zur Rede, warum er nicht oben warte, bis ich ihn abhole, aber er bat mich, ihn unangeseilt nachklettern zu lassen, das mache ihn so froh und er fühle sich ‚in dem Spalt' hinter mir ganz sicher.

Die Wolken öffneten sich plötzlich, blauer Himmel wurde sichtbar. Die Sonne trat hervor, und das Haupt des Mangart sah im Neuschnee erstrahlend, von Königsglanz umwoben, rein und klar aus gewaltiger Höhe zu uns herüber. ‚Der Mangart', stellte ich dem Kadetten vor. Der stand lange sprachlos vor der märchenhaften Schönheit dieses Bildes, dann sagte er ganz überwältigt: ‚Das ist der Mangart! Mit dem habe ich gesprochen!' Er kannte die Wunder seiner Hertz'schen Wellen und fing die drahtlos durch die Lüfte fliegenden Depeschen gleich kostbaren Schmetterlingen in seinem Herzen.

Die Wunder der Bergwelt haben sich ihm an diesem Tage zum ersten Male erschlossen, und er schaute staunend und ahnungsvoll in das neue Zauberland."

Die Artilleriebeobachtungspunkte waren eine der Hauptsorgen Kugys. Die Artilleriebeobachtung von der Höhe war ja zuerst die Domäne der Bergsteiger. Die Flieger kamen in den ersten Kriegsmonaten gegen Italien bei uns nicht in Betracht, weil sie die Hochkämme der Julischen Alpen nicht in genügender Höhe (ca. 4000 m absolut) überfliegen konnten! Erst später gelang dies unseren fliegenden Zigarrenkisten und da leisteten sie auch in den Alpen wertvolle Hilfe.

„Ausgeschaltet wurden wir natürlich trotzdem nie", schrieb Kugy. „Einer unserer ältesten und wichtigsten Artilleriebeobachtungspunkte befand sich am Gipfelblock des Großen Nabois. Er war ständig besetzt. Die Beobachter schliefen primitiv in einer etwas tiefer gelegenen Felshöhle. Wir sind wiederholt oben gewesen und konnten von dort das Schauspiel der großen Artilleriekämpfe zwischen dem Dognatal und unseren Stellungen auf Praschnik und Luschari beobachten. Über Seisera und Zapraha zogen die schweren Granaten ihre heulende Bahn. Auch der Steinerne Jäger war für uns von jeher ein Punkt erster Ordnung. Der Luschari trug am Hochkamm, gegen das Bettlerkreuz zu, über den Geschützstellungen eine wunderhübsche in Krummholz und Lärchen gut maskierte Warte.

Eine Sehenswürdigkeit war unser Beobachtungsstand auf dem Lomek. Dort hatte man in den obersten senkrechten Felsen eines steil im Südhange eingerissenen Grabens, knapp unter dem Gipfelplateau, ein winziges, ganz reizendes ‚Schwalbennest' aus Balken, Brettern und Dachpappe verspreizt, welches buchstäblich über dem Abgrund hing. Ein vorspringender, schmaler Felserker bot etwas Schutz gegen allfällige Geschosse, einige Bergfichten hielten ihr schütteres Kleid vor, ohne den Ausblick zu hindern."

Schlimm war es, daß die italienischen Batterien auf Nevea der Sicht der Österreicher gänzlich entzogen waren.

„Als ich so eines Abends mit Dr. Mayer die vorhandenen Möglichkeiten besprach", erzählt Kugy, „kamen wir auf die Hohe Weißenbachspitze, und ich erinnerte mich, daß ich deren höchste Gipfelfelsen oft von den Weideböden der Nevea aus gesehen hatte. Mayer setzte das Gespräch sofort in die Tat um. Schon am nächsten Tag legte er die Telefonleitung aus dem Kaltwassertal ins obere Weißenbachtal, und am zweiten Tage kam nebst einer dringenden Bitte um Wasser seine Meldung: Er sehe auf Nevea. Wir sandten ihm rasch eine Tee- und Wasserpatrouille. Gleichzeitig fuhr ein 30,5 cm-Motormörser in den Kaltwassergraben, und auf Nevea war der Teufel los.

Dieser ersten Artilleriebeobachtung von jener luftigen Warte aus sind später viele weitere gefolgt, das oberste Weißenbachkar belebte sich immer mehr und mehr, bis endlich die einst so einsam ragenden Weißenbach-Obelisken staunend auf das rastlose Seilbahn- und Barackengetriebe des Alpendorfes ‚Königshütte' und der Felsenfestung ‚Korscharte' herabsehen konnten."

In seinen bisher unveröffentlichten Erinnerungen spricht Kugy wiederholt den Wunsch aus, man sollte die Anlagen, die im Krieg errichtet wurden, auch im Frieden erhalten:

„Die Scottihütte am Gipfel des Wischbergs und eine andere Sehenswürdigkeit am Wischberg, die luftige Feldwache II, ‚Burgwache' genannt, auf dem hohen schluchtenüberragenden Gratzacken gegen den Spranjeturm zu. Auch sollten die Gipfelkavernen, vor allem die Geschützkavernen, am Wischberggipfel in jedem Sommer vom Eise befreit werden. Erhalten sollte man die in den Felsen klebenden Schwalbennester in der Großen und der Kleinen Naboisscharte, die Verteidigungswerke, die in wundervoller, jahrelanger Arbeit den steilen Klippen des Schwarzenbergs, des Kleinen Mittagskofels, der Kastreinspitzen und der Mosesscharte abgerungen worden waren, das Militärdorf am Schwalbenboden, die Blockhäuser im Waldfrieden der nördlichen Fellaberge. In jedem Stück sehen wir, die wir da mitgearbeitet haben, einen geheiligten Wallfahrtsort."

Aber nichts ist davon geblieben. Kein Brett. Nur im Stein blieb die Front.

Zweikampf am Mittagskofel

Er ist das Wahrzeichen des Kanaltales: der Mittagskofel.

Kein Berg in der Wischberggruppe hat soviel Geschichte wie er. Er ist ja auch der Wächter über Dogna- und Kanaltal. Ein Luginsland.

In der Spannungszeit vor Kriegsausbruch durfte er dennoch nicht besetzt werden, weil man auf österreichischer Seite alles vermeiden wollte, was von den Italienern als „Bedrohung" angesehen werden konnte. Als dann die italienische Kriegserklärung erfolgte, war es zu spät. Da waren die Italiener zuerst am Gipfel. Ministerialrat i. R. Stramitz erzählte mir einmal, wie er noch kurz vor Kriegsausbruch mit seinem Einjährig-Freiwilligenkurs von 120 Mann auf dem Gipfel des Mittagskofel einer ganzen Kompanie Alpini begegnet war.

Das war die letzte friedliche Begegnung österreichischer und italienischer Soldaten in den Julischen Alpen. Dann krachte es. Jetzt wollten auch die Österreicher am 17. Juni 1915 den Gipfel erobern. Mit unzulänglichen Mitteln, um nicht zu sagen, dilettantisch. Ohne jede Mitwirkung der Artillerie. Der Versuch mißlang natürlich. So mußte sich die österreichische Verteidigung mit dem Besitz des Kleinen Mittagskofels begnügen. Die nutzlose Aktion kostete 6 Tote und 16 Verwundete.

Über den Kleinen Mittagskofel führt heute der längere, aber weitaus interessantere Aufstieg aus dem Kanaltal.

Der Weg aus der Seisera beginnt in der Nähe des Seisera-Heldenfriedhofes. Er führt dann über die untere Strekizzaalm, und dort steht heute noch die Kaiserin Zita-Kapelle, die im Ersten Weltkrieg von österreichischen Soldaten erbaut worden war. Dem Bürgermeister von Malborgeth, Anton Ehrlich, ist es zu danken, daß die Kapelle renoviert wurde und heute dasteht, als sei sie vor Jahresfrist erst errichtet worden.

Auf der unteren Strekizza, einer romantischen, verlassenen Alm, lagen 1915 bis 1917 Kärntner Freiwillige Schützen, und von hier aus führte auch der Kriegsweg und später eine kleine Seilbahn auf den Kleinen Mittagskofel. Diese Spitze ist dem Großen Mittagskofel nach Osten hin vorgelagert. Ihn hatten Kärntner Freiwillige Schützen und Gebirgsschützen besetzt. Sie waren in keiner beneidenswerten Lage. Keine Regung in ihrer Stellung entging dem italienischen Beobachter auf dem Großen Mittagskofel, dessen beherrschender Beobachtungspunkt oft tagelang als Zielscheibe der österreichischen Batterien in Rauch und Flammen gehüllt war.

Es ist eigentlich nicht recht einzusehen, was die Italiener zum Versuch bewogen haben mag, den Österreichern auch den Kleinen Mittagskofel zu entreißen. Natürlich lag er ihnen auf dem Weg ins Kanaltal hinunter ausgesprochen quer. Aber da war dann noch immer der Riegel auf der Strekizzaalm.

Es mag eher sein, daß ein italienischer General „Kreuzschmerzen" hatte. Vielleicht war es ihm zu ruhig an der „ruhigen Front". Jedenfalls begann das blutige Abenteuer am 16. Juli 1916. Alle Batterien im Dognatal und am Köpfach konzentrierten ihr Feuer auf den Gipfel des Kleinen Mittagskofel und auf den Schwarzenberg.

Kommandant am Kleinen Mittagskofel war Oberleutnant i. d. Res. Dr. Gustav Kordin. Schon zu Beginn des Trommelfeuers hatte er die Besatzung in die einzige Kaverne zusammengezogen. Nur die Beobachtungsposten mußten immer wieder in das Inferno hinaus. Sie fielen nach der Reihe.

Am 18. Juli 1916 waren um 15 Uhr die Italiener plötzlich in der Gipfelstellung. Sie hatten das Feuer unmerklich nach Norden verlegt, und die Alpini waren direkt hinter der Feuerwalze in die unbesetzte Stellung eingedrungen. Nun feuerten sie mit einem MG vom Gipfel in die Nähe des Kaverneneingangs. An der Spitze der Leute, die den Sprung ins Freie überlebt hatten, stürmte Kordin zum Gipfel hoch.

Unterwegs stieß er auf einen italienischen Offizier. Beide schossen gleichzeitig, beide trafen tödlich. Im vergeblichen Nahkampf um den Gipfel fiel dann auch noch der Kadett Gasser. Die Überlebenden setzten sich jetzt in Wandstücken der steilen Nordseite fest. Ich bin einige Male in dieser steilen Nordflanke herumgestiegen. Wo mögen die letzten der Besatzung sich hier festgeklammert haben? Jeder für sich wahrscheinlich. Aber mit imponierender Standfestigkeit wurde damals die Stellung gehalten. Da gab es kein Zurück. Es hätte den überlebenden Jungschützen und Gebirgsschützen gar nicht verargt werden können, wenn sie, führerlos wie sie waren, auf die Strekizzaalm zurückgegangen wären, wo sie die eigenen Stellungen wußten. Aber sie klammerten sich wenige Meter unter den Italienern an den Fels ihres Berges. Und das tapfere Ausharren dieser Handvoll Leute ermöglichte dann Stunden später den erfolgreichen Gegenstoß.

Einer dieser harten Burschen brachte es fertig, von irgendeinem Band aus, von den Italienern ungesehen, Morsesignale auf die Strekizzaalm hinunter zu flaggen. Er tat das mit seinem Hemd, das er ausgezogen und an einen Bergstock gebunden hatte: Er morste: „Kordin gefallen. Feind teilweise eingedrungen. Halten die Stellung. Sendet Wasser und Öl für MG, Munition und Handgranaten."

Jetzt rollte der Gegenstoß an. Der 30,5 cm-Mörser aus dem Kaltwassertal brüllte los und seine Ungetüme zerfetzten im Planjagraben die italienischen Angriffsbataillone, die sich dort für den weiteren Vorstoß bereitgestellt hatten.

Ein Hochgebirgszug, unter dem Kommando des Fähnrichs Stockinger, brach sofort von der Strekizza zum Kleinen Mittagskofel auf. Die Männer stiegen nicht auf, sie hetzten die Hänge hoch. Es waren lauter Burschen, die durch Kugys Hochgebirgsschule gegangen waren. Kugy stellte in seinen Erinnerungen fest, daß es nicht an Elementen gefehlt habe, die diese Hochgebirgsschule als „Touristengesellschaft" abgetan haben: „Als aber am 19. Juli 1916 ein Häuflein dieser ‚Touristengesellschaft' gegen eine vielfache Übermacht den verloren gegangenen Kleinen Mittagskofel im Gegenstoß zurückerobert hatte und man bewundernd erzählte, wie die Mannschaft in unglaublich kurzer Zeit von den Strekizzastellungen aus über Wände und Hänge zur Spitze emporgestürmt sei, da schwiegen die Kritiker", sagte Kugy mit Genugtuung.

Stockinger schrieb später schlicht: „Wir kamen so schnell vorwärts, weil es unser Ehrgeiz war, den Italienern den Einbruch in unsere Stellung zu verwehren". Es war auch ein Glück, daß die Alpini auf dem Gipfel selber in Bedrängnis waren, weil sie von Richtung Schwarzenberg her im Feuer österreichischer MG-Nester lagen.

Als die Gruppen Stockingers in Sicht des Kleinen Mittagskofels kamen, pfiffen ihnen dennoch die Garben der italienischen Maschinengewehre um die Ohren, die vom Gipfel herunter feuerten.

Stockinger berichtete: „200 Meter unter der Spitze stießen wir in den Wänden auf die Reste der Besatzung. Kadett Gasser, der durch einen Bauchschuß tödlich verwundet war, klärte mich mit letzter Kraft über die Lage auf. Er starb kurze Zeit später.

Trotz des feindlichen Maschinengewehrfeuers, das uns auf 30 bis 100 Schritt von oben herunter entgegenpfiff, kletterten wir von Felsblock zu Felsblock höher. Leider fielen bei dem Versuch, an das MG heranzukommen, meine besten Leute. Mit Handgranaten hätten wir nach oben wirken können, aber wir hatten keine. Die Italiener hatten sie. Aber es war ein Glück, daß sie nicht losgingen."

Es wurde endlich Nacht. Die Männer der Hochgebirgskompanie hatten sich bis auf 30 Meter unter die Gipfelstellung hinaufgearbeitet und bereiteten nun für den Morgen den Gegenstoß vor. Stockinger: „Ein Maschinengewehr trug ich selber auf die Nase hinauf und brachte es hinter einem Felsblock, 30 Schritte hinter dem einen feindlichen Maschinengewehr, in Stellung.

Einen alten 8 cm-Minenwerfer brachten wir mühsam auf einem Felsvorsprung in Stellung. Er sollte bei Morgengrauen das zweite italienische Maschinengewehr niederkämpfen."

Stockinger erwähnt nicht, wie die Stunden der Nacht vergingen, die sie da halb hockend, halb liegend in den steilen Felsen 30 Meter unter den italienischen Maschinengewehren verbrachten.

Um 3 Uhr früh drückte jedenfalls der Richtschütze des österreichischen MGs auf den Abzug, und der Gurt des Dauerfeuers fetzte in die um das MG hockende, wahrscheinlich schlafende, italienische MG-Bedienung.

Zur gleichen Zeit zischte die Mine aus dem uralten Minenwerfer, und das war jetzt Soldatenglück: Sie fuhr hoch und jaulte nieder. Genau auf das zweite italienische MG. Der Volltreffer löschte die Bedienung aus.

Die Gebirgsschützen, die sich über die Felsen zum Gipfel hochturnten, fanden oben keine Gegenwehr. Stockinger erinnerte sich: „Die Italiener sprangen in wilder Flucht in den Planjagraben hinunter, ihre Gewehre im Stich lassend. Einige ergaben sich.“ Wie aus den Meldungen des österreichischen Abschnittkommandos auf der Strekizzaalm hervorgeht, waren bei dem Gegenstoß zwei schwere italienische Maschinengewehre und über 100 Gewehre erbeutet worden. Das läßt Schlüsse auf die Flucht der Alpini zu.

Es war ein verwegener Gegenstoß. Vergeblich habe ich versucht, Überlebende zu finden, die mir Einzelheiten hätten erzählen können. Es waren alle schon tot. Einen einzigen traf ich: den Altbauern Thomas Pirker in Tiffen bei Feldkirchen. Er war damals als 17jähriger Freiwilliger Schütze mit in der Kaverne unter dem Gipfel. Er erinnert sich, daß der Oberleutnant mit der Besatzung, die aus Gebirgsschützen und Freiwilligen Schützen bestand, Unterricht gehalten habe. Er habe den Leuten während der tagelangen Beschießung in der Kaverne eingeschärft, auf rote Leuchtraketen auf dem Schwarzenberg zu achten. Der Ausgang der Kaverne, in der die Besatzung des Kleinen Mittagskofel vor dem Feuer Schutz gesucht hatte, lag so, daß man von dort aus Sichtverbindung zur Stellung Schwarzenberg hatte. Von den Stellungen auf dem Schwarzenberg aus wieder konnte man den Südhang des Kleinen Mittagskofel einsehen.

Darauf scheint Kordin seinen Alarmierungsplan aufgebaut zu haben. Vom Schwarzenberg aus, der bei weitem nicht so unter dem italienischen Feuer lag, wie der Kleine Mittagskofel, auf den sich das ganze italienische Feuer konzentrierte, sollte also durch rote Leuchtkugeln Alarm geschossen werden, wenn die Italiener aus dem Planjagraben und vom Rücken des Großen Mittagskofel herunter zum Einbruch antreten sollten. Kordin teilte bereits in der Kaverne die Kräfte für den Gegenstoß ein, der sofort nach dem Hochgehen der roten Leuchtkugeln auf dem Schwarzenberg einsetzen sollte. In der Kaverne zurückzubleiben hatten nur die Mannschaften, die zum Stopfen der Maschinengewehrgurte eingeteilt waren.

In der späten Nachmittagsstunde, am 18. Juli, war es dann soweit. Auf dem Schwarzenberg zischten die roten Leuchtkugeln! ‚Wir stürzten aus der Kaverne‘, sagte Thomas Pirker. Ein Teil der Besatzung hatte unter Kordins Führung nach dem Verlassen der Kaverne so schnell wie möglich die Steilflanke zum Gipfel zu überwinden und die

Italiener im Nahkampf zu werfen. Zugsführer Adlgasser sollte mit seinem Schwarm den Gipfel von Norden angreifen. Unser MG hatte zunächst in der Nähe des Kaverneneingangs in Stellung zu gehen und einen flankierenden Feuerriegel vor die Schwarzenbergstellung zu legen. Die Italiener hatten nicht nur den Gipfel des Kleinen Mittagskofel besetzt, sie griffen auch den Schwarzenberg an. Ich sehe ein Bild vor mir: An einer Strickleiter unter dem Verbindungsgrat zwischen Kleinem Mittagskofel und Schwarzenberg baumelten zwei, drei Italiener. Dann faßte sie der Feuerstoß unseres MG."

Oberleutnant Kordin fiel und der größte Teil seiner Gebirgsschützen wurde bei dem Versuch, den Gipfel den Italienern wieder zu entreißen, getötet oder verwundet. Hingegen erreichte Adlgasser mit seinen Leuten den Gipfel und schob sich, gedeckt gegen ein dort feuerndes italienisches MG, vor. Dabei wurde er vom Richtschützen entdeckt, der mit einem Schrei das MG herumwarf und aus kürzester Entfernung eine Garbe in den Leib des Zugsführers jagte.

Die Italiener beklagten bei dem Angriff auf Schwarzenberg und Mittagskofel vor allem durch österreichisches Artilleriefeuer nach eigenen Berichten 400 Tote und Verwundete.

Vom Kleinen Mittagskofel oben trug man 60 Tote und 23 Verwundete in die Seisera hinab.

Wer so wie ich die Kaverne sucht, in der die Besatzung des Kleinen Mittagskofel damals im Trommelfeuer zusammengedrängt war, würde vergebens suchen. Die Stellung ist nach dem Angriff im Juli 1916 so umgebaut und ausgebaut worden, daß sich kein rechtes Bild mehr gewinnen läßt, wie es in den kritischen Stunden ausgesehen hat.

Aus italienischen Nachkriegsberichten über die Mittagskofelunternehmung geht hervor, daß die Italiener bei ihrem Blitzvorstoß vom Südhang des Großen Mittagskofel durch einen Tunnel in das Gelände unter den Kleinen Mittagskofel gekommen sind.

Auch von diesem Tunnel findet sich heute keine Spur. Die Eingänge sind wahrscheinlich eingestürzt. Mit seinen Kriegsbauten sind Großer und Kleiner Mittagskofel heute noch Freilichtmuseen des Gebirgskrieges. Er ist der „eisenhältigste" Berg der westlichen Julischen Alpen gewesen. Bei jedem aufflammenden Artillerieduell bekam der Beobachter auf dem Mittagskofel seinen Segen ab. Mehr als ein halbes Jahrhundert waren hier die „Metallsucher" am Werk. Nach dem

Zweiten Weltkrieg traf ich sogar noch Italiener auf dem Berg, die mit Minensuchgeräten nach Granatsplittern suchten. Das meiste Eisen hat der Gipfel und der Planjagraben abbekommen, der sich vom Süden aus der Seisera bis unter den Sattel zwischen Großem und Kleinem Mittagskofel heraufzieht. Er hat seine blutigen Erinnerungen. Hier arbeitete sich bei dem großen Angriff vom 18. Oktober 1915 an den Wänden und Schuttfeldern das IX. Marschbaon des steirischen Schützenregiments Nr. 3 unter schweren Verlusten empor. Hier fiel auch Fähnrich Dellacher, der sich durch kühne Patrouillengänge einen Namen gemacht hatte. Die Steirer hatten bei ihrem mühsamen Aufstieg durch die steile Rinne überhaupt keine Chance, weil die italienischen Batterien, gelenkt vom Beobachter auf dem Mittagskofel, ein Scheibenschießen auf ihre hochklimmenden Kompanien veranstalteten.

Auch auf dem Rücken zwischen Großem und Kleinem Mittagskofel liefen die vom Kleinen Mittagskofel in Schneemänteln angreifenden Österreicher ins Verderben. Das MG vom Großen Mittagskofel mähte die ersten Schwarmlinien schon in den steilen Schnee.

Tagelang hatte man nach dem 19. Oktober zu tun, um die Verwundeten vom Kleinen Mittagskofel und aus dem Planjagraben zu bergen. Engelbert Ehrenreich (Klagenfurt), damals Jungschütze auf der Strekizza, erinnert sich an ein Bild: Träger mit blutigen Zeltbahnen und darin blutige Leichenteile.

Das zweite Drama spielte sich im Planjagraben am 16. Juli 1916 ab. Diesmal traf es die italienischen Reserven, die sich offenbar in dichten Rudeln im oberen Teil des Planjagrabens zusammengestellt hatten. Sie bekamen die Feuerschläge des 30,5 cm-Mörsers in Kaltwasser mit vernichtender Wucht zu spüren. Die Reserven wurden zerschmettert und die Wirkung dieses Feuers dürfte auch die Hauptursache für die fluchtartige Preisgabe des bereits eroberten Gipfels gewesen sein.

Tagelang hörten die Österreicher noch die Schreie der italienischen Verwundeten im Planjagraben. Es muß hier eine furchtbare Verwirrung geherrscht haben. 1925 schrieb ein ehemaliger Mitkämpfer, der durch den Planjagraben stieg: „Überall im oberen Teil des Grabens fand ich verrostete Gewehre, Bajonette, Alpinihüte und Patronentaschen lagen herum. In Massen fanden sich Schrapnellhülsen und Granatsprengstücke. Das Grab des beliebten Fähnrichs Dellacher, das wir damals zurückgelassen hatten, fand ich nicht mehr.“

Mysteriöses Geschehnis am Götterband

Den Pfaden der Gemsen nachspürend, hat Kugy seinen „achten Weg“ auf den Wischberg, den Weg aus dem Kaltwassertal entdeckt: die Route über die Götterbänder, „die schwindelnd schmalen, feingemeißelten Gesimse durch die Schatten der Gamsmutterwand“.

Der Name kennzeichnet den mystischen Zauber, von dem Kugy erfüllt gewesen sein muß, als sich ihm das wunderbare Geheimnis jener düsteren Gamsmutterwände langsam zu enthüllen begann. „Nicht viele haben die Götterbänder betreten“, schrieb er in seinem Buch „Aus dem Leben eines Bergsteigers.“ Hat er dabei an Unberufene gedacht?

Pater Hans Klug aus Brünn hat 1937 ein seltsames, ungeklärtes Erlebnis niedergeschrieben, aber er hat das Manuskript mit dem Gebot versehen: „Nicht zur Veröffentlichung bestimmt“.

Norbert Nau hat sich an diesen Wunsch gehalten. Erst 1978, mehr als 60 Jahre nach dem Geschehen, hat er mir das unveröffentlichte Manuskript des Paters übergeben, der im Ersten Weltkrieg als Leutnant einer der kühnsten Kletterer des Wischbergabschnittes war.

Klug kam auf einem Patrouillengang am 3. September 1916 zum erstenmal, vom Wischberg her, auf das Götterband. Er beschreibt zunächst das ebene, mehr als 1000 Meter lange großartige Band, das durch die wilde Felslandschaft der Gamsmutterwände führt. Es wäre ohne Schnee unschwer zu begehen, meinte er, wenn der „Block“ nicht wäre,

Oben:
Von Postojna (Adelsberg) aus, das durch seine Grotten berühmt ist, verteidigte General Boroevic, der „Löwe vom Isonzo“, Triest. Hier sein Stab, zu dem auch Oberst i. G. Th. v. Körner gehörte, der später österreichischer Bundespräsident wurde.

Unten:
Feldeisenbahnauto am Doberdo.

jene Schlüsselstelle, die mit furchtbarem Ernst jeden Unberufenen abweist. Bei schrecklicher Exposition wird der Fels hier brüchig und unverläßlich. Die Wand bricht neben dem schmalen, sandigen Band mehrere hundert Meter senkrecht zum Schneefeld des Kars ab. Ein Sturz würde hier den Körper bis ins Tal hinabschmettern. Klug schreibt:

„Unmittelbar über dem Band klafft der Fels glatt und rötlich wie ein Dach weitüberhängend vor. Das schmale Band ist in seiner ganzen Breite durch den fast mannshohen, etwa sechs Meter langen, brüchigen ‚Block' versperrt, so daß unten nur eine Leiste übrig bleibt, während die obere Fläche des Blocks wegen des Überhangs, der nur eine enge Nische freiläßt, nicht als Kriechband benutzt werden kann. Ich überwand die Stelle, indem ich um die Ecke des Blocks auf die Leiste trat, dort langsam niederkniete, worauf die Leiste weiterhin als Kriechband gut benützbar war.

In den folgenden Wintermonaten hatte ich den Einfall, dem Block, der die einzige, aber eminente Schwierigkeit des Götterbandes bietet, durch eine Seilsicherung jede Gefahr zu nehmen. Am 3. August 1917 wurde dies zusammen mit R. Neumann und E. A. Meyer ausgeführt. Zwei besonders starke Eisenhaken wurden zu beiden Seiten des Blocks in den Boden eingetrieben, was wegen des schlechten Gesteins erst nach einer Stunde gelang. Und zwischen diesen Haken wurde ein neues Hanfseil über die Oberfläche des Blockes gespannt, wobei ein übriggebliebener Rest des über 10 Meter langen Seiles auf der Kaltwasserseite des Blockes in Schlingen liegen blieb.

Mit dem so befestigten Seil als Griff in den Händen traten wir mehrmals spielend über die Blockstelle hin und zurück.

Am 23. August 1917 wollte ich mit dem Fotoamateur Leutnant Carl Zobek eben dorthin, um einige Aufnahmen zu machen. Da ich aber für diese Stunde verhindert war, ging statt mir Leutnant Stagl

Oben:
Ganze Brigaden verschlang im Sommer 1915 der Kampf um den Krn und den Rombon. Hier eine Stellung auf Höhe 2163, östlich der Krnscharte, unmittelbar nach einem Gegenstoß. Im Vordergrund unbestattete tote Italiener.
Unten:
Ein ruhiger Tag am Krn, zu dessen zähen Verteidigern auch die Ungarn gehörten, nachdem sie sich an den Berg gewöhnt hatten.

als Begleiter mit. Sie berichteten nach ihrer Rückkehr etwas Unglaubliches:

Als sie durchs Seil verbunden beim Block standen, tauschten sie einige Bemerkungen über die Zuverlässigkeit des Seilgeländers aus, wobei Stagl einige Bedenken äußerte. Schon im Begriffe, den ersten Schritt zu tun, warf er einen Blick in die Nische über dem Block und fuhr erschrocken zurück. Was war da zu sehen? In Reichweite von seinem Standort war das ganz neue, feste Seil so zerschnitten, daß es nur an wenigen, schwachen Fasern zusammenhing. Es mußte beim ersten, festen Griff zerreißen. Wer als erster gehend, das Seil mit Vertrauen gebraucht hätte — und das wäre bei mir sicher der Fall gewesen — wäre rücklings kopfüber in die furchtbare Tiefe gestürzt. Und er hätte den Kameraden unweigerlich mitgerissen.

Das Seilgeländer wurde auf der Stelle unbrauchbar gemacht, die zerschnittenen Stellen aber nicht berührt. Am 15. September 1917, bevor der herbstliche Wettersturz das Band ungangbar machte, holte ich das Stück in Begleitung von Hans Payer. Wir schnitten das verletzte Stück heraus und brachten es in unsere Stellung auf die Kastreinspitze. Ich stellte damals fest, daß das übrige Seil zwischen beiden Haken vollkommen unverletzt, das am Boden in Schlingen liegende Stück an zwei Stellen in ganz gleicher Weise durchschnitten war. Es machte den Eindruck, als sei das Seil mit einem Messer oder einem scharfen Gegenstand durchschnitten worden. Wir wollten das beschädigte Stück auf einem Urlaub in Villach von einem Sachverständigen untersuchen lassen, wurden aber durch den Vormarsch daran gehindert. Das Seilstück ging natürlich verloren. Die Aufklärung des Falles war dadurch so gut wie unmöglich geworden."

Klug untersucht nun in seiner Schrift alle möglichen Ursachen: Steinschlag, schreibt er, ist nirgends so unmöglich wie hier. Gleiches gilt vom Blitz, die Art der Verletzungen schloß auch die Einwirkung von Mäusen aus. Natürlich wurde auch die Wirkung von Granatsplittern ins Auge gefaßt. Abgesehen davon, daß in dem Winkel zum Block, der gedeckt war, nur Splitter von der Kaltwassergamsmutter herkommen konnten, ergab das Tagebuch der Artilleristen auf dem Wischberggipfel, daß in der Zeit zwischen 3. und 25. August 1917 keine Beschießung des Wischbergraumes stattgefunden hat. Auch waren keine Splitter am Götterband zu sehen. Die auffallende Gleichheit der drei Verletzungen des Seiles blieb unerklärlich. Sie konnte nur von Menschenhand stammen. Das naheliegendste wäre natürlich die Annahme gewesen, daß Alpini die Täter waren. Aber gerade das hielten Klug und seine Kameraden für völlig ausgeschlossen. Die Italiener saßen ja weit drüben am Montaschzug. Die zwei möglichen Zugänge zum Götterband lagen auch für die kühnsten Kletterer unerreichbar hinter der österreichischen Front. Klug kommt deshalb zu dem beklemmenden Schluß, daß dieses Geschehnis des Jahres 1917 die Tat eines mit den Bergen vertrauten Kameraden auf der österreichischen Seite der Front gewesen sein muß. „Die Triebfeder muß Tücke und teuflische Bosheit gewesen sein."

Aber Klug hat sich höchstwahrscheinlich geirrt. Bosheit war es nicht! Italiener waren es nicht. Diese hatten zwar 1915 noch einen Zugang zum Götterband gehabt. Norbert Nau erinnert sich an ein Gespräch, das er am 1. August auf der Pellarinihütte mit dem Bergführer Mikosch aus Wolfsbach geführt hatte. Mikosch berichtete ihm, daß der slowenische Bergführer Wladimir Dovgan ihm nach dem Krieg ein Erlebnis gestanden habe. Im Sommer 1915 sei er mit zwei österreichischen Kameraden durch die Nordostschlucht des Wischberges geklettert. Als sie auf das Götterband kamen, hätten sie eine italienische Patrouille in der Stärke von vier Mann gesehen, die auf dem Götterband von der Kaltwassergamsmutter herkam. Die Italiener seien ahnungslos gewesen. Seine Begleiter hätten schießen wollen, aber Dovgan habe es verboten. Er wollte auch nicht die Italiener herankommen lassen und sie abfangen. Er habe sie, seinem eigenen Geständnis nach unbehelligt ziehen lassen und sei zum Wischberggipfel aufgestiegen.

Warum wohl? Warum wich er einem Kampf aus? Mikosch erzählt, Dovgan habe sein Verhalten damit begründet, daß die Italiener vier Mann stark gewesen seien, er habe nur drei Gewehre gehabt.

War das eine Begründung für Dovgans merkwürdiges Verhalten? Der kühne Felsenmann war alles eher als feige. Näher liegt die Vermutung, daß Dovgan die Italiener schonen wollte. Es gab damals niemand, der auf dem Götterband daherkommen konnte, wenn nicht Osvaldo Pesamosca dabei war, der Gefährte aus dem Raccolanatal. Er gehörte zu Kugys Team wie Dovgan. Er war für Dovgan kein Feind, weil er eine Alpiniuniform trug. Hatten die Leute seiner Patrouille deshalb nicht schießen dürfen?

Natürlich wird Dovgan über diese Begegnung am Götterband geschwiegen haben. Möglicherweise aber hat er Kugy davon erzählt. Und die Besetzung der Naboisscharte, die erst im Sommer erfolgte, könnte damit zusammenhängen. Nur von dort ließ sich der einzige Zugang zum Götterband sperren. Nur von der Bärenlahnscharte her auf dem Band in der Wischbergwand konnte Pesamosca gekommen sein.

Dieser einzige Zugang war dann ja tatsächlich durch die Feldwache über der Naboisscharte zugeschlagen worden. Klug hatte recht: 1917 konnten Italiener ausgeschlossen am Götterband gewesen sein.

Wer aber war dann der Täter? Der tapfere, aber friedliche Klug, der nach dem Krieg Ordenspriester wurde, hatte bestimmt keine Feinde. Von Bedeutung könnte bei der Suche nach einem Grund die fast mystische Rolle sein, die das Götterband bei seinem Entdecker spielte. 1917 schrieb Kugy in seinem ersten Buch: „Nichts reicht an den mystischen Zauber heran, der über den Götterbändern liegt.

Der Name „Götterbänder" mag die Stimmung kennzeichnen, von der ich erfüllt war, als das wunderbare Geheimnis jener düsteren Gamsmutternordwände sich mir langsam zu enthüllen begann. Nicht viele haben die „Götterbänder" betreten. Aber die begnadete Jugend, die es tat, allen voran mein treuer Dovgan, der „als ein Stück von mir" sie zuerst beging, haben Block und Bänder in einer gleichen oder ähnlichen Stimmung bewältigt, die sicherlich nicht bloß von mir übernommen, die vielmehr aus eigenem, aufregendem Erleben und aus den Schauern einer mit Fabelgewalt auf sie einstürmenden Wand- und Abgrundromantik empfangen war. „Neige dein Antlitz, dein Fuß betritt Stellen, wo Götter wandeln!" Keine Inschrift sagt es dort oben, aber dein Herz wird es in Ehrfurcht erbebend sagen, der du jenen schwindelschmalen, feingemeißelten Gesimsen durch die Schatten der Gamsmutternordwände folgen willst zum lichten Gipfel des Wischbergs. Ich grüße dich, Wagemutiger! Auf Götterwegen ziehe das Glück mit dir!"

Diesen Götterweg haben H. Klug und sein Kamerad mit Hammer, Seil und Haken entweiht. Sie haben dem Block sein Wächteramt geraubt, und den Götterweg entheiligt, indem sie ihn dem Zugriff Unberufener preisgaben. Das war ein Sakrileg. Man erinnert sich, wie Kugy erbost war, als man ihm den Schmerz antat, den Montasch-Nordanstieg zu versichern. Die Nachricht von diesem abermaligen neuen Sakrileg im Götterband hat sich in der Alpinelite der Brigade sicher schnell herumgesprochen. Hat sie auch Wladimir Dovgan, der Erstbegeher, gehört?

Wir wissen es nicht. Aber am 17. August 1917 geschah jedenfalls folgendes. Dr. Kugy, Hauptmann Ahsbach, Dr. Grüttehin, Leutnant Klauer und vier Jäger, darunter Dovgan, nächtigten auf der Naboisscharte und stiegen dann durch die Nordostschlucht auf das Götterband hinauf. Dort wurde eine mehrstündige Rast eingeschaltet. Vom Gipfel aus beobachtete ein Offizier mit dem Zeissfernrohr die Gesellschaft und stellte fest, daß die vier Jäger sich auf dem Götterband in Richtung Kaltwasser entfernten und stundenlang fernblieben. Bei diesen Jägern war Dovgan, der Erstbegeher, der Vertraute Kugys.

Als die Gruppe dann auf den Gipfel kam, fragte Zobek Dr. Kugy verwundert, warum sie solange am Rastplatz geblieben seien. Kugy antwortete beiläufig: „Wir rasteten, während die Jugend auf das Götterband ging."

Was tat sie dort, die Jugend? Fand sie das Seil, das über den Block gespannt war, noch ganz?

Sechs Tage später am 23. August fanden die Kameraden Klugs das Seil jedenfalls zerschnitten vor.

Wer immer es zerstört hat, es ist der Zerstörungsakt sicher nicht in der Absicht geschehen, einen Unberufenen ins Verderben zu locken. Hauptziel der geheimen Aktion war es höchstwahrscheinlich, das Götterband für Unberufene unbegehbar zu machen und den ursprünglichen Zustand wieder herzustellen.

Es ist nicht mehr festzustellen, was nach dem Vormarsch vom Oktober 1917 mit der Seilrolle geschehen ist, irgend jemand muß sie später in die Tiefe geschleudert haben. Heute ist jedenfalls keine Spur mehr davon da. Nur die Eisenhaken sind noch vorhanden. Der Block ist wieder zur Schlüsselstelle des Götterbandes geworden. 1967 stürzte dort ein österreichischer Heeresangehöriger in die Tiefe. Sein Körper lag nach 400 Metern freiem Fall zerschmettert im Fels.

Nächtliches Duell im Julierfels

„Kühn in die Felsen gesprengt ist der Kriegsweg, der von der Forca di Val unter den Spitzen von Cima delle Portate und Punta Plagnis zum Cregnedul führt, von dem sich der im Ersten Weltkrieg stark ausgebaute Cregnedulrücken ins Seebachtal hinabsenkt.

Wie oft standen wir an der kleinen Scharte zwischen Cregnedul und Punta Plagnis und sahen in die furchtbare Tiefe zur Bärenlahnrinne hinab. Hier oben saßen die Italiener und sie ahnten es nicht, daß an einem Septembertag 1917 zwei österreichische Leutnants diese Wand durchklettert hatten und einen halben Tag lang unentdeckt, sozusagen mitten in ihrer Gratverteidigung lagen."

Diese gewagte Unternehmung erwähnt Julius Kugy in seinen unveröffentlichten Kriegsbildern, aber es bleibt dabei einiges im Zwielicht. Lassen wir ihn berichten:

„Ich wurde 1917 gefragt, ob es möglich sei, den vom Feinde besetzten Cregnedulgrat zwischen der Spitze Plagnis und dem Modeon zu ersteigen, um Einblick in die gegnerischen Stellungen auf und hinter dem Cregnedulgrat zu erhalten. Ich bezeichnete zwei Stellen, an denen die fast senkrechte Wand noch nicht durchstiegen wurde, meiner Meinung nach aber ersteiglich sei. Die eine aus dem südlichen Bärenlahnkar zum Kamm zwischen Spitze Plagnis und Cima delle Portate, die andere aus dem obersten Spranjekar zum Grat des Modeon.

Nach einigen Tagen kam einer unserer besten Wischbergoffiziere zu mir mit der Mitteilung, er habe einen bezüglichen Befehl erhalten, ob ich der Urheber sei? In seiner ruhigen Art fügte er hinzu, er fühle sich als Todeskandidat. Tatsächlich kam dort zu sehr großen Felsschwierigkeiten die äußerste Gefahr, entdeckt und aus der Wand geschossen zu werden. Ich beruhigte ihn, es sei nicht so gemeint. Ich sagte ihm alle Details, die ich genau kannte. Er solle sich die Sache einmal ansehen, sie mit Zeit und Muße studieren, sich vielleicht damit befreunden, alles erwägen und wenn er glaube, im richtig gewählten Augenblick an die Durchführung schreiten, im andern Falle entsprechend melden. Meine Antwort wurde maßgebenden Ortes als richtig befunden.

Schon nach zwei Tagen erhielt ich von meinem jungen Freunde die überraschende Mitteilung, die Unternehmung sei ihm und einem seiner Kameraden voll geglückt. Sie hatten sich näher zur Cima delle Portate gehalten, als von mir vorgesehen worden war, waren, von den Kastreinspitzen ausgehend, zwei Nächte geklettert, hatten den dazwischenliegenden Tag, in den Felsen verborgen, beobachtet und fotografiert und die Aufgabe glänzend gelöst.

Und noch mehr! Bald darauf durchstieg der zweite der Offiziere, vom ersten Erfolg ermutigt, auf Grund eigener Beobachtungen nachts allein die senkrechte, äußerst schwierige Felswand, knapp westlich neben dem Scalaübergang, bis auf die Kammhöhe und stellte damit eine weitere Möglichkeit fest, die gegebenenfalls von größerem Werte hätte werden können.

Wenn ich die Entstehungsgeschichte dieser Taten erwähne, so habe ich ihnen damit gewiß nichts von ihrer Kühnheit genommen und die erstklassigen Leistungen der beiden Bergoffiziere nicht angetastet. Ich habe sie nur erzählt, damit man an einem neuen Beispiel sehe, was Zusammenwirken eines alterfahrenen alpinen Referenten mit alpiner Heldenjugend heißen will, wenn sie im vollen Vertrauen zu ihm ihre herrlichen Kräfte entfaltet."

Die beteiligten Offiziere erwähnten in ihren Berichten von „Vertrauen" und „erfolgreicher Zusammenarbeit" allerdings kein Wort.

Es fällt auch auf, daß Kugy ihre Namen verschweigt. Es ist dies ganz gegen seine sonstige Gewohnheit, auch die Leistung anderer zu würdigen.

Und hier war in der Tat eine kühne alpine Leistung vollbracht worden. Man muß nur einmal von der Kastreinspitze oder auch nur von der Bärenlahnscharte aus in die glatten, senkrechten, abschreckenden Wandfluchten der Felsenmauer zwischen der Forca di Val und dem Scalinisattel schauen.

Hier hinauf? Das muß bei Tage schon ohne Seil und Haken eine waghalsige Felsenarbeit sein. Die beiden aber mußten ohne jede Sicherung sich bei Nacht einen Weg durch die Wand erkämpfen. Jeder Griff mußte ertastet werden. Sie konnten voraus im Fels kein Detail erkennen, sie kletterten aufs Geratewohl, ungesichert, jeder für sich. Und kein Laut durfte nach oben dringen, kein Stein durfte fallen, wenn er die Posten am Grat nicht alarmieren sollte.

Eine atemberaubende kühne alpine Unternehmung. Wir wissen heute natürlich die Namen der beiden Offiziere: Leutnant Stagl war es, er hatte zu Kugy gesagt, daß er sich als Todeskandidat fühle, hatte dann trotzdem ohne zu zögern angegriffen. Sein Begleiter war Leutnant Hans Klug.

Und Hans Klug, der spätere Ordenspriester in Brünn, war es, der dann 1937 im Wischbergbuch von Norbert Nau die abenteuerliche Bergfahrt beschrieben hat.

Er erwähnt in seinem Bericht Kugy und dessen Ratschläge merkwürdigerweise mit keinem Wort. Es geht aus seiner Schilderung hervor, daß die Ratschläge Kugys für sie wertlos gewesen sind.

Klug schreibt, daß 1917, durch einen Rahmenbefehl höherer Kommanden Patrouillenunternehmungen gegen die feindlichen Höhenstellungen befohlen wurden. Leutnant Stagl habe ihm den Befehl und seinen Plan mitgeteilt, die feindliche Grathöhe auf der Cima delle Portate von der Bärenlahnscharte aus zu ersteigen.

Nun muß man wissen, daß es damals Ende Mai war und in den Felsen noch sehr viel gefährlicher Schnee lag. Außerdem war der Abstieg von der Kastreinspitze, wo die beiden Offiziere damals eingesetzt waren, in Sicht der italienischen Posten auf dem Grat. Die Bärenlahnscharte war Niemandsland.

Die beiden spähten nun von der Kastreinspitze aus lang in die Wände, sie entdeckten auch einen möglichen Durchstieg zur Gratscharte westlich der Punta Plagnis (2404).

Aber dort stand hinter einem Steinmäuerchen ein italienischer Posten und der gebot ein wirkungsvolleres Halt als die glatteste Wand. „Wir mußten also Schleichwege suchen“, schreibt Hans Klug, „schmale schneebedeckte Bänder, die von der oberen Spitze eines dreieckigen Schneefeldes furchtbar ausgesetzt in Richtung Forca di Val hinaufführten“.

Hans Klug schreibt weiter:

„In der für den Patrouillengang festgesetzten Nacht vom 2. auf den 3. Juni 1917 waren Stagl und ich beisammen im Unterstand der Kastreinspitze. Mein Freund schrieb bei Lampenlicht an seine Braut. Ich lag auf der Bettstelle und versuchte zu schlafen, was mir aber schlecht gelang.

Um 1 Uhr nachts traten wir unseren Weg an. Mondlicht ergoß sich silbern über die Landschaft. Auf den künstlich ausgesprengten Bändern der Nordabstürze der Kastreinspitze querten wir gegen deren Gipfelturm und stiegen dort aus der Stellung heraus in eine mit Schnee gefüllte, schattige Schlucht. An ihrem Ausgang begannen große Schneefelder, die von ausgeaperten Stellen unterbrochen waren und den ganzen 400 Meter hohen Hang bis zur Bärenlahnscharte hinab bedeckten. Eine Zeitlang ging es im schützenden Schatten des Gipfelturmes abwärts, dann traten wir in den Mondschein. Um den hell beleuchteten Schneefeldern auszuweichen, gingen wir im Zickzack. Bald aber fanden wir keinen Ausweg mehr und standen vor der Notwendigkeit, das leuchtende Schneefeld doch überschreiten zu müssen.

Drüben aber steht der Posten! Wir beraten mit leiser Stimme. Dann eilt der erste hinüber — eine Pause — dann der zweite. — Nichts rührt sich, keine Leuchtrakete steigt auf. Wir sind also nicht bemerkt worden. Wir sind schon tiefer als der Grat der Cima delle Portate gegenüber. Wuchtig, glatt und äußerst steil steigt die Wand vor uns auf. Noch einige prüfende Blicke hinüber, dann tauchen wir aus dem Mondlicht in den tiefen schwarzen Schatten und erreichen die Bärenlahnscharte.

Wenig und leise sprechend, schnallen wir die Steigeisen an und gehen über den harten Schnee hinauf. Der schwierige Übergang in die Felsen wird ertastet. Über den gutartigen, mit Moospolstern bewachsenen Fels kommen wir links empor, noch immer in der Dunkelheit. Dann erreichen wir das hohe dreieckige Schneefeld und steigen in gerader Linie aufwärts. Es beginnt schwach zu dämmern. Der Schnee ist hier so steil, daß meine Knie immer leicht den Hang berühren. Wir sind endlich der Wand ganz nahe gekommen und versuchen von den allzu dünnen, steilen Schneezungen aus in die Felsen einzusteigen. Mehrmals bricht der Schnee unter uns ein und wir fallen in die Löcher zurück. Endlich arbeiten wir uns mühsam empor und rasten auf schmalen Bändern der grauen Felsmauer.

Wir legen die Steigeisen ab und ziehen Kletterschuhe an. In der fahlen Morgendämmerung gehen wir jetzt auf waagrechten Bändern und Gesimsen über den Katzensteg hinaus gegen die Tiefe der Spranje. Mehr als je hüten wir uns, Steine abzutreten. Unter uns liegt ein glatter Absturz, über uns lagern überhängende Schichten. An einer Stelle ist die sehr ausgesetzte Leiste unterbrochen. Die linke Hand greift rückwärts nach einem letzten Griff, um das Gleichgewicht zu wahren. Dann folgt ein ganz weiter Spreizschritt über eine seichte Wandfalte hinüber. Das ist die schwierigste Kletterstelle".

Damit hatten es die beiden geschafft. Als die Sonne aufgeht sind sie oben an der Scharte. Unter ihr gewahren sie den italienischen Kriegsweg. Es ist der heute wieder instandgesetzte Montasch-Höhenweg. Er führt hinüber zum Cregnedul. Staunend sahen die beiden dort eine ganze kleine Stadt von Häusern aus Stein. Das mußte sie ja umso mehr wundern, als es auf österreichischer Seite solche festen Unterkünfte nirgends gab. Da begnügte man sich mit primitiven Holzhütten, die man oft mit Seilen an die Wände ketten mußte.

Heute noch sind die Ruinen dieser Cregnedul-Siedlung erhalten, die Klug damals heimlich fotografierte. Nicht nur das, er hatte die Verwegenheit, sogar auf die Gipfelplatte hinaufzukriechen, um auch vom Modeon einige Bilder zu schießen. Auch dort oben stand hinter seiner Steinmauer ein italienischer Posten.

Auf dem Band, das knapp unter dem Grat liegt, hatten sich die beiden dann ausgestreckt. Die warme Sonne schläferte Hans Klug ein, Stagl hielt Wache, obwohl ihn auch, nach der schlaflosen Nacht und der Nervenanspannung, die Müdigkeit zu übermannen drohte.

Es war gegen Mittag, da hörte er plötzlich lautes italienisches Geplapper vom Cregnedul her. Es kam immer näher und näher. Stagl fuhr der Schrecken in die Glieder. Hinter sich hatten sie die drohende gähnende Tiefe. Da gab es keine Chance mehr, der Entdeckung auszuweichen.

Stagls Hand fuhr zur Pistolentasche am Gürtel, mit der anderen rüttelte er den Freund und flüsterte ihm erregt zu: „Die Wallischen kommen“.

Da riß es den Schläfer hoch. Mit gezogenen Pistolen kauerten sie sich in der kleinen Scharte nieder, das Herz klopfte bis zum Hals. Werden die Italiener sie entdecken?

Ganz nahe kamen die Stimmen. Die beiden hielten den Atem an. Aber die Alpini trotteten plaudernd ahnungslos vorbei, nur wenige Meter von ihnen entfernt. Die Stimmen entfernten sich in Richtung Forca di Val.

Vielleicht war es eine Verbindungspatrouille, vielleicht eine Ablösung? Den beiden Offizieren fiel ein Stein vom Herzen. Den ganzen Tag mußten die beiden unter der Scharte verbringen. Es wurde bitterkalt; erst in der schützenden Dunkelheit konnten sie wieder den Weg durch die Wand in die Tiefe zur Bärenlahnscharte wagen.

Kurze Zeit später versuchte Klug allein die Forca di Palone zu erklettern, die von den Italienern nicht besetzt war, weil sie dort einen Aufstieg für unmöglich hielten. Aber das Unternehmen mißlang.

Kurz darauf im Oktober 1917 fiel Schnee, und die Offensive in Flitsch und Tolmein brachte die italienische Front zum Einsturz. Die kühnen alpinen Wagnisse in den Nordwänden der Cima di Terra Rossa und der Cima delle Portate waren die letzten gewaltigen nächtlichen Duelle mit dem Julierfels.

Opfergang im Seebachtal

Rund vier Kilometer westlich des Raibler-Seeforts verlief bis 1918 die Reichsgrenze zwischen Italien und Altösterreich.

Sie senkte sich vom Cregnedul herunter entlang des Bärenlahngrabens, übersprang diesen damals schmalen Saumweg zur Sella Nevea und kletterte dann über die italienische Kanzel (Robon) zur Confinspitze hoch. Die Straße sperrte vor Kriegsausbruch im Jahre 1915 ein schwarzgelber Balken. Eine Holzhütte diente als Unterkunft für die Grenzwache. Wenn man die Stelle weiß, kann man noch die Spuren des Fundamentes der Zollwachhütte sehen.

Es ist eigentlich merkwürdig, daß Julius Kugy in seinem so farbigen, enthusiastischen Bericht über seinen denkwürdigen nächtlichen Marsch durch das tief verschneite Seebachtal die Grenze nicht erwähnt.

Das war am 11. Jänner 1902 vor der Winterbesteigung des Kanin: Mit dem Schlitten war er um 2 Uhr früh mit Oitzinger nach Raibl gekommen. Er schreibt:

„Wir brauchten einen Träger und holten, da natürlich alles schlief, kurz entschlossen den Raibler Bergarbeiter und Führer Filafer, trotz lebhaften Protestes seiner Frau, aus dem Bette. Bis Nevea führte zum Glück eine ausgetretene schmale Spur, wir wären sonst durch die enormen weichen Schneemassen nicht rechtzeitig hindurchgekommen. Schon dieser nächtliche Marsch bei Laternenschein durch die tief verschneiten Wälder des Seebachtales wird mir unvergeßlich bleiben. Wie wir so mühsam vorwärtsdrangen, schienen uns aus dem hohen weißen Wall des Waldes vor uns phantastische Riesengestalten, mit schweren Schneemänteln und abenteuerlichen Kapuzen angetan, entgegenzuschreiten. Erst ganz knapp vor uns traten sie plötzlich zur Seite und reihten sich zu schnee- und eisstarrenden Spalieren, als gäben sie unserer kleinen Schar den Weg frei. Jeder Baum war eine Erscheinung. In märchenhafter Winterpracht flimmerte und glitzerte er auf, wenn er in den schwankenden Lichtkreis unserer Laternen trat, und verschwand dann sofort in der gespenstischen weißen Mauer, die dicht hinter uns her unserem Zuge zu folgen schien."

Alles beschreibt er also in begeisterter Wortmalerei. Nur vom einsamen, tief verschneiten Grenzposten erzählt er kein Wort. Das läßt den Schluß zu, daß er im Winter wahrscheinlich gar nicht besetzt gewesen ist. Auf dem Neveapaß gab es ja damals nichts sonst als Wald und die Almhütte der Signora Catina, für die Kugy so begeisterte Worte fand. Aber ihre Hütte wird im Jänner gewiß nicht bewohnt gewesen sein.

Unweit der einstigen Grenzbrücke hat die Faust der Naturgewalt inzwischen eine neue Schneise in den Wald geschlagen. Im Frühjahr 1976 donnerte eine Riesenlawine von den Wänden im Süden nieder. Der Sturm der Lawinen gehört im Seebachtal zum winterlichen Alltag. Aber diese Lawine hinterließ eine einzigartige Spur in der Landschaft.

Sie wälzte nämlich nicht nur den Wald südlich der heutigen Asphaltstraße nieder, sondern sprang wie ein gigantisches weißes Untier über die höher liegende Straße hinweg, walzte sich in die breite Mulde nördlich der Straße und bäumte sich dann mit ungeheurer Gewalt wieder den Cregnedulhang hoch. Jungwald wird auch die Spuren dieser Katastrophe wieder verwischen, wie der Wald längst alle Spuren der waffenstarrenden Fronten des Ersten Weltkrieges im Seebachtal verdeckt. Das Bunkersystem der Italiener baute sich westlich des Bärenlahngrabens tiefgestaffelt bis zum Neveasattel auf.

Die österreichische Verteidigungslinie zog sich von der Fischbachalm, entlang des Krumbachgrabens, ins Tal hinunter, um im Süden wieder zur „Deutschen Kanzel" aufzusteigen.

Dazwischen war Niemandsland, Minenfelder und Drahtverhau.

In diesem Niemandsland wird es sicher manche Patrouillenunternehmung gegeben haben. Der eine oder andere ist dabei gefallen, was sollte das auch bedeuten im Massensterben jener Zeit. Von einer solchen „bedeutungslosen" und doch tragischen Unternehmung am Grenzgraben berichtet Dr. Kurt Kienzl aus Graz, damals Fähnrich im IR. 27, im steirischen Hausregiment.

„Im letzten Viertel des Jahres 1915“, erzählte er, „stand das ausgeblutete Infanterieregiment 27 zur Erholung nach den Kämpfen auf Doberdo an der Kärntner Front, und zwar ein Baon als Talsperre vor dem Raibler See im Seebachtal, ein Baon anschließend links auf der Deutschen Kanzel und das dritte Baon rechts über der Fischbachalm gegen den Wischberg; die feindlichen Stellungen waren verhältnismäßig weit entfernt auf der Italienischen Kanzel auf dem Cregnedul. Das breite, zum Teil bewaldete, zum Teil felsige Zwischenterrain gab reichlich Gelegenheit zu ausgedehnten Patrouillengängen, meistens mit der Aufgabe, ‚Gefangene zu machen‘. So ging auch Ende Oktober von der auf dem Fischkopf, knapp unterhalb der Baumgrenze, liegenden 10. Kompanie eine größere Patrouille unter dem Kommando des Kadetten Glückmann ab, der sich mit seiner Mannschaft diese Aktion geradezu erbettelt hatte. Im Morgengrauen stieg sie über den außerordentlich steilen Hang hinunter ins Tal, um jenseits der zwischen den Stellungen liegenden alten Reichsgrenze ihr Glück zu versuchen. Die Patrouille und ihr unerfahrener Kommandant ließen sich jedoch leider allzusehr in Sicherheit wiegen. Sie ‚spazierte‘ knapp vor den feindlichen Stellungen im offenen Tal unbehelligt herum und machte sich schließlich nach vergeblichen Provokationsversuchen ungesichert wieder auf den Heimweg.

Da, kurz vor Erreichen des die Reichsgrenze bildenden Bärenbachbettes und des am überragenden östlichen (österreichischen) Ufer stehenden schützenden Waldes wurde sie von einer dort verborgen liegenden, den Rückweg sperrenden, feindlichen Schwarmlinie mit Feuer überschüttet. Der Feind hatte am bewaldeten Südhang des Tales eine Abteilung ins Vorterrain, und unserer Patrouille in den Rücken gesandt. Ich und mein Zug mußten aus unserer, einige hundert Meter höher am Fischkopfhang liegenden Stellung untätig und machtlos zusehen! Im Nahkampf gelang es der für ihre Unvorsichtigkeit so schwer bestraften, nun aber tapfer wie Löwen kämpfenden Schar, die feindliche Kette zu durchbrechen und den Heimweg zu erzwingen. Zwei Tote blieben liegen. Sie wurden später gefunden und hinter unseren Linien beerdigt. Einige Verwundete und alle übrigen erreichten schließlich unsere Stellung. Kadett Glückmann aber, ein großer und sonniger Junge, Neffe des Generals der Infanterie Glückmann, blieb verschollen. Er war, nach Angabe der Kameraden, durch einen Schuß schwer verwundet niedergebrochen. Wiederholt ausgesandte Suchpatrouillen fanden von ihm jedoch keine Spur.

So vergingen einige Wochen. Hoher Neuschnee war gefallen und in der prachtvollen Spätherbstsonne wieder geschwunden. Da schmiedeten ich und Fähnrich Zejda geheimnisvoll den Plan zu einer Patrouillenunternehmung, die uns die Gefangennahme einiger Italiener ermöglichen sollte. Nach langem Bitten wurde uns die Erlaubnis hiezu erteilt.

In der Dunkelheit des frühen 10. Dezember 1916 überschritten Zejda und ich mit je 20 erprobten Männern unsere Hindernisse und schlichen, im tiefen Seebachtal angelangt, im ersten Morgengrauen feindwärts. Etwa in der Mitte zwischen jenem, nun wieder vollkommen wasserleeren Bärenbachbett und den feindlichen Stellungen legte sich Zejda in einem Jungwäldchen am Fuße des Cregnedul in den Hinterhalt, während ich es übernommen hatte, an die feindlichen Linien, die ich von anderen Streifwachen her genau kannte, ‚anzuprellen' und den Gegner zum Verlassen seiner Stellungen und zur Verfolgung der ‚fliehenden' Österreicher zu veranlassen.

Die Sache klappte anfangs vorzüglich. Im Einzelgewehrfeuer der Italiener sprangen meine Leute ausgezeichnet, das heißt ‚kopflos' wie die Hasen und nach allen Windrichtungen zerstreut solange herum, bis der Köder wirkte und tatsächlich eine feindliche Gruppe unbemerkt, (wie sie wohl glaubte) die Stellung verließ, um auf die ‚dummen Austriaci' Jagd zu machen.

Diese begannen nun langsam nach rückwärts abzubröckeln. Der Feind folgte. Klopfenden Herzens ersehnten wir den Augenblick, in dem Zejda würde eingreifen können und wir die Italiener fassen sollten. Da blieben diese auf einer kleinen Bodenwelle liegen, verfolgten uns nur mehr mit Feuer und waren trotz aller Versuche nicht mehr zu bewegen, noch weiter vorzugehen. Die Absicht, ‚Gefangene zu machen', war also wieder einmal kläglich mißlungen, so daß ich mich zum Heimweg entschließen mußte.

Beim Überschreiten des Bärenbachbettes bemerkte ich nun einen, aus dem groben Geröll über den halben Unterschenkel hervorstehenden, beschuhten menschlichen Fuß; hier mußte verschüttet ein Toter liegen! Ich signalisierte Zejda herbei, wir sicherten uns nach allen Richtungen und begannen, das schwere Wildbachgeröll wegzuräumen. Und da kam, genau am Tag sechs Wochen nach seinem letzten Gefecht, die Leiche

Glückmanns zum Vorschein! Er war, als Folge des inzwischen eingetretenen Schneefalles, vollkommen frisch erhalten, hatte einen schweren Kopfschuß, der oberhalb des Auges ein- und am tiefen Hinterhaupt ausgetreten war. Er trug weder Bluse noch Ledergamaschen, noch die Armbanduhr, man hatte ihn damals ausgeraubt! Der Heimtransport des schweren Leichnams im feindlichen Infanteriefeuer stellte hohe Anforderungen an die ermüdete Mannschaft, die nun, wenn schon keinen Gefangenen, so doch den vermißten Kameraden zurückbrachte. In derselben Nacht wurden wir überraschenderweise abgelöst. Es ging wieder in die Hölle der Isonzoschlacht. Am nächsten Tage gaben wir Glückmann das letzte Geleit zum Heldenfriedhof."

Auf diesem Friedhof ruhen in der österreichischen Kapelle die Gebeine aller gefallenen Verteidiger des Raibler Abschnittes. Alle die vielen, die bei Patrouillengängen und Feuerüberfällen der feindlichen Artillerie gefallen sind, die vielen Opfer der Lawinen. Ihre Zahl hielt sich in diesem Abschnitt dank Kugys Warnungen und Vorsorgen, gegenüber anderen Abschnitten, in bescheidenen Grenzen. Aber ganz vermieden werden konnten die Lawinenunfälle nicht, denn die hochgelegenen Lager mußten versorgt werden. So geschah ja auch das große Lawinenunglück im Weißenbachgraben, bei dem eine Trägerkolonne verschüttet wurde und die Rettungsmannschaft neuerlich vom Weißen Tod überrascht wurde.

Unter den vielen Toten auf dem Raibler Friedhof sind auch jene, die in den allerletzten Tagen des Krieges in den Julischen Alpen im Seebachtal gefallen sind.

Das war damals, während der Durchbruchsoffensive bei Flitsch und Tolmein. Am 24. Oktober 1917 überrannten im südlich des Kanin gelegenen Flitscher Becken Divisionen aus den Alpenländern und Bosniaken, die Kerntruppen der Monarchie, in einem unerwarteten, wuchtigen Talstoß die italienische Front. Nur auf den Höhen des Kanin hielten sich die Italiener.

Am 25. Oktober erhielt deshalb die im Seebachtal liegende 59. österreichische Gebirgs-Brigade den Befehl, die italienischen Stellungen am Neveapaß zu nehmen und den Italienern auf Confinspitze, Lopa und Prevalasattel in den Rücken zu fallen.

Der Angriff wurde zum blutigen Fiasko. Die vorderste italienische Stellung lag im Seebachtal, aufgehängt an den Cregnedulhang und den Hängen zum Monte Poviz, am Fuß der Lehne, wo heute die Serpentinen der Asphaltstraße beginnen, die sich zum Sattel emporwinden. Anzugreifen hatten Kärntner und Feldjäger aus Galizien.

Die Artillerievorbereitung versagte vollkommen. Auch das Gasschießen lähmte den Gegner nicht. Die Batterien, die für den Angriff vorgesehen waren, mußten zum Teil noch in das Flitscher Becken wirken, vor allem hatten sie sich, wegen des schlechten Wetters der Vortage, nicht einschießen können. Das Trommelfeuer blieb jedenfalls wirkungslos, obwohl vier mächtige 30,5 cm-Mörser aus Raibl den Hammer der Haubitzbatterien verstärkten.

Als die Sturmbataillone am 25. Oktober früh aus ihrer Bereitstellung an der Reichsgrenze im Seebachtal zum Angriff vorbrachen, stießen sie auf eine vollkommen intakte Abwehr und auf unversehrte Hindernisse, die 20 Meter tief und bis zu drei Meter hoch waren.

Diese ungewöhnliche Stärke erklärte sich daraus, daß die Italiener im schneereichen Winter 1916, bei jedem Schneefall, der die ersten Hindernisse zudeckte, neue Massen spanischer Reiter aufstellten. Bei der Schneeschmelze im Frühjahr 1917 setzten sich diese dann auf die alten Hindernisse, und so entstanden hier berghohe, unentwirrbare Drahtbarrikaden, die auch gutem Feuer der Haubitzbatterien widerstanden, weil die zerschossenen Drähte sich mit den anderen verfilzten und so das Hindernis immer schwerer zerstörbar machten.

Die angreifenden Kompanien kamen im Feuerhagel der Verteidiger gar nicht an die Hindernisse heran. Sie blieben mit schweren Verlusten schon im Vorfeld liegen. Einige Kompanien verloren in kürzester Zeit bis zur Hälfte ihres Bestandes.

Nur am rechten Flügel, am Cregnedulhang, riß der Führer einer aus Kärntner Freiwilligen Schützen bestehenden Sturmkompanie seine Leute bis an den Drahtverhau vor, obwohl ihre ersten Sturmwellen schon im Vorgehen von eigenen schweren Granaten zerfetzt worden waren.

Oben:
Blick aus einer österreichischen Geschützkaverne der Höhe 2163 auf den Krngipfel, der bis zum Durchbruch im Oktober 1917 in italienischer Hand war.
Unten:
Trägerkolonnen von der Wocheinseilbahn her im Aufstieg zur Höhe 2163. Wochein (Bohinska Bistrica) war die Nachschubbasis für die Front am Krn.

Dem Führer dieser Sturmkompanie, Oberleutnant Ferdinand Gruber, verdanken wir eine knappe Schilderung der Ereignisse in seinem Abschnitt. Sie offenbaren auf dramatische Weise das Phänomen des Gehorsams und der Kameradschaft. Aber auch den Kampfgeist, der damals die junge alpenländische Elite beseelt hat, ihren Opfergeist und ihr todesverachtendes Draufgängertum.

Gruber schrieb: „Am 24. Oktober 1917 nachmittags schlich ich mich mit sämtlichen Zugskommandanten und Sturmtruppführern bis zu den italienischen Hindernissen vor, um Klarheit über die Einbruchsstelle zu schaffen.

Ich sah die gewaltigen Hindernisse und zweifelte. Würde die Artillerie diese beseitigen können? Wir würden auf jeden Fall Ekrasitsprengröhren benötigen. Ich hatte sie dringend angefordert, aber ich bekam sie nicht.

Als alle telefonischen Mahnungen nichts nutzten, ließ ich um 22 Uhr noch vier gestreckte Ladungen aus je 12 Handgranaten anfertigen. Leutnant Dallinger führte mit einigen Sturmmännern diesen Befehl im Schein einer Taschenlampe durch. Es war der letzte Abend seines Lebens.

Um 2 Uhr morgens öffneten unsere Sappeure die eigenen Drahtverhaue, um 3.30 Uhr verließ die Kompanie die Stellung, überschritt die Reichsgrenze und bezog um 4.30 Uhr früh auf italienischem Boden, in einem lichten Buchenwäldchen, die Angriffsbereitschaftsstellung.

Zur festgesetzten Stunde, um 7 Uhr morgens, setzte das Wirkungsschießen der eigenen Artillerie ein, blieb aber hinsichtlich der feindlichen Drahthindernisse völlig erfolglos. Kein Schuß ging hinein.

Ich teilte die Sturmkompanie in vier Sturmwellen ein, die einander in 50 Schritten Abstand zu folgen hatten.

Oben:
Österreichisch-ungarische Unterkünfte auf der Höhe 2163, um die 1915 erbittert gerungen worden war. Die Kampfstellung selbst verlief über die Höhe. Sie war oft nur 15 bis 20 Schritt von den italienischen Gräben entfernt.

Unten:
Während die Italiener ausreichend Bohrmaschinen und Sprengstoff hatten, um sich sichere Unterkünfte zu schaffen, fehlte es bei den Truppen der Monarchie an allen Ecken und Enden an Mitteln für den Stellungsbau.

Um 8.30 Uhr vormittags ging die erste Welle vor. Die Kompanie mußte sich durch einen mit Unterholz bestandenen Buchenwald am Cregnedulabhang mühsam durcharbeiten, der etwa 30 Schritte vor dem italienischen Drahtverhau ein Ende fand.

Dreihundert Schritt vor den feindlichen Hindernissen schlugen einige Lagen einer 15 cm-Batterie in die erste Welle ein und vernichteten diese fast vollständig. Hier fiel Leutnant Dallinger. Die Überlebenden und Leichtverwundeten dieser Welle gingen in Panik zurück, eine Stokkung entstand bei der zweiten Welle. Ich ging im Laufschritt von der dritten zur zweiten Welle vor, stellte mich an ihre Spitze und riß sie mit vorwärts.

Um 10.15 Uhr vormittags hatte sich die Kompanie bis an die feindlichen Hindernisse herangearbeitet, hier erwies es sich, daß die 15 Meter tiefen Hindernisse ganz unbeschädigt waren. Ich entschloß mich zur Sprengung der Hindernisse mit Handgranaten und bestimmte die Sprengstelle. Die Italiener konzentrierten ihr Geschütz-, Minen- und Maschinengewehrfeuer auf die Schützenkompanie, weil diese am nächsten an die Hindernisse herangekommen war, und in diesem mörderischen Feuer mußte die Kompanie von 10.30 Uhr vormittags bis 1.15 Uhr nachmittags ausharren. In Ermangelung der Sprengröhren wurden die in der Stellung vorbereiteten vier gestreckten Ladungen unter das feindliche Hindernis geschoben und zur Explosion gebracht. Die Wirkung stand zur Breite des Hindernisses in keinem Verhältnis. Ich verfertigte nun mit Hilfe des Schützenleutnants Otte aus den Handgranaten der Sturmleute geballte Ladungen, die mit Spagat, Stacheldraht und zuletzt mit Pistolenschnüren gebunden wurden, um so die Sprengungen fortsetzen zu können.

Dies geschah alles dicht mit dem Kopf am feindlichen Drahthindernis und in einer Hölle von konzentriertem feindlichem Geschütz-, Minen- und Maschinengewehrfeuer. Der eigene Handmaschinengewehrzug tat bis zur Selbstverleugnung mit, um den Stürmern durch sein Feuer Erleichterung zu schaffen.

Nach Fertigstellung der ersten geballten Ladung übergab ich diese dem neben mir liegenden Schützen Johann Mayer zur Befestigung und Entzündung an der dreißig Schritte von seinem Standpunkt entfernten Sprengstelle. Mayer befestigte die Ladung am Hindernis — diese Arbeit mußte stehend getan werden —, brachte sie zur Entzündung, lief von der Sprengstelle aufwärts zu mir und wurde durch einen

Minenvolltreffer zerrissen. Als Sprengmann zur Sprengstelle laufen, bedeutete fast bewußt in den Tod gehen.

Da befahl ich nicht mehr, sondern rief über die geduckten Köpfe: ‚Wer läuft freiwillig?!' Und einer sprang nach dem anderen, freiwillig. Der Schütze Martin Glanzer aus Eisentratten lief fünfmal, brachte die Sprengladungen zur Entzündung und kam fünfmal wunderbarerweise zurück."

Die Kamikazekämpfer mit den geballten Ladungen hatten sich 7 Meter tief ins Drahtchaos gesprengt, dann waren die Handgranaten zu Ende. Der Einsatz war sinnlos geworden. Längst hatten die Italiener das Feuer des ganzen Abschnittes auf die vorgeprellte Einheit konzentriert. Als sie endlich der Befehl zur Einstellung des Angriffes erreichte, hatte sie von 120 Mann 66 an Toten und Verwundeten verloren. Fünf Mann gingen mit Nervenschock ab.

Insgesamt kostete der mißglückte Angriff der 59. Gebirgs-Brigade in wenigen Stunden 160 Tote und 432 Verwundete.

Der Hilfsplatz war damals in einem Winkel zwischen Seebach und Krumbach etabliert. Als dort Granaten einschlugen, wurde er in einen U-förmigen Erdstollen verlegt. Dort lagen an die 250 Verwundete so eng aneinander, daß sich das Sanitätspersonal schließlich nicht mehr zu helfen wußte. Die Kaverne war naß und durch stinkende Karbidlampen schlecht beleuchtet. Man suchte die Verwundeten nach rückwärts zu tragen, aber bald fehlte es an Tragbahren. Immer wieder fetzten italienische Granaten ins Seebachtal und zwangen die Sanitäter, sich samt ihren Tragbahren in den Dreck zu werfen, drei bis vier Stunden dauerte so ein Verwundetentransport bis Raibl.

Am 27. Oktober wurde der Angriff nach starker Artillerievorbereitung wiederholt. Diesmal waren die Italiener nicht mehr bereit, auf verlorenem Posten weiterzukämpfen. Die Spitzen der österreichischen und deutschen Truppen stießen ja bereits weit in ihrem Rücken auf Udine vor. Zwar verteidigten sich einzelne betonierte MG-Nester am Cregnedulhang bis zu ihrer Vernichtung, aber der Durchbruch durch die drei Stellungen unter dem Neveapaß war nicht aufzuhalten.

Im strömenden Regen erreichten die österreichischen Sturmkompanien in der Nacht zum 28. Oktober 1917 den Neveapaß.

Major Gebauer, der Kommandant des polnischen Feldjägerbaons 30, erinnert sich: „Überall standen schwerste Geschütze, die von ihren Bedienungen verlassen waren. In Massen lagen Gasmasken herum. Als

Denkmal kopfloser Flucht standen die zu Pyramiden angesetzten Gewehre einer ganzen Kompanie da, die Rüstungen daneben, die Mannschaft fort; ununterbrochen zerbarsten Granaten in brennenden Munitionsdepots. Die Mannschaft war siegestrunken und konnte nur mit Mühe abgehalten werden, sich aus italienischen Weinvorräten zu betrinken. Aus dem Raccolanatal loderte der Feuerschein brennender Magazine."

So war es am 27. Oktober 1917 abends auf dem Neveasattel. Oben am Prevalasattel hatten die Italiener inzwischen, nach heftiger Gegenwehr gegen die vom Rombon her vorgedrungenen Salzburger von IR. 59, ihre Stellungen verlassen; sie stiegen zum Neveapaß herab und ergaben sich.

ISONZO: PALMEN UND EIN MEER VON BLUT

Durch das in grüne Hügel eingebettete Görz weht die warme Luft vom Meer. Im milden Klima dieser aus Trümmern auferstandenen Stadt gedeiht die Palme, auf den grünen Höhen wächst der berühmte Hügelwein. Selbst im Winter ist Görz eine grüne Stadt.

Hecken mit immergrünen Pflanzen säumen viele Straßen. Im großen Park des einstigen Palais der Grafen von Coronini aber wähnt man sich auch im Februar mitten im Sommer. In diesem Märchenpark gibt es auch im Winter keinen einzigen entlaubten Baum. Der Rasen ist so grün wie zur Frühlingszeit. Das „österreichische Nizza" nannte man diese Stadt in der Monarchie, die durch die Eisenbahnlinien Salzburg—Klagenfurt—Triest und durch die Linie Triest—Udine vor dem ersten Weltkrieg ihre größte wirtschaftliche Blüte erlebt hatte.

Nach dem Zweiten Weltkrieg machte die Grenzziehung zwischen Italien und Jugoslawien Görz zu einer geteilten Stadt. Aber die Grenze, die das italienische Görz vom 15.000 Einwohner zählenden slowenischen Nova Gorica trennt, ist keine Todeszone mehr. Die Stacheldrahtzäune sind verschwunden und haben einem Drahtzaun Platz gemacht. An ihm enden die großen Straßen, die einst nach dem Osten der Stadt führten: die Via Monte Santo, die breite Via Monte Gabriele und wie sie alle heißen. Über die offiziellen Grenzübergänge in der Stadt flutet der Verkehr hinüber und herüber.

Görz hat eine slowenische Minderheit, die vor allem auf dem hügeligen Westrand der Stadt lebt; von 43.000 Einwohnern der italienischen Stadt gibt es rund 5000 Görzer, deren Muttersprache Slowenisch ist.

Im jugoslawischen Nova Gorica gibt es keine nennenswerte italienische Minderheit mehr. Die Italiener waren in Scharen geflüchtet, bevor der Osten von Görz kommunistisch wurde. An die Zeit der italienischen Herrschaft von 1918 bis 1947 erinnern heute im jugoslawischen Teil von Görz nur noch gute Straßen und Reste von Denkmälern, die

die Italiener auf den blutgetränkten Höhen des Vodice und des Monte Santo errichteten.

Es gab eine Zeit, da wurde der Name „Isonzo“ nur mit einem Schauder ausgesprochen. Es war ein blutschwüler Name, dessen unheimlicher Klang auch heute noch den erschüttert, der um die grausige Geschichte dieser Karsthügel um Görz weiß.

Da ist im Süden der Blutberg Monte San Michele, im Westen ragen über den Stadtteilen Luicino, Podgora, Florianiberg die Höhen des Kalvarienberges und die Höhen des Oslavija auf. Und im Norden erhebt sich der breite Klotz des Monte Sabotino. Ein Jahr lang waren diese Höhen des Görzer Brückenkopfes Stätten des Schreckens. Dann sprang 1916 die Front auf den Ostrand der Stadt zurück, auf den Vodice, den Monte Santo, den Gabriele, auf die Höhen, die heute jugoslawisch sind.

Über den zerschossenen Leichenhügeln von einst hat die Natur mildtätig eine grüne Decke karger Karstvegetation gebreitet. Der Buschwald wuchs wie ein Dschungel über die zahllosen Schützengräben, Sappen und Kavernen an den Hängen der Berge. Im Südosten der Stadt aber dehnt sich der Karst aus bis zum Meer. Er ist im Winter ödes Land, aber im Herbst sind die Hänge vom San Michele bis zum Doberdo auf weiten Teilen mit einer Karstpflanze bedeckt, die in leuchtendem Rot erstrahlt. Blutrote Felder bedecken die dünne Karsterde, die zwei Jahre lang im wahrsten Sinne des Wortes mit einem Meer von Blut gedüngt worden war.

Auf den auf italienischem Boden verbliebenen Bergen mit den blutigen Namen Podgora (Kalvarienberg), Oslavija, San Michele erinnern überall Denkmäler ohne Zahl an den Krieg.

Auf Schritt und Tritt begegnet man am Westrand von Görz Gedenktafeln an den Häusern. Sie erinnern vor allem an Episoden aus den Augusttagen 1916, da die Flut der italienischen Sturmwellen über die Leichenberge der Verteidiger im eroberten Brückenkopf bis zum Isonzo vordrang.

Die Hügel im einstigen Görzer Brückenkopf sind heute von Buschwerk und Weinkulturen bedeckt. Auf der Höhe von St. Florian steht heute dort, wo um jeden Stein gekämpft wurde, ein rustikales Restaurant, das als Touristenattraktion gilt.

Wer von den Besuchern, die in diesen Kellern tafeln, ahnt, daß hier 1915/1916 in den Trümmerbauten dieser Hügel die Bataillone der Dalmatiner und das Laibacher Hausregiment IR. 17 verbluteten, aber keinen Meter wichen, und daß Tausende Italiener hier im Sperrfeuer der österreichischen Batterien und im Feuer der Maschinengewehre zugrunde gingen oder im mörderischen Nahkampf starben?

Die Gebeine von 60.000 Italienern ruhen im mächtigen Ossarium von Oslavija. Es ist das beherrschende Denkmal im Görzer Becken. Festungsartig erheben sich die weißen Quadern und Türme weithin sichtbar über dem italienischen Teil der Stadt. Auch die übrigen, blutig umkämpften Hügel tragen Denkmäler. Görz ist ein Wald von Mahnmalen, die im Siegesrausch der Nachkriegszeit errichtet wurden. An den Jahrestagen der Schlachten schmücken die italienischen Veteranen, die aus den anderen Provinzen kommen, die Denkmäler mit Eichenlaub und mit der italienischen Trikolore. Die Italiener ehren ihre toten Soldaten; wir vergessen sie!

Unbesiedelt, die steilen Flanken von Krüppelwald bedeckt, liegt der Riegel des Sabotino im Norden von Görz. Er gehört heute fast zur Gänze zu Jugoslawien. Nur ein breiter Streifen italienischen Gebietes zieht sich auf seiner Südseite bis unter den Gipfelrücken. Eine schmale Asphaltstraße führt in diesem Streifen zu einer Finanzierikaserne. Die Straße bietet prächtigen Ausblick auf Görz, aber der Berg wird von den Görzern gemieden. Seine Flanken sind heute noch so unwirtlich wie 1915 und 1916, als sie immer wieder in Rauch und Flammen gehüllt waren. Der Grenzverlauf ist unübersichtlich und die Jugoslawen sind unduldsam. Der Berg ist Sperrgebiet.

Der Monte San Michele erhebt sich südlich von Görz. Schon die ersten Stöße der italienischen 3. Armee hatten diesen Höhenzug getroffen, der die Hochfläche von Doberdo beherrschte. Er wurde ein Jahr lang im Feuer der italienischen Batterien zu einem flammenden Vulkan, in dem die Bataillone der Verteidiger im deckungslosen Muschelkalk des Karstgesteines verbrannten.

Tagelang flammte auf dem Berg Einschlag auf Einschlag. Die Erde bebte unter dem Titanenhammer der Granaten. Wenn die Italiener glaubten, alles Leben auf dem Berg ausgelöscht zu haben, wanderte die Feuerwalze nach rückwärts und die Regimenter der Angreifer erhoben sich zum Sturm. Aus Leichenhaufen und zerfetzten Deckungen schlug ihnen das Feuer der Überlebenden entgegen. Nicht selten kam es zu Nahkämpfen, wo die Verteidiger aufrecht stehend in einem Heroismus, der an die Antike gemahnt, Handgranaten und sogar Steine auf die Angreifer schleuderten.

Wenn auch Truppen aller Völker der Monarchie auf diesem Todesberg eingesetzt wurden, so war er doch in erster Linie das Golgotha der Honvéds. Die ungarischen Verbände wurden immer wieder aufgerieben, neue traten an ihre Stelle. Der Monte San Michele hielt.

Im November 1915 kam es zu einer Episode, die bezeichnend ist für den Geist der Honvéds, aber auch für die Schwierigkeiten, mit denen die Armee zu kämpfen hatte. Ein unbedeutendes Ereignis, das aber offenbart, wie verhängnisvoll sich Sprachschwierigkeiten in einer Armee auswirken konnten, in der 16 Sprachen vertreten waren.

Achterjäger sollten in stockdunkler Nacht die Ungarn ablösen, die oft nur 20 Meter vom Feind entfernt lagen. Aber die Offiziere der Feldjäger verstanden nicht ungarisch, die übergebenden Kommandanten der Ungarn verstanden kaum Deutsch. Die mangelhafte Verständigung führte zu Unklarheiten über die Besetzung eines fraglichen Stellungsabschnittes, der noch dazu von den Italienern flankiert wurde. Die Ungarn hatten sich bei Tag in dieser Stellung nur halten können, indem sie sich hinter ihren Steinriegeln totstellten.

Es kam wie es kommen mußte. Nachdem sich die Führungspatrouillen der Ungarn in der herrschenden Dunkelheit verloren hatten, stießen Teile des Feldjägerbaons über den zu besetzenden Stellungsverlauf. Als die dunklen Gestalten der ahnungslosen Feldjäger vor den italienischen Stellungen auftauchten, war ihr Schicksal besiegelt. Von drei Seiten feuernd richteten die italienischen MG ein Massaker an. Die Verluste des Baons betrugen in jener Nacht 8 Offiziere und 317 Mann. Jetzt aber geschah das Unfaßbare. Der Abschnitt des Bataillons mußte durch dieses Debakel um 50 Meter zurückgenommen werden, und dieser Terrainverlust führte zu heftigen Auseinandersetzungen, die sogar nach dem Krieg noch andauerten. Der ungarische Korpskommandant, Erzherzog Josef, tobte über die Kärntner, die seiner Meinung nach den Terrainverlust verschuldet hatten. Er ließ aus Angst vor einem neuen Stellungsverlust die Kärntner Feldjäger sofort wieder von den abgekämpften Ungarn ablösen.

Aber nicht nur die Ungarn schlugen sich hier am Monte San Michele mit todesverachtender Tapferkeit. Das Generalstabswerk „Österreich-Ungarns letzter Krieg“ erwähnt unter vielen anderen Truppenkörpern auch das slowenische X. Marschbataillon des Laibacher Hausregimentes IR. 17, das aus der vordersten Linie nicht abgelöst werden wollte, obwohl es seit Tagen in schwerstem Kampf gestanden hatte.

Nach drei Angriffsschlachten hatten die Italiener 1915 zwischen Monte San Michele und dem Meer 30.000 Mann an Toten, Verwundeten und Gefangenen verloren. Die österreichischen Verluste waren nicht viel geringer. Das Donnern des Trommelfeuers war an manch klaren und windstillen Tagen infolge einer merkwürdigen Brechung des Schalls in hohen Luftschichten an bestimmten Orten, Hunderte von Kilometern weit von der Front, als dumpfes Rollen zu hören, das kein Ende nahm. Damals hörte man auch in Kärnten immer wieder den Donner der Isonzoschlachten.

Tod zischte aus 6000 Gasflaschen

Vom Monte San Michele aus wurde im Juni 1916 der erste Giftgasangriff auf die Italiener unternommen. Er sollte der schwer bedrängten Infanterie am Westhang Luft schaffen und vor allem die italienischen schweren Waffen jenseits des Isonzo ausschalten. Er glückte in der geplanten Form nicht, fügte aber dennoch den Italienern, die vom Gas völlig überrascht wurden, schwerste Verluste zu.

Vom 18. bis 25. Juni wurden 6000 Gasflaschen, insgesamt 52 Waggonladungen, in die vordersten österreichischen Stellungen am Westhang eingebaut. Aber dann war das Wetter so ungünstig, daß der Angriff immer wieder verschoben werden mußte. Das aber war eine schreckliche Nervenprobe für Truppe und Führung. Denn die Italiener griffen sporadisch immer wieder an, ihre Artillerie trommelte auf die österreichischen Stellungen. Wenn die Gasflaschen getroffen wurden, konnte die Todessaat die eigene Infanterie vernichten.

Man atmete auf, als es am Morgen des 29. Juni soweit war, daß der Gasangriff befohlen werden konnte. Aber in letzter Minute trat wieder teilweise Windstille ein. Doch jetzt konnte nicht mehr zugewartet werden. Um 5 Uhr früh wurde an diesem heißen Sommertag das Raketensignal zum Abblasen gegeben. Ein Verhängnis begann.

Wegen des leichten Nebels auf den Höhen und der fortgeschrittenen Tageshelle waren nämlich die Raketensignale nicht überall wahrgenommen worden. Da auch die zerschossenen Verbindungen nur zum Teil verwendbar waren, erfolgte das Abblasen der Gasfront nicht gleichzeitig, sondern dauerte von 5.15 bis 5.40 Uhr. Bei der Nähe der beiderseitigen Stellungen und den Lücken in der Gasangriffsfront schlossen sich die abgeblasenen Gasschwaden meist erst hinter den vordersten italienischen Linien zu einer zusammenhängenden dichten Todeswolke. Kurz nach dem Abblasen des Gases trat die österreichische Angriffsgruppe die Vorbewegung an. Durch einen Befehl des Armeekommandos, der jedes „Anrennen gegen eine durch die Wirkung des Gases nicht völlig gebrochene Front" verbot und das Vorgehen der Infanterie nur dort zuließ, „wo diese Wirkung unzweifelhaft eingetreten war", wurde der Angriffsschwung der Truppen stark gebremst.

Der Feind hatte an jenen Stellen, wo das Gas wirksam wurde, die Flucht ergriffen; aus den vielen unberührt gebliebenen Inseln setzte aber bald heftige Gegenwirkung gegen die vorgehenden Truppen ein. Nach kurzer Zeit geriet die Vorbewegung ins Stocken. Am rechten Flügel vermochten Teile einer ungarischen Brigade in die erste und zweite Linie der italienischen Stellungen einzudringen und einzelne Sturmtrupps konnten stellenweise bis nahe an den Isonzo vorstoßen. Dagegen kam der linke Flügel wegen des starken Feuers aus den, vom Gas anscheinend nicht betroffenen, feindlichen Stellungen nicht vorwärts. Nachdem die vorgedrungenen Angriffstruppen in der Flanke und im Rücken von unversehrt gebliebenen feindlichen Maschinengewehren auf einzelnen Punkten, wie auf der Höhe 197, auch unter dem zusammengefaßten Feuer schwerer und mittlerer Batterien und Minenwerfer sehr beträchtliche Verluste erlitten hatten, mußten sie gegen Mittag in die alten Stellungen zurückgenommen werden. Einzelne der vorstoßenden Abteilungen behaupteten sich inmitten des Feindes bis zum Abend und zogen sich dann erst auf ihre alten Linien zurück.

Der Angriff war dadurch erschwert worden, daß die Truppen zum ersten Male einen Gasangriff durchzuführen hatten. Sie hatten vielfach unrichtige Vorstellungen über die Wirkung des Gases. Die vorangegangenen theoretischen Unterweisungen hatten bei vielen Führern ein bestimmtes Bild hervorgerufen, das der Wirklichkeit nicht ganz entsprach. Das löste Panik und Unsicherheit aus. Das verwendete Gift wirkte nicht so rasch, wie dies nach der Anlage des Angriffes zu erwarten gewesen wäre. Viele Italiener kämpften noch lange, ehe sie dem Gift erlagen.

Das ursprüngliche taktische Ziel des Angriffes war zwar nicht erreicht worden, aber der moralische Erfolg war bedeutend. Die Italiener verloren über 6000 Mann an Toten und Verwundeten, auf österreichischer Seite fielen 1700 Mann aus, über 200 starben durch das eigene Gas.

Der Gipfel des Monte San Michele wurde nach dem Krieg zu einem eindrucksvollen Freilichtmuseum gestaltet.

Waffen, Helme, Gräben, Kavernen, Dokumente, Fotografien erinnern an elf Isonzoschlachten. Nur an elf! Bei der zwölften Isonzoschlacht war bei Flitsch und Tolmein die italienische Isonzofront über den Haufen gerannt worden. An dieses Ereignis werden die Besucher des Museums nicht mehr erinnert.

Aber es ist dennoch keine Ruhmsucht, die diese Erinnerungsstätte geschaffen hat, sondern ein Geist der Versöhnlichkeit. Noch immer strahlt allerdings von den italienischen und österreichischen Stahlhelmen und den wie zum Einsatz eingefetteten Waffen ein beklemmender, grimmiger Ernst aus. Jeder Truppenkörper, der hier verblutete, hat sein Denkmal auf dem Berg. Zum Teil auch jene der Monarchie. „Italiener und Ungarn kämpften auf diesem Berg, der Tod verbrüderte sie“, steht auf einem der zahlreichen Monumente. In deutscher Sprache verkündet ein Mahnmal im schütteren Karstgras:

„Hier kämpften die Kärntner vom Infanterieregiment 7 im Jahre 1916.“

Die mächtigen Felsgalerien für die Kavernenbatterien auf dem Monte San Michele stammen aus der Zeit, da der Berg bereits italienisch war und die italienischen Batterien vom Michele ihre tödliche Last zu den österreichischen Stellungen auf der Hermada schleuderten. Aus der Zeit der heldenhaften Verteidigung des Berges durch die Österreicher stammt hingegen der unterirdische Gefechtsstand des eisernen Divisionskommandanten General Lukachich, der heute noch zu sehen ist.

Nach einem Jahr, in dem Angreifer und Verteidiger auf diesem Todesberg schauerliche Verluste erlitten hatten, ging der Gipfel in der 6. Isonzoschlacht im August 1916 verloren. Die Karstfront der Verteidiger biß sich jetzt am Doberdo fest, jenem karstigen Plateau mit dem armseligen See, das heute in nichts mehr erkennen läßt, daß hier einmal ein schreckliches Leichenfeld mit vielen zehntausenden Österreichern und Italienern lag.

Der Verrat im Brückenkopf

Über ein Jahr lang — von Juni 1915 bis August 1916 — hielten die Helden auf den Hügeln von Monte San Michele, dem Kalvarienberg und dem Monte Sabotino in fünf Materialschlachten den Massenangriffen der italienischen Divisionen stand.

In den ersten Schlachten gab es noch keine Kavernen. Für die Karstkämpfer gab es keinen Schutz in der Mutter Erde. Hier fuhr der Spaten des Infanteristen vergebens in den Stein. Der Muschelkalk wurde zum Todfeind. Er vervielfachte durch seine Splitter die Todessaat der Granaten. Selbst die Steinriegel, hinter denen sich die Infanterie vor dem Feuer deckte, wurden im Stahlregen der Granaten zu teuflischen Geschossen. Die Bataillone der Verteidiger verlöschten oft schon im Trommelfeuer der Italiener. Aber die Überlebenden warfen sich mit Feuer oder mit Dolch und Bajonett über Leichenbergen im Nahkampf den Sturmwellen der Italiener entgegen. Wenn sie überwältigt wurden, warf der Gegenstoß der Reserven die Angreifer wieder aus dem Chaos von Trümmern und Drahtverhau, das man „Stellung“ nannte.

Divisionen verschlang jede Schlacht, aber die Front vor Görz hielt. Zunächst schonten die Italiener die Stadt, weil sie mit ihrer raschen Eroberung rechneten. So konnte es geschehen, daß in den Kaffeehäusern und am Corso das Leben weiterging, während nur ein bis zwei Kilometer entfernt die Granaten die Hügel im Brückenkopf westlich des Isonzo in Rauch und Feuer hüllten.

Bodo Kaltenböck, der Görz als Fähnrich beim slowenischen IR. 17, dem späteren Kronprinzenregiment, erlebte, hat diese in der Geschichte des Materialkrieges sagenhaft klingende Tatsache in einer Szene seines Buches „Armee im Schatten“ geschildert:

„Das Café ‚al Corso' ist international, im besten Sinne des Wortes. Offiziere aus allen Winkeln der Monarchie treffen sich hier.

‚Franz, man kann ja hier nicht spielen! Lassen Sie doch endlich die Fenster zumauern! Oder stellen Sie das Billard auf einen anderen Platz! — Da — schauen Sie her!'

Ärgerlich zeigt der Offizier mit dem Billardqueue auf ein Infanteriegeschoß, das neben ihm im Boden steckengeblieben ist.

Schon ist auf einen Wink der Pikkolo da. Mit einer Zange zieht er das Geschoß heraus. Mit fachmännischem Ernst betrachtet er es von allen Seiten, sagt nachlässig: ‚Von der Podgora!' und steckt es in die Tasche. Er hat eine ganze Sammlung. Im nächsten Augenblick geht das Spiel weiter. Keine Seele denkt mehr an den Vorfall.

Terzy, der beim Betreten des Cafés erstaunt diese Szene gesehen hat, will sich mit seinen Kameraden an eine Reihe leerer Tische setzen.

‚Wollen die Herren nicht dort drüben Platz nehmen?' sagt der Kellner mit höflicher Verbeugung. ‚Auf dieser Seite ist es nicht ganz sicher. Erst gestern ist einer der Herren tot vom Stuhl gefallen.'

Man setzt sich also auf die andere Seite und schiebt einige Tische zu einer Runde zusammen.

Fähnrich Heiß — der brave, liebe Mensch ist später über dem Suganatal in 2500 Meter Höhe aus dem Flugzeug gestürzt — strahlt über das ganze Gesicht:

‚Großartig! Es ist wie in der Garnison!'

Görz brennt.

Es gibt keine schreienderen Gegensätze als hier. Über das Gebäude ziehen schlürfend Granaten schwersten Kalibers hinweg. Über die ‚Piazza Grande' und der ‚Piazza Corno' speien sich Schrappnelle aus. Und nur durch eine Glasscheibe davon getrennt, sitzen die Gruppen der Offiziere plaudernd und spielend an ihren Tischen. Manchmal, wenn die Straße draußen aufstaubt, werfen sie einen gleichmütigen Blick hinaus, um sich sofort zurückzuwenden und mit den Fingerspitzen ein feines Aschenstäubchen von der Bluse wegzustippen.

Görz brennt.

Sie sind so sehr elegant, diese Offiziere, die hier seit Monaten an der Front stehen. Sie haben sich längst von zu Hause blaue Bluse, schwarze Hose und schwarze Kappe verschafft. Es gibt nichts Angenehmeres, als sich, wenn man über und über mit Dreck aus der Stellung kommt, zu baden, zu rasieren und in gute Kleidung zu werfen.

Das kann man sich hier leisten. Man bummelt, wenn keine Alarmbereitschaft ist und nicht gar zu heftig geschossen wird, über den Korso. Die abgestimmten Sporen begleiten jeden Schritt mit einem feinen metallischen Klingen. Man bleibt stehen und zündet sich eine Zigarette an. Man salutiert mit leichter Verbeugung: ‚Küß die Hand, Signorina, come sta?'"

Das war Görz und der brennende Brückenkopf 1915.

Ein Jahr lang hielt er unerschütterlich. Immer von denselben Truppen verteidigt, von Dalmatinern, Slowenen und Ungarn der 58. Infanterie-Division. Ihr Kommandant, General Zeidler, erhielt für die zähe Verteidigung der Stadt den Maria Theresien-Orden und das Adelsprädikat „von Görz".

Nach der 3. Isonzoschlacht erklärte General Boroevic vor den in Görz versammelten Offizieren, es sei ihm ein Herzensbedürfnis, den Truppen der 58. ID. für ihre unübertrefflichen Leistungen zu danken. Sie hätten in dieser Schlacht ihre Heldentaten der früheren Schlachten noch übertroffen. Während der fünfmonatigen Kämpfe sei es die 58. ID. gewesen, die im wichtigen Brückenkopf stehend, dem Armeekommandanten am wenigsten Sorge bereitet habe; dies sei der vorzüglichen Führung wie den unvergleichlichen Truppen zu danken.

Diese Anerkennung war eine kleine Sensation, denn der eisenharte „Löwe vom Isonzo" geizte sonst mit Lob.

Breit hingelagert liegt am Nordwestrand von Görz der Sabotino. Die jugoslawisch-italienische Grenze schnürt ihn in zwei breite Rücken ab. Dieser Berg war der blutdurchtränkte Nordpfeiler des Görzer Brückenkopfes. Und hier geschah zur Zeit, als die Italiener gerade die 6. Isonzoschlacht vorbereiteten, folgendes:

Aus ihren Stellungen am Podsabotin desertierten zwei Offiziersanwärter und zwei Mann der bewährten, schlachterprobten 58. ID. und liefen zum Feind über. Und sie kamen nicht mit leeren Händen.

Durch einen unwahrscheinlichen Zufall fielen die bei den italienischen Kommandostellen mit den Deserteuren aufgenommenen Protokolle im Original schon am 7. August 1916 in österreichische Hand.

Während der inzwischen tobenden 6. Isonzoschlacht war nämlich bei einem Gegenstoß auf der Podgora ein italienischer Stabsoffizier gefangen genommen worden. Er trug Vernehmungsprotokolle mit den genannten Deserteuren bei sich. Wenige Tage später fand man bei einem anderen italienischen Offizier weitere Niederschriften.

Diese Protokolle wurden nach der 6. Isonzoschlacht beim Stab der von General Zeidler befehligten 58. ID. übersetzt. Eine vom Feldgericht dieser Division beglaubigte Abschrift der kriegsgerichtlich interessanten Dokumente fand sich nach dem Krieg im Nachlaß des im Jahre 1945 in Villach verstorbenen ehemaligen Divisionskommandanten.

Aus den Protokollen geht hervor, daß die Überläufer dem Feind nicht nur ein genaues Bild der Stellungen der schweren Waffen und der Kommandostellen übermittelten, sondern auch die taktischen Fehler der Italiener aufzeigten, die den Österreichern die Verteidigung gegen die enorme Übermacht ermöglichten. Die Überläufer äußerten die Überzeugung, daß die Kampfmoral der Österreicher leicht gebrochen werden könne.

Hier auszugsweise die deutsche Übersetzung der Aussagen der Überläufer:

„Verhör der Deserteure:

1.) Simeon Tolja (Sohn des Mathäus), Fähnrich, geboren in Zara, italienischer Nationalität, geboren 1889, gehört zur 12. Kompagnie, III. Bataillon des Landw. Inf. Rgts. Nr. 23.

2.) Giacomo Salvi (Sohn des Ludwig), geboren zu Zara, italienischer Nationalität, Jurist, Geburtsjahr 1891, II. Bataillon des Landw. Inf. Rgts. Nr. 23, Kommandant des 80-mm-Minenwerferzuges.

3.) Rudolf Šarek, Kadettenaspirant, geboren in Friedek 1893, 12. Kompagnie, III. Bataillon des Landw. Inf. Rgts. Nr. 23.

4.) Peter Dunjak (Sohn des Stefan), geboren 1896 in Velika, Bezirk Sinj in Dalmatien, slavischer Nationalität, 12. Kompagnie, III. Bataillon vom Ersatzkader in Karlstadt.

5.) Franz Jellencich (Sohn des Franz), geboren 1896 bei Glavica (Sinj), slavischer Nationalität, gehört zur 12. Kompagnie, III. Bataillon des Landw. Inf. Rgts. Nr. 23, gekommen mit dem 13. Marschbataillon vom Kader in Karlstadt.

Alle zusammen haben sich am 31. Juli 1916 früh in unseren Vorstellungen des Grafenberges bei der 11. Division vorgestellt. Sie sind desertiert in zwei Patrouillen zwischen den Drahthindernissen zwischen Kote 240 und Kote 206. Der Fähnrich Tolja, Kommandant der einen Patrouille, begleitet vom Kadetten Salvi, welcher sich die Distinktion eines Kadetten abgenommen hatte, um als Offiziersdiener des Tolja zu erscheinen, hat den Kommandanten der zweiten Patrouille, Kadetten-

aspiranten Šárek und zwei dalmatinische Soldaten mitgenommen, um zu desertieren. Dabei aber ließ er die anderen Mitglieder der Patrouille zurück, um nicht Verdacht zu erregen.

Die größte Zahl von Nachrichten ist uns vom Fähnrich Tolja mitgeteilt worden, welcher lebhafte Sympathien für Italien bezeugt. Die anderen (Deserteure), einzeln verhört, haben größtenteils die Auskünfte des Fähnrichs Tolja bestätigt. Der Kadett Šálvi hat speziell Detailnachrichten über die Minenwerfer angegeben. Der Fähnrich Tolja hatte mit sich die Skizze (Beilage 1), der Kadettaspirant Šárek hat nach dem Gedächtnis eine Skizze der feindlichen Stellungen verfertigt. (Beilage2).

Feindliche Truppen.

Dieser Abschnitt enthält eine genaue Aufzählung der dem Verband der k. u. k. 58. Infanteriedivision angehörenden Truppen, deren Verteilung auf den Frontabschnitt der Division, die Stärke der Kompanien, die Zusammensetzung der Truppenkörper nach Nationalitäten, die Ausdehnung des Divisionsbereiches, die Standorte der Reserven, die Zeit und Art der Ablösung, ferner die Namen einiger Kommandanten und die Standorte ihrer Kommanden.“

Es folgen nun in den Protokollen genaue Angaben über Artilleriestellungen, Infanteriestellungen, Maschinengewehre und Minenwerfer, über Gasangriffe, über Abhorchen von Telefongesprächen, Nachschubdienst.

„Einer der Deserteure, der durch den Rang, welchen er bekleidet, viele Monate lang mit den Offizieren des Regiments zusammengelebt hat, hat mehrmals an den Gesprächen über die italienische Kampfweise teilgenommen, er konnte sich ein eigenes Urteil darüber bilden und spricht die Hoffnung aus, daß in Kürze an der Görzer Front eine durchschlagende Offensive angesetzt werde. Er meint, es sei gleichgültig, ob dieser Angriff auf dem einen oder dem andern Frontabschnitt des Brückenkopfes erfolge. Er glaubt, daß jeder Frontabschnitt gut ist, wenn nur eine sehr heftige und überraschende Artillerieaktion Breschen in die Verteidigungsanlagen legen kann und eine blitzartige Vorrük-

Eine Sturmstiege führt aus einer Höhle zur Kampfstellung empor. Armselige Sandsackriegel dienten als Kugelfang. Jeden Feuerüberfall italienischer Batterien verwandelte die Stellung in ein Chaos.

SCHÖFER,
1914.

kung der Infanterie gewährleistet. Nach seiner Meinung hatte der italienische Soldat während dem Gefecht in der ersten Zeit des Krieges keine genügende Disziplin, so daß beim Angriff Verbindung und Zusammenhang, die ersten Bedingungen für den Erfolg einer Operation, verloren ging. Die Abteilungen gingen mit Elan vor, aber dann isoliert, ohne Verbindung und Verstärkung, blieben sie zögernd stehen, gleichsam als wüßten sie nicht, welches das Ziel sei, dem sie zustreben sollten. Und diese Momente der Unsicherheit nützten die Österreicher aus, um das Feuer ihrer Artillerie und ihrer Maschinengewehre zu leiten und jedes weitere Vorgehen unmöglich zu machen. In der letzten Zeit schien es dem Deserteur, daß die gewonnene Erfahrung die italienischen Soldaten viel gelehrt habe und sie überzeugte, daß allein ein entschiedenes, überraschendes Vorgehen den Erfolg des feindlichen Feuers hinfällig machen könne und die vorgezeichneten Ziele mit kleinsten Opfern erreichen lasse.

Aber — fügte der Deserteur hinzu — die Eroberung einer Verteidigungslinie darf nicht immer das Ziel eines Angriffes sein. Die Österreicher messen dem Verlust einer Stellung keine besondere Bedeutung bei, geben ihre Verteidigung auf, wenn sie begreifen, daß dies ihnen zu teuer zu stehen kommen würde, zumal wenn die Stellung von der Artillerie beschossen wird. Sie ziehen in solchen Fällen vor, sich hinter die Stellung in die Kaverne zu begeben, um dort zu warten, bis der Sturm vorbei ist, da sie jetzt aus Erfahrung wissen, daß die Italiener, nachdem sie einmal die Linie genommen haben, dort bleiben, anstatt

Oben links:
General Zeidler von Görz verteidigte mit seiner heldenhaften Infanterie-Division über ein Jahr lang den Görzer Brückenkopf mit einer unvergleichlichen Bravour. Er starb 1945 in Villach. Er war vom Kaiser geadelt worden.

Oben rechts:
General Alfred Krauss war dazu ausersehen, mit Kerntruppen der Monarchie aus dem Becken von Flitsch (Bovec) heraus die italienische Front zu überrennen. Er ging mit dem erfolgreichen Talstoß in die Geschichte ein.

Unten:
Vermehrte Zahl der Überläufer zeigten der österreichisch-ungarischen Führung jedesmal eine bevorstehende italienische Offensive an. Hier italienische Überläufer am Rombon.

vorzugehen und den Erfolg auszugestalten. Das österreichische Kommando hat daher in die Kraft des Gegenangriffes unbedingtes Vertrauen und wenn es der italienischen Infanterie gelingt, ein Frontstück zu besetzen, und die italienische Artillerie ihr Feuer einstellt, sammelt es sofort die Reserven und wirft sie dorthin, wo die Linie durchbrochen wurde, wodurch die Verteidigung wieder die Oberhand gewinnt.

Dieses System basiert auf der Überzeugung, daß den Italienern die Fähigkeit abgeht, Befestigungen zu improvisieren. Während es den Österreichern gelingt, sich in den Stellungen, auf die sie sich den Abend vorher zurückziehen mußten, während der Nacht stark zu verschanzen, haben die Italiener am Tage nach einer glücklich durchgeführten Operation wenig oder gar nichts geleistet, um sich den Besitz der neuen Linie zu sichern. Sie haben weiters auch nicht für den Bau von Unterständen gesorgt, um dem Artilleriefeuer, welches die Österreicher zur Wiedergewinnung der verlorenen Linie darauf konzentrieren werden, widerstehen zu können.

Es wäre daher gut, beim Angriffe nicht zu schwanken und über die erste österreichische Linie hinwegzusehen, weil diese stets den gefährlichsten Punkt bildet, die Reserven in nächster Nähe sind und auf diese Linie die Artillerie eingeschossen ist.

Man müßte daher dem österreichischen Kommando die Möglichkeit benehmen, zum Gegenangriff schreiten zu können, da hiefür an jedem Frontabschnitt die notwendigen Maßnahmen getroffen worden sind.“

Der Angriff

Als diese Niederschriften im Juli 1916 aufgenommen wurden, waren die italienischen Vorbereitungen für die geplante 6. Isonzooffensive bereits in vollem Gange. Die Offensive zielte auf die Eroberung des Görzer Brückenkopfes ab. An ein weiter gestecktes Ziel dachte Cadorna nicht.

Die Überläufer aus dem Görzer Brückenkopf müssen zu diesem Zeitpunkt für die italienische Führung geradezu ein Geschenk des Himmels gewesen sein. Selten in der Kriegsgeschichte verfügte eine Führung über ein so perfektes Feindbild wie die ital. 3. Armee vor Görz.

Die Italiener hatten es allerdings verstanden, ihren Aufmarsch ausgezeichnet zu tarnen. Sie hatten ihre Märsche und Transporte durchwegs bei Nacht durchgeführt. Alle Verkehrswege im Frontgebiet waren bis weit rückwärts gut getarnt worden. Man hatte sogar die Straßen mit Wasser besprengt, um Staubwolken zu verhindern. Der österreichischen Beobachtung war die enorme Verstärkung der italienischen Artillerie und der Minenwerfer vor dem Görzer Brückenkopf und vor dem Südpfeiler des Brückenkopfes, dem Monte San Michele, vollständig entgangen. Auch Überläufer, sonst die sichersten Boten eines nahen Angriffs, blieben von der italienischen Seite vollständig aus.

Erst Ende Juli stellte die österreichische Luftaufklärung Kolonnen im Raume Feltre-Treviso fest. Auch eine verstärkte italienische Luftaufklärung fiel auf. Aber da sonstige warnende Anzeichen fehlten, blieb man auf österreichischer Seite ahnungslos.

Am 6. August überraschte ein um 6.45 Uhr früh an der ganzen Front von Tolmein bis zur Küste einsetzendes Trommelfeuer die österreichische Isonzoverteidigung. Der am Nachmittag einsetzende Massenangriff der italienischen Infanterie traf mit gewaltiger Wucht auf den Brückenkopf von Görz und auf den San Michele. Die k. u. k. 58. ID., die seit einem Jahr den Brückenkopf mit bewundernswürdigem Heroismus verteidigt hatte, verfügte zu dieser Zeit über 18½ Baone, davon lagen noch sieben in Reserve im Wippachtal; die Hälfte der Mannschaften bestand aus völlig kampfunerfahrenen Landsturmleuten.

Gegen diese 18½ Baone und 87 Geschütze der 58. ID. stürzte nun die Flut der italienischen Infanteriemassen; 2500 italienische Geschütze und 400 Minenwerfer unterstützten den Angriff der 72 italienischen Baone, die auf 9 km Breite zum Angriff angetreten waren.

Jetzt erwies sich der Wert der Überläuferaussagen. Die Italiener kannten genau die Struktur, die Ausrüstung, den Kampfwert der ihnen gegenüberliegenden Divisionen, kannten die Schwäche der größtenteils aus Landsturm oder sogar Landsturmetappentruppen bestehenden Besatzung, die geringe Zahl der feindlichen Reserven, kannten die Lage aller Kavernen und die Position aller Gefechtsstände. Sie waren in der Lage, diese durch pausenloses Feuer einzudecken. Vor allem waren sie auch über die Fehler im Bilde, die sie sich bisher hatten zuschulden kommen lassen.

Harter Widerstand im Brückenkopf

Die 58. ID. hielt sich im Brückenkopf zwei Tage lang mit einer Standfestigkeit, die grenzenlose Bewunderung verdient. Die Italiener kannten den Plan der Verteidigungsanlagen der Podgora, und doch brauchte die vierfache italienische Übermacht zwei volle Tage, bis die Lage der Brückenkopfbesatzung so verzweifelt wurde, daß Generalmajor Zeidler sich am 8. August, um 1.30 Uhr, schweren Herzens zum Befehl gezwungen sah, die Verteidigung auf das Ostufer des Isonzo zurückzuverlegen. 18.000 Mann stark war die 58. ID., als der Angriff begann, rund 5000 blieben jetzt übrig und krallten sich nun am Ostufer des Isonzo fest. Die k. k. 121. Landsturm-Infanteriebrigade deckte dabei in schier selbstmörderischem Einsatz den Rückzug der Division. Sie verlor 2200 Mann an Toten und Verwundeten und damit 75% ihres Standes.

Im Laufe des Tages wurde die Lage der nun über 12 km vom Monte Sabotino bis zur Wippachmündung reichenden Verteidigung der 58. Infanterie-Division auch am Ostufer unhaltbar. Um 23 Uhr erhielten die Trümmer der Division Befehl, auf die sporadisch vorbereitete zweite Stellung östlich von Görz zurückzuweichen. Die Reste der Division, die sich in der Schlacht um Görz aufgeopfert hatte, erreichten in der Nacht auf den 9. August nach einem geordneten Rückzug unangefochten die neue Verteidigungslinie ostwärts von Görz. Die zurückwankenden Kämpfer der Division glichen lebenden Gespenstern. Sie hatten drei Tage lang ununterbrochen Tag und Nacht im Kampf gestanden.

Der Monte Sabotino wurde überrollt. Die italienischen Sturmwellen folgten der Feuerwalze so dicht auf, daß ihre Massen die Österreicher zum großen Teil noch in ihren Kavernen überraschten. Fast 2000 Mann wurden gefangen. Vielerorts starben die Verteidiger aber lieber, als sich zu ergeben.

Bodo Kaltenböck, dessen Kompanie damals im Brückenkopf zwei Drittel seines Standes verloren hatte, schrieb:

„Es ist verzweiflungsvoll um jeden Schritt des heiligen Bodens gekämpft worden, mit einer Erbitterung, die die größten Verluste ertragen ließ. Eine Erschütterung von höllischem Ausmaß ist das Ende auf dem Sabotin. Groß, breit, massig steht er da; Oslavija, die Podgora, den ganzen Görzer Brückenkopf beherrschend und flankierend. Es gelingt den Italienern, dort mit unerhörter Anstrengung und unter schrecklichen Todesopfern die Front zu durchbrechen. Der Sabotin ist in ihrer Hand, denn die Verteidiger liegen verschüttet in den Kavernen. Aus den Kavernen aber unter dem steilen Hauptgipfel knattern noch immer Gewehrschüsse der zum Äußersten entschlossenen Verteidiger. Sie kämpfen, obwohl sie wissen, daß der Berg verloren ist, noch den ganzen Tag. Sie kämpfen noch eine ganze lange Nacht, ohne Hoffnung, von wildem, verzweifeltem Todesmut getragen. Wieder bricht der Tag an, und weit in den Tag hinein zieht sich ihr letzter Kampf hin.

Die Italiener, bereit, den tapferen Feind zu schonen, dem in seinen Höhlen nicht beizukommen ist, fordern ihn auf, sich zu ergeben. Keine Antwort! Sie führen Maschinengewehre vor die Öffnungen. Die Verteidiger, von Hunger und rasendem Durst gequält, ziehen sich in die Tiefen der Kavernen zurück. Wieder erfolgt die Aufforderung, sich zu ergeben. Wilde Flüche klingen zurück.

Die Italiener greifen zum letzten und fürchterlichsten Mittel. Wie Wespen sollen die Österreicher mit Feuer und Rauch erstickt werden, wenn sie ihren wahnsinnigen Widerstand nicht aufgeben. Die Kaverneneingänge werden mit Petroleum überschüttet. Ein den Tod unter Rauch und Glut bringendes Bächlein fließt in den Berg.

Die drinnen wissen, was ihrer harrt. Doch wieder antworten auf die erneute Aufforderung, sich zu ergeben, nur maßlose Flüche. Da zünden die Italiener das Petroleum an. Das Feuer flackert auf, hüllt den Kaverneneingang in einen flammenden Mantel und frißt sich langsam in den Berg hinein. Die drinnen schreien auf. Nach Stunden erst ist der letzte Kampf der Österreicher auf dem Monte Sabotin zu Ende. Noch nach Tagen stinkt der Berg nach Petroleum.

Der Kampf geht weiter. Am Abend ist der Kirchenrücken von Oslavija vom Feinde genommen. Dieses blutige Oslavija, dessen Name sich mit dem Tod unzähliger Regimenter verbindet! Dieses Oslavija, bei dessen Nennung die Menschen in Görz zu weinen begannen! Dieses Oslavija, das in der Geschichte beider Armeen einen entsetzlichen Klang behalten hat.

Nun ist auch der Weg nach Görz offen, und der Gegner steht im Rücken der Österreicher auf der Podgora.

Nach zwei Fronten kämpfen die da oben: nach vorne, wo der Italiener auf Steinwurfweite vor ihnen liegt, und nach rückwärts, wo er vom Isonzo her angreift. Von vorne und rückwärts angegriffen, setzen sie erbittert ihren entsetzlichen, vergeblichen und so heldenhaften Widerstand fort, bis in der Nacht der Befehl zum Rückzug kommt.

Auch auf dem Monte San Michele dauert der Kampf fort. Die Wellen des Kampfes schlagen im Angriff der Italiener und im Gegenangriff der Österreicher, die den verlorenen Kampf bis zur letzten Minute führen, hin und her.

Der Weg nach Görz ist frei.

Aber der Kampf ist noch nicht zu Ende.

Als der Monte San Michele verloren geht, wird der Weg nach Görz für die Italiener zum neuen Verhängnis. Wo Gebüsch sich außerhalb der engeren Feuerzone hinzieht, sind Drähte und Netze gespannt. Der nachstürmende Feind sieht sie nicht. Österreichische Maschinengewehre lauern in der Nähe und beginnen ein mörderisches Feuer auf die Menschenknäuel, die sich schreiend in Netzen und Schlingen winden. Tote übertürmen das Hindernis; nachfolgende Bataillone schreiten über diese Brücke ihrer Kameraden hinweg.

In den letzten Strahlen der untergehenden Sonne leuchtet das brennende und rauchende Görz auf. Der Feind wirft sich in den Isonzo, dessen Wasser unter den Garben der Schrapnelle und Maschinengewehre aufschäumt. Jedes Haus der Stadt ist eine Festung, aus der dem Feinde wütendes Feuer entgegenschlägt. Von Mauer zu Mauer ziehen sich die Truppen zurück."

Der Weg für die Italiener nach Triest war praktisch frei. Aber der Gegner nützte die Chance nicht. Das Zögern, heißt es in „Österreich-Ungarns letzter Krieg", war darauf zurückzuführen, daß die italienische Führung zwar über die Stellungen im Brückenkopf, aber nicht über die Art und die Beschaffenheit der notdürftig ausgestatteten österreichischen Stellungen des XVI. Korps östlich von Görz unterrichtet war. Sie wußten nicht, daß vor ihnen in der Front ein Loch klaffte.

Generalmajor Zeidler bombardierte nach dem Verlust von Görz das Armeekommando mit Bitten, zur Wahrung der Ehre der 58. Infanterie-Division, in geeigneter Form, die Brandmarkung des Verrates zu veranlassen. Görz sei nur durch Verrat gefallen, suchte er unter Vorlage der Protokolle zu beweisen, die die Italiener mit den Überläufern aufgenommen hatten.

War der Verrat entscheidend?

Generalmajor Zeidler führte in seinem Schreiben aus, daß die Italiener durch die Überläufer genaueste Kenntnis von der Struktur der Ausrüstung und des Kampfwertes der Division erhalten hatten. „Es gibt nichts, was nicht verraten worden wäre“, schrieb er. Insbesondere sei der Umstand von den bösesten Folgen begleitet gewesen, daß dem Gegner die Schwäche der Besatzung und das Fehlen der Reserven bekannt gewesen sei. Da der Gegner die Lage aller Kavernen kannte, war er in der Lage, sie mit präzise schießenden Geschützen unter Feuer zu nehmen.

„Es kann mir nicht gleichgültig sein“, heißt es in einem der Schreiben, „ob dies in die Öffentlichkeit dringe oder nicht, es liegt mir vielmehr sehr viel daran, daß jedermann wisse, daß Görz nur durch Verrat gefallen ist.

Ich bitte daher das Armeekommando zur Wahrung des Ruhmes der Isonzoarmee und der Ehre der mir unterstehenden ID. in geeigneter Form die Veröffentlichung des Verrates veranlassen zu wollen.

Zeidler GM. m. p.“

Das k. u. k. Armeeoberkommando zögert

Das AOK. nahm in einem von GO. Conrad v. Hötzendorf unterzeichneten Schreiben vom 25. August 1916 die beantragte öffentliche Brandmarkung des Verrates in Aussicht, hielt aber den Zeitpunkt der Veröffentlichung noch nicht gekommen.

Erst am 22. Oktober 1916 wurde ein heute noch im Original vorliegender Reservat-Armeekommandobefehl Nr. 34 erlassen, in dem u. a. auf die Verantwortlichkeit der Angehörigen der Überläufer hingewiesen wird. Es heißt in dem Reservat-Armeekommandobefehl:

„Fähnrich i. d. Res. Simon Tolja (Italiener), Res.-Kdtt. Jakob Salvi (Italiener) und Res. Kdtt. Asp. Rudolf Carek (Tscheche), des k. k. Landwehr-Inf.-Rgts. Nr. 23, sind unter Mitnahme von noch zwei Mannschaftspersonen ihres Regimentes, am 31. Juli d. J. bei Podgora zum Feinde desertiert. Nach einem einige Tage später bei einem gefangenen italienischen Offizier aufgefundenen Befehl haben die genannten Überläufer dem Gegner wertvolle Aufschlüsse über die eigene Situation am Isonzo, insbesondere die dortigen Kommandanten, Stärke und Zustand der Truppen, Zahl, Gattung und Stellungen der Kampfmittel, die ausgebauten Widerstandslinien und schließlich über die weiteren Absichten der Führung geliefert und damit der feindlichen Gefechtsleitung wichtige Anhaltspunkte für ihre Verfügungen während der Schlacht bei Görz in den ersten Augusttagen geboten. Der für die k. u. k. Wehrmacht daraus erwachsene Schaden ist unberechenbar und am besten mit der bald darauf erfolgten Einnahme von Görz durch die Italiener, an der aller Wahrscheinlichkeit nach auch den beiden genannten Verbrechern ein würdiger Anteil gebührt, eingeschätzt.

Das AOK hat dafür Sorge getragen, daß dieses beispiellose Verbrechen alle gesetzlichen Folgen, soweit dies überhaupt möglich, für die Täter und ihre Angehörigen (Vermögenskonfiskation, Einstellung der Unterhaltsbeiträge etc.) nach sich ziehe, die gerichtliche Untersuchung gegen den scheinbar intellektuellen Urheber der Tat, Dr. Josef Tolja, den Bruder des Deserteurs, eingeleitet und wird nach Abschluß aller einschlägigen Verhandlungen veranlassen, daß die Namen und die Tat der Staatsverbrecher nebst ihren schwerwiegenden Folgen vor der Öffentlichkeit entsprechend gebrandmarkt werden.

Vorstehendes ist als abschreckendes Beispiel allen Truppen unter besonderem Hinweis auf die solchen Staatsverbrechen folgenden schweren Strafen zu verlautbaren.

Für den Armeeoberkommandanten
CONRAD, Generaloberst m. p.

Im Felde, am 22. Oktober 1916

Generaloberst von BOROEVIC, m. p.“

Zeidler irrte sich

Das AOK. konnte sich der Ansicht des Divisionskommandanten hinsichtlich der Auswirkung des Verrates also nicht zur Gänze anschließen. Auch die kriegsgeschichtliche Forschung bestätigt Zeidlers Meinung.

Es ist nicht von der Hand zu weisen, daß der planmäßig vorbereitete Verrat den Beginn des Angriffes beschleunigt hat, da der Feind seine Kenntnisse ausnutzen wollte, ehe Verstärkungen herangekommen waren. Er ermöglichte es dem Feinde aber auch, jenen vollendet durchdachten Feuerplan zu entwerfen, dem jetzt in wenigen Stunden die wichtigsten Kernpunkte der Verteidigung zum Opfer fielen.

Dem Feind kam die genaue Kenntnis aller Einzelheiten der Verteidigung sicher gut zustatten. Es wäre aber verfehlt, den Fall von Görz als alleinige Frucht des Verrates hinzustellen, wie es geschehen ist. Der Görzer Brückenkopf ist auch der vielfachen Übermacht des Angreifers, zumal der erdrückenden Übermacht in der Ausrüstung, er ist der Wucht der Materialschlacht zum Opfer gefallen.

Die Hölle am Karst

Görz war gefallen, aber ostwärts des Isonzo hielt die Front vor Triest unerschütterlich.

In den Steinwällen und Löchern der Karstfront erlitten die Verteidiger das Golgatha der Materialschlacht. Nach der endlosen, Tage und Nächte andauernden Höllenqual des Artillerie- und Minenwerferfeuers war es eine Erlösung, wenn es zum blutigen Nahkampf kam, der mit der ganzen Grausamkeit urzeitlicher Instinkte mit Dolch und mit den Zähnen durchgefochten wurde. Aber auch zwischen den großen Schlachten zermürbte der Kampfalltag am Karst die Truppe. General der

Kavallerie Erzherzog Joseph verzeichnete in seinem in ungarischer Sprache geschriebenen Werk, „Der Weltkrieg, wie ich ihn sah“, die Meldung des Kommandanten der steirischen k. k. 22. Schützendivision, der am 30. Oktober 1916 über eine Woche berichtet, „in der es keine Kampfhandlungen unserer Artillerie gab“.

Der General hebt hervor, daß von der k. k. 43. Schützenbrigade seit dem 23. Oktober das Schützenregiment genau 3610 Mann, darunter 121 Tote, das Schützenregiment 26 aber 403 Mann, darunter 77 Tote, verloren habe. „Die meisten Verluste“, so heißt es in der Meldung, „entstanden in jenen Unterabschnitten, die ohne Deckung übernommen werden mußten. Trotzdem nun schon sechs Nächte mit aller Tatkraft gearbeitet wird, konnten in diesem Teil der Stellungen bisher nur Deckungen für liegende, im besten Fall für knieende Schützen hergestellt werden. Unter solchen Verhältnissen und bei dem verheerenden Feuer der Schwerartillerie dürfte die 43. Schützenbrigade in acht bis zehn Tagen vernichtet sein. Die Stellung ist dann nicht mehr zu halten.“

Über den moralischen Zustand meldet der General: „... Der Feind liegt uns 100 bis 200 Schritte gegenüber, an mehreren Stellen bloß 40 bis 50 Schritte, an einer Stelle sogar nur drei Schritte. Die Leute haben in den letzten sechs Tagen bei Nacht überhaupt nicht, bei Tag nur vorübergehend schlafen können. Das gilt auch für die Brigadereserven, weil diese vom Einbruch der Nacht bis zum Morgengrauen im feindlichen Feuer Verpflegung, Material und vieles andere in die Stellungen tragen müssen. Die Eindrücke in den Kampfgräben stellen selbst die stärksten Nerven auf eine harte Probe. Abgesehen von dem immer mit schwerem Steinschlag verbundenen Feuer, das bei Tag und bei Nacht unaufhörlich auf den Stellungen liegt, wirken noch manche andere Umstände auf die Truppen lähmend ein. Die Leute liegen oft tagelang neben Verwundeten oder Toten, die einschlagenden schweren Granaten decken die oft unmittelbar hinter der Stellung ausgehobenen, bei dem Mangel an Erde meist seichten Gräber auf und schleudern die in Verwesung begriffenen Leichenteile in die Stellung, die überdies von Ratten bevölkert wird.

Die Leute bekommen in zwei bis drei Tagen einen solchen Ekel, daß ihnen jegliche Lust zum Essen vergeht. Dazu können sie sich, solange sie in Stellung sind, aus Wassermangel nicht reinigen. Viele Verwundete verkriechen sich, um Deckung zu finden, in den nächsten Dolinen und gehen, wenn sie nicht gleich gefunden werden, dort elend zugrunde.

In den vom Feind eingedrückten Mittelabschnitten fanden die ablösenden Schützenregimenter überhaupt keine Besatzung mehr vor. Die Reste derselben kauerten gruppenweise, seelisch ganz niedergebrochen in einigen Dolinen. Ein Landsturmkompaniekommandant hatte von seinen 200 Mann nur noch sechs Mann seiner Kompanie bei sich ..."

Furchtbar litten die Karstkämpfer unter der Hitze und dem Durst. Der Hitzschlag forderte zahlreiche Opfer. Wenn es gut ging, bekam der Karstkämpfer pro Tag einen Liter Wasser, das oft unter schwerem Verlust nur nachts in die Stellungen gebracht werden konnte. Wenn die Wasserleitungen durch Granatvolltreffer zerstört wurden, blieb das Wasser aus. Dann kam es vor, daß sie an erbarmungslosen Hitzetagen daran gehindert werden mußten, ihren Urin zu trinken.

Bei den enormen Menschenverlusten mußte der Karst zum Leichenfeld werden. Nach den Schlachten, bei denen sich viele Tage lang Trommelfeuer, Angriff und Gegenangriff abwechselten, lagen die Leichen haufenweise in und vor den Stellungen. Bergungskommandos sammelten dann Tag und Nacht die fürchterliche Ernte, die Toten und die Verwundeten. Meist schwieg dann das Feuer der Italiener. Auch sie hatten mit ihren Toten und Verwundeten zu tun. Aber nie gelang es, alle Toten zu bergen. Immer lag deshalb über dem Karst der süßliche, unsagbar ekelhafte Dunst, der von verwesenden Leichnamen stammte. Es war die schreckliche Unerbittlichkeit der Menschenmühle am Isonzo, daß die Gräben auch im Trommelfeuer besetzt bleiben mußten.

Fritz Weber schrieb darüber: „Besser ein aufgeriebenes Bataillon, als ein durch Gegenangriff zertrümmertes Regiment. Man erzählte, Feldmarschall Boroevic habe das Geheimnis der Isonzoverteidigung auf diese einfache Formel gebracht. Man sagt auch, er habe sich geweigert, an die Front zu gehen und die Wirkung dieser Formel mit eigenen Augen zu sehen mit der Begründung, es würde ihm unmöglich sein, daran festzuhalten, wenn er einmal die Leiden der Infanterie aus eigener Anschauung kennengelernt habe. Dieser Ausspruch ehrt den ‚Mann mit dem eisernen Herzen' mehr, als der Ruhm der elf Isonzoschlachten, die unter seiner Führung geschlagen wurden. Das System hielt ihn und alle seine Soldaten umklammert, ein Abgehen davon hätte die Isonzofront zerschmettert. Ein furchtbares, mathematisch richtiges System, eine Mühle, die sparsam mahlen mußte, um nicht vor der Zeit leerzulaufen. Aber wehe dem Bataillon, das zwischen ihre Steine geriet! Es blieb, wo es war. Es wurde erbarmungslos zerrieben, um die zwei, drei anderen für die Entscheidung intakt zu halten. Nur so, nur mit unerbittlicher Grausamkeit war es denkbar, diese Front gegen den Ansturm einer erdrückenden Übermacht zu behaupten."

Pausenlos raste oft das Feuer über den Karst zwischen Duino und Görz. Eisenbahnzüge glühenden Eisens schickte die Sdobba herauf, von Westen und Nordwesten trommelten die Batterien. Fritz Weber erinnert sich später: „Längst sind alle Gräben verschüttet, die Unterstände zerschossen, weggefegt, die Laufgräben nur noch als Spuren vorhanden. Der Berg schwimmt in Gasschwaden. Was noch Leben atmet, kauert mit zerrissenen Nerven in den wenigen Kavernen, die nicht durch Geröll und Trümmer verlegt sind. In kurzen Abständen gehen die Horchposten hinaus und — kommen nicht wieder. Kehrt einer zurück, so gleicht er kaum mehr einem Menschen. Die Maske vor dem Gesicht, Helm und Montur voll Erdklumpen, das Gewehr in den krampfhaft zuckenden Händen, keuchend, unfähig, ein Wort herauszuwürgen, taumelt er herein. Als ein entsetzlich verschrecktes Tier kriecht er in den innersten Winkel, schmeißt den Helm weg und lehnt den Kopf an die Wand.

Unfaßlich ist das Phänomen des Gehorsams. Der nächste erhebt sich, nimmt das Gewehr, zwängt sich durch die Sandkörbe hinaus. Sie tragen das mit einer Selbstverständlichkeit, die an Wahnsinn grenzt. Es ist nicht der Alkohol, der wirkt schon längst nicht mehr, es ist nicht die Vaterlandsliebe, von der in solchen Zeiten viel geredet wird. Ja, ich glaube, es ist nicht einmal das, was man Disziplin nennt, sondern eine kaum begreifbare Ergebung in das Schicksal, das nicht den einzelnen, sondern alle trifft und von dem der einzelne naturnotwendig zerrädert wird. Ich für euch, ihr für mich! Darüber fällt kein Wort, auch nachträglich rühmt sich keiner — sie gehen der Reihe nach hinaus, der A zuerst, der Z zum Schluß, dann wieder der A —, und wer nicht zurückkommt, gilt als ausgelöscht in den Reihen der Todgeweihten."

Überrumpelung auf der Čukla

Eckpfeiler der Front am oberen Isonzo war der wildzerklüftete, gigantische Felsklotz des Rombon.

Er erhebt sich buchstäblich über den Dächern von Bovec. Seine mächtige, 2208 Meter hohe Felsbastion senkt sich mit steilen Wänden und Buchenwaldgürtel zum Nordrand der Ortschaft herab. Sie beherrscht das ganze Flitscher Becken. Überall im Tal ziehen die wildzerrissenen Hänge des Rombon magisch die Blicke an. Von wilder Schönheit sind auch seine Nordwände, die senkrecht in den Možencagraben abstürzen.

Es gibt wenige Berge der einstigen Alpenfront, auf denen die österreichischen Stellungen so gut erhalten sind wie auf diesem Berg. Stundenlang steigt man auf dem Weg von der Flitscher Klause nach Erreichen der Höhe 1313 durch Stellungsreste zum Gipfel empor. Überall aufgeschichtete Steinmauern, Bunker, Stiegen, Zisternen und Kavernen, die sich in den Karstfels bohren.

Von 1915 bis 1917 lagen sich auf diesem Berg in den Stellungen, die vom Gipfel bis ins Tal hinunter reichten, tausende Österreicher und Italiener gegenüber. Unzählige Male versuchten die Italiener 1915 den Berg zu nehmen. Die Eroberung des Gipfels gelang ihnen nie. Nur die berüchtigte Čukla eroberten sie. Die Front erstarrte zum Stellungskrieg. Und mitten im tiefen, furchtbaren Bergwinter 1916 wurde hier oben von Kärntner Gebirgsschützen eine der abenteuerlichsten Unternehmungen des Gebirgskrieges durchgeführt.

Die Čukla erhebt sich südwestlich des Rombongipfels als eine 1766 Meter hohe felsige Rückfallskuppe. Sie springt aus dem Rombonhang bastionsartig gegen das Flitscher Becken vor. Die Höhe gewährte den italienischen Armeebeobachtern den seitlichen Einblick in die österreichischen Talstellungen und die Stellungen am Javorček.

Beim Gruppenkommando Oberst von Schuschnig, im Unterabschnitt Flitsch, reifte deshalb der Entschluß, den Italienern die Höhe Čukla zu entreißen. Mit der undurchführbar scheinenden Aufgabe wurde der erprobte, draufgängerische 23jährige Oberleutnant Hans Mickl betraut. Er erhielt für die Durchführung des Auftrages völlig freie Hand.

Am 30. Jänner 1916 ging die Kompanie auf den Rombon ab, vorerst auf die Höhe 1313. Mickl selbst begab sich mit Fähnrich Schlatte in die vordersten Stellungen, um die Angriffsmöglichkeiten aus nächster Nähe zu erkunden. Vor der nach Osten abfallenden, mit sehr starken Drahthindernissen versehenen Breitseite der feindlichen Hauptstellung lag ein steiler dachartig abfallender Hang, der vom feindlichen Feuer restlos bestrichen war. Ein Angriff über diesen Hang, war bei dem tiefen Pulverschnee, in dem man bis zu den Hüften und noch tiefer einsank, vollkommen aussichtslos. Die Čukla konnte nur durch Überrumpelung genommen werden, und auch dann nur im Winter, wenn der Feind einen Angriff für vollkommen ausgeschlossen hielt.

Mickl und Schlatte schlichen sich Nacht für Nacht von Posten zu Posten der Italiener, um nach einer Lücke in ihrer Sicherung zu suchen. Sie entdeckten tatsächlich in der Nacht zum 8. Februar 1916 in der Rinne, die knapp an der Čukla in die feindliche Sattelstellung zwischen Čukla und Rombon führt, durch Zufall eine Möglichkeit, unbemerkt die italienische Feldwache zu umgehen und zum Gipfel der Čukla zu gelangen.

Die Italiener fühlten sich in ihren festungsartigen Bastionen, gegen die eine Unternehmung im meterhohen Schnee vollkommen undurchführbar erschien, völlig sicher. Seit Kriegsbeginn, als die Alpini die ungarische Besatzung der Čukla überrumpelt hatten, hatte es hier keine Kampfhandlungen mehr gegeben. Der tiefe Schnee schloß jede Gefahr aus. Die Italiener waren sorglos. Darauf baute Mickl seinen Plan. Er wollte mit der Kompanie durch die Rinne in die Sattelstellung und von dort auf die Čukla. Er entschloß sich, auf die Mitwirkung der Artillerie zu verzichten. Sie hätte den Gegner nur aufmerksam gemacht und hätte die im steilen Riß zusammengeballte Kompanie gefährdet. Die Kompanie sollte sich, mit weißen Schneemänteln angetan, in der Nacht lautlos die Rinne hinaufarbeiten, am Ausstieg hart unter dem Sattel in der nördlichen Flanke des Feindes aufschließen und sich dann auf die italienischen Unterkünfte werfen.

In der Nacht zum 12. Februar um 2.45 Uhr verläßt Mickls Kompanie, einzeln abgefallen, die eigenen Stellungen und schiebt sich gegen die feindliche Čuklastellung vor. An der Spitze er selbst und Fähnrich Schlatte als Wegeinweiser.

In einem späteren Bericht schildert Oberleutnant Mickl den Anmarsch: „Der Höhenwind hatte den Schnee in einigen Mulden meterhoch zusammengeweht und die Sonnenstrahlen hatten ihn an manchen Stellen verharscht. An anderen Stellen hatte sich nach Sonnenuntergang eine glatte Eiskruste gebildet. Wo der Harsch den Mann trug, knirschte er unter den Tritten derart, daß man glaubte, der Feind müßte es unbedingt hören. Wo der Schnee weniger gefroren und angeweht war, dort brach man ein und versank tief bis an den Hals, sodaß man sich nur mit Hilfe des Nächsten herausarbeiten konnte. Für eine Strecke, für die ich vor dem Fall von Neuschnee bei meinen Erkundigungen höchstens 30 Minuten benötigte, brauchten wir jetzt zwei Stunden. Unter äußerster Kraftanstrengung gelangte die Spitze der Kompanie zu dem völlig vereisten Grabenriß, der auf den Sattel hinter die feindliche Feldwache und zur italienischen Hauptstellung führte. Aber die drei Meter hohe, sonst unbeschwerliche Felsstufe am Ausstieg ist glattes Eis, kein Griff, kein Halt.

Zu Tode ermattet, bemühen sich die Offiziere, den vereisten Hang mit allen erdenklichen Mitteln zu überwinden. Grausam rückt der Zeiger auf dem Zifferblatt der Uhr immer weiter und weiter, grausam und unerbittlich kommt aus dem Osten ein neuer Tag, ohne Schnee, ohne Nebel, sondern wolkenlos und klar, wie es die Nacht gewesen war. Das nahende Verderben peitscht die letzten Kräfte wach. Und plötzlich, in höchster Not kam die Rettung. Dem baumlangen Fähnrich Schlatte gelang es, aus der Eisschlucht zu klettern. Er reicht seinen Stutzen hinunter, an dem sich nun die anderen emporhanteln. Man sah die Lichter von Kerzen in italienischen Unterständen. Sobald der erste Zug sich gesammelt hatte, drang er unbehelligt in die italienische Stellung ein. Die Besatzung ist vollkommen überrascht. Sie muß zum Teil erst geweckt werden. Fast die gesamte Besatzung, drei Offiziere, 84 Mann wurden gefangen, vier Maschinengewehre erbeutet.

Meine brave Kompanie selbst hatte einen Verlust von einem Offizier und vier Mann an Toten und vier Mann an Verwundeten zu beklagen. Die Freude der Mannschaft über den errungenen Erfolg war unbeschreiblich. Mit Tränen in den Augen umringten sie mich, drückten mir die Hände, denn keiner hatte es erwartet, diese Felsenfestung so leichten Kaufes in die Hand zu bekommen. Der Verabredung gemäß ertönte der Regimentsruf der Kärntner Gebirgsschützen: ‚Wenn der Auerhahn balzt' von der obersten Čukla weit hinaus ins Tal der Soča."

Der letzte überlebende Offizier der Čuklaeroberer, der damalige Fähnrich H. Schlatte aus Klagenfurt, ergänzt diesen Bericht durch ein bisher völlig unbekanntes dramatisches Detail: „Beim Aufstieg durch die Rinne riß die Reihe der Kompanie im schulterhohen Schnee ab. Oberleutnant Mickl verschwand im Dunkeln, um nach den zurückgebliebenen Männern zu sehen. Wir stiegen weiter. Da tauchten neben uns Schemen aus der Dunkelheit auf. Gestalten, zwei, drei. Wir erstarrten: ‚Italiener', schoß es uns durch den Kopf und schon zischte ich dem eben mir stehenden Gebirgsschützen zu: ‚Schieß!' Der Schuß knallte. Die vorderste dunkle Gestalt riß die Arme hoch. Es war der Kadett Cassiander, der mit seiner Gruppe als Flankensicherung aufgestiegen war. Gott sei Dank hatte der Schütze gefehlt. Wie durch ein Wunder alarmierte auch dieser Schuß die Italiener nicht. Nichts rührte sich in ihren Stellungen.

Wir warteten angesichts des beginnenden Morgengrauens das Aufschließen der Kompanie nicht ab. Der Sturm aus der Rinne", sagte Schlatte, „war gar keine Heldentat. Es war eine Flucht nach vorne, denn ein ‚Zurück' gab es im Tageslicht nicht mehr. Hier oben war der Schnee hart. Wir turnten über die im hohen Schnee an Stahlpfählen aufgehängten Hindernisse und warfen Handgranaten durch die Kamine der Schwarmöfen. Wir fanden wenig Widerstand. Erst die nachfolgenden Teile der Kompanie erhielten Feuer durch einen Stützpunkt, der unter dem Gipfel lag."

Der Verlust der Čukla, der praktisch einen Verlust des beherrschenden Rombon bedeutete, verursachte bei den italienischen Kommandostellen eine Flut von Befehlen, die aus der bitteren Erfahrung die Lehre ziehen und ähnliche Fehler hintanhalten sollten.

Die Italiener hatten in dieser klaren, stillen Winternacht geschlafen, sie hatten nicht einmal den unglücklichen Schuß des Fähnrichs Schlatte gehört. Im weiteren begingen sie den Fehler, vor dem Schnee zu kapitulieren. Ihre Hindernisse waren im Schnee versunken. Die Alpini hatten nichts zur Anlage neuer Hindernisse unternommen.

Auch am Rombon und am Krn war die hervorragende österreichische Gebirgsartillerie bei den Italienern gefürchtet, obwohl sie stets unter Munitionsmangel litt und mit ausgeleierten Rohren schoß.

Die Čukla war erobert. Aber das, was nun kam, war schrecklich. Die italienische Artillerie des ganzen Flitscher Abschnittes vereinigte ihr Feuer auf die Čukla, deren Unterstände ja jetzt zum Feind hin offen und also unbrauchbar waren. So lag diese Kompanie im meterhohen Schnee bei Eiswind und Polarkälte in 1800 Meter Höhe im wütenden Feuer der italienischen Batterien. Schon die ersten zwei Tage kosteten den Gebirgsschützen in der eroberten Stellung 20 Tote und 60 Schwerverwundete. Die Verluste wären noch größer gewesen, wenn die Telefonisten der Kompanie nicht alle Telefongespräche der Italiener abgehört hätten. Ein Triestiner hörte im Unterstand auf der eroberten Čukla alle Befehle des italienischen Divisionärs in Saga mit. So wußten die Gebirgsschützen auf die Minute, wann die Artillerievorbereitungen einsetzen würden und wußten die Stunde jeden Angriffes.

„Sogar den Uhrenvergleich", erinnert sich H. Schlatte, „machten wir mit den Italienern mit."

In der Nacht zum 15. Februar begannen die Gegenstöße auf die halberfrorene dezimierte Besatzung. Der erste Ansturm wurde abgewiesen. Nach zwei Stunden wurde der Angriff wiederholt und abermals abgeschlagen. So ging es zwei Tage lang weiter. Die Angriffe erfolgten meist in drei bis vier dicht aufgeschlossenen Wellen. Schutzschilde wurden auf dem Schnee vorgeschoben, doch alles blieb vergebens. Die Čukla blieb in österreichischer Hand.

Die Italiener sind nach den erfolglosen Angriffen erschöpft. Sie begnügen sich mit nervösem Feuer. Benito Mussolini, damals Bersaglieri im 11. Bersaglieriregiment, das vom 17. Februar bis 13. März 1916 vor der Čukla lag, schreibt in seinem Kriegstagebuch am 17. Februar: „Ich habe in der Nacht ein halbes Dutzend Magazine verschossen. Die Österreicher haben nur selten geantwortet." Oder bei einem Alarm am

Oben:
Zehnte Isonzoschlacht. Österreichisch-ungarische Infanterie geht am Karst im italienischen Sperrfeuer zum Gegenstoß vor.

Unten:
Eine dramatische Szene in der elften Isonzoschlacht auf der Hochfläche von Bainsizza—Heiligengeist: Österreichisch-ungarische Infanterie vor einer italienischen Feuerwand.

26. Februar: „Ich habe drei Magazine ausgeschossen, die Österreicher haben nicht einen Schuß getan."

Schwere Schneefälle setzten ein. Über die Steilflanken des Rombon donnerten nach allen Seiten die Lawinen. Wochenlang sperrte der weiße Tod jeden Nachschub in die Höhenstellungen. Grausam litt die Čuklabesatzung in ihren improvisierten Unterkünften durch den Frost und durch die zermürbende, Tag und Nacht währende Kampfbereitschaft.

Erst am 12. April 1916 wurde die Kompanie durch Bosniaken vom bosnisch-herzegowinischen Infanterieregiment Nr. 4 abgelöst. Mickls stolze „Zweite" war von 200 auf 44 Mann zusammengeschmolzen. Der Eroberer der Čukla wurde übrigens später zu einer profilierten Soldatengestalt. Nach dem Ersten Weltkrieg versuchte Mickl 1919 auch in der Südsteiermark den Aufstand gegen die eingedrungenen Slowenen zu entfachen. Im Handstreich eroberte er das besetzte Radkersburg. Aber die damalige steirische Landesregierung ließ den tapferen Offizier im Stich. Im Zweiten Weltkrieg führte Mickl im Osten eine Panzerdivision, fiel bei Hitler in Ungnade und wurde dann der legendäre Führer einer deutsch-kroatischen Legionsdivision. Als Generalleutnant fiel er im April 1945 mit seinem Stutzen in der Hand in vorderster Linie bei Fiume.

Die Čukla aber hatte Mickl damals umsonst gehalten. Schon am 10. Mai 1916 setzte der Kommandant der 24. italienischen ID. vier Alpinibataillone ein, um den Bosniaken die Felskuppe wieder zu entreißen. Zwei Tage lang trommelte wieder die Artillerie des ganzen Flitscher Abschnittes auf die noch immer improvisierte, unausgebaute österreichische Stellung. Mit dem letzten Feuerschlag waren auch die Alpini in der Stellung. Es kam zu mörderischen Nahkämpfen um die eingeebneten Steinmauern. Die drei auf Čukla und der Sattelstellung eingesetzten Kompanien des bosnisch-herzegowinischen IR. 4 verloren 250 Mann. Eine Anzahl davon dürfte hingegen in Gefangenschaft geraten sein.

Die vier Bataillone der 24. italienischen ID. hatten allerdings die Rückeroberung der Felsenkuppe mit dem Verlust von 18 Offizieren und 516 Mann bezahlen müssen.

Rätsel am Krn

Als gewaltiges Massiv begleitet der Krn zwischen Bovec und Tolmein das ostseitige Ufer der Soča. Von allen Bergen in den Julischen Alpen hatte er das meiste Blut getrunken.

Die Batognica (2163 m) und der Mrzli Vrh vor allem gingen als Todesberge in die Kriegsgeschichte ein. Hier ist jeder Steinwall, jeder Steig mit den Menschenschicksalen verknüpft, die der Befehl damals in das Grauen warf.

Die österreichische Front verlief, vom Flitscher Becken beginnend, vom Javorček (1789 m), Golobar Planina (1259 m), Lipnik (1887 m), Vršič (1897 m) hinunter in die Planina za Grabonom (1222 m), stieg dann zur steilaufragenden Felskanzel (1976 m) nördlich des Potočesattels empor, senkte sich wieder hinunter zum Krnsee und sprang dann vom Smogar nach Süden zur Batognica (2163 m). Von dort aus klammerten sich die Verteidiger an den Bergzug, der mit dem blutig umkämpften Mrzli Vrh (1360 m) in den Talkessel von Tolmein absinkt.

Die Italiener hatten sich 1915 am Polounik und am Krasji Vrh (1772 m) sowie auf Planina Zakrajem (1280 m) festgesetzt. Sie bauten den ganzen Rücken, vom Vršic über die Vrata bis zu der Krnspitze zu einer Festung aus. Die Spitze des Krn war schon im Juni 1915 durch einen Handstreich in italienische Hand geraten.

Und das kam so.

Die österreichisch-ungarische Heeresleitung hatte bei Kriegsausbruch für die Verteidigung des Krnabschnittes nur Honvédverbände zur Verfügung, deren Einsatz in diesen steilen, ausgesetzten, überall absturzgefährdeten Gipfeln und Graten des Krnmassives völlig sinnlos war. Die Söhne der Pußta schreckte der Tiefblick weit mehr als der Feind. Sie fanden sich in diesem fremden, ungewohnten, karstigen Hochgebirgsgelände zu dessen Verteidigung nicht zurecht. In der Nacht zum 15. Juni 1915 erstiegen Alpini die westlichen Flanken des Krn, überwältigten die ungarische Gipfelbesatzung im Schlaf und rollten die Höhenlinie über die Vrata (2014 m) bis zum Vršič (1897 m) auf.

Nur am Vršičgipfel, den Soldaten aus den Alpenländern verteidigten, konnten sich die Österreicher noch halten.

In Richtung Lemežrücken stießen die Alpini bis zum Potočesattel vor. Sechs ungarische Kompanien stiegen am Morgen des 16. Juni 1915 gefangen ins Isonzotal ab. Die österreichische Front war völlig aufgerissen. Die Italiener hätten ungehindert nach Flitsch absteigen oder über das Bogatinhaus ins Wocheiner Tal, in die Etappe der Krnfront marschieren können. Niemand hätte sie daran gehindert. Es war nichts da, was man als Reserve hätte in die Bresche werfen können. Eine Katastrophe drohte.

Da traf am 17. Juni 1915 in Villach aus Galizien ein Gebirgsschützenbataillon unter dem Kommando des berühmten Majors Trojer ein. Es wurde sofort mit der Bahn nach Kronau (Kranjska Gora) weitergeleitet und dann im Fußmarsch über den 1611 Meter hohen Vršicpaß ins Sočatal gehetzt.

Am 17. Juni abends erreichte das Bataillon das Ende des Lepenjegrabens, wo heute das Clemens-Jug-Schutzhaus steht. Die Männer fielen erschöpft in bleiernen Schlaf. Niemand wußte, was dort oben am Krn geschehen war. Jede Verbindung zu den Ungarn war abgerissen. Niemand ahnte, daß die Masse der Besatzung des Lemežrückens bereits gefangen war.

Im ersten Morgengrauen stieg Trojer, der „Eiserne Major", mit einem Begleiter seinem Baon weit voraus, über die Duple Planina und den Krnsee zum Lemežrücken auf. Er stieg völlig ins Ungewisse. Bei jedem Meter, den er sich im Fels hochmühte, mußte er damit rechnen, abgeschossen oder überrumpelt zu werden.

Eine waghalsige Erkundung im manchmal beängstigend steilen Fels der Flanken, die zum Krnsee abstürzen. Aber Trojer stieß auf keine Italiener. Als es Tag wurde, fand er nördlich des in den Lemežrücken tiefeingeschnittenen Potočesattels hinter einem Felsblock einen ungarischen Fähnrich mit einigen frierenden, verdurstenden, total verstörten magyarischen Landstürmern. Der Fähnrich konnte nicht Deutsch, aber er zeigte hinüber zur Kuppe über dem Potočesattel.

Wahrhaftig, die Italiener waren dort stehengeblieben. Statt über den Krnsee ins Lepenjetal abzusteigen, und Flitsch im Rücken zu packen, blieben sie vor dem riesigen Loch in der österreichischen Abwehrfront untätig stehen. Wie war das möglich?

Das Rätsel klärte sich erst nach dem Krieg. Die Alpini hatten das

Häuflein versprengter, hungernder und frierender, hinter Steinblöcken hockender Ungarn als Anzeichen für einen bevorstehenden Gegenstoß gehalten und hatten sich sofort auf der Kuppe über dem Potočesattel zur Verteidigung eingerichtet. Dort blieben sie denn auch bis zum Zusammenbruch der Krnfront am 24. Oktober 1917.

Als der Krngipfel verloren gegangen war, klammerten sich die Österreicher am Gipfel der ostwärts der Krnscharte gelegenen Batognica (2163 m) fest. Sie wurde zur Todeszone des Krnabschnittes. Ein markierter Weg führt heute vom Krnsattel über eine breite, in die Westwand der Batognica gesprengte Stiege in das Gewirr der Bunker und Kavernen auf den Blutberg, auf dem sich die Stellungen der Italiener und der Österreicher oft auf nur 20 bis 100 Schritt Entfernung gegenüberlagen.

Die Lage der Verteidiger war trostlos. Das ständige italienische Feuer und die Angriffe ließen zum Sprengen und Graben keine Zeit. Es fehlte auch an Bohrgeräten, an Sprengstoff und geschulten Mineuren. So lagen die Verteidiger hinter rasch aufgeschichteten Steinmauern, die zwar gegen Infanteriefeuer Schutz boten und vor Sicht schützten, aber im Trommelfeuer die schreckliche Wirkung der auf dem Karstfeld explodierenden Brisanzgranaten durch messerscharfe Steinsplitter noch verheerender machten. Wenn es hoch herging, hatte man als Brustwehr auch noch Sandsäcke und davor Drahthindernisse.

Dabei stand man an einzelnen Stellen dem Feind so nahe gegenüber, daß man das Weiße seiner Augen sehen konnte. Nach jeder Beschießung machte die Hölle der Granaten die Stellung zu einem Chaos von Felsblöcken, zerrissenen Menschenleibern und zerfetztem Stacheldraht. Bataillone wurden im Massenfeuer aufgerieben. Die Überlebenden warfen sich dann im Nahkampf den eindringenden Italienern entgegen, die die Todeszone des österreichischen Sperrfeuers durchstoßen hatten. Gelang es den Angreifern wirklich, den Trümmerhaufen zu erobern, der sich Stellung nannte, dann wurden sie im mörderischen Gegenstoß der Reserven wieder zurückgeworfen.

Und im Sommer und Herbst 1915 griffen die Italiener immer wieder die Batognica an.

Furchtbar litten die Kämpfer auch hier unter dem Durst und dem Leichengeruch, der über der Stellung lag. Hier verloren die eingesetzten Bataillone oft in kürzester Zeit die Hälfte, ja zwei Drittel ihres Bestandes.

Und dennoch hielten die Österreicher ihre Stellungen mit einer fast selbstmörderischen Tapferkeit. Als der Gipfel schließlich bei einem Angriff verlorenging, weil es hinter dem österreichischen Drahtverhau nur mehr Tote und Verwundete gab, klammerten sich die Reserven im Gegenstoß 50 bis 100 Schritt östlich des Gipfels in den Karstfels. Dort blieb die Stellung bis zum 24. Oktober 1917, als der Talstoß in Flitsch und Tolmein auch die Front auf den Bergen zum Einsturz brachte.

Wenn die Italiener auch die Entscheidungen am unteren Isonzo in direktem Stoß auf Triest zu erreichen suchten, so rannten sie doch auch immer wieder gegen die österreichischen Positionen am oberen Isonzo an. Mörderische Kämpfe gab es um die Höhen im Brückenkopf von Tolmein, vor allem um die Höhe 577 und um den Mrzli Vrh.

Im August 1915 wankte hier die Front. Nach furchtbarem Trommelfeuer überfluteten die Massen der italienischen Sturmbataillone die zerfetzten österreichischen Bataillone und Höhenstellungen, in denen es nur mehr Tote und Verwundete gab. Alle Reserven zersplitterten im Gegenstoß. Nur eine in Quarantäne liegende, schwer choleraverseuchte Brigade mit Tiroler Kaiserjägern war noch vorhanden. Diese in letzter Stunde aus dem Wippachtal her anhastende Truppe rettete im Gegenangriff die verloren scheinende Front.

Die Kirche von Javorica

Von Tolmein aus stößt nach Norden das schöne einsame Tolminkatal. Über furchterregende Schluchten windet sich die schmale Autostraße in die Bergwelt des Krnmassives.

Durch dieses Tal und vom Wocheiner See aus über das heutige Bogatinhaus wurde die österreichische Krnfront versorgt.

In diesem Tolminkatal steht heute noch ein eigenartiges Relikt des Krieges; 9 km von Tolmein entfernt, kündet ein Wegweiser: „Javorica".

Ein steingepflasteter Kriegsweg führt zu einer Sehenswürdigkeit von erschütternder Art.

Rund 500 Meter bergaufwärts ragt aus Almböden, auf denen das

Läuten der Kuhglocken klingt, eine Kirche auf. Überbreite Steinstufen, die kein Ende nehmen, führen zum Portal des mauerumgürteten Gotteshauses empor. Aber aus diesen monumentalen Stufenterrassen schießt überall grünes Unkraut aller Art.

Die Kirche wurde 1916 von einem ungarischen Leutnant erbaut. Sie verkörpert in ihrem architektonischen Gefüge die ganze bunte Vielfalt der alten Donaumonarchie, in der man in 16 Sprachen geredet hat. Nicht nur durch die Wappen aller Kronländer Altösterreichs, noch mehr wird die Vielfalt geoffenbart durch die Namenreihen der Gefallenen. Es sind slawische, ungarische und deutsche Namen, die hier verblassen. Eine Inschrift verkündet, daß die Kirche dem obersten Kriegsherrn, Kaiser Franz Joseph, und dem Kommandanten der Südwestfront, General Boroevic, dem „Löwen vom Isonzo“, gewidmet ist.

Aber nicht nur das Unkraut mauert die Kirche ein, im Innern liegen Balken und Bänke chaotisch durcheinander, in den mächtigen Wänden und im Gebälk des Daches modert das Holz aus den Wäldern des Habsburgerreiches.

Dieses Bauwerk war die Frontkirche des ganzen Krnabschnittes. Sie war von vielen Höhenstellungen des Krn- und des Tolmeiner Brückenkopfes aus zu sehen. An ihr vorbei mußte jeder, der zu den Todeskoten auf das Krnmassiv aufstieg.

Wieviele mögen die Kirche dabei zum letztenmal gesehen haben? Manchmal kam nur ein Drittel der Bataillone gesund zurück, die anderen schaukelten auf Tragbahren vorbei und viele, viele kamen zurück als unheimliche Last zu zweit auf die Rücken der Mulis gebunden — für immer verstummt.

In Gedanken sehe ich die müden, todgeweihten Kämpfer an der Kirche vorüberziehen. Aber auch andere Bilder steigen auf:

Zum festlichen Gottesdienst brauste, überdröhnt von den Abschüssen der fernen Batterien, die Orgel, Generäle schritten über die breiten Stufen zum Portal empor. Die Ehrenkompanie präsentierte, die Kaiserhymne erklang durch das Gotteshaus.

Heute ist die Stätte, die einst ein europäisches Reich und eine stolze Armee präsentierte, hoffnungslos dem Verfall preisgegeben.

In Javorica stirbt die Monarchie zum zweitenmal.

Unbezwingliche Bestie: Hermada

So hart das Los der Verteidiger in den Bergen war, das schrecklichste Schicksal hatte der Kämpfer am Karst zu tragen.

Ein Marschbefehl zum Einsatz am unteren Isonzo war so gut wie ein Todesurteil. Die Front vor Triest war eine Hölle, deren schauerlichste Todesmühle die Hermada war.

Die Hermada — italienisch Monte Ermada —, 323 Meter über dem Meer, ist heute ein Lieblingsberg der Triestiner. Von Sistiana aus führt ein markierter breiter Wanderweg zum Gipfel, den ein kleines militärisches Wachhaus verunziert. Die Sicht aber ist bezaubernd. Im Süden und im Südwesten, nur wenige Kilometer entfernt die blaue Adria. Hinter der Bucht von Banzano die Isonzomündung, die die Italiener Sdobba nennen. In diesen von Kanälen zerteilten Lagunenzungen standen im Ersten Weltkrieg rund 4000 schwere und schwerste Geschütze, die die Todfeinde der österreichischen Karstverteidiger waren, weil sie von der österreichischen Artillerie nicht wirksam bekämpft werden konnten. Der Großteil der österreichischen Geschosse versank im Wasser der Kanäle.

Millionen fahren über Duino und Sistiana der Küste entlang nach Triest. Sie wissen nicht, daß diese Karstlandschaft am Meer eine Stätte des Grauens war. Um Duino wurde erbittert gekämpft. In der berstenden Hölle des Doberdo sperrte der breit hingelagerte Rücken der Hermada als flammender, menschenfressender Vulkan den Weg nach Triest. Wer die Hermada hatte, der hatte Triest. Das wußten die Italiener, das wußten auch die Österreicher. Und darum wurde diese Hermada, die die Italiener die „unbezwingliche Bestie“ nannten, zum Amboß einer furchtbaren Materialschlacht, die Division um Division verschlang. Allein in der 11. Isonzoschlacht verloren die Italiener auf einer Frontbreite von 36 Kilometern von Tolmein bis zum Meer 40.000 Mann an Toten, 120.000 Mann wurden verwundet, 20.000 Italiener gingen in die Gefangenschaft. Die österreichischen Verluste waren nicht viel geringer. Und das innerhalb von zehn Tagen und auf engstem Raum. Die Geschehnisse dieser Zeit sind in Worten nicht faßbar.

Die Wucht der Materialschlacht erhellt die Verlustmeldung der österreichischen Artillerie. 38 Prozent der Geschütze wurden in dieser elften Schlacht durch Verschleiß unbrauchbar. In mörderischem Wechsel von Stoß und Gegenstoß verglühten auf beiden Seiten Regimenter und Divisionen. Wiederholt wurde die Hermada von den Italienern erobert, um im sofortigen Gegenangriff wieder genommen zu werden. Aber sie blieb bis zum Schluß in österreichischem Besitz.

Fritz Weber, damals Batteriekommandant auf der Hermada, schrieb von der 11. Isonzoschlacht u. a.: „Viertausend Geschütze und zweiundvierzig Divisionen hatten die Italiener diesmal aufgeboten, um die Isonzofront zu durchbrechen. Es war der blutigste Versuch. Daß unsere Verluste nicht weit hinter den italienischen zurückblieben, ist schon aus den vielen Gegenangriffen zu erklären, die den Verteidiger ins freie Feld führten. Wir verdankten den Erfolg in erster Linie dem beispiellosen Verhalten unserer Infanterie. Was diese Menschenmassen litten, mit welch heroischer Zähigkeit sie sich immer wieder an die Karstfelsen klammerten, in furchtbaren Vorstößen der Überzahl der feindlichen Armee sich entgegenwarfen, das wird keine Schilderung jemals ausdrücken können.

Wer damals die zerrütteten Bataillone aus der Schlacht marschieren sah, der trägt mehr Sehnsucht nach dem Frieden im Herzen als alle Papierpazifisten und sentimentalen Schönredner zusammen. Er hat das Golgatha der Menschheit gesehen, ihre grauenvolle Tragödie, ihren Wahn und ihre Wunden. Er hat sie dort gesehen, wo tiefste Qual und höchster Opferwille zusammenflossen in ein Ecco-Homo, das nie verlöschen wird in seinem Herzen.“

Selbst der „Löwe“ verlor die Nerven

Nach neun erfolglosen Isonzoschlachten wurden die zehnte und die elfte mit grauenhaften Menschenverlusten zum wahnwitzigen Höhepunkt des Massensterbens am Isonzo. Allein die Italiener verloren in diesen beiden Schlachten im Juni und August 1917 an Toten, Verwundeten und Vermißten über 300.000 Mann.

Am 18. August 1917 schien im Feuer von tausenden Geschützen der Himmel einzustürzen. Von Plava bis zum Meer brachen dann, nach tagelangem Trommelfeuer, die italienischen Infanteriemassen zum Angriff vor. Ein Schwerpunkt war der Isonzoabschnitt zwischen Görz und Plava. Auf einer 12 Kilometer breiten Front gingen die italienischen Divisionen über den Isonzo, nachdem ein übergelaufener tschechischer Offizier wertvolle Einzelheiten der Verteidigung an den Ufern und Steilhängen ostwärts des Flusses verraten hatte.

Nach dem grauenhaften Eisenhagel hielten sich Überlebende noch todesmutig in Inseln des Widerstandes am ostwärtigen Isonzoufer. Über buchenbewachsene, ungemein steile Hänge kämpften sich die Massen der Stürmer über Leichen und Verwundete auf die Hochfläche von Bainsizza—Heiligengeist empor, die sich nördlich vom Monte Santo zwischen Isonzotal und Čepovan in Höhen bis zu 1000 Meter erhebt. Eine buschbewachsene öde Landschaft mit ein paar armseligen Siedlungen, das ist die Hochfläche heute noch immer.

Zum ersten Male war es hier den Italienern gelungen, die österreichische Front zu überrollen. Nur mehr Fetzen von zerschlagenen Regimentern kämpften da und dort auf der öden Hochfläche, alle Nachrichtenverbindungen waren abgerissen. Typisch für diese Lage: österreichisch-ungarische Flieger warfen damals im Tiefflug über dem Kampfraum Zettel für die versprengten Truppen mit der Weisung ab: „Richtung Südost gegen Ravne."

Obwohl sich Inseln des Widerstandes verbissen hielten, war die Lage für die hohe Führung nicht mehr übersehbar.

In seinem Hauptquartier in Adelsberg mußte der „Löwe vom Isonzo", Feldmarschall Boroevic, zum ersten Male daran denken, die Front zurückzunehmen. Er befahl für die erreichbaren Korpskommandos die Zurücknahme der Front auf die Höhen der Ternowaner Berge ostwärts des Čapovanertales.

Das hieß mit anderen Worten: Rückzug um etwa 15 bis 20 Kilometer, Loslösen aus der Zone der Überlegenheit der italienischen Artillerie, heraus aus dem Hexenkessel, heraus aus der Todeszone, zurück in die Sicherheit.

Man würde glauben, der Rückzugsbefehl wäre mit Aufatmen begrüßt worden. Aber es geschah das Unglaubliche! Feldmarschalleutnant Goiginger griff zum Feldtelefon und verständigte sich mit den Korps- und Divisionskommandanten und diese hatten alle Nerven wie Seile. Sie hatten zwar noch keine Reserve hinter sich, sie verfügten nur über Trümmer ihrer Divisionen, aber sie *wollten nicht zurück!*

Diese starknervigen Führer kamen in diesen Stunden überein, nicht über das Čapovanertal zurückzugehen, sondern sich an der Ostfront der Hochflächen von Bainsizza-Heiligengeist festzuklammern. Sie wollten das Tal mit seinen Straßen, Wasserspendern und Unterkünften in ihrem Rücken haben. Sie wollten es um keinen Preis aufgeben. Niemand war glücklicher über die befehlswidrige Entscheidung seiner Unterführer als Boroevic.

Und die Helden der Hochfläche, die alles auf eine Karte gesetzt hatten, behielten Recht. Die Italiener erkannten die Gunst der Stunde nicht. Obwohl sie noch 100 frische Bataillone, etwa 100.000 Mann, zur Verfügung hatten, blieben sie vor dem dünnen Schützenschleier der bis an den Ostrand der Hochfläche zurückgenommenen österreichischen Stellungen liegen. Statt hier durchzustoßen, konzentrierten sich die Italiener auf den östlich von Görz aufragenden Monte San Gabriele, der im August und September 1917 zum Heldenberg der Monarchie wurde.

Monte San Gabriele, Berg des Todes

Fritz Weber nannte diesen, im Osten von Görz hingelagerten Karstrücken den „blutigsten Berg in der Kriegsgeschichte aller Zeiten und Völker". Den fürchterlichsten Totentanz erlebte er in der 11. Isonzoschlacht. 100.000 Mann italienischer Infanterie eroberten sechsmal den Gipfel und wurden sechsmal im grausigen Kampf Mann gegen Mann wieder geworfen und sogar über die Ausgangsstellung zurückgetrieben. Ein oberösterreichisches Regiment (IR. 14) verlor bei diesem letzten Gegenangriff im September 1917 zwei Drittel seines Bestandes. Insgesamt büßten die Österreicher am Monte San Gabriele von August 1916 bis zum Oktober 1917 nicht weniger als 56.000 Mann an Toten und Verwundeten ein.

Eine der schlimmsten Krisen war die Nacht auf den 4. September 1917, als zwei Landsturmregimenter die ausgebrannten Reste der Verteidiger ablösten. Die zwei Regimenter, die zusammen nur 2500 Feuergewehre zählten, hatten die Stellungen auf dem Berg kaum bezogen und sich im Dunkel der Nacht im Trommelfeuer auch noch gar nicht zurechtgefunden, als im Morgengrauen ein Massenangriff einsetzte. Der Gipfel ging verloren. Mehr als 1000 Landstürmer gingen in Gefangenschaft. Der Berg schien verloren, die Italiener fluteten schon die Osthänge hinab. Da rettete die österreichische Artillerie die Lage, indem sie den Angreifern eine vernichtende Feuerwand vorlegte.

Schon zu Mittag hatte ein mährisches Regiment den Italienern den Gipfel wieder entrissen. Wütendes Trommelfeuer wechselte Tag und Nacht mit Massenangriffen, bei denen es zu blutigen Nahkämpfen kam. Als diese Angriffe scheiterten, entschloß sich General Capello am 7. September 1917 zu einer Feuerbelagerung, die durch ein bei Tag und Nacht fortgesetztes, ununterbrochenes Massenfeuer aller Batterien und Minenwerfer die Verteidiger zur Verzweiflung bringen sollten. Es wurde ein Feuerkranz über den Todesberg gelegt, der die Österreicher vollkommen einschloß und jede Unterstützung abschnitt.

Fritz Weber erinnert sich: „Tropische Hitze brütete über der Landschaft. Trocken klang das Brüllen der Geschütze, die Stunde für Stunde das gleiche Ziel beschossen. Von allen Seiten heulte es und winselte es heran, krachte in das splitternde Gestein. Schottermassen wurden hochgerissen, hin und wieder ein Sandsack, ein Träger, ein Stück Wellblech, ein Hindernis, wurden emporgeschleudert, schlugen polternd auf, lagen reglos, bis der nächste Einschlag sie aufs neue durcheinanderwarf. Menschen kauerten in dieser Hölle; da die Doppelposten der Infanterie, dort ein Artilleriebeobachter. Ihre Augen waren gerötet, stumpf ihr Blick; die Monturen übersät mit Steinsplittern, die Helme verbeult. Der Berg war in den Pestgeruch der Verwesung gehüllt, in süßlichen, unsagbar widerlichen Gestank. Leichen moderten auf den Hängen, Freund und Feind. Niemand konnte sie holen. Manchmal schrie ein im Trichterfeld Verlorener auf, schrie stundenlang um Hilfe, um Wasser, um Erbarmen. Aber nur selten hörte man ihn. Das Dröhnen und Krachen verschlang alles. Es zertrommelte das Gehör und nahm von dieser Erde, was ohnedies nicht zu retten war. Die anderen, die vielen, hockten in den Kavernen und warteten, warteten. Männer, denen Kampf und Leidertragen nicht von Jugend auf im Blute lag, hier wurden sie hart und unerbittlich, wie das Schicksal, das ihnen an die Kehle griff. Der Berg war ihr Schicksal. Nur Haß war in ihnen und der unbeugsame Wille, das Leben so teuer wie möglich zu verkaufen an den Feind, an diesen Feind, den ihre Lippen mit jedem Donnerschlag da draußen verfluchten."

Drei Tage lang dauerte die Feuerbelagerung. Etwa 45.000 Schuß wurden allein für diesen Zweck verschossen. Als aber am 11. und 12. September die italienischen Regimenter angriffen, stießen sie auf härtesten Widerstand und sahen sich sogar selbst angegriffen. Monte del Morte, Berg des Todes, nannten die Italiener den Monte Gabriele.

Der italienische Befehlshaber General Capello hatte nach dem Krieg schwere Vorwürfe auf sich nehmen müssen, daß er auf dem Gabriele Regiment um Regiment ins Verderben befahl.

Sogar Tschechen hielten am Isonzo

Regimenter aller Nationen der Monarchie verteidigten den Gabriele und die ganze Isonzofront, und es waren in der Mehrzahl nichtdeutsche Truppen der Monarchie, die hier neben den Verbänden aus dem Alpenland verbluteten. Eine ‚mitteleuropäische Armee' verteidigte am Karst mit sagenhafter Tapferkeit den Donauraum.

Nichts könnte dieses Phänomen besser kennzeichnen, als das folgende italienische Urteil aus dem Jahre 1917.

In einem im November 1917 erbeuteten, vom Kommando der italienischen 3. Armee ausgegebenen Befehl über das österreichisch-ungarische Heer findet sich folgende bemerkenswerte Stelle:

„Angegriffen, schlägt sich die Truppe sowohl wegen der Disziplin wie auch wegen des Instinktes der Selbsterhaltung. Die Propaganda des Hasses gegen die Italiener ist eindringlich und unermüdlich. Die Vermehrung der Prozente an Mannschaft slawischer Nationalität — wir haben jetzt vor unserer Front 60 Prozent Slawen, 16 Prozent Magyaren, 13 Prozent Deutsche und 11 Prozent Rumänen — könnte den Glauben erwecken, daß die Truppen von geringerer Widerstandsfähigkeit wären.

Doch hat uns die Erfahrung gelehrt, daß sich dieselben Slawen, die sich an den anderen Fronten in Massen ergeben, an unserer Front mit besonderer Hartnäckigkeit schlagen. Es genügt die Tschechen zu erwähnen, die sich mit unerreichter Zähigkeit gewehrt haben und sich in den Kavernen lieber erschlagen ließen als sich zu ergeben."

Wenn ein Berg ein Denkmal des Heldentums der Armee tragen sollte, dann ist es der Monte San Gabriele, der heute Gabrielski gora heißt. Aber er trägt kein Denkmal.

Die Italiener, die rund um Görz die Landschaft mit Denkmälern geradezu gepflastert haben, hier auf dem Gipfel des Gabriele bauten sie keines, denn diesen Gipfel haben sie immer nur für Minuten und Stunden besessen. Sie konnten ihn nur nehmen, wenn sie jedes Leben auf den Hangstellungen ausgelöscht hatten. Tote wehren sich nicht, noch gehorchen sie Befehlen. Österreichische Reserven wurden durch die italienischen Sperrfeuervorhänge über die Osthänge zum Gegenangriff gehetzt. Nur ein Bruchteil gelangte nach vorne. Diese wenigen entschieden aber jedesmal die Schlacht. Sie warfen die Italiener immer wieder vom Berg.

Alle Höhen östlich von Görz fielen in die Hände der Italiener, der Vodiče, der Monte Santo. Sie alle tragen Denkmäler, aber wie gesagt, auf dem Gipfel des Gabriele steht keines. Wohl aber wurde auf der westlich vorgelagerten Kuppe Sveta Katerina eine Kapelle errichtet. Bis hierher waren die Italiener im Krieg gekommen. Hier setzten sie den Stürmern des „Monte del Morte" ein Denkmal. Die Titopartisanen sprengten es 1945. An seiner Stelle entstand ein Hotel. Der Gipfel des Monte San Gabriele ist heute ebenso von hohem Strauchwerk und von Buschwald bedeckt wie seine steilen Flanken. Von einigen kleinen Gehöften in Kastanienhainen abgesehen, ist der Berg völlig unbesiedelt. Alle Steige auf den Gabriele verlieren sich im Dickicht. Es sind Reste von Stellungswegen. Die meisten Kavernen und Kampfanlagen verbergen sich heute unter dichtem Buschwerk. Nichts erinnert mehr daran, daß dieser Berg einst ein lodernder Vulkan tausendfacher Vernichtung war.

In zwei Jahren zehn Kilometer Vormarsch

In elf Isonzoschlachten suchten sich die Italiener den Weg nach Triest zu erkämpfen. Von der Isonzofront südlich von Görz bis zur heißbegehrten Stadt am Meer betrug die Entfernung nur 34 Kilometer. Und diese 34 Kilometer schafften die Italiener nie.

In zwei Jahren eines mörderischen Krieges gelang es ihnen nicht, die Menschenmauer zu durchstoßen, die die ausgeblutete Monarchie am Isonzo errichtet hatte.

Ein Raumgewinn von 10 Kilometern Tiefe auf dem Plateau von Doberdo und ein Einbruch von sieben Kilometern Tiefe und zehn Kilometern Breite auf der Hochfläche von Bainsizza war alles, was die italienischen Truppen in zwei Jahren und in elf Schlachten erzielen konnten.

Und dafür wurden Hunderttausende in den Tod geschickt. Die Italiener verloren von Juni 1915 bis 1917 an der Isonzofront an Toten, Verwundeten und vermißten 717.000 Mann. Allein in der 10. und 11. Isonzoschlacht büßte die italienische 2. Armee am Isonzo 300.000 Mann, davon 40.000 Tote ein.

Die österreichischen Verluste beliefen sich auf 71.472 Tote, 307.248 Verwundete. 175.000 Mann fielen in italienische Gefangenschaft.

So fest der Wall der Leiber im Karst elf Isonzoschlachten standgehalten hatte, war es nach der 10. Isonzoschlacht schon offenbar geworden, daß die k. u. k. Armee eine weitere Offensive nicht mehr aushalten würde. Die österreichischen Verluste in der 11. Isonzoschlacht betrugen 10.000 Tote, mehr als 45.000 Verwundete und 30.000 Vermißte. Die große Zahl der Gefangenen war ein Alarmsignal. Die Erkenntnis reifte, daß der Aderlaß der Menschenverluste Grenzen hatte. Das kräftefressende Festhalten an einer starren Verteidigungslinie ließ sich nicht mehr länger erzwingen. Andererseits konnte aber ein elastisches Absetzen oder Ausweichen wegen der Nähe von Triest nicht in Frage kommen.

Die Gefahr konnte also nur ein großer Gegenangriff beseitigen, der die Italiener weit von ihrem Angriffsziel Triest zurückwarf. Es kam im Einvernehmen mit der Deutschen Obersten Heeresleitung zu dem Plan, mit deutschen und österreichischen Kerntruppen einen Offensivstoß aus den Julischen Alpen, aus dem Raum Tolmein-Flitsch zu führen.

Das schien ein wahnwitziges Beginnen zu sein.

Der Infanteriesturm mußte bergaufwärts bis zu den 2000 Meter über dem Isonzotal gelegenen Hauptstellungen geführt werden. Die italienischen Stellungen waren tief in den Fels eingesprengt; ihnen konnten die stärksten Kaliber nichts anhaben. Die Möglichkeit der Überraschung schied aus. Der Aufmarsch mußte sich über Predil und Vršič unter den Augen der Italiener vollziehen. Alle Vorteile waren auf der Seite der Verteidiger.

Dennoch wurde der Angriff am 9. September 1917 in Kreuznach beschlossen. Heute wissen wir, daß die Zeit für einen Vernichtungsschlag äußerst günstig war. Nach der 10. Isonzoschlacht waren Tausende sizilianische Bauern desertiert; was kümmerte sie der Krieg der großen Herren an der Nordgrenze. In den Städten kam es zu blutig unterdrückten Revolten. Die Zahl der Fahnenflüchtigen wuchs. Ganze Brigaden meuterten beim Marsch in die Stellung. Die Italiener wandten ein grausames Disziplinierungsmittel an, das man im alten Österreich ebensowenig kannte wie in Deutschland: die Dezimierung.

Kriegsmüde Verbände wurden umzingelt. Die Kompanien traten an. Jeder zehnte Mann mußte vortreten, wurde gefesselt und erschossen. So starben Tausende ohne Kriegsgericht.

An zahlreichen Stellen der Alpenfront kam es zu Fraternisierungsversuchen italienischer Soldaten. Bekenntnisse zum Frieden, Flüche gegen den Krieg flogen über den Stacheldraht. Es kam an einzelnen

Oben:
In der elften Isonzoschlacht österreichisch-ungarische MG-Abteilung im Feuerkampf auf der Hochfläche von Bainsizza.

Unten:
Nach dem Fall von Görz wurde der Monte Gabriele zu einem Todesberg, der der alten Armee 50.000 Tote und Verwundete kostete, aber auch die Verluste der Italiener, die tapfer immer wieder anrannten, waren entsetzlich. Ein typisches Bild vom Gabriele: ein toter österreichischer Soldat.

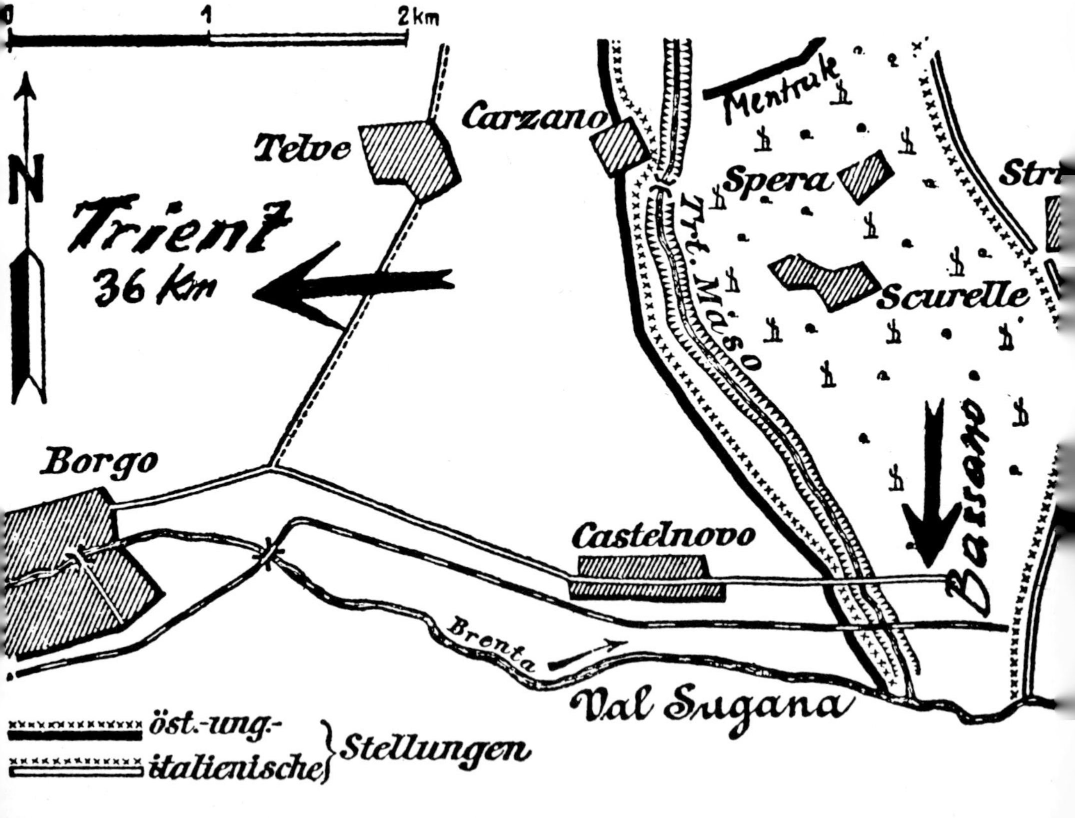

0
1
2km
N
Trient
36 Km
Telve
Carzano
Mentruk
Spera
Str
Trt. Maso
Scurelle
Borgo
Bassano
Castelnovo
Brenta
Val Sugana
öst.-ung.
italienische
Stellungen

Stellen zu Kontaktaufnahmen. Mit Urgewalt fiel der Zwang zum Töten, und im Niemandsland fand sich plötzlich staunend, vom Wunder übermannt, Mensch zu Mensch. Ein solcher Vorfall ereignete sich im Mai 1917 auf dem Kleinen Pal bei einem der besten Truppenkörper der Monarchie, in der Kompanie eines hervorragend tapferen pflichtgetreuen, vorbildlichen, jungen Offiziers. Im Mittelpunkt stand ein Unteroffizier, der die Goldene Tapferkeitsmedaille trug.

Ein Wunder am Pal

Der Vorfall scheint in den Wiener Archiven nirgends auf, weil er schon beim Divisionskommando vertuscht und an das 10. Armeekommando in Villach gar nicht weitergeleitet worden war. Wäre eine strenge Untersuchung durchgeführt worden, hätte sie für die Beteiligten schlimme Folgen gehabt. Aber gerade die Hauptbeteiligten waren Soldaten von hervorragender Tapferkeit, denen man keinen Strick aus einem Vorfall drehen wollte, dessen tiefster Impuls die Menschlichkeit war.

Es war am 10. Mai 1917 im Vorfeld der 4. Kompanie des k. u. k. Feldjägerbataillons Nr. 8 am Kleinen Pal. Hüben und drüben stiegen die Soldaten aus den Gräben und begegneten und bestaunten sich. Das war ein schweres Verbrechen gegen die Kriegsgesetze, und hüben und drüben standen darauf schwerste Strafen.

Kein Wunder, daß der Kompaniekommandant, Leutnant Ramsauer,

Oben:
Am Mrzli Vrh bei Tolmein häuften sich vor den Höhenstellungen der Österreicher oft Leichenberge. Tote wurden mit Stangen zu Tal gebracht. Hier am Mrzli Vrh entstand in Oberleutnant Pivko der Plan zum „Verrat von Carzano“.

Unten:
Der Pfeil zeigt die geplante Stoßrichtung der Italiener aus dem Raum Spera—Strigno. (Siehe Seite 165)

seine Leute deckte und in seiner Meldung an das Bataillon den Vorgesetzten von den Ereignissen eine Darstellung gab, die schöngefärbt und wohlfrisiert war.

Leutnant Ramsauer kam von der Marine; er hatte das faule Leben auf der Adria satt und hatte sich freiwillig zum Feldjägerbataillon gemeldet. Ramsauer wurde später bei den Abwehrkämpfen in Kärnten berühmt, als er den „Panzerzug 13“ kommandierte und im Rosental schwer verwundet wurde. Auf dem Führerstand einer Lok fuhr ihm eine ganze Garbe eines jugoslawischen Maschinengewehres in den Leib. Nicht weniger als zehn Einschüsse wies sein Körper auf. Er kam durch. Aber wenige Jahre später fand der kühne Offizier bei einem Lawinenunglück doch einen frühen Tod.

Damals, am 10. Mai 1917 stand er, nach den Vorfällen im Vorfeld seiner Kompanie, vor der schwierigen Frage, was er dem Bataillon melden sollte. Seine Meldung ist erhalten geblieben. In der Geschichte der Achterjäger ist sie veröffentlicht:

„K. u. k. Feldjägerbataillon Nr. 8 — 4. Kompanie — Vorfallenheitsbericht Op.-Nr. 255 — An das k. u. k. Baonskommando — Feldpost Nr. 376, am 10. Mai 1917: Die Italiener hatten im letzten Moment im linken Abschnitt Kleiner Pal durch unsere guten Schützen dermaßen viele Verluste, daß sie jetzt, wo wir mit Munition zu sparen gezwungen sind und weniger schießen, sich außerordentlich wohl fühlen, das Feuer vollkommen einstellen. Sie riefen arbeitenden Leuten von uns zu: ‚Nur fest arbeiten, wir schießen nicht!‘ Offizierstellvertreter Adolf Glanzer, Kommandant der Vorfeldstellung, sprach mit den Italienern auf ihr Zurufen hin, um sie zum Desertieren zu ermuntern. Er sagte zu ihnen: ‚Du komm her‘, auf italienisch. Es wurde erwidert: ‚Ich traue mich nicht, du schießt mich nieder‘.

Heute um 7.30 Uhr abends zeigte sich in der feindlichen Vorfeldstellung ein italienischer Unterleutnant; auf das hin schauten einige von unseren Leuten hinaus, worauf italienischerseits noch zwei weitere Offiziere und eine große Mannschaft sich auf der Deckung zeigten. Der Unterleutnant schrie: ‚Ganz Europa ist in Verzweiflung. Wir wollen Frieden! Hier, alle meine Kollegen wollen Frieden! Schießt nicht mehr!‘ Offizierstellvertreter Glanzer alarmierte seinen Zug und beschloß, die Situation erfassend, die Italiener noch weiter zum Überlaufen zu animieren. Er trat, während seine Leute bei den Schußscharten mit angeschlagenen Gewehren lauerten, vor die Stellung; unter weiterem Parlieren trat der italienische Unterleutnant ihm entgegen und überreichte ihm, fünf Schritt vor der italienischen Stellung, eine Flasche Wein samt Becher. Während Glanzer bei der italienischen Stellung weilte, erkundete er viele, uns bis jetzt noch nicht bekannte Details der italienischen Vorfeldstellung. Die Fortsetzung von Gesprächen wurde erbeten, die 4. Kompanie hält strenge Bereitschaft, um etwaige Überläufer festnehmen zu können."

Soweit die Meldung Ramsauers, die Glanzer schonte, weil er ein Träger der Goldenen Tapferkeitsmedaille war.

„Man muß die Situation in der österreichischen Vorfeldstellung aus eigener Erfahrung kennen", heißt es in der Geschichte des FJB. 8, „um zu ermessen, was sich dort abspielte. Jederzeit, bei Tag und Nacht, durch die Artillerie vom Cellon und aus der Steinburg durch Minen und Sprengröhren aus der gegenüberliegenden Vorfeldstellung bedroht, mußte man hier geduckt hinter den betonierten Mauern dahinschleichen, durfte nur hie und da durch den Schlitz eines Schutzschildes auf das Vorfeld blicken, hörte ständig das prasselnde Einschlagen der Maschinengewehrsalven am oberen Rand der Stellungsbauten, fühlte sich wie in einem Gefängnis eingesperrt und durfte unter keinen Umständen den halben Kopf über die schützende Stellungsmauer hinausstrecken, wenn man nicht einen tödlichen Schuß in die Stirne riskieren wollte; denn der Feind lauerte drüben hinter Zielfernrohrgewehren."

Den Italienern drüben ging es nicht anders — und nun hatte eines Tages ein italienischer Unterleutnant die Kühnheit, frei und offen über seine Mauer zu den Österreichern hinüberzuschauen. Es wäre natürlich soldatische Pflicht gewesen, diesen Feind sofort zu erschießen. Durch einen Schuß aus dem Schutzschild hinter der Deckung wäre es ein Kinderspiel gewesen. Aber das Staunen über die Kühnheit dieses Mannes, der seine Todesfurcht bezwang und ein ungeheures Wagnis auf sich nahm, ließ die Waffen schweigen. In der Brust regte sich das ritterliche Gefühl: Man schießt auf keinen waffenlosen Mann.

Als die Italiener sahen, daß ihr Unterleutnant nicht beschossen wird, schauten auch sie frei über die Stellung, und die Österreicher machten es ihnen nach. Ein ungeheures Gefühl, einmal in freier Luft atmen zu können; Offizierstellvertreter Glanzer wollte an Mannesmut dem italienischen Unterleutnant nicht nachstehen, stieg überhaupt aus der Stellung heraus, begegnete ihm im Niemandsland und nahm sein Gastgeschenk an. Daß sein Zug, Gewehr im Anschlag hinter ihm lauerte, wie es im Bericht von Hauptmann Ramsauer heißt, muß mit Recht bezweifelt werden. Andere Achterjäger, die von der Pal-Kote aus diese Szene sahen, erzählten, daß beide Vorfeldstellungen schwarz von Menschen waren, alles saß auf den Mauern und Feind und Freund sahen sich neugierig an.

Als der Bataillonskommandant Major Wünsch erfuhr, was sich wirklich abgespielt hatte, war er sprachlos. Solche Dinge bei seinem Bataillon? Am 11. Mai legte er den Bericht von Hauptmann Ramsauer dem 25. Gebirgs-Brigadekommando vor und fügte ergänzend bei: ‚Ich habe sofort Maßnahmen getroffen, daß etwaige Fraternisierungsversuche gebührend mit der Waffe beantwortet werden.'

Oberst Wasserthal legte noch am 11. Mai beide Berichte der Infanterie-Division in Kötschach vor. Aber auch diese verzichtete auf die Meldung an die Armee. Drüben war das italienische Bataillon sofort von der Front abgezogen worden."

Nach dem Krieg wurde bekannt, daß die Italiener gegen die Urheber solcher Verbrüderungsakte mit drakonischer Strenge vorgingen. Die wankende Disziplin und der Widerstand gegen den Krieg hatte sich in Italien von 1915 bis 1918 in 400.000 Kriegsgerichtsurteilen manifestiert. 1500 Todesurteile wurden gefällt. Die Soldaten, die bei den mörderischen Dezimierungsaktionen füsiliert wurden, sind in dieser Zahl nicht inbegriffen.

Die Kampfmoral der italienischen Armee war nach elf Isonzoschlachten auf dem Tiefstpunkt. General Cadorna verlangte von der Regierung harte Maßnahmen gegen die Kriegsmüdigkeit. Spottverse über die „Hohen Herren im Hinterland" und Soldatenlieder jener Zeit spiegeln die Krise wider, in der sich das italienische Heer befand.

Aber beim k. u. k. Armeekommando und bei der Deutschen Obersten Heeresleitung wußte man vom Ausmaß dieser Krise nichts. Dort entschloß man sich, alles auf eine Karte zu setzen, weil — koste es, was es wolle — nur mehr eine „Flucht nach vorne" möglich war.

DER VERRAT VON CARZANO

Die Vorbereitungen für den Durchbruch von Flitsch und Tolmein, eine der ungewöhnlichsten, folgenschwersten Schlachten der Kriegsgeschichte, liefen an.

Aber bevor der Tornado am oberen Isonzo losbrach, braute sich fernab der Julischen Alpen im Val Sugana ein Verratsfall ungeheuerlichen Ausmaßes zusammen, der in der Geschichtsschreibung später rätselhafterweise nicht die Beachtung fand, die er verdient hätte.

Es begann in den Julischen Alpen.

Mit grünen steilen Flanken erhebt sich der Mrzli Vrh (1360 m) über dem Becken von Tolmein. Nichts erinnert in dieser friedlichen Landschaft daran, daß dieser Berg einmal im Trommelfeuer der Italiener ein flammenspeiender Vulkan war. Dieser stille Berg in sanftem Grün war der Todesberg des Tolmeiner Brückenkopfes. Das Ringen um seinen Besitz kostete den Verteidigern und den immer wieder mit Todesverachtung angreifenden Italienern schauerliche Verluste. Wenn es in den Gräben am Gipfel nur mehr Tote und Verwundete gab, gelang es den Angreifern wiederholt die Gipfel zu erobern. Aber immer nur für Stunden, dann wurde er den Italienern im blutigen Nahkampf wieder entrissen. Die Materialschlacht erreichte hier vor allem 1916 am Mrzli Vrh eine Wucht wie am Doberdo oder bei Verdun. Unter dem Gipfel häuften sich am Südhang die Leichenberge. Tagelang loderte der Gipfel wie ein Vulkan unter den pausenlosen Einschlägen der italienischen Artillerie.

Über die Stellungen von einst wuchert heute das Gras. Nur die Mäuler der Kavernen glotzen aus dem Fels. Friedlich liegt unten das Becken von Tolmein.

Meist nichtdeutsche Truppen der Monarchie, von Kaiserjägern abgesehen, haben hier geblutet. Irgendwo ist hier 1916 auch jener Oberleutnant Dr. phil. Ljudevit Pivko in Stellung gelegen, der um jeden Preis Geschichte machen wollte.

Dr. Pivko war Professor an der Lehrerbildungsanstalt in Marburg

a. d. Drau und war als Reserveoffizier schon 1916 zu den Fahnen gerufen worden. Er wurde einer bosnischen Landsturmformation zugeteilt, mit deren tschechischen Offizieren er sehr bald in der Absicht einig war, zum Feind überzulaufen. Diese Feinde waren Montenegriner. Mit einigen Mitverschworenen suchte Pivko sich nachts ihren Stellungen zu nähern. Aber die Burschen aus den schwarzen Bergen verstanden keinen Spaß und feuerten aus allen Knopflöchern auf die Deserteure. Im Nu hatte Pivko seinen „Tausendguldenschuß“ mitten durch die Hand. Auch die Kappe bekam ihre Löcher ab. Aus war es mit dem Überlaufen zum geliebten Feind. Also rasch zurück zur Kompanie, die der Kampflärm schon alarmiert hatte, und in der Verwirrung verstand es Pivko, sein Abenteuer als einen versuchten Handstreich darzustellen, den er auf eigene Faust unternehmen hatte wollen.

Das trug ihm das Verdienstkreuz und darüber hinaus den Ruf ein, ein toller Draufgänger zu sein.

Es war genau das, was Pivko brauchen konnte. Aber einige Monate lang hatte er für neue Coups keine Gelegenheit. Erst Mitte März 1916, als sein Bataillon in den Brückenkopf von Tolmein verlegt wurde, ergab sich wieder die Möglichkeit, Verbindung mit dem Feind zu suchen. Am 3. April 1916 wollte er wieder überlaufen und geriet bei Dolje in höllisches Feuer der Italiener. Wieder mußte er zurück, aber nicht ohne vorher herumliegende italienische Ausrüstungsgegenstände aufzulesen, die er als „Beute“ zurückbrachte. Niemand schöpfte Verdacht.

Pivko hatte sich jetzt entschlossen, die läppischen Versuche, als unbekannter Deserteur die Linien zu wechseln, aufzugeben. Wenn er, Ljudevit Pivko in Aktion trat, dann mußte die Monarchie erzittern und eine Tat geschehen, die die Südwestfront zusammenbrechen ließ. Er träumte von einer kriegsentscheidenden Operation, einem italienischen Durchbruch, für den er die Voraussetzungen schaffen wollte.

Er behauptete nach dem Krieg, daß er in dieser Hinsicht in den Julischen Alpen allerdings Bedenken gehabt habe. Ein italienischer Durchbruch mußte hier den Krieg auf slowenisches Gebiet tragen und das habe er angeblich auch wieder nicht gewollt.

Wie es auch sei, hier im Tolmeiner Brückenkopf wurde jedenfalls die Idee geboren, die ein Jahr später als „Verrat von Carzano“ in die Kriegsgeschichte einging. Wäre er geglückt, hätte er unweigerlich den Zusammenbruch der Tiroler Front und damit in späterer Folge auch zum Einsturz der Front am Isonzo und in den Julischen Alpen geführt.

Aber noch war es nicht so weit. Pivko wartete auf eine bessere Gelegenheit. Als sich die Desertionen bei seinem Landsturmbataillon häuften, wurde es aus der Front gezogen und zur Auffrischung nach Bozen verlegt.

Im Mai 1916 kam es auf den Col di Lana. In seinem 1924 in Marburg erschienenen Buch „Carzano" gibt Pivko zu, daß er dort versucht habe, mit den Italienern Verbindung aufzunehmen. Er schickte durch einen gefangenen Russen ein ganzes Paket von Informationen über die Col di Lana-Stellungen zu den Italienern hinüber. Als Absender nannte er den Namen „Pavlin". Damit gab er bei den Italienern seine Visitenkarte ab. Mehr wollte er vorläufig nicht, denn er erkannte, daß am Col di Lana die Möglichkeit, die österreichische Front für einen großen Durchbruch zu öffnen, nicht gegeben war.

Er mußte warten und dabei gezwungenermaßen seine Pflicht tun. So kam es, daß er auf dem Col di Lana einmal mit erstaunlicher Tapferkeit mit seinen Leuten eine Felsnase im erbitterten Handgranatenkampf gegen die Italiener verteidigte und dafür den „Orden der Eisernen Krone" bekam. Seine Mitverschworenen hätten ihn damals wegen seiner Haltung heftig kritisiert, schrieb Pivko später, aber die Tat war nützlich, sie habe ihm bei den Vorgesetzten absolutes Vertrauen verschafft.

In der Tat sollte die Täuschung sehr bald Früchte tragen.

Pivkos Bataillon wurde im November 1916 in das Val Sugana verlegt, und hier sah er sehr bald, daß diese neue Stellung der Schauplatz für den Triumph seines Lebens und für das Ende der Monarchie werden könnte.

Ein Blick auf die Karte bestätigte diese Hoffnung. Pivko hatte recht. Wenn es hier den Italienern im Val Sugana gelang die Front zu durchstoßen, konnte sie einen Herzstoß direkt nach Trient und Bozen führen und die ganze Tiroler Front von rückwärts über den Haufen werfen.

Die Verschwörung in den Weingärten

Carzano liegt 30 Kilometer ostwärts von Trient im Val Sugana, das sich hier zu einem Talkessel erweitert. Im Süden wuchten die Nordwände des Ortigara auf. Im Norden die Berge des Fleimstales. Nach Westen ist das Tal gegen Trient hin offen, südostwärts von Carzano verengt es sich zur langen Schlucht, durch die sich die Brenta zwischen dem Grappamassiv und der Hochfläche von Asiago ihren Weg in die Venetianische Ebene erzwingt.

Weingärten bedecken das ganze grüne Talbecken, inmitten der Hügel liegen die malerischen Ortschaften Carzano und südlich Castelnovo, auf der anderen Seite, also östlich des Maso, die Ortschaften Spera, Scerelle. Sie lagen im Niemandsland. Die österreichische Front verlief entlang des Maso, die italienische Linie westlich Strigno.

Eigentlich müßte man heute in Carzano Hotels und Pensionen erwähnen. Ein geschichtlich so bedeutsamer und landschaftlich schöner Ort müßte doch eine Anziehungskraft und seinen Rang in der Touristik haben. Aber wer kennt schon Carzano und seine Geschichte? Nicht einmal die Einwohner wissen viel darüber. Die älteren Leute erinnern sich, daß es hier ein besonderes Kriegsereignis gegeben hat. Aber das, was wirklich geschah, ist der Öffentlichkeit hüben und drüben kaum bekannt geworden.

Die Bevölkerung der Ortschaften um Carzano war ja im Krieg evakuiert. In einem steilen Waldstück zwischen Carzano und Spera fand ich vor Jahren einen 70jährigen Mann als Einsiedler in seiner armseligen, aber sauberen Klause, der damals als Bub in Carzano geblieben war. Er half in der Küche des Bosniakenbataillons, das bei Carzano die Stellung hielt, und die Italiener hatten ihn dafür nach dem Krieg jahrelang wegen „Zusammenarbeit mit dem Feind" in Haft gehalten. Dabei hatte Carzano noch zu Österreich gehört. In einer Schachtel bewahrt der alte Mann die Erinnerung an den Krieg auf: Granatsplitter, Hülsen, Munition.

Im Raum von Carzano erinnert aber heute nur noch wenig an den

Krieg. Der Betonbunker des Bataillonskommandos westlich der Ortschaft Carzano ist noch erhalten. In ihm ist Pivko ein- und ausgegangen.

Hier in diesen Weingärten von Carzano lagen also im Sommer 1917 entlang des tief eingeschnittenen Masobaches die Stellungen der Bosniaken und Deutschmeister aus Wien. Pivko war im November 1916 in diese Stellung gekommen und er hatte, wie gesagt, sofort erkannt, daß dieser Raum von Carzano ideale strategische Bedingungen für die Operation großen Stils bot, die er schon in Tolmein im Auge hatte.

Zunächst brauchte er aber den Beweis, der ihn, den unbekannten Überläufer, bei der italienischen Heeresleitung glaubhaft machen würde. Eine der größten Verratsaktionen der Geschichte kam in Gang. Denn nicht *ein* Judas war am Werk, sondern ein ganzes Verräterkonsortium. Nach Pivkos eigenen Angaben waren es 50 Mann, die hier nach und nach zur Verschwörung stießen.

In der ersten Hälfte des Jahres 1917 war Pivko im Abschnitt von Carzano hochaktiv, um im ganzen Bereich der österreichischen Division, die das Val Sugana verteidigte, militärische Informationen einzuholen. Er wollte dem Feind ein lückenloses Bild über die Lage bei den Österreichern geben. Er mußte ja, wie er hoffte, drüben beim italienischen Geheimdienst als „Tenente Pavlin" schon einen Namen haben, denn er hatte 1916 über den Col di Lana wirklich „saubere Angaben" gemacht. Nun wollte er ein Meisterstück liefern, ehe er den Italienern seinen Plan vortrug. Monatelang waren Pivkos Kreaturen, lauter Tschechen, im Abschnitt unter den verschiedensten Vorwänden unterwegs, um Informationen einzuziehen. In Pivkos Unterstand zeichnete und pauste der tschechische Fähnrich Kohoutek emsig an den Stellungsplänen, die seine Kameraden, vor allem Bosniaken, ans Messer liefern sollten.

Am 11. Juli 1917 war der große Bericht an das italienische 1. Armeekommando fertig. Jetzt galt es, das Paket an den Mann zu bringen. Für diese gar nicht so leicht scheinende Aufgabe wurde der Zugsführer Mlejnek vom V. Bataillon des bosnisch-herzegowinischen Infanterieregimentes Nr. 1 ausersehen. Mlejnek war ein gerissener Bursche, ein Tscheche, Pivkos bester Mann. Es gelang ihm nachts so unbemerkt durch die Drahthindernisse zu schleichen, daß er die kartenspielende italienische Feldwache mit dem Ruf überraschte: „Io sono parlamentario!" Das war der einzige italienische Satz, den Mlejnek kannte. Dazu noch die Bezeichnung des Armeekommandos. Dies wiederholte er unentwegt.

Man wollte dem Tschechen gleich das Paket wegnehmen, aber er weigerte sich. Er wollte zum Korps. So wurde er schließlich tatsächlich mit einem Kraftwagen zurück nach Vizenza gebracht. Hier wurde der Zugsführer dem deutschsprechenden Generalstabsoffizier, Major Cesare Finzi, vorgeführt, und ihm überreichte er das an den Generalstabschef der Armee gerichtete, versiegelte Paket, als dessen Absender „Tenente Pavlin“ vermerkt war. Der Verräter teilte dem italienischen Geheimdienstoffizier mit, daß dieser „Tenente Pavlin“ bereit sei, zu einer Aussprache mit dem italienischen Generalstabsoffizier in das Niemandsland zwischen den Feldwachen zu kommen. Der Ort wurde festgelegt, der Zeitpunkt in Aussicht genommen. Zwei weiße Leuchtkugeln sollten auf italienischer Seite das Signal für das erste Treffen sein. Der Zugsführer wurde unbemerkt wieder durch die Feldwachen zurück in seine Stellung geschleust.

Nach der Rückkehr des Judaskuriers begann ein tolles Spiel. Während Pivkos Landsleute in den slowenischen Regimentern in der 10. und 11. Isonzoschlacht verbluteten und bei der Verteidigung slowenischer Erde gegen die Italiener Wunder an Tapferkeit vollbrachten, führte Pivko seine nächtlichen Verrätergespräche mit dem Feind. Niemand ahnte, daß sich dort bei Carzano, im schützenden Verteidigungsring der Monarchie, eine tödliche Lücke aufgetan hatte.

Die Italiener hatten den Inhalt des Paketes, das ihnen Pivko geschickt hatte, sehr genau nachgeprüft, und der für den Fall zuständige Generalstabsoffizier, Major Finzi, war von der Echtheit der Unterlagen überzeugt. Die Karten und Pläne der Truppenverteilung und die Lage der Infanterie- und Batteriestellungen mußten stimmen.

Bei den nun einsetzenden nächtlichen Zusammenkünften trug Pivko dem italienischen Generalstabsoffizier seinen abenteuerlichen Plan vor.

Man sprach deutsch, und Finzi gab nach dem Krieg in seiner Schrift „Il sono di Carcano“ zu, daß ihm der Plan des Verräters zunächst phantastisch schien. Sein Ideengang war folgender: Lautlose Überrumpelung der österreichischen Stellung im Abschnitt des Bosniakenbataillons, das Pivko durch Opium kampfunfähig machen wollte.

Durch diese kilometerbreite Lücke sollten die von Pivko und den 50 Mitverschworenen geführten italienischen Sturmbataillone einbrechen und die benachbarten Bataillone der Deutschmeister und der oberösterreichischen Schützen im Schlaf von hinten über den Haufen rennen. Motorisierte und berittene Truppen sowie Radfahrerbataillone sollten indessen durch die breite Lücke stoßen und unter Ausnützung der bei den österreichischen Kommandostellen sicher unvermeidlichen Panik in einem Zug Trient und Bozen erreichen.

Gleichzeitig sollten alle italienischen Korps zwischen dem Rollepaß und dem Etschtal zum Angriff schreiten. Major Finzi prüfte alle Angaben über den Zustand der österreichischen Befestigungen und die österreichischen Reserven um Levico und Trient und gelangte schließlich zu der Überzeugung, daß ein großer kühner Angriff auf Trient und Bozen nach geglücktem Durchbruch bei Carzano viel Aussicht auf Erfolg habe. Immer mehr vertiefte er sich in den Plan, ergänzte ihn durch gut durchdachte Berechnungen, die mögliche Zwischenfälle in Betracht zogen. Schließlich legte er seine Ausarbeitung dem Oberkommandierenden der italienischen Armee, General Cadorna, vor.

Es spricht einerseits für die Phantasielosigkeit dieses Feldherrn, andererseits aber für seinen geraden ritterlichen Sinn, daß er dem Plan nur mit Widerstreben nähertrat und ihn zunächst zur Seite schob. Es widerstrebte ihm, nach Gangsterart mit Opium und Chloroform zu arbeiten. Vor allem aber wollte er die Entscheidungen dieses Krieges am Isonzo erzwingen. Dort winkte das Kriegsziel Triest. Dieses Triest, das heute wieder von der Vergangenheit träumt.

Erst nach dem unbefriedigenden Ergebnis der 11. Isonzoschlacht kam Cadorna wieder auf den Plan des österreichischen Verräters zurück. Es mochte ihm nun erstrebenswert scheinen, wenn schon nicht in Triest, so wenigstens in Trient einmarschieren zu können.

Der erste Teil der Überraschungsoffensive sollte in der Öffnung der Einbruchsstelle bestehen. Der zweite Teil in einem überraschenden, blitzschnellen Vorstoß motorisierter Truppen, Autobatterien und Radfahrabteilungen in Richtung Trient.

Die Hauptkolonne sollte im Val Sugana zunächst 16 Kilometer bis Levico vorstoßen, dann sowohl über Pergine an die Ostseite von Trient und auch über Vigolo Vattaro, 8 Kilometer westlich von Levico, an die Südseite der Stadt. Diese Kolonne hatte nur 35 Kilometer zurückzulegen. Sie hätte Trient so schnell erreicht, daß ihr nichts hätte entgegengeworfen werden können.

Die zweite Durchbruchskolonne sollte, mit leichten Autos und mit Motorrädern ausgerüstet, über das Cadinjoch und S. Lugano, auf den

Höhen zwischen Fleimstal und Auer, zunächst 42 Kilometer bis Auer im Etschtal vorstürmen und dort die Eisenbahn und die Straße zerstören, um Trient zu isolieren.

Dann sollte sie erst Anschluß an die Hauptkolonne gewinnen. Bei beiden Kolonnen war die Mitnahme radiotelegraphischer Apparate vorgesehen. Das war damals noch eine unerhörte Neuerung.

Rund 10.000 Mann hatten die Einbruchsstelle zu durchstoßen. Rund 30.000 Mann hatten den zweiten Teil des Unternehmens, den Stoß auf Trient durchzuführen. Dazu wurden Panzerkraftwagen, Lastautos, Motorbatterien und Fahrer von der ganzen Front zusammengezogen.

Im Val Sugana waren also die italienischen Truppen für den Durchbruch genauso stark wie vier Wochen später die österreichische Durchbruchsarmee, die im Raum Flitsch zusammengeballt wurde.

Major Finzi schritt mit Eifer ans Werk. Er traf sich jede Nacht mit Pivko. Man kam überein, den österreichischen Soldaten des Abschnittes eine Kaffeezubuße mit Opium zu verabreichen. Für die Lieferung des Opiums sorgte Finzi.

Nach Finzis Plan sollten die 10.000 Mann für die Einbruchsstelle in zwölf Kolonnen bereitgestellt, an bestimmten Punkten von österreichischen Führern erwartet und durch die unübersichtlichen Obst- und Weingärten geführt werden. Nach Überschreiten des Masobaches sollten sie sich fächerförmig ausbreiten und die Nachbarabschnitte von rückwärts aufrollen. Die vordersten Abteilungen waren mit Gummischuhen ausgerüstet. Sie besaßen isolierte Drahtscheren, Taschenlampen, tragbare Scheinwerfer, Dolchmesser und Handgranaten, sowie reichlich Chloroformflaschen, um Posten lautlos kampfunfähig zu machen. Die italienischen Kolonnenkommandanten und Unterführer waren durch Pivko über alle Einzelheiten des Stellungssystems, die Stärke der Stützpunkte und die Sperrfeuerzonen der österreichischen Artillerie im Bilde. Besser war noch keine Judastat vorbereitet worden als der Verrat von Carzano.

Sämtliche Vorbereitungen klappten. Als Angriffstermin wurde die Nacht vom 13. auf den 14. September 1917 in Aussicht genommen. Aber da gab es einen verhängnisvollen Konflikt. Major Finzi hatte sich unter der Begründung, daß die Geheimhaltung des Unternehmens nur möglich sei, wenn er so wenig wie möglich Mitwisser habe, vom Armeekommando besondere Vollmachten erbeten. Er erhielt sie und konnte über die Köpfe von Zwischenvorgesetzten hinweg selbständig

Anordnungen treffen. Dieser Eingriff in die Kompetenzen der Divisions- und Truppenkommandanten löste Verstimmungen ohne Ende aus. Die Generale spuckten Gift und Galle auf den Generalstabsmajor, der hier eine geheimnisvolle Geschäftigkeit entwickelte und ihnen Anordnungen für ein Unternehmen erteilte, über dessen Zweck sie im Dunkeln gelassen wurden. Am Tag vor dem Losschlagen weigerte sich ein Divisionskommandant, Generalmajor Zinzone, als Statist die Verantwortung für eine Aktion zu tragen, deren Leitung ein um mehrere Dienstgrade jüngerer Offizier innehaben sollte.

Es blieb nichts anderes übrig, als das Unternehmen zur Beilegung des Kompetenzstreites durch höhere Instanzen auf den 17. September zu verschieben. Diese Verschiebung sollte verhängnisvolle Folgen haben. Aber inzwischen war auch auf der österreichischen Seite ein Ereignis eingetreten, das Pivkos Plan beinahe zunichte gemacht hätte.

Fast zwei Monate lang stand Pivko regelmäßig mit Finzi in nächtlicher Verbindung, um die Durchführung des Unternehmens zu besprechen. Man war schon so sicher geworden, daß man sich gar nicht mehr im unbequemen Niemandsland traf. Am 10. September 1917 kamen italienische Offiziere zum erstenmal — in Bosniakenuniformen, die ihnen Pivko geliefert hatte — in den Unterstand des Verräters.

Die X-Zeit war also für die Nacht vom 13. auf den 14. September festgelegt, da trat ein dramatisches Ereignis ein.

Am 11. September vormittag klingelte bei Pivko das Feldtelefon — Befehl von der Division: Pivko sollte sofort zwei Soldaten seines Bataillons verhaften und zum Divisionsgefechtsstand bringen lassen. Die beiden stünden unter der Anklage des Hochverrates und des Einverständnisses mit dem Feind.

Pivko erblaßte. Die beiden waren Komplicen. Irgendwo mußte im Kreis der Verschwörer etwas undicht geworden sein. Wenn die beiden aufgeflogen waren, dann konnte er sich die Stunde ausrechnen, bis er selbst entlarvt sein würde. Er berichtete nach dem Krieg in seinen Erinnerungen, daß ihn Panik erfaßt habe und daß er im Begriff gewesen sei, alles aufzugeben und durch Flucht sein Leben zu retten.

Er schöpfte aber wieder Hoffnung, als er erfuhr, daß man bei der Division einem Anzeiger, einem Zugsführer Urban, einem Koch, die belastenden Angaben nicht glaube. Er habe auch über Pivko konfuse Angaben gemacht.

Genaue Aufzeichnungen über den Hergang liegen nicht vor. Major

Ing. Lakom, der Abschnittskommandant, behauptete 1926 in einer Artikelserie in der Grazer „Tagespost", der Koch sei bei der Division sogar verhaftet worden, weil er seine Wahrnehmungen über das Treiben Pivkos und seiner Komplicen dort unter Mißachtung des Dienstweges gemeldet habe. Das scheint zwar nicht ganz glaubwürdig zu sein. Sicher aber ist, daß man bei der Division, ja bis zur Armee von den Anschuldigungen Urbans wußte, ihnen aber nicht geglaubt hat.

Man hielt die Angaben des Zugsführers für einen Racheakt. Immerhin wurde aber gegen die beiden verhafteten Tschechen an Ort und Stelle eine Untersuchung durch den Hauptmann-Auditor Klama durchgeführt. Pivko gestand später in seinem Buch, daß er seine Mitverschworenen um die Baracke postiert hatte, in der die Verhandlung stattfand. Wenn es dort schiefgegangen und die Gefahr seiner Verhaftung akut geworden wäre, hätte er sich zusammen mit den Komplicen den Weg durch die Stellung zu den Italienern freigeschossen.

Aber der Hauptmann-Auditor fand die Aussagen des tschechischen Kochs zu konfus, um sie zum Anlaß weiterer Untersuchungen zu machen. Er sprach die beiden Tschechen von den Anschuldigungen des Hochverrates und des Einverständnisses mit dem Feind frei. Das Nachsehen hatte der pflichtgetreue Zugsführer Urban.

Er soll zur Untersuchung seines Geisteszustandes in eine psychiatrische Klinik eingewiesen worden sein. Sein weiteres Schicksal ist unbekannt.

Pivko aber wurde einen Tag später die Genugtuung zuteil, von Seiner Majestät Kaiser Karl bedauert zu werden. Der Kaiser befand sich nämlich auf einem Frontbesuch in Südtirol und ließ sich u. a. auch am Caldonazzosee Abordnungen der Fronttruppenkörper vorstellen. Es war ein grotesker Irrtum vertrauensseliger Vorgesetzter, ausgerechnet Pivko dorthin zu senden. Wie sehr man sich in ihm täuschte, zeigt die Tatsache, daß man sogar den Kaiser von dem „ungerechtfertigten" Verdacht in Kenntnis gesetzt hatte.

Ein Augenzeuge der Inspizierung, Major Ing. Lakom, berichtete 1926: „Der Kaiser schritt die Front ab. Als er zu Pivko kam, flüsterte ihm der Adjutant zu: ‚Das ist der Verdächtigte.' Der gutherzige Monarch musterte anerkennend die Tapferkeitsauszeichnungen Pivkos und sagte zu ihm: ‚Es hat uns leid getan, daß auf Sie ein Schatten geworfen wurde. Grüßen Sie mir meine Bosniaken.'"

Zu dieser Zeit befand sich das für die Bosniaken des Kaisers gelieferte Opium für 100 Liter Flüssigkeit bereits im Unterstand Pivkos. Finzi hatte es prompt geliefert.

Pivko war noch einmal davongekommen, aber es war nun höchste Zeit, daß gehandelt wurde.

Aber es wurde nicht gehandelt. Die X-Zeit mußte, wie gesagt, wegen Kompetenzschwierigkeiten bei italienischen Kommandostellen um Tage verschoben werden, und so fing die Kette der Fehler, Irrtümer und Unbegreiflichkeiten an, die den Verrat von Carzano letzten Endes zu einem gigantischen Fiasko machte.

Dabei waren die Vorbereitungen wie am Schnürchen gelaufen, alle Eventualitäten hatte Major Finzi einkalkuliert. Der Zeitplan war bis auf die Minute exakt. Alles konnte also rollen wie ein gut geöltes Räderwerk. Am 17. September, um 23.00 Uhr nachts, sollte es anlaufen. 40.000 Mann standen im Tal von Carzano und im engen Val Sugana bis Bassano zum Vorbrechen bereit.

Es war eine unheimlich finstere Nacht. Der Himmel war bewölkt. Es war ein Tag vor Neumond und man sah die Hand vor den Augen nicht.

In den österreichischen Stellungen westlich des tief eingeschnittenen Masobaches war alles ruhig. Dort hatte im Abschnitt Carzano, wo das Bosniakenbataillon lag, das Opium im Kaffee bei Offizier und Mann seine Wirkung bereits getan. In den Unterständen schliefen die Männer, die Posten kämpften verzweifelt mit der bleiernen Müdigkeit. Pivkos Komplicen hatten den Starkstrom in den Hindernissen abgeschaltet und die Gassen in den breiten Drahtverhau freigelegt. Die Scheinwerfer im Bataillonsabschnitt waren unbrauchbar gemacht worden.

In einer Breite von einem Kilometer klaffte jetzt in der unbezwingbaren Südwestfront der Monarchie ein Loch. Die Mitverschworenen Pivkos, fast lauter Tschechen, machten sich bereit, in den Orten Spera und Scurelle, die hoch über dem Masobach lagen, die italienischen Sturmtruppen zu empfangen, die in zwölf Kolonnen nach einem genauen Zeitplan die vorhandenen drei Brücken über die Masoschlucht überschreiten sollten, um dann die Stellungen der betäubten Bosniaken zu durchstoßen.

Um 23.00 Uhr sollten sich die tschechischen Führer an genau festgelegten Punkten mit den Italienern treffen, um diese durch das Gewirr von umzäunten Obstkulturen und Weingärten zum Masobach hinunterzuführen, hinter dem im Westen die österreichischen Stellungen lagen.

Um 23.00 Uhr waren die tschechischen Verräter auch pünktlich überall am vereinbarten Platz. Aber niemand war da. Die Führer lauschten in die Nacht. Nichts rührte sich. Von den Italienern keine Spur. Irgend etwas konnte da nicht stimmen. Einigen Patrouillen wurde es unheimlich. Wenn etwas schiefgegangen war, verloren sie Kopf und Kragen. Die Angst regte sich. Eine Stunde verrann, eine zweite. Niemand kam auf den Gedanken, daß dem so genauen, umsichtigen, scharfsinnigen Major Finzi ein furchtbarer Fehler unterlaufen war. Der erste Angriff war, wie gesagt, für den 14. September festgesetzt. Zu dieser Zeit galt in Italien die Sommerzeit und auch die tschechischen Judasfiguren hatten ihre Uhren eine Stunde vorgestellt.

Als der Angriff aber wegen der Eigenwilligkeit des Generals Zinzone auf den 17. September verschoben wurde, vergaß Major Finzi in seinem Ärger über die Schwierigkeiten, die ihm bereitet wurden, ein wichtiges Ereignis: Italien war am 15. September von der Sommerzeit wieder zur astronomischen Zeit übergegangen. Aber Finzi hatte es unterlassen, Pivko das mitzuteilen, und so liefen bei den Verrätern die Uhren immer noch eine Stunde voraus. Sie waren also eine volle Stunde zu früh an den vereinbarten Treffpunkten. Aber nicht nur das. Die italienischen Sturmtrupps kamen auch eine Stunde später noch nicht. Im Anmarsch waren nämlich Stockungen entstanden. Es geschah etwas, was Finzi nicht berücksichtigt hatte. Am Abend war die perio-

Oben:
Kaiser Karl liebte Kontakt mit der Truppe. Bei einer solchen Truppenschau wurde der Verräter Pivko dem Kaiser vorgestellt. Der Monarch zeichnete ihn durch ein paar anerkennende Worte aus.

Unten:
Alarm summten die Telefone in der Nacht vom 17. auf 18. September 1917 an der Front im Ortigaragebiet. Das Bild zeigt die Fernsprechzentrale einer österreichischen Brigade.

Kriegskarte
Kriegskarte

dische Ablösung eines Bataillons in der vordersten Linie bei Strigno durchgeführt worden. Die Bewegung, die durchaus nicht in Finzis Konzept paßte, löste die erste heillose Verwirrung in der Dunkelheit aus. Dazu kam, daß die ägyptische Finsternis den Anmarsch der Italiener schon zu den Treffpunkten verzögerte. Um zweieinhalb Kilometer zurückzulegen, benötigten die Spitzen der Kolonnen nahezu drei Stunden.

Die Tschechen, die geglaubt hatten, es müsse etwas nicht geklappt haben, setzten sich zum Teil auf die eigene Stellung ab. Als die Italiener eintrafen, fanden sie vielfach keine Führer vor und blieben entweder untätig stehen oder verirrten sich hoffnungslos in den finsteren Weingärten. Sie witterten Verrat und wurden zaghaft. Dort aber, wo die Tschechen ausgeharrt hatten, gab es Verständigungsschwierigkeiten. Die Italiener hatten als Dolmetscher übergelaufene Dalmatiner mitgebracht, die italienisch und deutsch verstanden. Aber mit dem böhmakelnden Deutsch der tschechischen Überläufer kamen sie nicht zurecht; die tschechische Sprache aber war den kroatischen Deserteuren wieder nicht verständlich. Die Kette der Pannen in dieser unheimlichen Nacht hatte begonnen. Das Verhängnis nahm seinen Lauf.

Trotzdem gelang die Überrumpelung der narkotisierten Feldwachen des bosnischen Bataillons noch planmäßig. Die Italiener drangen in den Ort Carzano ein und machten 200 Gefangene. Was nicht schlief oder Hände hoch nahm, wurde lautlos niedergemacht.

Und dann taten die Italiener etwas, was ihnen zum endgültigen Verhängnis werden sollte: Sie nahmen den überrumpelten Bosniaken ihren feldgrauen Fez ab und setzten ihn auf, um die benachbarten österreichischen Truppen zu täuschen.

Eine Patrouille der nördlich, im Brückenkopf von Mentrate liegenden Deutschmeister wollte nach einer Rekognoszierung im Niemandsland mit den Bosniaken Verbindung aufnehmen und fand den Unterstand voll merkwürdiger Leute mit grauem Fez. Ein italienischer Fluch und dem ersten Wiener fuhr ein Bajonett in den Hals. Die anderen

Der Bunker des Abschnittskommandos, dem das Bosniakenbataillon Pivkos unterstellt war. Hier in diesem noch heute erhaltenen Bunker ist Pivko aus- und eingegangen, wenn er beim Stab zu tun hatte. In der verhängnisvollen Nacht war der Bunker von den Italienern überrollt worden.

entkamen und hetzten atemlos in ihre Stellung zurück: Ihr Kompaniekommandant löste Alarm aus. Die Feldtelefone summten aufgeregt. Die Apparate im Abschnitt von Carzano aber blieben stumm. Dort waren alle Stellungen bereits in italienischer Hand. Nur die SMG-Stellungen des Leutnants Knott, die in einem überhöhten Kastanienwäldchen nordöstlich von Carzano lagen, hatten sie noch nicht erreicht. Dieses Wäldchen auf dem Hügel über dem tief eingeschnittenen Masobach gibt es heute noch. Ausgerechnet dort hatte die Besatzung Pivkos „fürsorgliche Rum- und Kaffeezubuße“ nicht erhalten. Sie schlief nicht und sie sollte noch eine entscheidende Rolle spielen.

Die Italiener stießen in der Dunkelheit bis Telve vor und überrannten dabei das Bataillonskommando in dem Bunker, der heute noch westlich von Carzano im Gebüsch zu sehen ist. Major Lakom, ein Grazer, der das Bosniakenbataillon führte, konnte mit Mühe entkommen. Die Italiener standen bei Telve plötzlich vor den Stellungen der Gebirgsbatterien, die aber bereits alarmiert waren und sich im direkten Beschuß verteidigten.

Jetzt war es mit der lautlosen Stille aus. Kampflärm zerriß die Nacht. Italienische Sturmpatrouillen drangen seitlich schon gegen Borgo vor, aber in ihrem Rücken war plötzlich der Teufel los. Leutnant Knott war jetzt von jeder Verbindung abgeschnitten. Er sah sich in der Finsternis bald von allen Seiten durch Italiener eingeschlossen. Aber er und seine tapferen Bosniaken richteten sich in wilder Entschlossenheit zur Rundverteidigung ein und die zwei Maschinengewehre begannen ohne Rücksicht auf Feind und Freund Feuer in die Finsternis zu speien. Gurt auf Gurt jagten die Bosniaken aus dem Lauf.

Dieses Höllenfeuer brachte die Italiener, deren Bataillone zum Teil noch in den Weingärten herumirrten, total aus dem Konzept. Das war nicht vorgesehen, da konnte etwas nicht stimmen! War da eine schreckliche Falle, in die man geraten war? Major Ramorino, der das Spitzenbataillon führte, tobte. Er hatte jede Übersicht verloren und erhielt plötzlich auch noch von rückwärts Feuer. Die List mit dem feldgrauen Fez hatte einen verhängnisvollen Irrtum zur Folge: Die nachrückenden Bersaglieri hielten im nächtlichen Wirrwarr die maskierten Bosniaken für echte und bewarfen sie mit Handgranaten. Nun glaubten sich die Leute Ramorinos verraten und in eine Falle gelockt. Zwei tschechische Führer wurden auf der Stelle erschossen. Pivko bekam von Ramorino einen Fußtritt und wurde verhaftet, um an der Masobrücke erhängt zu werden. Er konnte entkommen, weil in diesem Augenblick eine Lage österreichischer Granaten einschlug.

Die österreichische Artillerie schoß jetzt Sperrfeuer auf den ganzen Raum von Carzano. Von 3.30 Uhr an begann das italienische Vorgehen zu erlahmen. Die Kolonnen, die im Süden auf Castelnovo und Borgo vorrücken sollten, hatten in den Weingärten in der Finsternis jede Direktion verloren und hingen dort hoffnungslos fest. Verzweifelt eilte Finzi um 3.00 Uhr zu General Zenzone zurück und bat ihn, das massierte Artilleriefeuer auszulösen.

Zenzone lehnte unter Hinweis auf die gefährdeten eigenen Truppen kühl ab. Zwei Stunden später gab er den Rückzugsbefehl.

Nach dem Zusammenbruch des Unternehmens ordnete die italienische Heeresleitung eine kriegsgerichtliche Untersuchung an. Sie endete mit der Enthebung des Armeekommandanten Etna, des Generals Zenzone und einiger Regimentskommandanten. Major Finzi wies vor dem Kriegsgericht nach, daß seine Vorbereitungen so umfassend waren, daß es bei entsprechendem Verhalten der Führung gar keinen Fehlschlag hätte geben können. Selbst wenn die Überraschung mißlungen wäre, hätte der Durchbruch mühelos gelingen müssen. „Ging es nicht mit Überraschung, dann mußte es eben mit Waffengewalt gehen", sagte Major Finzi vor dem Kriegsgericht. „Der Erfolg wäre unbedingt sicher gewesen. Mit 40.000 Mann muß man doch 300, höchstens 400 Verteidiger über den Haufen rennen können", rief Finzi leidenschaftlich. Er gab vor allem General Zenzone die Schuld. Nicht die aufgetretenen Hemmnisse und der österreichische Widerstand haben das Unternehmen zu einem Fiasko gemacht, sondern die Halbherzigkeit der italienischen Führung. Major Finzi beschuldigte General Zenzone, daß er von vornherein der Aktion wenig günstig gesinnt gewesen sei. Er habe aus beleidigtem Stolz sabotiert und um 6.30 Uhr den Befehl zum Abbrechen des Kampfes und zum Rückzug erteilt, obwohl zu dieser Zeit von einem geordneten österreichischen Gegenangriff noch gar keine Rede sein konnte.

In der Tat hatte der junge Generalstabsmajor recht. Um diese Zeit übersah bei den österreichischen Stäben noch kein Mensch die Lage. Alles, was an Widerstand geleistet wurde, geschah auf unterster Führungsebene. Es gab gar keine Verbindung nach rückwärts, es hielten sich im Raum Carzano nur einzelne Widerstandsnester. Erst gegen

9.00 Uhr vormittags trafen alarmierte Bataillone mit der Bahn in Borgo ein. Da war der nächtliche Spuk aber schon vorbei.

Abgesehen vom örtlich begrenzten Einbruch auf der Hochfläche von Bainsizza — Heiligengeist —, in der 11. Isonzoschlacht im August 1917, ist den Italienern im Ersten Weltkrieg an der österreichischen Abwehrfront niemals ein Durchbruch größeren Stils gelungen. Hier in Carzano bot ihnen Verrat dazu die Möglichkeit. Die in der Geschichte des Ersten Weltkrieges einzigartige Chance wurde vertan. Oberleutnant Dr. Pivko hatte im Chaos der Kampfnacht seine Haut retten können, aber sein Traum von der Heldenrolle war nach dem Fiasko ausgeträumt. Sein Abenteuer hatte den Italienern vier Offiziere und 360 Mann an Toten sowie acht Offiziere und 132 Mann an Verwundeten gekostet. 404 Mann und 8 Offiziere gerieten in österreichische Gefangenschaft. Unter den Toten war auch Major Ramorino, der das Einbruchsbataillon geführt hatte. Er hatte Pivko nie getraut und das hat vielleicht auch die Entschlossenheit dieses tapferen Offiziers gehemmt.

Wenn sich Pivko auch keine Sporen verdiente, mit seinem Verrat hatte er sich immerhin die Kriegsgefangenschaft erspart. Er durfte ein slawisches Bataillon aufstellen, das auf italienischer Seite kämpfen sollte, aber nirgends rühmlich in Erscheinung trat.

Pivko kehrte nach dem Zusammenbruch der Monarchie in seine Heimatstadt Marburg a. d. Drau zurück, die bis 1918 eine Stadt mit deutscher Mehrheit gewesen war. Der nach 1945 in Klagenfurt lebende ehemalige Chefredakteur der deutschen „Marburger Zeitung“, Udo Kasper, hat Pivko gekannt: „Er war ein Mensch mit gewinnendem Wesen, das Vertrauen erwecken konnte. Sein Buch über Carzano hatte Aufsehen erregt und natürlich geteiltes Echo gefunden. Bei den Deutschen Marburgs, die vier Mitglieder des Gemeinderates stellten, war man selbstverständlich anderer Meinung als die meisten Slowenen, bei denen Pivko als Held gefeiert wurde. Pivko lebte im allgemeinen zurückgezogen, nur beim Sokol, dem Turnverein, tat er eifrig mit.“

Soweit die Erinnerungen des alten Marburgers.

Wenn sich Pivko auch eines gewissen Ansehens erfreute, Spannungen gab es doch mit den slowenischen Offizieren, die in der Monarchie ihren Fahneneid bis zum Schluß gehalten hatten. Sollten sie deshalb weniger gute Patrioten gewesen sein als der Verräter? Dazu kam noch, daß man in Slowenien damals die Italiener nicht gerade liebte. Sie hatten Istrien geraubt, sie hatten das slowenische Isonzotal an sich gerissen, für dessen Verteidigung die Slawen der Monarchie wie Löwen gekämpft hatten. Es hieß, daß Pivko sich auch mit dem General Majster nicht gut verstanden hatte, der 1918 im Handstreich Marburg besetzte und dann in dieser Stadt mit ihrer deutschen Vergangenheit den Ton angab. Auch Majster hat bis zum Zusammenbruch in der k. u. k. Armee als Wirtschaftsoffizier bis zum bitteren Ende gedient.

DURCHBRUCH IN DEN JULISCHEN ALPEN

Die italienische Isonzoarmee hatte sich schon seit der 10. Isonzoschlacht im September 1917 zur Verteidigung eingerichtet. Nicht etwa, weil sie schon von den Offensivabsichten der Mittelmächte gewußt hätte. Das war Anfang September noch nicht der Fall.

Bestimmend dafür waren die italienischen Verluste in der 10. und 11. Schlacht.

Mitte September 1917, gerade vor dem Carzanoabenteuer, begannen Nachrichten von der Südtiroler Front die italienische Heeresleitung zu beunruhigen. Da ließ der deutsche Armeeführer General Bülow in Bozen für einen ganzen Armeestab Quartier machen. Eine bayrische Division tauchte in Südtirol auf. An mehreren Stellen der Südtiroler Front wurden Aufklärungsvorstöße unternommen, und aus Papieren, Ausrüstungsgegenständen und den Uniformen von Toten sah man, daß plötzlich deutsche Truppen gegenüberliegen mußten.

Alarmierend wirkte im Stab von Cadorna die Nachricht, daß Österreich die Grenzen gegen die Schweiz hermetisch abriegle. Von der Kärntner Front wurde gemeldet, daß aus abgehörten Telefongesprächen auf die Anwesenheit deutscher Offiziere geschlossen werden müsse. Im Plöckenabschnitt ließen die Österreicher bei Tag und Nacht Truppen über den Gailberg in Richtung Front marschieren. Bei Nacht zuckte ab und zu Fackelschein oder das Licht von Autoscheinwerfern auf, um den italienischen Beobachtern auf dem Promos und dem Cellon anmarschierende Kolonnen vorzutäuschen. Am Telefon hatten die Offiziere nach Möglichkeit deutschen Dialekt zu sprechen und sich typische deutsche Namen zu geben. Die Italiener sollten in den Glauben versetzt werden, deutsche Angriffstruppen stünden auch am Plöckenpaß bereit.

Wie die Geschichte des Feldjägerbataillons Nr. 8 berichtet, wurde sogar ein Stoßtruppunternehmen durchgeführt, bei dem deutsche Ausrüstungsgegenstände „verloren“ wurden.

Cadorna war beunruhigt. Er eilte persönlich von seinem Hauptquartier in Udine an die Tiroler Front und überprüfte die Abwehrmaßnahmen sowie den Straßen- und Befestigungsbau auf dem Gebirgsstock des Grappa. Aber da geschah ganz programmwidrig eine Kleinigkeit am Rande. An einer Görzer Brücke wurde die Leiche eines deutschen Pioniers angeschwemmt, der oben in Tolmein vom hochgehenden Fluß mitgerissen worden war. Das war ein Signal! Mit Windeseile verbreitete sich die unheimliche Nachricht in den Gräben von Tolmein bis zum Meer: Deutsche am Isonzo!

Sehr bald verdichteten sich dann die Nachrichten des italienischen Geheimdienstes, daß eine österreichische Offensive am Isonzo erfolgen werde. Auch hier hatte das k. u. k. Armeeoberkommando eine Reihe von Tarnmaßnahmen verfügt. Das Salzburger Hausregiment, das k. u. k. Infanterieregiment Nr. 59, und ein Bataillon der Kaiserjäger, die zum Sturm auf den Rombon im Flitscher Becken bestimmt waren, hatten auf diesem Berg Bosniakenbataillone abgelöst. Zur Täuschung hatten die Tiroler und die Salzburger bis zum Angriffsbeginn den feldgrauen Fez der Bosniaken zu tragen und in den drei Wochen vor dem Tag X rief der Muezzin so wie früher lauthals die Alpenländler zum Gebet. Aber die Italiener schienen die Täuschung durchschaut zu haben. Aus den italienischen Felsstellungen wurde einmal herübergerufen: „He, Salzburger, seit wann tragt ihr den Fez?"

Auf italienischer Seite wußte man also schon im September durch Agentenmeldungen, daß ein Angriff bevorstand. Aber 238 italienische Bataillone in kavernierten Felsstellungen sollten doch 170 verbündeten angreifenden Bataillonen standhalten. Das konnte kein Problem sein!

Auf italienischer Seite blieb man bis zur letzten Stunde zuversichtlich, so sehr sich auch die beunruhigenden Meldungen verdichteten.

Jenseits des Isonzo begann indessen ein gigantischer Aufmarsch, der über 200.000 Mann, lauter Elitetruppen, in den Talbecken von Flitsch und Tolmein zusammenballte.

Im Becken von Tolmein sammelte sich die deutsche 14. Armee. Ihre Verbände waren Ende September in Südkärnten vom Faaker See bis Völkermarkt bereitgestellt worden.

Im Becken von Flitsch stellten sich unter dem Befehl von General Alfred Krauss die österreichischen Stoßtruppen bereit: Alpenländische Kerntruppen, Steirer, Tiroler Kaiserjäger, Kaiserschützen, das Salzburger IR. 59, das Kärntner Hausregiment IR. 7 und Bosniakenregimenter, insgesamt 40.000 Mann.

Aber noch war es nicht soweit. Ungeheure Transportleistungen waren noch zu vollbringen. Unsagbare Strapazen hatte die Angriffstruppe auf sich zu nehmen. Über den Vršičpaß, über den heute die Autokolonnen rollen, mußten die schweren Batterien bei Schnee und Regen auf einer einspurigen, halsbrecherischen Straße über schwindelnden Abgründen ins Isonzotal gebracht werden. Die Pferde schafften im Schnee die Steigungen nicht, die Mannschaften mußten in die Speichen greifen. Die Geschützgespanne schafften die engen Kurven nicht, manches Fahrzeug stürzte mit Mann und Roß in die Tiefe. Nicht minder schwierig waren die Transporte über den Predil. Hier mußten die Batterien und Marschkolonnen am Fuß des Rombon 500 Meter vor der vordersten italienischen Stellung vorbei. Aber der unaufhörliche Regen in diesem Oktober des Jahres 1917 kam den Angreifern zu Hilfe. Nebel, Schnee und Regen sollten auch später bei der Offensive den italienischen Kavernenbatterien die Sicht rauben und zu einem Verbündeten der Angreifer werden.

Vor dem Sturm aber schufen Kälte und Regen den Angriffstruppen furchtbare Pein. Viele Nächte lang mußten sie ununterbrochen Granaten in die Batteriestellungen auf die Berghänge schleppen. Eine Granate wog 60 Kilogramm. Keinen trockenen Faden am Leib, krochen die Männer bei Schnee und Regen in die kalten Zelte, Feuer gab es seit Wochen nicht. Auch die Geschützmannschaften leisteten Übermenschliches. Geschütze mußten in Traglasten 1000 Meter und höher in die Bergstellungen getragen werden. Diese Angriffstruppe, die in der Stunde X ausgeruht sein sollte, war auf diese Weise bis zur Zerreißprobe erschöpft.

Auch die Nachschubwege für die deutsche 14. Armee in Tolmein waren abenteuerlich. Die Bahnlinie, die von Jesenice über das Savetal zum Tunnel am Wocheiner See führte, war hoffnungslos überlastet. Die Masse der Armee mit allen Geschützen und Geräten mußte deshalb aus dem Raum Škofja Loka (Bischoflak) auf miserablen Wegen über die Südausläufer der Wocheiner Berge marschieren. Die Straßen in diesem Gebiet sind heute noch immer kurvenreich und staubig, und man kann mit höchstens 40 km/h fahren. Unvorstellbar, wie damals schwere Geschütze und Lastwagen bei Schnee und Eis auf den halsbrecherischen Straßen über die Berge gekommen sind! Es sind freilich genug Wagen und Gespanne in die Abgründe gestürzt.

Rommels Weg zum Matajur

Unter den unbekannten deutschen und österreichischen Soldaten, die damals im Oktober in ihre Bereitstellungsräume ins Flitscher Becken und in den Brückenkopf von Tolmein marschierten, waren einige, die später noch recht bekannt werden sollten. Bei den Kaiserschützen befand sich damals vor Flitsch ein junger Leutnant namens Engelbert Dollfuß. Mit zwei gesunden Beinen marschierte mit dem Kärntner IR. 7 ein begeisterter Einjährig-Freiwilliger, Korporal Alfons Gorbach, in die Schlacht, die ihn zum einbeinigen Invaliden machen sollte.

Der Leutnant Ferdinand Schörner, der mit dem Bayerischen Leib-Regiment nach Tolmein marschierte, ahnte noch nichts von seinem späteren jähen Aufstieg und dem tiefen Sturz.

Wie aber Erwin Rommel mit seiner Eliteabteilung vom Faaker See in Kärnten zum Matajur kam, das soll hier etwas ausführlicher geschildert werden, weil der Bericht die damaligen politischen Verhältnisse in diesem Raum und die Problematik dieses Aufmarsches erhellt.

Ende September 1917 wurde das Württembergische Gebirgsbataillon nach Kärnten verlegt und ging im Raum Föderlach, in der Nähe des Faaker Sees, in Quartier. Es war eine Auslese berggewohnter Männer aus allen Schichten und Berufen. Dieser Truppenteil, einer der merkwürdigsten des deutschen Heeres, hatte sich schon in den Vogesen und beim Feldzug in Rumänien als Elite erwiesen.

Die Gebirgsschützen waren Meister im Bewegungskrieg; eine Truppe, die eisern zusammenhielt, weil sie Not und Tod zusammengeschweißt hatte. Diese Gebirgsschützen trugen das silberne Edelweiß auf der grünen Jägermütze und waren stolz darauf.

Das Bataillon, mit sechs Schützen- und drei Maschinengewehrkompanien fast so stark wie ein Regiment, war in drei Abteilungen gegliedert. Der beste Abteilungsführer war Oberleutnant Erwin Rommel. Er hatte bereits einen sagenhaften Ruf als tollkühner Offizier, der die waghalsigsten Unternehmungen durchführte, immer Erfolg hatte und dabei keinen einzigen Mann unnötig aufs Spiel setzte. Die Männer vertrauten ihm blindlings.

Dabei war er persönlich keineswegs kugelfest; es erwischte ihn in den ersten Kriegstagen schon. Ein Querschläger zerfetzte ihm schon am 24. September 1914, also gleich nach Kriegsbeginn, in den Vogesen den ganzen Oberschenkel. Damals war er plötzlich allein mit leergeschossenem Karabiner auf fünf Franzosen gestoßen. Jeder andere hätte abgeschnallt. Rommel sprang die überraschten Gegner mit dem Bajonett an, er brach im Feuer der Gegner zusammen, aber seine Männer hauten ihn heraus. Nach drei Monaten war er wieder im Einsatz und wurde schon wieder verwundet. Er war der geborene Kämpfer, aber auch der geborene Führer; hart und unermüdlich, obwohl er damals schwer an Magengeschwüren litt und wiederholt vor Erschöpfung und vor Schmerzen zusammenbrach.

Jeder andere hätte sich krank gemeldet. Rommel aber hielt sich mit einer übermenschlichen Kraft aufrecht; er konnte damals schon, wie später in Afrika, mit einer Stunde Schlaf auskommen. Schon der Leutnant und der Oberleutnant Rommel war blitzschnell in seinen Entschlüssen und unglaublich kühn.

Der Transport mit den Gebirgsschützen aus Rumänien hielt also am Bahnhof Föderlach, und Rommels Leute wurden auf die Ortschaften am Faaker See verteilt. Er selbst fuhr rasch zu seiner jungen Frau nach Danzig. Aber schon am 1. Oktober 1917 war er wieder da.

Es war ein ungewöhnlich warmer Oktoberbeginn. Ein Tag schöner als der andere; es war noch so warm, daß die Truppen des Deutschen Alpenkorps, die über ganz Südkärnten verstreut einquartiert wurden, noch in den Kärntner Seen baden konnten.

Aber sie hatten dazu wenig Zeit. Sturmangriffsübungen wechselten mit gewaltigen Gepäcksmärschen. Natürlich wußte niemand, was bevorstand. Aber Rommel, der gewiegte Taktiker, konnte sich aus der Art der befohlenen Ausbildung schon ein Bild machen, was bevorstand. Wenn man deutsche Elitetruppen in einem Raum bereitstellte, in dem man täglich den Donner der Kanonen vom oberen Isonzo vernehmen konnte, das bedeutete irgendwo Offensive gegen Italien. Und Rommel und seine Leute wußten, daß ihnen Schwieriges bevorstand; wo sie hingeholt wurden, waren bisher die Fetzen geflogen, da ging es hart auf hart. Rommel selber schrieb später in seinem Buch „Infanterie greift an": „Im herrlichen Kärntnerland übernehme ich Anfang Oktober wieder meine Abteilung. Die Gefechtskraft der Schützenkompanie ist durch die Ausrüstung mit leichten MG wesentlich erhöht worden. Die kurze Zeit der Ruhe wird zu gründlicher Ausbildung mit dieser neuen Waffe benützt. Was die Heeresleitung mit uns vorhat, wissen wir nicht — Isonzofront?"

Aber vorläufig wurde noch geübt und marschiert, und an Sonntagen stiegen Rommels junge Leute auf Triglav, Mittagskogel und Dobratsch. Von dort aus sahen sie über der Predilsenke mit dem Fernglas die Eisenfontänen der Granateinschläge auf dem Rombon, dem Eckpfeiler der oberen Isonzofront.

Einer der Untergebenen Rommels, Helmut Schittenhelm, erzählt später in seinem Buch „Wir zogen nach Friaul", daß die Leute zur Entlausung nach Villach geschickt wurden; aber eine ganze Schar schwänzte die Entlausung und stürmte auf den Dobratsch, was damals von Villach aus sechs Stunden Aufstieg bedeutete. Natürlich schafften sie die Rückkehr nicht in der Zeit, die ihre Extratour verschleiert hätte, und in den Dörfern Kletschach und Gottesthal tobten die Feldwebel mit den Bergfahrern, die ohne Erlaubnis losgezogen waren.

Statt Entlausung schnell auf den Dobratsch! Das verriet eine unheimliche Unternehmungsfreude und die strotzende Kraft, die in diesen Burschen steckte, von denen keiner älter als 24 Jahre war; auch die Offiziere der Abteilung Rommel, die fast 1000 Mann stark war, trugen nur die Distinktion von Oberleutnants und Leutnants; sie waren nicht älter als ihre Männer in Zug und Kompanie. Und auch Rommel war erst 24 Jahre alt.

Es gibt heute nur noch einzelne Menschen im Gebiet des Faaker Sees, die sich an die Abteilung Rommel, an die munteren Schwaben erinnern können. Die meisten Frauen sind schon gestorben, die Männer waren fast alle an der Front. Aber sie hörten nach der Heimkehr von den prachtvollen Württembergern, und so lebt die Erinnerung an die Soldaten Rommels in vielen Familien dieses Gebietes fort.

Schittenhelm berichtet :„Zu den Soldaten ist die Bevölkerung des Triglavgebietes nicht unfreundlich, aber sehr zurückhaltend. Dagegen können die Quartierwirte am Wörther See, am Faaker See, bei Völkermarkt, um Villach und um Klagenfurt den Truppen nicht genug Gutes tun."

In der Tat sind die disziplinierten, straffen, jungen Soldaten, deren

Felduniform wie aus dem Ei gepellt war, von den Kärntnern umjubelt, bemuttert und bewundert worden.

Weniger gut trafen es die für die Offensive von Flitsch und Tolmein bereitgestellten Truppen in Krain. Rommels Landsmann, der Württemberger Generalleutnant Krafft von Dellmensingen, der Generalstabschef der deutschen 14. Armee, die später bei Tolmein die italienische Front zerschmettern sollte, schreibt nach dem Krieg: „Die slowenische Bevölkerung zeigte sich gegen die Deutschen wenig freundlich. Um so besser trafen es die Divisionen, die in den herrlichen Gegenden um Völkermarkt, Klagenfurt und dem Wörther See, Faaker See und Ossiacher See von der kerndeutschen Bevölkerung begeistert und aufs herzlichste aufgenommen wurden."

Ein Mißgriff von Kaiser Karl?

Rommel und auch die anderen Offiziere wußten indessen nicht, daß es höheren Ortes bei den Deutschen über die Österreicher ernste Verstimmung gab.

Ende September 1917 erschien im Hauptquartier der deutschen 14. Armee in Krainburg ein österreichischer Feldmarschalleutnant, ein freundlicher Mann, dem offensichtlich selbst nicht ganz wohl war. Er erklärte dem Generalleutnant Krafft von Dellmensingen, daß er von Seiner Majestät Kaiser Karl unmittelbar den Auftrag erhalten habe, das Verhalten der deutschen Truppen im Unterbringungsraum zu überwachen und mit „höchster Autorität" die Bevölkerung gegen Übergriffe zu schützen.

Er sagte „Übergriffe".

Rommels höchster Vorgesetzter, Krafft von Dellmensingen, schrieb später in seinem Werk „Durchbruch am Isonzo": „Das war ein eigenartiger Dank für die deutsche Hilfeleistung, verständlich nur aus den Methoden, die der junge Kaiser unter dem Einfluß der Kaiserin auch gegen seine eigene Armee anwendete. Der bedauernswerte Feldmarschalleutnant, der von den Deutschen den Namen ‚Bedrückungsgeneral' erhielt, konnte bei dem trefflichen Verhalten unserer Leute nur ganz untergeordnete Vorkommnisse zur Sprache bringen."

Kraffts herbe Kritik ist sicher berechtigt, auch wenn es aus den Erinnerungen aller Kriegsteilnehmer bekannt ist, daß die tüchtigen Deutschen überall sehr energisch ihre Interessen durchzusetzen wußten. Es war deshalb die Absicht des k. u. k. Armeeoberkommandos, den notwendigen Einklang zwischen den Bedürfnissen der deutschen Truppen und jenen der Einwohner herzustellen und diese vor übermäßiger Inanspruchnahme zu bewahren. Vornehm war die Maßnahme des Kaisers sicher nicht. Aber General Krafft von Dellmensingen irrte, wenn er der Kaiserin einen Einfluß zumaß, den sie sicher nicht besessen hatte. Andererseits ist es eine geschichtliche Tatsache, daß Kaiser Karl sich 1917 lange Zeit dagegen gesträubt hatte, nach der 11. Isonzoschlacht deutsche Hilfe zu erbitten.

Ende August 1917 erschien im deutschen Großen Hauptquartier der k. u. k. Generalmajor von Waldstätten und eröffnete Hindenburg und Ludendorff, daß die k. u. k. Armee eine 12. Isonzoschlacht nicht mehr aushalten würde. Um den Zusammenbruch der Monarchie zu verhindern, stellte die Deutsche Oberste Heeresleitung sieben ihrer besten Divisionen zur Verfügung. Sie sollten zusammen mit sieben österreichisch-ungarischen Elitedivisionen unter deutscher Führung in atemberaubend kühnem Durchbruch bei Flitsch und Tolmein die italienische Front über den Haufen rennen.

Aber die stählernen Burschen Rommels, die im Oktober um den Faaker See Marschübungen und Sturmangriffe ohne Ende übten, wußten davon noch nichts. Durch zahlreiche Tarnmaßnahmen sollte die Bereitstellung deutscher Truppen verschleiert werden. Teile des Deutschen Alpenkorps wurden nach Südtirol gefahren, General Below, der Befehlshaber der Durchbruchsarmee, bezog zum Schein in Bozen Quartier. Deutsche Offiziere durften bei Frontbesuchen nur österreichische Mützen tragen. Postsperre wurde über alle Truppen der Angriffsarmee verhängt. Diesmal konnte auch Rommel seiner Frau den täglichen Brief nicht schreiben. Auch er mußte sich mit der Karte der k. u. k. Armee begnügen, auf der in neun Sprachen versichert wurde: „Ich bin gesund, es geht mir gut."

Lieblingslied: „Die Kaiserjäger"

Bis zum 10. Oktober 1917 dauert das strahlende, warme Wetter in Südkärnten an, dann bricht eine Sintflut los. Vom Meer bis zu den Karawanken öffnet der Himmel seine Schleusen, auf den Bergen fällt Schnee.

Und in diesen frühen Wintereinbruch hinein vollzieht sich der Aufmarsch in die Sturmausgangsräume von Flitsch und Tolmein.

In viereinhalb Wochen waren 2500 Eisenbahnzüge nach Villach, Kronau und Laibach herangefahren worden. Dort wurde das Kriegsmaterial ausgeladen und mit Lastkraftwagen und Pferdefuhrwerken auf abenteuerlichen, verschneiten Bergstraßen in die Becken von Flitsch und Tolmein gebracht.

Am 11. Oktober 1917 wurde die Abteilung Rommel in den Dörfern am Faaker See alarmiert und in Föderlach verladen. „Den Kärntner Quartierleuten wurde der Abschied schwer", berichtete Schittenhelm. „Machts brav, Buam", hatten sie den württembergischen Schützen nachgerufen. Über Aßling wird das WGB, das Württembergische Gebirgsbataillon, durch das Savetal nach Krainburg transportiert.

Nach der ersten Truppengliederung für die Offensive sollte das WGB an der Seite der österreichischen Kerntruppen im Raum Flitsch zum Durchbruch antreten. Die Württemberger sollten als deutsche Elite mit einer österreichischen Elite, den Kaiserschützen, „zusammengespannt" werden.

Aber aus einem unbekannt gebliebenen Grund war die Armeeführung von dem Plan abgekommen und dirigierte das WGB nicht zu den Österreichern nach Flitsch, sondern zum Deutschen Alpenkorps in den Raum Krainburg.

Von diesem beabsichtigten kriegerischen Wettlauf mit den Kaiserschützen erfuhr Rommel freilich erst nach dem Krieg. Die Armee, die die ursprüngliche Absicht fallen gelassen hatte, wußte nicht, daß sie damit eine ideale „Konkurrenz" verhindert hatte, denn die Württemberger hatten seit ihrer Winterausbildung in Österreich eine besondere

Sympathie für die Tiroler, und der Marsch der Tiroler Kaiserjäger war ihr Lieblingslied geworden. „Mir san die Kaiserjäger", sangen sie in den Vogesen, in den Transportzügen nach Rumänien, das sangen sie auch am Faaker See.

Aus dem Raum Krainburg heraus beginnt am 18. Oktober der Marsch an die Front. Rommel ist meist zu Fuß an der Spitze seiner Abteilung, die aus drei Schützenkompanien und einer MG-Kompanie besteht. Marschiert wird nur bei Nacht. Es geht über Škofja Loka (Bischoflak), Podbrodo bis zu einem Ort, acht Kilometer vor Tolmein.

Die Hauptmasse der deutschen Truppen hatte aus Südkärnten den Weg über den Seegbergsattel und den Loibl genommen. Heute fährt man auf breiter Asphaltstraße durch die Karawanken; vor 60 Jahren war die Überquerung des schon schneebedeckten Loiblpasses mit Fahrzeugen und Artillerie ein echtes Abenteuer. Die schlesische 12. Infanterie-Division hatte dabei solche Strapazen zu bestehen, daß sie dieser Leistung nach dem Krieg als einer der größten des Feldzuges gedachte. Diese Division war es, die nach dem Durchbruch in Tolmein, entgegen dem Befehl, nicht auf die Kolovrathöhen aufsteigen, sondern geradezu in Marschkolonne zwischen den Feuerschlünden zweier italienischer Korps hindurch, den Isonzo aufwärts stoßen, und mit der Besitznahme von Karfreit, heute Kobarid, den Herzstoß ins Nervenzentrum der italienischen Verteidigung am oberen Isonzo führen sollte. Dieser berühmt gewordenen Division hatten also damals mehrmals die mörderisch abschüssigen, ausgesetzten, schneeglatten Steilstücke der Loiblpaßsüdseite unheimlichen, unvergeßlichen Respekt eingeflößt.

Glücklicherweise hatten die mit den Tücken der Paßstraße ringenden Truppen nicht auch noch mit italienischen Fliegern zu rechnen. Denn die waren ausgeschaltet, selbst wenn gutes Wetter gewesen wäre. Dafür hatten die von der Westfront nach Klagenfurt und anderen Flugplätzen verlegten deutschen Fliegerabteilungen gesorgt. Ihr Auftauchen, ihre ersten Abschüsse hatten genügt, um den Himmel von den Capronis leerzufegen.

Auf einen Kämpfer in der Gebirgsstellung kamen sechs bis zehn Mann, die zu seiner Versorgung erforderlich waren. Kanthölzer werden in eine Stellung geschleppt.

Erbarmungsloser Marsch zur Front

Rommel schreibt über seine persönlichen Eindrücke von dem Gewaltmarsch, der sich erbarmungslos in die von der Natur vorgezeichneten Wege der Julischen Alpen hineinpreßte, nur wenig. Für den Mann der grenzenlosen Leistungsfähigkeit erschien das nichts Ungewöhnliches zu sein. Er stellt in der Erinnerung nur fest, daß die Nachtmärsche im Regen der Truppe „schwere Strapazen" auferlegten.

Die Straße, die heute aus dem Becken von Laibach über Bischoflak nach Tolmein führt, ist noch immer eine recht schmale, kurvenreiche Straße, die nur ein 50- bis 60-km-Tempo erlaubt; damals war sie ein besserer Saumweg, und die Fahrer, die sie mit Lastwagen befahren mußten, riskierten Kopf und Kragen dabei. In der Nähe von Črkno liegt heute übrigens das aus dem Zweiten Weltkrieg stammende Partisanenlazarett „Balnica franja", eine nationale Gedenkstätte der Slowenen, die aber internationale Beachtung verdient. Dieses „Naturmuseum" zeigt in einer riesigen, schwer zugänglichen Schlucht, wie menschlicher Erfindungsgeist und eiserner Zwang es fertigbrachten, inmitten der deutschen Besatzung in „hängenden Hütten" ein großes Lazarett aufzubauen, das bis zum Kriegsende unentdeckt blieb. Rommel ist also vor 60 Jahren dort vorbeigezogen.

Ein Teil des Deutschen Alpenkorps marschierte über Wochein (Bohinska Bistrica) nach Podbrodo zum Südportal des Tunnels, der die Wocheiner Berge durchbohrt. In Nemski Rut (das heißt „Deutsch Gereut" — die deutsche Rodung) mögen die Männer des Deutschen

Oben:
Oberleutnant Rommel (links) vor seinem Marsch zum Matajur, dessen Eroberung ihm den Orden Pour le mérite einbrachte.

Unten:
Deutsche Infanterie erhebt sich zum Sturm.

Alpenkorps noch auf deutschsprechende Bewohner gestoßen sein, heute ist die Sprachinsel ausgerottet. Kein Mensch versteht mehr deutsch, die Jungen wissen gar nicht mehr, daß in ihrem Ort einmal deutsch gesprochen wurde.

Über den Vormarsch auf der Straße Škofja Loka — Tolmein schreibt Rommels Landsmann, der Chef des Stabes der deutschen 14. Armee, Generalleutnant Krafft von Dellmensingen: „Wolkenbruchartiger Regen stürzte unaufhörlich vom Himmel, durchnäßte die Beinkleidung bis auf den letzten Faden und peitschte den Marschierenden ins Gesicht. Die Zug- und Tragtiere streikten und waren kaum noch vorwärts zu bringen. Die sonst so gemächlich rieselnden Bäche, welche die Paßstraßen begleiteten, verwandelten sich in reißende, tobende Ströme, die an manchen Stellen die Straßen überfluteten. Wer im Dunkel der Nacht vom Wege abkam, wurde von den brausenden Fluten weggerissen. Nach den Truppenberichten kamen auf solche Weise in zahlreichen Fällen Offiziere und Mannschaften um, Pferde und Fahrzeuge gingen verloren. An anderen Stellen drohte in dem rabenschwarzen Dunkel der tödliche Absturz in den Abgrund. Ein Truppenteil hat an einer Paßstelle nicht weniger als 50 abgestürzte Lastkraftwagen gezählt. Viele andere, deren Maschinen versagten, waren an den schwierigsten Stellen hängengeblieben und versperrten die schmale Straße. Oft nur einzeln und mit großer Mühe und Gefahr konnten sich Menschen, Pferde, Tragtiere und Kraftwagen zwischen ihnen und der Felswand oder dem Abgrund vorbeidrängen. Die Kolonnen zogen sich unermeßlich in die Länge. Reiten war unmöglich. Schließlich mußte man alle Hindernisse rücksichtslos in den Abgrund hinabstürzen.

Kamen die Truppen dann endlich am späten Vormittag nach einer durchmarschierten Nacht ans Ziel, so fanden sie die sorgsam ausgesuchten Ruheplätze in Sümpfe verwandelt oder mußten erst seitwärts in die Berge nach hochgelegenen Gehöften hinaufsteigen. Nur wenige fanden dabei eine Möglichkeit, die durchnäßten Kleider zu trocknen. Viele Leute sanken vor Müdigkeit an der Straße um. Ähnliche Anstrengungen hatten die meisten Truppen den ganzen Feldzug hindurch noch nicht erlebt. Die Stimmung sank ganz erheblich. Manche Verwünschung über die Leute am grünen Tisch, die solchen Unsinn befahlen, klingt noch aus den Berichten und Tagebüchern heraus."

Wie gesagt, von Rommel gab es solche Verwünschungen nicht. Aber als er mit seiner Abteilung am 23. Oktober die Sturmausgangsstellung auf der Höhe 540 hart südlich von Tolmein bezieht, ist er, der Tollkühne, von tiefer Besorgnis um das Schicksal der ihm anvertrauten Männer erfüllt. Ein Gerücht springt auf, das sich sehr bald schon bewahrheiten sollte. Am 21. Oktober war der rumänische Oberleutnant Maxim, Ordonnanzoffizier bei einem Bosniakenbataillon, zusammen mit einem Triestiner Leutnant italienischer Zunge, am Krn zum Feind übergelaufen; er hatte jede Einzelheit der Angriffspläne gewußt. Wird ein Angriff unter solchen Umständen nicht Selbstmord, fragte sich Rommel?

Der übergelaufene Oberleutnant Maxim hatte in seiner Stellung tatsächlich weitgehend Kenntnis von dem Angriffsplan. Er und sein Komplice machten ganz konkrete Angaben. Aber die Italiener glaubten ihnen nicht ganz. Man fand die Protokolle später bei der Kriegsbeute, die den vorstürmenden Truppen in die Hände fiel.

Die Deserteure wußten fast alles; nur die genaue Zeit, die Stunde X wußten sie nicht. Diese konnten sie nämlich auch noch nicht wissen, weil das Kommando der Südwestfront den Angriffszeitpunkt erst am 22. Oktober 1917 bekanntgegeben hat. Maxim und sein Spießgeselle waren da schon beim Feind.

Immerhin hatten sie das Datum einigermaßen richtig geschätzt, denn Maxim dürfte auch von den Schwierigkeiten gewußt haben, die es um die Angriffstermine gab, die immer wieder verschoben werden mußten, weil die Gruppe Krauss im Flitscher Becken nicht termingerecht mit dem Aufmarsch fertig wurde.

Schuld daran war weitgehend die Tatsache, daß im Bahnnetz der Monarchie nicht mehr die alte Ordnung herrschte und Sabotage sich auszuwirken begann. 2400 Eisenbahnzüge mußten in vier Wochen in den Raum Flitsch und Tolmein gebracht werden. Dann kam erst der Straßentransport über 30 und 40 Kilometer an die Front. Und da gab es Pannen über Pannen. Wichtige Transporte kamen nicht, weniger wichtige trafen vorzeitig ein. Typisch das Beispiel, an das sich General Krauss in seinem Buch „Das Wunder von Karfreit“ erinnert: „... so gingen uns zwei wichtige schwere Batterien im Transport verloren. Tagelang mußte bis nach Siebenbürgen herumtelefoniert werden, bis endlich die Batterien gefunden werden konnten. Die eine stand schon drei Tage lang im Bahnhof von Marburg, die andere in einem oberösterreichischen Bahnhof, ohne daß die Batteriekommandanten den Weitertransport hatten erreichen können.“ Zahlreiche Batterien und ein ganzes

Infanterieregiment waren mit Sommermontur herangebracht worden und mußten so in Schnee und Regen über die verschneiten Pässe marschieren. Für sie mußten in letzter Stunde Winterbekleidung herangebracht werden.

Waren die Batterien und die Munition im Bahntransport heran, dann war es ein Problem, sie in dem engen Kessel ostwärts von Flitsch in Stellung zu bringen.

Ein Rätsel, wie die schweren Geschütze da überall auf die Berghänge gebracht wurden. Es gab keine Seilbahn. Jede Granate, jede Kanone wurde mit Muskelkraft hochgebracht. Und das auch nur nachts bei Regen und Schnee. Von einer Truppe, die in den Wochen vor dem Angriff nie aus nassen Klamotten gekommen war.

Am 20. Oktober waren im Raum Flitsch 41 Batterien in Stellung, 39 noch nicht. Da entschied General Below: „Mit Rücksicht auf das schlechte Wetter kann nicht mehr zugewartet werden. Entweder Angriff am 24. Oktober oder überhaupt nicht mehr."

So wurde die Offensive im Raum Flitsch nur mit der halben Feuerkraft gewagt.

Die Armee hatte den Angriffsbeginn erst zwei Tage vorher an die Truppen bekanntgegeben, aber die Italiener erfuhren die Stunde X doch schon einen Tag darauf durch ihren Telefonabhördienst. Sie horchten am 23. Oktober am Vršič bei Flitsch und am Mrzli Vrh bei Tolmein Telefongespräche zwischen österreichischen Dienststellen ab, bei denen leichtsinnigerweise im Klartext mitgeteilt wurde, daß die Aktion auf die folgende Nacht festgesetzt sei. Sogar den Beginn des Trommelfeuers erfuhren die Italiener: 2 Uhr früh.

Die Angaben der Überläufer vom Krn waren im allgemeinen richtig. Nur hatten sie angegeben, daß die Offensive sich bis zum Meer erstrecken werde. Die Verräter waren hier von den Scheinvorbereitungen getäuscht worden, die für die 1. Isonzoarmee am unteren Isonzo befohlen worden war. Diese falsche Information hatte für die Italiener verhängnisvolle Folgen. General Cadorna ballte seine Heeres- und Armeereserven im Raum Görz, Cormons und Cividale zusammen, wo sie dann beim Durchbruch völlig fehl am Platze waren.

Tornado in Tolmein

Unter den hunderttausend Mann, die im Becken von Tolmein auf das Vorpreschen warten, ist Erwin Rommel.

Die Nachricht von der total verratenen Offensive geht ihm, den späteren „Wüstenfuchs“, deshalb so an die Nieren, weil er sich samt seiner ganzen Abteilung in einer Falle fühlt.

Da sind rund 10.000 Mann Sturmtruppen wie Sardinen im Tolmeiner Brückenkopf zusammengepfercht unter den kavernierten Feuerschlünden des Kolovratrückens, der mit Batterien buchstäblich gepflastert ist. Vor Sicht schützt sie zwar Regen. Aber die Italiener, die ganz genau wissen, daß sich im Becken von Flitsch und im Brückenkopf von Tolmein Division um Division zusammengeballt hat, müßten jetzt doch das einzig Mögliche tun: Vernichtungsfeuer aus allen Rohren auf die deckungslos auf die Stunde X wartenden Menschenmassen. Sie brauchten dazu gar keine Sicht. Hier geht blindlings jede Granate ins Volle. Rommel schaudert es.

30 Stunden warten die Sturmtruppen auf dieses Vernichtungsfeuer. Aber, von einzelnen Feuerüberfällen abgesehen, taten die Italiener nichts. Sie begriffen nicht, daß ein drohender Angriff am empfindlichsten vor seinem Losbrechen bekämpft werden kann. Nicht nur für Rommel, für die Truppe, auch für die höhere Führung war das Verhalten der Italiener ein Rätsel. Heute wissen wir, daß dieses Fehlverhalten schlicht und einfach auf mangelnde Erfahrung zurückzuführen war. Es klingt phantastisch, aber es ist so: Cadorna, der Oberbefehlshaber, und seine Generäle hatten bisher nur Angriffsoperationen geplant und nur Angriffsoperationen gelenkt. Nun fehlte dieser Führung einfach das offensive Abwehrdenken, der Einfall, den Angriff des Gegners im konzentrierten Vernichtungsfeuer zu ersticken. Man begnügte sich damit, wohlvorbereitet auf die Stunde X zu warten.

Und diese Stunde verwandelte am 24. Oktober 1917 auch den Raum von Tolmein in eine Hölle. Rommel erinnert sich: „Um 2 Uhr zucken die Feuerschlünde von über 1000 Geschützen beiderseits Tolmein auf.

Im Feindgelände dröhnt ein ununterbrochenes Bersten und Krachen. Wie furchtbare Gewitter hallt es von den Bergen wider. Staunend sehen und hören wir das ungeheure Geschehen."

Auch General Krafft schreibt: „Wie wohl die Artilleriewirkung nicht an die der großen Westfrontschlachten heranreichte, war der Eindruck des in den Bergen vervielfachten Tosens ungeheuer. Weder an der Somme noch vor Verdun hatten die erfahrenen Kämpfer einen solchen Höllenlärm erlebt und dachten wohl: ‚Heut möchte ich nicht Italiener sein!'"

Auch hier wurde Gasmunition geschossen. Es wurde allgemein „Treubruchgas" genannt, und es lähmte vor allem die Batteriestellungen der Italiener. Was dort am Leben blieb, muß größtenteils die Flucht ergriffen haben. Aber auch die Infanteriestellungen waren durch das irrsinnige Feuer zerfetzt worden. Die Hindernisse der vorderen italienischen Stellung waren durch das Minenfeuer wie weggeblasen.

Schon erheblich vor dem Zeitpunkt des Einbruches hatten auch die Sturmtruppen Rommels ihre Ausgangsstellungen verlassen, um gleichzeitig mit dem letzten Geschoßeinschlag in die feindliche Stellung eindringen zu können. In vollem Lauf stürzte sich um 8 Uhr früh die angreifende Infanterie im ganzen Brückenkopf von Tolmein gleichzeitig und ohne einen Schuß abzugeben auf den Feind. Die erste Stellung der Italiener wurde überrannt.

Rommel sagte über den Augenblick des Sturms: „8 Uhr, Artillerie- und Minenwerferfeuer springt feindwärts. Vor uns erhebt sich das Bayrische Leibregiment zum Sturm. Seinem rechten Flügel befehlsgemäß dichtauffolgend, gewinnen wir die feindlichen Stellungen um St. Daniel. Aus ihren Trümmern eilen die Reste der Besatzungen mit erhobenen Händen und angstverzerrten Gesichtern uns entgegen. Wir hasten über die breite Ebene vorwärts, die uns vom Hevniknordhang trennt. Sporadisch gibt es beim Aufstieg auf den Hevnik immer wieder Kampf, aber auch Zeugen kopfloser Kapitulation.

Unter anderem dringen wir in die Stellung einer italienischen 21 cm-Batterie ein, die unter Gasbeschuß gelegen hat. Die Bedienung ist spurlos verschwunden. Berge von Granaten liegen dicht neben den riesigen Geschützen. Die in den Fels gesprengten Unterschlupfe und Munitionskammern sind nicht beschädigt. Knapp 100 Meter oberhalb besichtigen wir im Vorbeigehen eine mittelschwere Batterie, deren Geschütze vollkommen schußsicher in Felsenkammern mit nur ganz schmalem Ausschußloch stehen. Auch hier ist die Bedienung spurlos verschwunden."

Die verlassenen intakten Batterien auf dem Kolovratrücken sind die eine Seite der italienischen Katastrophe von Tolmein. Auf der anderen Seite wehren sich einzelne Infanterieeinheiten, die in der Hand beherzter Führer blieben, bis zur letzten Patrone.

Sie sorgen dafür, daß die Bayern und Württemberger sich über Hevnik, Kote 1114, Kuk, nur mit Verlusten an den Matajur heranarbeiten können. Rommel hat bei dem Sturmlauf über den Kolovratrücken einen Nachbarn bei den Bayern, einen gewissen Leutnant Ferdinand Schörner, der später für die Erstürmung der Höhe 1114 den „Pour le mérite" erhielt.

Aber Rommel ist der erste, der mit Teilen seiner Abteilung die Senke zwischen Kuk und Matajur erreicht. In Livek, das in jener Zeit noch Luico hieß, obwohl die Bewohner von jeher Slowenen waren, hatte er mit seinen Schützen die Straße über den Sattel abgeschnitten, über den noch der italienische Nachschub rollte. Die Württemberger nahmen hier Wagen auf Wagen in Empfang, die sie in einer Mulde einstellten; in kurzer Zeit hatten sie 50 Lastwagen erbeutet. „Eine Kolonne mit gefüllten Kochkisten heißer Makkaroni war auch dabei", erinnert sich Rommel.

Schließlich steigt von Süden ahnungslos, ungesichert, in Marschkolonne ein Bersaglieriregiment herauf, das Rommel nach kurzem Feuerwechsel und längerem Palaver gefangen nimmt. 50 Offiziere und 2000 Mann legen die Waffen nieder.

Dann setzt Rommel zum Sturm auf den Matajur an; es gibt dramatische Überrumpelungsaktionen.

Wieder, wie schon einmal in Rumänien, stößt hier Rommel allein und unbewaffnet auf einen Haufen Feinde. Seine Abteilung ist auseinandergerissen. Er ist mit einer Kompanie bis vor den Mrzli Vrh ostwärts des Matajurgipfels vorgeprellt; aber hier reißt jede Verbindung zu den übrigen Kompanien ab. Er läuft auf der Matajurstraße zurück. „Weit und breit", schreibt er später in seinem Buch „Infanterie greift an", „treffe ich keinen Melder, keinen Verbindungsmann. 600 Meter südlich der Kote 1192 stehe ich, um eine scharfe Kurve biegend, plötzlich dicht vor einer italienischen Abteilung, die, aus Richtung Süden kommend, eben die Matajurstraße kreuzt. Die Bersaglieri reißen die Gewehre von den Schultern und schießen. Ein rascher Sprung in das Gebüsch dicht unterhalb der Straße entzieht mich weiterem gezieltem

Feuer. Einige Gegner verfolgen mich hangabwärts durch das Buschwerk. Aber während sie mir talwärts nacheilen, bin ich bereits wieder im Aufstieg zur Höhe 1192".

Rommel erinnert sich: „In dem Gefühl, handeln zu müssen, ehe der Gegner sich zum Handeln entschließt, verlasse ich den Waldrand und fordere, im dauernden Vorwärtsschreiten, durch Zuruf und Winken mit dem Taschentuch den Feind zur Übergabe und Waffenstreckung auf. Die Masse starrt mich an, rührt sich nicht. Schon trennen mich 50, 100 Meter vom Waldrand, ein Zurück in feindlichem Feuer wäre unmöglich. Ich habe den Eindruck, daß ich nicht stehenbleiben darf, sonst ist unsere Sache verloren. 150 Meter trennen mich vom Feind! Oben kommt plötzlich Bewegung in die Massen. Sie stürzen hangabwärts, die widerstrebenden Offiziere werden mitgerissen. Die Mannschaft wirft größtenteils die Waffen weg. Hunderte eilen auf mich zu. Im Handumdrehen bin ich umringt, sitze auf italienischen Schultern. ‚Evviva Germania!' hallt es aus tausend Kehlen. Ein italienischer Offizier, der zögert sich zu ergeben, wird von der eigenen Mannschaft niedergeschossen. Für die Italiener auf Mrzli Vrh ist der Krieg zu Ende. Sie jubeln vor Freude."

Es ist das erstemal, daß Italiener Rommel zujubeln!

Falschmeldung um Matajur

Rommel hatte hier die Italiener kennengelernt. Er ahnte noch nicht, daß er 23 Jahre später mit ihnen wieder seine liebe Not haben würde. Er wußte auch nicht, daß einer der italienischen Kommandeure im Isonzotal Badoglio hieß. Jener Badoglio, der 1943 dann als Marschall dem deutschen Bundesgenossen verräterisch in den Rücken fallen sollte.

Dieser Badoglio hatte sich in den ersten Stunden nach dem Durchbruch durch eine Meldung „ausgezeichnet", die später mit viel Ironie kommentiert worden war. Als die Württemberger nämlich schon auf dem Kolovratrücken vorstießen und die schlesische 12. Infanterie-Division durch das Isonzotal nach Karfreit marschierte, meldete Badoglio, daß an der Front offenbar Ruhe herrschte.

Am 26. Oktober 1917, um 10.40 Uhr, melden eine weiße und drei grüne Leuchtkugeln, daß der Matajur erobert ist. Es gibt eine Fotografie von der Gipfelrast. Rommels Leute waren 50 Stunden ununterbrochen ohne Rast, ohne Ruhe, fast ohne Schlaf im Kampf gestanden. Jetzt fielen die Schützen in einen totenähnlichen Schlaf. Aber nach einer Stunde riß Rommel die Männer durch seinen Befehl wieder hoch.

Rommel erhielt für die Eroberung des Matajur bekanntlich den höchsten Orden, „Pour le mérite"; aber weitgehend unbekannt ist, daß die Auszeichnung zuerst irrtümlich einem anderen jungen Offizier verliehen wurde. Rommels Abteilung hatte auf diesem Berg fast 10.000 Mann gefangengenommen, nahezu 100 Geschütze und unzählige MG erbeutet, seine Verluste waren gering. Schwer verwundet abgegangen war Leutnant Aldinger. Er sollte im Zweiten Weltkrieg Rommels Ordonnanzoffizier und engster Vertrauter werden.

Als der amtliche Heeresbericht vom 27. Oktober bekannt wurde, da rieb sich Rommel die Augen. Es hieß nämlich da u. a.:

„Italienische Front: Die unter der persönlichen Oberleitung Seiner Apostolischen Majestät des Kaisers Karl von Österreich, König von Ungarn, vorbereitete Operation gegen die Hauptmacht der italienischen Armee reift unter der Mitwirkung der unvergleichlichen Stoßkraft deutscher Truppen, die Schulter an Schulter mit ihren tapferen Waffenbrüdern am Isonzo in den Kampf gezogen sind, großen Erfolgen entgegen. Durch gutes Wetter begünstigt, drangen über die Höhen und durch die Täler, vielfach zähen Widerstand des Feindes brechend, deutsche und österreichisch-ungarische Divisionen unaufhaltsam vorwärts. Der scharfgratige Rücken des Stol wurde von der k. u. k. 22. Schützendivision genommen. Der 1641 Meter hohe, starkbefestigte Gipfel des Monte Matajur fiel schon am 25. Oktober, 7 Uhr früh — 23 Stunden nach Beginn des Angriffes bei Tolmein — durch die hervorragende Tatkraft des Leutnants Schnieber, der mit vier Kompanien des oberschlesischen Infanterieregimentes Nr. 63 den starken italienischen Grenzstützpunkt stürmte."

Das war natürlich ein Irrtum, für den der tapfere Leutnant Schnieber gar nichts konnte. Er klärte sich auf, nachdem das WGB Krach schlug. Schnieber hatte am 25. Oktober abends gemeldet, daß er mit seiner Kompanie, der 4. des schlesischen IR. 63, seit 7 Uhr früh hundert Meter nördlich der Spitze des Matajur stehe. Es war eine korrekte

Meldung, denn Schnieber hatte in Schnee und Sturm nur eine Vorkuppe erreicht, die dem Gipfel nördlich vorgelagert ist, aber viel tiefer liegt.

Rommel erhielt seinen „Pour le mérite" nachträglich erst im Dezember 1917 am Monte Tomba im Grappagebiet. Schnieber aber trug sein blauemailliertes Goldkreuz 1918 in Flandern beim Sturm auf den Kemmel in den Tod.

Herzstoß nach Karfreit

Die Besitznahme der Höhe südlich des Isonzo war sicher ein gewaltiger Erfolg. Aber entscheidend für den raschen, totalen Zusammenbruch der italienischen Front war der Herzstoß der 12. Infanterie-Division, die aus Schlesiern bestand. Entgegen vorher ergangener Weisungen griff der Divisionskommandeur, Generalmajor Lequis, nach dem Durchbruch durch die erste Linie im Tal nicht die beherrschenden Höhen an, die den Isonzo zwischen Tolmein und Karfreit begleiten. Die Division stieß vielmehr beiderseits des Isonzo Richtung Karfreit vor.

Sie hatte rechts die zwei Divisionen der italienischen Krnbesatzung, links das ganze italienische VII. Armeekorps auf dem mit Kavernenbatterien gespickten Kolovratrücken. Diese Batterien waren hier zum Teil völlig unversehrt. Aber der Nebel wurde den Italienern zum Verhängnis.

Im Schutze dieses Nebels, der den flankierenden italienischen Felsbatterien auf den Höhen die tödliche Gefahr verschleierte, überrannten die Schlesier die zweite und dritte italienische Talstellung am Isonzo. Wenn sich der Nebel ab und zu lichtete, dann sahen die Italiener oben am Krn und auf den Höhen des Kolovratrückens im Tal Kolonnen marschieren. Es waren Deutsche. Man hielt sie jedoch für Gefangene, erzählten die Italiener später. Niemand hielt es für möglich, daß die Deutschen schon im Vormarsch auf der Straße nach Karfreit waren.

Um die Mittagsstunde tauchten die Männer im wuchtigen deutschen Stahlhelm in Karfreit auf. Ein paar MG ratterten kurz auf. Die in diesem Herzstück, diesem Gehirn der oberen Isonzofront liegenden Stäbe flüchteten in Panik oder ergaben sich. Zu tausenden liefen die vom Krn absteigenden Italiener den Deutschen in die Hand.

Die „Rommelstraße"

Von vielen Gipfeln sieht man im Süden der Julischen Alpen einen Berg aufragen, einen grünen Zuckerhut, hinter dem man schon die Adria wähnt.

Es ist der Matajur (1641 m). An seiner Nordflanke scheidet sich das Isonzo- und das Natisonetal. Über seinen Gipfel verläuft die jugoslawisch-italienische Grenze, die auch die Sprachgrenze ist. Im Norden siedeln die Slowenen, im Süden die Italiener. Schon in der Monarchie hatte diese Grenze hier Altösterreich von Italien getrennt. Bei Kriegsausbruch hatten die Österreicher den Berg geräumt und sich auf das Krnmassiv jenseits des Isonzo zurückgezogen. Die Italiener hatten den Matajur dann zu einer Festung ausgebaut.

Von den Anlagen ist unter der Decke der eigenartigen, reichen Flora nicht mehr viel zu sehen. Nur die Straße ist noch da, die einst Karfreit mit dem Gipfel des Matajur verbunden hat. Was sage ich „Straße", das muß einmal eine wahre via triumphalis gewesen sein. Von Lovek aus ist sie heute noch in ihrer ganzen Breite von fünf Metern erhalten, wenn über den Pflastersteinen das Gras auch schon üppig wuchert. Mächtige Quader begrenzen den ganzen, wohl 16 Kilometer langen Weg, der auf jugoslawischer Seite fast bis zum Gipfel führt und seinesgleichen in den Julischen Alpen nirgends hat.

Entlang dieser Straße hatte Rommel angegriffen. Was er hier auf diesem Vorberg der Julischen Alpen an taktischen Erfahrungen gesammelt hat, schrieb er in seinem Buch „Infanterie greift an" nieder und dieses Werk wurde zum Taktiklehrbuch an den Kriegsschulen der Deutschen Wehrmacht. Durch dieses Buch war übrigens Hitler auf Rommel aufmerksam geworden.

Ausflügler bevölkern heute in Scharen den Gipfel, der eine italienische Kapelle trägt. Seit von italienischer Seite die Asphaltstraße bis zu einem neu errichteten Schutzhaus in der Nähe des Dorfes Montemaggiore führt, wimmelt es an Sonntagen von Menschen.

Dort am Gipfel, wo heute schwatzende, lärmende, italienische Ausflügler lagern, saßen damals am Morgen des 27. Oktober 1917 erschöpfte Feldgraue: eingefallene Gesichter unter dem Stahlhelm, die Augen gerötet nach drei Nächten ohne Schlaf. In ihrer Mitte ihr Oberleutnant, der seine schicksalsschwere Meldung schrieb: „Matajur genommen".

Giftgas im Raume Flitsch

Zur gleichen Zeit, da der furchtbare Tornado von Tolmein die italienischen Divisionen atomisierte, war auch im Flitscher Becken die Katastrophe über die Italiener hereingebrochen.

Flitsch (Bovec) ist heute ein von Touristen vielbesuchter schmucker Ort am oberen Isonzo, nur 60 Kilometer von Villach entfernt. Er besitzt moderne Hotels, eine Seilbahn auf den Kanin. Der Hauch des Südens weht vom Meer herauf in den malerischen, bergumschlossenen Talkessel. Hier gelang 1917 erstmals, gegen alle Regeln der Kriegskunst, eine Entscheidung im Talstoß, ohne Besitz der beherrschenden Höhen.

Am 24. Oktober 1917 standen hier 40.000 Mann der besten österreichischen Soldaten, Tiroler, Kärntner, Salzburger, Bosniaken, bereit zum Sturm. Das seit Wochen schon regnerische Wetter hatte sich auch in der Nacht vor dem Angriff nicht gebessert. Nachts setzte ein feiner Sprühregen ein, der teilweise zu Glatteis fror. Ihm folgten später heftige Regengüsse. Auf den Bergen tobten schreckliche Schneestürme. Es war eine eisige Hölle.

Um zwei Uhr früh brüllten in diesem Kessel von Flitsch mit ohrenzerreißendem Lärm ein halbes Tausend Geschütze auf. Die schauerliche Symphonie der Artillerieschlacht begann. Zunächst wurden gegen die italienischen Felsbatterien und die ersten Stellungen Gasgranaten geschossen. Die Artillerie des Feindes antwortete sofort: sie hatte ja auf die Stunde X gewartet. Die Italiener wußten Bescheid. Sie hätten die Massen der Stürmer, die zusammengeballt auf engstem Raum in Flitsch und Tolmein auf ihre Stunde warteten, mit ihrer Artillerie zerschlagen können, wenn sie dem Angriff zuvorgekommen wären. Aber die italienische Führung hatte vollkommen versagt. Jetzt war es zu spät. Nervös zuckten die Lichtbündel der italienischen Scheinwerfer durch das Tal. Aber dann verlöschten sie mehr und mehr und das Feuer der italienischen Batterien wurde schwächer und schwächer. Die Geschützbedienungen starben, weil sie mit ihren Mullbinden vor dem Gesicht gegen das Grünkreuzgas schutzlos waren.

Um 4.30 Uhr früh verstummte auch das österreichische Feuer. Totenstille trat ein. Vielleicht mochten die Überlebenden in den ersten Stellungen vor Flitsch aufgeatmet haben, daß das Golgotha vorüber sei. Ein schrecklicher Trugschluß.

Um 6.30 Uhr setzte schlagartig das Vernichtungsfeuer aller Angriffsbatterien und vieler hunderter schwerster Minenwerfer ein. Der Totentanz erfaßte die bekannten Standorte der Befehlsstellen, Anmarschwege, Munitionslager und die gefürchteten Kavernengeschütze.

Der Feind erwiderte nur noch schwach. Die Bedienungen der Geschütze waren entweder gestorben oder ausgerissen und dort, wo sie ausharrten, da hinderte später dichter Talnebel die eingebauten Kanonen und Maschinengewehre am wirkungsvollen Feuer gegen die vorstürmende Infanterie.

Für den Angriff im Raum Flitsch hatte der Kommandant der Angriffsgruppe, General Krauss, von vornherein den Talstoß vorgesehen. Das schien ein wahnwitziges Kamikazeunternehmen zu sein, denn rechts und links waren die steilen Berghänge des Rombon und des Polounik gespickt mit kavernierten Batterien und Maschinengewehrnestern. Zwischen dem Südrand des Ortes und dem 20 Meter tief eingeschnittenen Isonzo lagen in der Straßenschlucht von Čezsoča die Unterkünfte der italienischen Reserven, denen mit Artillerie nicht beizukommen war. Sie sollten deshalb durch einen massierten Gaswerferangriff vernichtet werden.

Zwischen Straße und Rombonfuß sollten zwei Divisionen — 20.000 Mann — Sturmwelle an Sturmwelle auf etwa einem Kilometer Breite als lebende Walze die italienischen Stellungen überrollen und bis zum zehn Kilometer entfernten Stol vorstoßen, der wie ein Riegel die Enge von Saga sperrt. Aber als die für das Himmelfahrtskommando vorgesehenen Steirer und Tiroler sich am 24. Oktober früh zum Sturm erhoben, fanden sie keinen nachhaltigen Widerstand — Flitsch war ein Leichenfeld. Die Stellungen waren zum Teil völlig eingeebnet worden. Nur in den Felskavernen des Rombonfußes hatten Besatzungen überlebt und leisteten vereinzelt Widerstand.

Das Marburger Schützenregiment Nr. 26 war als erstes Sturmregiment ausersehen, aus den Gräben nördlich der Straße, im Osten von Flitsch, ins ungewisse Chaos vorzubrechen. Ein Überlebender, Schuldirektor i. R. Karl Baumann aus Stainz in der Weststeiermark, erinnert sich:

„Punkt 9.00 Uhr sprangen wir aus unseren Stellungen und stürzten uns auf den hundert Meter vor uns liegenden italienischen Drahtverhau. Wir rannten über die zerrissene Erde, nicht nur deshalb, weil der Sturm befohlen worden war. Wir hatten Eile, aus den Stellungen wegzukommen, bevor das von uns erwartete italienische Sperrfeuer auf unsere Linien niederwuchten konnte.

Das Feuer dieser Minenwerfer hatte die vorderste Stellung buchstäblich umgepflügt. In dieser Hölle aus Feuer und Stahl war kaum ein Stück der italienischen Stellung heilgeblieben. Die festgefügten, sicheren Unterstände waren so gründlich vernichtet worden, wie wenn Titanenfäuste sie zermalmt hätten. Sie waren von den Italienern, die wahre Meister im Stellungsbau waren, in fast zwei Jahren zu Festungen ausgebaut worden. Die Hindernisse vor den italienischen Stellungen, gut 50 bis 100 Meter breit, wurden zum Teil pulverisiert. Zu einem Teil blieben sie allerdings, vor allem am rechten Flügel, intakt. Dort gab es blutigen Widerstand.

Meine Kompanie ging als zweite Welle vor. In der vor uns stürmenden Kompanie sah ich den Führer: einen alten Hauptmann. Er zog doch wahrhaftig wie anno 1914 seinen Säbel, und die blitzende Klinge wies gegen den Feind. Dann stürzten, stolperten wir über riesige Trichter und Stacheldrahtfetzen in die zertrümmerten italienischen Stellungen. Das von den Italienern für uneinnehmbar gehaltene Stellungssystem war ein Chaos. Ein Teil der Verteidiger lag tot unter den Trümmern. Überlebende hatten wohl schon vor dem Minenwerferfeuer im Schutz des Nebels in panikartiger Flucht die Verteidigungslinien verlassen.

Ich erinnere mich, daß wir am Rombonfuß aus einer Kaverne Feuer erhielten. Ein Gefreiter warf eine Handgranate vom oberen Kavernenrand ins Dunkel. Ihre Detonation genügte. Die Italiener kamen mit erhobenen Händen ans Licht. Das Feuer eines einsamen italienischen Maschinengewehres zwang uns nieder. Es dauerte nicht lange und es schwieg. Der Zugsführer, der den Widerstand beseitigt hatte, tauchte im Nebel auf: ‚Herr Leutnant, es geht weiter!'

Der sporadische italienische Widerstand kostete Zeit, und Zeit forderte auch das Durchsuchen und Säubern der zerstörten italienischen Stellungen."

Die Verluste seiner Kompanie vermag Baumann nicht mehr anzugeben. Aber es steht fest, sie waren unwahrscheinlich gering. „Es gab aber auch die bei den besten Truppen unvermeidlichen Drückeberger, die Versprengten. Ich erreichte mit rund 140 Mann von 180 um die Mittagsstunde das italienische Lager in Pluschne am Rombonhang, westlich von Flitsch", erzählte Baumann.

„Die Italiener hatten trotz des schrecklichen Trommelfeuers, das seit zwei Uhr auf ihre Stellungen niedergegangen war, in den Baracken reichlich aufgetragen. In diesem Lager, zwei Kilometer hinter der vordersten Linie, hatte auch das fürchterliche Grünkreuz, das die Landschaft südlich der Straße bis zum Isonzo in eine Todeszone verwandelt hatte, keine Panik ausgelöst. Wie in ruhigsten Zeiten standen die Terrinen mit Suppe auf den Tischen. In den Kesseln gab es Reis und Rindfleisch, eben angerichtet. Die Meldung vom Durchbruch muß dieses Lager buchstäblich in letzter Minute vor dem Auftauchen der ersten Sturmwellen der 22. Schützendivision alarmiert und eine wilde Flucht verursacht haben.

Es war angesichts des Gasschießens auf die italienischen Artilleriestellungen und das Vergasen des Talbeckens südlich der Straße durch das deutsche Pionierbataillon 35 den Sturmtruppen vor dem Angriff streng befohlen worden, in den italienischen Stellungen, des Gases wegen, keine Lebensmittel anzurühren. ‚Wer wollte den seit Tagen schlecht versorgten hungrigen Männern nun beim Anblick dieser Güter des Schlaraffenlandes in den Arm fallen? Wir schlangen im Stehen und Gehen die Erzeugnisse üppiger italienischer Kochkunst hinunter und gingen weiter vor. Es regnete und schneite noch immer. Als es dunkel wurde, war auch die dritte Stellung in unserer Hand.'"

Tote saßen mit Gewehr im Arm

Der Giftgaseinsatz im Raum Flitsch hat nicht nur die Reserven in der Čezsočaschlucht ausgeschaltet und den Raum südlich der Straße in eine Todeszone verwandelt, er hat bei den Italienern Panik ausgelöst. Noch Tage später schrien flüchtende Soldaten: „Rette sich, wer kann! Die Austriaci bringen alles mit Gas um!“

Aus dem Speisesaal des Hotels „Kanin“ schauen heute ahnungslose Gäste direkt auf das Gelände, über das vor mehr als einem halben Jahrhundert die tödlichen Grünkreuzschwaden krochen.

Aus 1000 Stahlrohren, die in die Erde gerammt wurden, zischten um zwei Uhr früh, elektrisch gezündet, mit einem Schlag 1000 Grünkreuzminen gegen den Feind. Sie hüllten die nur 500 Meter entfernte vorderste Linie der Italiener und die Unterkünfte der Eingreifreserven in der Straßenschlucht von Cezsoča in eine einzige dichte Giftgaswolke, in der sofort jedes Leben erlosch.

Fritz Weber berichtet: „Im Morgengrauen marschierten wir gegen den Ort Flitsch, die Geschütze einzeln, in großen Abständen. Da keine besondere Eile befohlen ist, gehe ich mit Simič in die eroberte Stellung, die Straßenschlucht gegen Čezsoča entlang.

Bilder unsäglichen Grauens öffneten sich vor unseren Augen. Die Gräben, Unterstände und Drahtverhaue sind ein einziger Trümmerhaufen. Gefallene liegen kreuz und quer zwischen den Balken, Sandkörben und Betonklumpen, viele bis zur Unkenntlichkeit zerrissen,

Oben:
Feuer auf die italienischen Stellungen in Flitsch.

Unten:
Die italienischen Stellungen auf der Höhe 2163 flogen am Morgen des 24. Oktobers 1917 in die Luft. Unter den drei Minentrichtern, die heute noch erkennbar sind, liegen unter meterhohem Felsgeröll die Gebeine der italienischen Besatzung. Ein riesiges Massengrab.

manche von den Minen weit ins Feld hinausgeschleudert. Hier hat der Kampf nicht lange gedauert. Einige tote Schützen vom 26er-Regiment liegen dicht vor einem fast unversehrt gebliebenen italienischen Maschinengewehrstand. Von dort haben einige heldenhaft geschossen, obwohl sie wissen mußten, daß nichts mehr zu retten war.

Wir steigen über die Reste des Verhaues und sehen uns den Stand an. Das Maschinengewehr ragt noch immer aus der Scharte, ein halbverfeuerter Rahmen ragt seitlich heraus. Wir gehen über die Eindekkung, lassen uns in den Graben hinuntergleiten. Das stumme Drama vom Tod der beiden, die bis zum letzten Augenblick ihre Waffen bedienten, liegt vor unseren Augen: Sie wurden durch Handgranatenwürfe von rückwärts getötet. Der eine sitzt seitab mit klaffender Schädelwunde, der andere hängt an der Deckung, die linke Hand noch am Griff des Maschinengewehres. Sein Rücken ist ganz aufgerissen. Ich sehe ihm ins Gesicht. Er ist noch ein junger Mann mit einem Kinnbärtchen und dichtem, gekräuseltem Haar. Wassertropfen fallen von der zersprungenen Decke, rieseln über die Wangen des Toten, als weine er ...

Wir hatten damals schon viel Grauenhaftes gesehen, das Bild der Straßenschlucht aber blieb trotzdem unauslöschbar in unserer Erinnerung. Dort lagen die Reserven der Talverteidigung in geschickt angelegten, weitläufigen Unterständen und Erdhöhlen, etwa 800 Mann. Und dort hatte das Giftgas am gräßlichsten gewütet.

Tote, wie Gruppen von Wachsfiguren. Wenige auf der Flucht erreicht, zusammengebrochen, auf den Gesichtern liegend. Die meisten an den Wänden ihrer Unterkünfte hockend, das Gewehr zwischen den Knien, die Rüstung umgeschnallt. In einer Art Baracke ihrer 40, beim Ausstieg Offiziere, die Unteroffiziere, Telefonisten, mit umgeschnallten Kopfhörern, den Schreibblock vor sich, den Bleistift in der Hand ... Nicht einmal der wertlosen Mullbinden hatten sie sich bedient. Sie müssen gestorben sein, ohne auch nur zu ahnen, was draußen geschehen war.

Nicht weit davon eine Kaverne, deren Eingang fast bis zur Decke mit Sandsäcken verschlichtet ist. Wir zerren diese Brustwehr ausein-

Die Rommelstraße heute. Ihr entlang waren 1917 Rommels Kompanien vorgestürmt und hatten den Gipfel des Matajur erobert.

ander, steigen hinein. Der Schein der Taschenlampe glitzert an den feuchten Wänden. Im Vordergrund ist Raum, nur Waffen und Kleidungsstücke liegen dort. Aber im innersten Winkel, geballt ein Knäuel übereinandergeworfener Leichen. Aus dem Dunkel der Körper tauchen gelbe, verkrampfte Hände, blecken Gesichter her ...

Die da haben die Gasminen verzischen gehört."

Verhängnis auf dem Rombon

So sehr das Giftgas und das Trommelfeuer die Italiener im Tal gelähmt hatte, so wenig hatte es auf den Höhen gewirkt.

Am 23. Oktober leuchtete vom Rombon frischgefallener Schnee. Die Angriffstruppen in den überfüllten Stellungen und Kavernen froren. In der Nacht zum 24. Oktober, um 2 Uhr früh, brach mit dem Feuer aus 500 österreichischen Geschützen die Hölle los. Aber zwischen der Goričica Planina und der Krniča an der Südflanke des Rombon verzischten vor den talbeherrschenden italienischen Kavernenbatterien die Gasgranaten. Das tödliche Grünkreuz tat seine Wirkung nur zum Teil.

Während noch das Trommelfeuer die Stille der Bergwelt zerriß, setzte gegen Morgen auf dem Berg heulender, tobender Schneesturm ein. Er raubte jede Sicht und überzog die ohnedies von tückischen Spalten zerklüfteten, steilen, ungangbaren Felsen zum Teil mit blankem Eis. Der Schneesturm schien jede Waffenwirkung, jede Bewegung der Angreifer, die sich unter die breiten Hindernisse der Italiener herangeschoben hatten, unmöglich zu machen. Die eigene Artillerie, die sich aus Tarnungsgründen nicht hatte einschießen können, hatte Schußwerte ermittelt, die für andere atmosphärische Bedingungen galten. Ihr Feuer lag nicht gut im Ziel. Hier nicht, und auf den Höhen südlich des Beckens nicht. Nur die Čukla bekam ihren Segen ab.

Oberst Spieß, der Brigadekommandant auf dem Rombon, forderte verzweifelt die Verschiebung des Angriffes auf einen anderen Tag. General Alfred Krauss erinnerte sich später: „Der Brigadier mußte durch Fernsprecher getröstet werden, daß ja die Entscheidung nicht auf dem Rombon fallen werde, sondern im Tal. Er möge die Italiener nur mit seinen Truppen festhalten. Sobald wir den Stol haben, werden die Italiener auf dem Rombon abzuhauen beginnen."

Der Schneesturm steigerte seine Heftigkeit, als es Tag wurde. Eine Hochgebirgskompanie, die sich vom Rombongipfel nach Westen abgeseilt hatte, um die uneinnehmbar scheinende Čuklasattelstellung der Italiener von hinten anzugreifen, mußte umkehren — neun Männer erfroren. Mit Mühe rettete sich die Kompanie in ihre Ausgangsstellung zurück. Als das eigene Feuer sich gegen 9.00 Uhr früh zur höchsten Wirkung steigerte, war es klar, daß es auf die Felsstellungen ohne Wirkung geblieben war. Die Besatzungen in den Kavernen waren heil, die Hindernisse intakt. Der Angriff war zusammengebrochen, noch ehe das Gros der Angriffsbataillone überhaupt seine Stellungen verlassen hatte.

Verhängnisvoller Sturm

„Die Annahme, Kurzschüsse der eigenen Artillerie hätten starke Verluste in den Sturmausgangsstellungen verursacht, entspricht nicht den Tatsachen", betont Hauptmann a. D. Gehmacher, einer der überlebenden Offiziere, die den Angriff auf den Rombon mitgemacht hatten. „Wohl zischten ab und zu grüne Leuchtzeichen hoch, aber es muß eindeutig gesagt werden: Entscheidende Verluste verursachte die eigene Artillerie nicht.

Unsere Verluste entstanden durch das konzentrierte Abwehrfeuer der Italiener auf unsere MG- und MW-Stellungen. Vor allem aber durch das wütende Feuer der Italiener auf unsere Sturmtrupps. Sie hatten sich noch während der Artillerievorbereitung über die schneebedeckten Hänge an die italienischen Stellungen herangeschoben, um uns den Weg durch die Hindernisse zu sprengen. Nun lagen sie vor vollkommen unversehrten breiten Stacheldrahtmauern deckungslos im Schnee. Sie verbluteten im rasenden Feuer der Maschinengewehre und der Minenwerfer aus den in jahrelanger Arbeit ausgebauten Felsbastionen der Alpini. Wo es örtlich den Sturmtrupps im Schneesturm gelang in die italienischen Verteidigungslinie einzubrechen, gerieten sie in vernichtendes Flanken- und Rückenfeuer."

Zur mörderischen Abwehr kamen noch die grausamen Bedingungen des Wetters und des zum Teil schon während des Sommers schwer zu bewältigenden, wilden, zerklüfteten Geländes. Nun lag aber auch noch tückischer Neuschnee über den vereisten Felsen, der Schneesturm heulte über die Steilhänge in 2000 Meter Höhe, und die eisigen Windstöße fuhren den durchnäßten Männern wie Messer durch den Leib.

Die Italiener konnten so den ganzen 24. Oktober den Rombon halten. Offensichtlich hatte die Panik, die der furchtbare Giftgasangriff um Čezsoča bei den Italienern ausgelöst hatte, die Besatzungen auf dem Berg nicht erfaßt. Die Italiener hatten bisher keinen massiven Grünkreuzangriff und keinen massierten schweren Minenwerferschlag erlebt. Das Gasschießen der Artillerie und der Angriff des deutschen Gaswerferbataillons im Tal hatte deshalb auch Verbände demoralisiert, die davon nicht unmittelbar betroffen waren. Auf dem Rombon behielten die Truppen dennoch offensichtlich klaren Kopf. Möglicherweise waren die Soldaten wegen der abgerissenen Nachrichtenverbindungen über das wilde Ausmaß der Katastrophe im Tal nicht informiert. Jedenfalls hielten sie ihre Stellungen am 24. Oktober, als unten im Tal die Spitzen der 22. Schützendivision schon 12 Kilometer hinter ihrem Rücken vor dem Stol standen.

Dann allerdings wurde die Lage der italienischen Bataillone auf dem Rombon unhaltbar. Am 24. Oktober, um 15 Uhr, war eine aus eineinhalb Bataillonen der 22. Schützendivision bestehende Kampfgruppe nach dem Durchbruch durch die zweite italienische Stellung westlich des Ortsrandes von Flitsch über die Goričica Planina aufgestiegen. Sie hatte den Auftrag, die Rombonverteidigung auf Čukla und Sattelstellung von hinten aufzurollen.

Um 15.00 Uhr hatten die Angriffswellen der 22. Schützendivision auch Pluschne westlich von Flitsch erreicht. Hier stand die Talstation der Seilbahn für die Versorgung der italienischen Batterien und der Infanteriestellungen am Rombon. Heute schweben über dem malerischen Ort die roten kleinen Gondeln der Kaninseilbahn, deren Talstation auch wieder ostwärts von Pluschne liegt. Mit der Einnahme von Pluschne war die italienische Truppe am Rombon nicht nur im Rükken bedroht, sie war auch vom Munitions- und Verpflegungsnachschub abgeschnitten. Im Morgengrauen des 25. Oktober — das Wetter hatte sich inzwischen gebessert — setzten sich die Alpini über das verschneite schwierige Gelände in Richtung Prevalasattel ab.

Die Salzburger stießen nach. Sie sollten die Hölle erleben. Vier Stunden geht man heute über den Höhenweg in 2000 Meter vom Rombon zum Prevalasattel. Drei Tage brauchten damals die Salzburger. Drei Tage lang lagen sie mit ihrer kargen Ausrüstung, ohne Winterbekleidung, nur mit Mantel und einer Decke pro Mann im Schnee, der einen Meter hoch lag. Jede Nacht kämpften sie mit dem Erfrierungstod. Unfaßbar scheint uns heute, daß die Truppe auch nur eine Nacht überlebte. Dann kam am dritten Tag auch noch einer der furchtbarsten Schneestürme, die der Kanin jemals erlebt haben mag, über die Unglücklichen. Sie waren dem weißen Inferno schutzlos preisgegeben. In das Toben des weißen Elementes hinein hämmerten immer wieder die Granaten der schweren italienischen Batterien vom Neveapaß. Auf der Lopa und am Prevala wehrten sich die Alpini. Und ein ganzer Hochgebirgszug der Salzburger kletterte oben an der Lopa ins Verderben. In den drei Sturmtagen vom Rombon bis zum Prevala verlor das Regiment 600 Mann durch Feuer und Frost.

In der Nacht zum 28. Oktober räumten die Italiener den Prevalasattel. Als die Salzburger am Vormittag die tiefverschneiten italienischen Stellungen am Paß durchstöberten, drehte in einem Bunker oberhalb des Sattels ein italienischer Richtschütze durch und feuerte seinen letzten Gurt in die Österreicher hinein.

Drei Gerippe im Slatenikgraben

Wer von den Flitscher Hotels nach Süden blickt, sieht zwischen dem Gipfel des Javorček und dem düsteren Polounikrücken den Slatenikgraben. Dort geschah am 24. Oktober 1917 eine entscheidende Tat. Was sich dort abspielte, war eine rätselhafte Mischung von unbedingter Befehlstreue und unerhörtem Soldatenglück.

Als die 40.000 Mann des k. u. k. I. Korps am Vormittag des 24. Oktober 1917 im Flitscher Becken nach gewaltiger Artillerievorbereitung zum Sturm antraten, sah es an den Gebirgsabschnitten des Flitscher Beckens gar nicht nach Durchbruch aus. Der entscheidungssuchende Talstoß durch die erste italienische Linie hindurch war am Ostrand von

Flitsch um 9.00 Uhr zwar geglückt, an den beiden Flügeln, der diesen Talstoß führenden 22. Schützendivision aber stockte der eine halbe Stunde später begonnene Angriff der Edelweißdivision und der 55. ID.

Die Edelweißdivision biß sich mit ihrem Gros im tobenden Schneesturm an den vereisten Hängen des 2200 Meter hohen Rombon fest.

Der schneebedeckte Gipfel des 1897 Meter hohen Vršič flog mit der italienischen Besatzung nach einer geglückten Minensprengung um 9.00 Uhr in die Luft, aber der Angriff der Bosniaken zum Sattel Za Kraju blieb im Feuer und Schnee liegen.

Die Artillerievorbereitung war auf den Bergen ins Leere gegangen. Zum Teil hatten die Schußwerte nicht gestimmt, die unter völlig anderen atmosphärischen Bedingungen ermittelt worden waren. Auch als es Tag wurde, fehlte im Nebel und Schneetreiben jede Möglichkeit zur Beobachtung. Überall im Gebirge trafen die über steiles, vereistes Gelände angreifenden Sturmtruppen auf unzerstörte Hindernisse. Der Versuch, Sturmgassen zu sprengen, mißglückte im Feuer aus den festungsartig ausgebauten Felsstellungen.

An einer einzigen Stelle der ganzen Gebirgsfront des Flitscher Bekkens gelang der Einbruch in die italienische Stellung auf Anhieb: Im Abschnitt des IV. Bataillons des k. u. k. Infanterieregiments Nr. 7 im Slatenikgraben. Dieses Bataillon kämpfte im Verband der 55. ID., die den Auftrag hatte, am 24. Oktober den Raum von Vršič (1897 m), Planina Za Kraju, Krasji Vrh (1772 m) und Jama Planina in Besitz zu nehmen und damit den Stoß über das Gebirge nach Karfreit zu führen. Der Durchbruch zum Sattel Za Kraju gelang, wie gesagt, nicht. Wohl aber riß das IV./IR. 7 im Slatenikgraben eine Lücke in das auf den Hängen des Polounik tief gegliederte italienische Stellungssystem und stieß am ersten Kampftag bis zum Gipfel des Krasji Vrh und am Polounik bis unter die Jama Planina vor. Das Bataillon hatte als einziges in der Division das Tagesziel erreicht und damit auch die italienische Verteidigung am Sattel Za Kraju unhaltbar gemacht. Der Weg nach Karfreit stand offen.

Der Höhenstoß über den Polounik war von entscheidender Bedeutung, denn er umging den Stolrücken, der als gewaltiges Bollwerk in der Enge von Saga den Weg nach Karfreit, dem Herzstück der italienischen Isonzofront, sperrte. Marschall Cadorna schrieb deshalb auch in seinem Werk „La guerra alla fronte Italiana“: „Der Einbruch in das Becken von Flitsch war gewiß eine bedauerliche Tatsache, aber wieder gutzumachen. Denn noch viel stärkere Stellungen hatten wir weiter rückwärts in der Enge von Saga und auf den steilen Hängen des Polounik, die das Tal von Uccea und das Becken von Karfreit deckten. Aber der Durchbruch im Sattel von Za Kraju (Polounikmassiv) und in der Doppelstellung, die das Tal des Isonzo abschloß, war ein dem IV. Korps versetzter folgenschwerer Schlag, da hiedurch dem Feinde der Weg nach Karfreit geöffnet wurde, also nach dem Mittelpunkt des weiten Bogens, auf den sich die von der Enge von Saga über den Polounik und Monte Nero (Krn) zum Isonzo gehende Verteidigung stützte. Diese Verteidigungslinie war mit einem Schlage gefallen.“

Wie war es möglich, daß es dem IV./IR. 7, als einzigem Bataillon im Gebirgsabschnitt des Flitscher Angriffsraumes, gelang, in die von der Feuervorbereitung unberührte, voll abwehrfähige Stellung einzubrechen? Warum gerade hier in diesem Abschnitt des wilden Slatenikgrabens? Schließlich standen in allen Sturmausgangsstellungen zwischen Rombon und Vršič die besten und mutigsten Sturmsoldaten der Monarchie. Es wäre interessant und lehrreich gewesen, die Zusammenhänge zu einer Zeit zu untersuchen, da die mit den rein örtlichen Verhältnissen vertrauten überlebenden Kommandanten sowohl auf österreichischer wie auf italienischer Seite noch hätten befragt werden können. Das ist längst nicht mehr möglich. Es fehlt der Einblick in die Vorgänge während der kritischen Stunden nach dem Losbrechen des Angriffs bei den drei italienischen Bataillonen, die den Polounik verteidigten. Wir kennen nur die Auswirkungen dieser Vorgänge, und auch die nur sporadisch aus den Darstellungen ehemaliger Mitkämpfer des IV./IR. 7. Aus ihren Berichten läßt sich zwar kein lückenloser Ablauf des Geschehens rekonstruieren, aus den Mosaiksteinen ergibt sich aber doch ein Bild, das Schlüsse für die Enträtselung des „Wunders im Slatenikgraben“ zuläßt.

Wilde Slatenikschlucht

Das IV. Bataillon stand am 1549 Meter hohen Javorček in Bereitstellung, südostwärts von Flitsch. Das karstartig zerrissene Felsgebiet dieses Berges fällt steil, nach Süden und Westen in eine fast drei Kilometer lange schluchtartige Wasserrinne, den Slatenikgraben, ab. Diese Schlucht ist heute noch eine Urweltlandschaft. Der Wildbach umschäumt riesige Felsblöcke, stürzt als Wasserfall über Felsstufen, tost zwischen fast senkrechten Felsen hindurch, dann stellen sich wieder gestürzte Buchenstämme als mächtige Hindernisse in den Weg. Es ist unmöglich, diese Schlucht ohne Hilfsmittel zu durchsteigen, denn sie kennt keine gangbaren Ufer. Steil stürzt der Javorčekhang in den Slatenikbach, und ebenso steil erhebt sich auf der anderen Bachseite die Felswand des damals von den Italienern besetzten Polounikmassivs.

Die unteren Steilhänge sind mit zahlreichen haushohen Felsblöcken durchsetzt, Buchen klammern sich an beängstigend steile Lehnen. Dazwischen wuchert das Unterholz. Nur selten sind heute noch Spuren der italienischen Stellungen zu sehen, die damals in drei Linien übereinander den Weg zur 1525 Meter hohen Jama Planina sperrten. Die Italiener hatten am bewaldeten Hang über dem Schluchtgrund eine vorgeschobene Feldwachestellung und knapp dahinter zwei Hauptstellungen mit der ihnen eigenen technischen Geschicklichkeit zu starken Felsfestungen ausgebaut. Im kahlen, karstigen, nur mehr von Latschen bedeckten, von Schluchten und Karstlöchern wild zerklüfteten oberen Teil des Berges lag eine dritte Hauptstellung. Überdies war der ganze 1600 Meter hohe, sieben bis acht Kilometer in ostwestlicher Richtung streichende Felsrücken des Polounik mit kavernierten Batterien gespickt.

Polounik uneinnehmbar?

Als die Offiziere des IR. 7 zum erstenmal von der Höhe des Javorček aus auf die uneinnehmbar scheinende Felsfestung des Polounik sahen, waren sie sich darüber einig, daß die Stellung nur nach stärkster Artillerievorbereitung oder durch Überraschung zu nehmen ist. Der Angriff wurde Wochen hindurch in unermüdlicher, gefährlicher Spähtrupptätigkeit gründlich vorbereitet. Hauptmann Eduard Barger, der Bataillonskommandant selbst, stieg wiederholt mit den Kompaniekommandanten von der Stellung am Javorček in die wilde Slatenikschlucht ab. Das andauernde Schlechtwetter, das den Italienern auf den gegenüberliegenden Polounikhängen die Sicht auf die Javorčekhänge nahm, begünstigte diese gefährliche Spähtrupptätigkeit im steilen, schwer gangbaren Niemandsland. Jeder Meter Fels auf dem Javorček war ja vom Polounik her eingesehen. Die meisten Erkundungsvorstöße wurden deshalb auch bei Nacht durchgeführt. Es galt hiebei vor allem, italienische Horchgeräte, die das Niemandsland überwachten, auszuschalten. Tatsächlich gelang es in wiederholten Unternehmen, zwei eingebaute Geräte aufzuspüren und zu beseitigen. Damit waren die Voraussetzungen für das Gelingen des Angriffs — die unbemerkte Annäherung an den Feind — geschaffen worden.

Nach gründlicher Aufklärung und Geländeerkundung legte Barger seinen Kampfplan fest. Der Sturm aus der Ausgangsstellung am Javorček war unmöglich. Das Bataillon wäre schon beim Anstieg in den Slatenikgraben im Abwehrfeuer vernichtet worden. Es mußte also noch vor Angriffsbeginn auf Sturmentfernung an die italienischen Stellungen am Polounikhang herangebracht werden. Diese Bereitstellung konnte nur am feindseitigen Hang des Slatenikgrabens erfolgen. Barger legte selber bei wagemutigen nächtlichen Spähtruppunternehmen die Bereitstellungsräume rund 200 Meter unter der ersten italienischen Hangstellung fest. Der Bereitstellungsraum mußte ungehört und ungesehen erreicht werden. Das konnte nur in nächtlichem Abstieg über die gefährlichsten Hänge der Javorčekflanke geschehen. Es wurden deshalb durch Pioniere an allen erforderlichen Stellen Seile angebracht, an besonders schwierigen Abschnitten auch Leitern.

Sturm mit „schwerem Gepäck"

Am 19. Oktober 1917 wurde die Ausrüstung für den Sturm befohlen. Jeder Mann hatte zu tragen: Am Leib Uniform und Stahlhelm; am Leibriemen 40 Patronen, Gasmaske über die Schulter, an den Hüften zwei Rohrhandgranaten; im Rucksack eine Decke, zwei Garnituren Wäsche, Mütze (eventuell Windjacke), drei Eiserne Portionen, 100 Patronen, Waschzeug; am Rucksack Mantel, darüber Zeltblatt, Kochgeschirr, Spaten; Außentasche des Rucksackes: Feldflasche, Eßzeug, Brot,

Rauchwaren, 60 Patronen. Ausrüstung der Stoßtrupps: 40 Patronen, kein Spaten, je Sturmtrupp zwei Drahtscheren, sechs Rohr- oder zehn Stielhandgranaten in Sandsäcken, Kletterschuhe im Rucksack. Ausrüstung der Melder: 60 Patronen in den Rucksacktaschen, eine Leuchtpistole und zehn Leuchtpatronen (sechs weiß, zwei rot, zwei grün), kein Spaten. Unteroffiziere: 120 Patronen.

Alle Dienstgrade wurden eingehend, die Schützen nur allgemein über die Aufgabe der Kompanien unterrichtet. Besonderer Wert wurde darauf gelegt, die Leute aufzumuntern und sie mit Zuversicht zu erfüllen. Das Thema einer eingehenden Belehrung war das Verhalten beim Abstieg von der Stellung zur Bereitstellung im Slatenikgraben. Hier kam es darauf an, den nächtlichen Abstieg vom Gegner unbemerkt zu vollziehen. Den Männern wurde eingehämmert: „Nicht reden, nicht husten. Bei Scheinwerferlicht regungslos liegen bleiben. Wer verwundet wird, hat die Zähne zusammenzubeißen. Kein Laut darf die Kompanie verraten!"

Für den Angriff selbst wurde den Männern eingeschärft: „Niemand hat sich um Gefangene oder Verwundete zu kümmern. Jeder Mann muß mit!" Ausführliche Weisungen galten dem Verhalten bei Tieffliegerangriffen und bei Kampfstoffeinsatz. In Schluchten, Racheln, niederen Gebüschen hält sich das Gas sehr lange, daher vorsichtig betreten oder Gasalarm geben. Lebensmittel, die in vergasten Räumen liegen, sind vollkommen ungenießbar. Die Unterführer wurden belehrt, beim Eindringen in vergaste Räume vor Lebensmittelbunkern Posten aufzustellen. Eine Warnung, die angesichts der hungrigen, schlecht ernährten Männer überaus wichtig war.

Die Bereitstellung

Am 23. Oktober 1917 war das Wetter schlechter als je zuvor. Um die Berggipfel ballten sich Wolken, auf den Höhen schneite es. In den Tallagen fiel Regen. Es war bitter kalt. Um 18.00 Uhr verließen die Kompanien ihre Stellungen und stiegen in Reihe bergab. Jeder Mann wußte, worauf es ankam. Von nun an war völlige Lautlosigkeit oberstes Gebot, jede Unvorsichtigkeit mußte das Bataillon ins Verderben stürzen. Der Abstieg begann 15 Stunden vor dem Sturm. Gegen Mitternacht überschritten die Kompanien den Slatenikbach und stellten sich unter den vordersten italienischen Stellungen bereit. Kein Laut war bei den Italienern zu hören, kein Schuß fiel. Triefnaß und frierend kauerten sich die Männer der 13. und 14. Kompanie an den steilen Hang. Sie hatten jetzt fast zehn Stunden lang reglos zu verharren. Das stellte außerordentlich harte Anforderungen an die Disziplin. Erregung und Nässe ließen keinen Schlaf zu. Die Männer zitterten vor Kälte in der erzwungenen starren Bewegungslosigkeit.

Krise vor dem Sturm

Weckte das stundenlange gewaltige Feuer aus 400 Geschützen in den Männern Zuversicht, so sank das Stimmungsbarometer mit dem Heranrücken der Stunde X, die angesichts des schlechten Wetters im Gebirge auf 9.30 Uhr verschoben worden war, jedoch ohne daß sich die Sicht besserte, immer mehr. Vor allem bei den Offizieren stiegen Zweifel auf. Während des ganzen Vorbereitungsfeuers war nämlich keine einzige Granate auf die italienischen Stellungen vor dem Bataillon niedergegangen. Auch die höher gelegenen Stellungen blieben unbehelligt. Der vorgesehene Feuerschutz der 20 MG war im Nebel nicht durchzuführen. Eine gefährliche Krise entstand. Barger beriet sich mit den Kommandanten der Sturmkompanien. Durfte der Sturm überhaupt gewagt werden? Die Drahthindernisse der Italiener waren unversehrt. Die Besatzung abwehrbereit. Konnte unter diesen Umständen und in diesem Gelände ein Angriff gegen derart festungsartig ausgebaute Stellungen überhaupt verantwortet werden?

Die Lage schien hoffnungslos. Univ.-Prof. Menninger schrieb später: „Wir Offiziere zauderten und kamen aus dem Für und Wider nicht heraus.“ Selbst der tollkühne Oberleutnant Zigurnigg, der Kommandant der 13./IR. 7, zögerte. Angesichts der Zweifel Zigurniggs schien auch Barger zu schwanken. Der legendäre Ruf des als unverwundbar geltenden Zigurniggs und Bargers sowie das am Doberdo erworbene Ansehen todesverachtender Tapferkeit hätten den Entschluß, nicht anzugreifen, gerechtfertigt, ohne Vorwürfe vorgesetzter Dienststellen befürchten zu müssen. Das Schicksal des Bataillons lag in Bargers Hand. Er vertraute, wie er später erklärte, schließlich auf die Mannschaften und auf die Vorbereitungen, die zur Tat drängten. Nach hartem Ringen mit sich selbst gab er fünf Minuten vor 9.30 Uhr den Befehl: „Uhrenvergleich. — 9.30 Uhr Sturm!“

Das Beispiel des Kommandanten

Die 13. und 14. Kompanie brach in ihren 300 bis 500 Meter breiten Angriffsstreifen vor. Die hintereinander in Schützenketten steil aufwärtshastenden Züge überrannten die Feldwachen und erhielten erst vor der Hauptstellung starkes Feuer aus kavernierten MG-Nestern. Sturmtrupps sprengten Gassen in den Drahtverhau. Bei der 14. Kompanie gelang der Einbruch zuerst. Ein Sturmtrupp mit Leutnant Martinkovic an der Spitze drang mit Hilfe einer Strickleiter über eine Felswand überraschend in die Stellung ein. Martinkovic wurde dabei von vier Schüssen getroffen, kämpfte aber mit seiner Pistole und einer Handgranate weiter, bis er von zwei weiteren Schüssen niedergestreckt wurde.

50 Jahre nachher fand ich noch Teilnehmer dieses Geschehens. Der prominenteste war wohl der verstorbene Bundeskanzler Dr. Alfons Gorbach. Der Einjährig-Freiwillige Zugsführer hatte den Einbruch des IV. Baons IR. 7 in die italienischen Stellungen am Polounik bei der 13. Kompanie des Oberleutnants Zigurnigg mitgemacht. Wenige Tage nach der Eroberung des Polounik verlor er beim Vormarsch ein Bein, als er im verwegenen nächtlichen Handstreich eine italienische MG-Stellung angriff.

„Als es dämmerte“, erinnerte sich der Altbundeskanzler, „stiegen wir am 23. Oktober abends von unseren Stellungen am Javorček über die steilen Hänge zum Slatenikgraben ab. Es nieselte und es war bitterkalt.

Schwierige Stellen am Javorčekhang überwanden wir im Abstieg über Leitern, die die Pioniere errichtet hatten. Wir alle waren schwer bepackt. Ich glaube, daß ich damals zum erstenmal einen Stahlhelm trug.

Von Anfang an war uns lautlose Bewegung eingeschärft worden. In tiefem Dunkel überschritten wir, die 13. Kompanie, zugsweise hintereinander den wild tosenden, breiten Slatenikbach und schoben uns unhörbar den steilen Polounikhang bis unter die feindlichen Stellungen hoch. Kein italienischer Posten hörte unsere Annäherung, kein Schuß fiel.

Wir Stürmer kauerten Mann an Mann in Hörweite der Italiener im triefnassen Unterholz am steilen Hang. Zehn Stunden lang. Eine Nervenprobe ohnegleichen. Wir durften nicht sprechen und nicht rauchen. Es war verboten, in der Bereitstellung zu schießen. Etwa auftauchende italienische Patrouillen sollten mit dem Sturmdolch lautlos niedergemacht werden."

Rätselhafter Zwischenfall

„Bleiern rannen die Stunden. Die Erinnerung an die Gedanken und Empfindungen dieser Nacht ist im Gedächtnis ausgelöscht", berichtete Dr. Gorbach. „Aber ein an sich unbedeutsames Ereignis ist mir heute noch lebendig im Sinn:

Wir schmiegten uns an die nasse Erde und lauschten in die Nacht. Plötzlich wurde flüsternd eine erregende Warnung von Mann zu Mann weitergegeben. Links von uns war etwas Rätselhaftes geschehen.

Der Helm eines ahnungslosen italienischen Postens war urplötzlich über steilen Fels in die Tiefe gekollert und mitten in die Sturmausgangsstellung unserer Kompanie geknallt. Wird der Posten nun heruntersteigen, um seinen Helm zu holen? Er muß lautlos unschädlich gemacht werden, ehe er Alarm schlagen und uns alle verraten kann. Flüsternd wurde dieser Befehl von Mann zu Mann weitergegeben. Mit angespannten Sinnen lauerten wir in die Nacht. Aber nichts geschah, nichts rührte sich, kein Ton drang aus den italienischen Stellungen zu uns herunter.

Um 2 Uhr morgens brach dann die Hölle der Feuervorbereitung im ganzen Flitscher Becken los. Als wir am 24. Oktober, um 9.30 Uhr, zum

Sturm aufsprangen, war in den Stellungen über uns noch keine einzige Granate explodiert. Dennoch überrannten wir die gut ausgebaute italienische Feldwachestellung und stürmten den Berghang zur ersten Hauptstellung hoch. Die Abwehr war jetzt stark. Wir hatten Verluste. Die Geschosse zerrissen das dürre Laub, zerfetzten die Äste, links und rechts zwitscherte uns das singende Blei um die Ohren."

Vorwärts zur Jama Planina!

„Wir verschnauften in der eroberten Stellung", sagte Gorbach, „die Spannung ließ nach. Neben toten Italienern hockten wir uns hin und kramten unsere magere Sturmverpflegung aus dem Brotsack. Ein paar Bissen und schon ging es weiter, die Hänge hinauf. Wir stiegen über wilde, felsige, steile, von Schluchten und Gräben zerrissene Hänge des Polounik, wir kämpften uns stundenlang über Felsen und dichtes Unterholz. Es muß gegen 14 Uhr gewesen sein, da erhielten wir aus einer italienischen Reservestellung Feuer."

Das war die letzte Feindberührung an diesem schicksalhaften Tag. Dr. Gorbach berichtet, wie an die 150 Italiener gefangengenommen wurden: „Was sollten wir mit ihnen tun? Es blieb keine andere Wahl, als sie beim weiteren Anstieg mitzunehmen. Je höher die Kompanie stieg, desto dichter wurde der Nebel. Jede Orientierung war verlorengegangen. Wir wußten nicht mehr, wo wir waren", bekannte Gorbach. „Als es zu dunkeln begann, wurde ‚Halt' befohlen. Wir hockten uns dicht zusammen, die gefangenen Italiener mitten unter uns.

In der Nacht jaulten dann eigene Granaten heran. Schrapnells krepierten. Sie galten offenbar den italienischen Batterien auf der Jama Planina. Als es Tag wurde — es war ein klarer, sonniger Tag —, entdeckten wir 100 Meter unter uns einen Weg. Der Pfad führte zur Jama Planina, unserem ersten Angriffsziel. Wir stießen bald auf verlassene Batteriestellungen, auf Tote und Verwundete. Mächtige Stapel von Munition, Gerät und Verpflegung verrieten, daß die Seilbahn aus dem Isonzotal eben erst den Transport der Winterausstattung in die Bergstellungen beendet haben mußte. Wir fanden in den aufgestapelten Lebensmittelkisten lang entbehrte Kostbarkeiten. Die Männer fanden Wein, und es mußte hart eingegriffen werden, um ihre Einsatzbereitschaft zu erhalten."

Univ.-Prof. Dr. Menninger von Lerchenthal schildert den Angriff so:

„Das Vernichtungsfeuer der Batterien durchbrach um 2 Uhr die Stille der Nacht. Nach einigen Stunden wurde es wieder ruhig; es begann erneut, als es Morgen wurde, aber in die italienischen Bunker und Gräben über uns war noch keine einzige Granate eingeschlagen.

Regen und Nebel hüllten uns am Morgen schützend ein; die ganze Flitscher Front war ein einziges Bersten der Minen und Granaten. Nur am verderbenlauernden Hang über uns blieb es unheimlich still. Die Granaten jaulten von den Batterien am Javorček zum Vršič und zu den unzähligen Zielen am Polounik. Die Stunde X rückte näher, aber in die Gräben, die wir stürmen sollten, schlug immer noch keine einzige österreichische Granate ein. Sollten wir gegen intakte Stellungen anrennen? Den Grabenbesatzungen über uns war kein Haar gekrümmt worden. Ihre Maschinengewehre würden uns niedermähen. In dem Nebel wird auch der sorgfältig hinter uns am Javorščekhang aufgebaute Feuerschutz unserer 20 sMG ausbleiben. Alle vorgesehenen Voraussetzungen für den Angriff fehlen. Ist der Sturm unter solchen Umständen nicht Wahnwitz?

Die katastrophale Änderung der ganzen Situation erfüllte uns mit Beklemmung. Noch deutlich sehe ich das Bild, wie sich Hauptmann Barger mit Oberleutnant Zigurnigg, dem Kompaniekommandanten, hinter einem Felsblock berät. Eine Beratung, die wohl eine Stunde gedauert haben mag, ohne daß dabei viel gesprochen wurde. Barger machte schließlich seinem inneren Kampf ein Ende, indem er die Zeit seiner Uhr mit der seiner Offiziere verglich.

Um 9.30 Uhr springen die Sturmtrupps auf, mühen sich mit Sprengmitteln zum Zerstören der Hindernisse am Steilhang hoch. In Wellen hintereinander erheben sich die Züge, hasten auf allen Vieren den Steilhang aufwärts. Zwei Minuten später setzt Infanteriefeuer aus der italienischen Stellung ein. Die Geschosse zwitschern ununterbrochen über unsere Köpfe. Im Gefechtslärm gellt immer wieder der Ruf: ‚Drahtscheren vor!' Eine beängstigende Besorgnis klang in diesem Ruf. Wir liegen fest."

Ist das das Ende?

„Die stürmenden Züge kleben im toten Winkel am Hang. Die folgenden Wellen laufen auf. Im Nu ist die Kompanie ein wirres Durcheinander sich an den Karstfels klammernder Männer. Ist das das Ende? Wird die Kompanie jetzt die Beute der über uns im Nebel lauernden kavernierten MG? In der Tat beginnt über uns ein italienisches MG sein mörderisches Stakkato. Bald setzt ein zweites ein. Ohne Feuerschutz klebt die Kompanie am Steilhang unter den italienischen Hindernissen. Das italienische MG über uns schießt Dauerfeuer.

Da hören wir etwas unendlich Beruhigendes, das uns aufrichtete und Mut einflößte und uns unsere Sicherheit wieder gab: Unser HMG-Zug begann zu feuern. Nie werde ich das aufrüttelnde Hämmern unserer ‚Schwarzlosen 7/12' vergessen, deren Garben über uns in die italienischen Stellungen peitschten und das MG niederhielten, das flankierend zu feuern begonnen hatte. Wir lagen atemlos an den nassen, steilen Hang gepreßt. Alle Züge waren durcheinander. Über uns im Nebelgrau die italienische Stellung.

Und da geschah das Seltsame: Wir sahen plötzlich, wie sich vor uns die Gestalt unseres hochverehrten Kompaniekommandanten erhob. Zigurnigg stemmte sich breitbeinig in den Hang. Seine Gestalt unterm Stahlhelm richtete sich hoch auf. Seine beiden hochgereckten Arme stießen befehlend hinauf zum Feind."

Auf dem Rombon verbluteten am 24. Oktober 1917 die Sturmtrupps des Salzburger Hausregimentes. Im Bild unten: Die Flitscher Klause und die erste Serpentine des österreichischen Kriegsweges auf dem Rombon. Im Talfort und in den darüber liegenden Sperrforts war das Kommando des Flitscher Abschnittes untergebracht.

Mit „Hurra“ bergauf

„In diesem selbstaufopfernden Vorbild des bedingungslos anerkannten Führers lag eine rätselhafte Gewalt. Es gab überhaupt kein Überlegen mehr. Keine Hemmung, keine Angst. Wir erhoben uns und stürmten, ‚Hurra‘ brüllend, in dichten Haufen bergauf. Wie wir durch den breiten Drahtverhau kamen, weiß ich nicht. Hatten die Sturmpatrouillen mit den Drahtscheren schon Vorarbeit geleistet? Ich erinnere mich nur, daß wir mit Gewehrkolben und grobgenagelten Schuhen Stacheldraht und Hindernispfosten bearbeiteten. Aber wie wir wirklich über das Hindernis kamen, vermochte später kein Mitkämpfer zu sagen. Eines aber ist gewiß:

Wenn die Italiener in diesem Augenblick auch nur einen einzigen beherzten Unterführer gehabt hätten, wenn auch nur ein MG in unseren Angriffsstreifen gefeuert hätte, wir wären alle verloren gewesen.“

Univ.-Prof. Dr. Menninger erinnerte sich nicht mehr an die Stärke der Abwehr und auch nicht an die Verluste. „Ich sah beim Aufwärtsstürmen einen Mann mit einer Schußverletzung der Hand zurücklaufen. Rechts neben mir wand sich ein Kamerad anscheinend mit einem Bauchschuß. Das sind flüchtige Bilder, mehr weiß ich nicht.

Als wir in die italienische Stellung eindrangen, sahen wir die flüchtenden Italiener bergauf hasten. Andere ergaben sich.“

Oben:
Österreichische Stellungen am Rombonhang vor der Offensive. Im Tal die Trümmer von Flitsch.

Unten:
Eine Buschreihe kennzeichnet heute die Linie, wo die vorderste österreichische Stellung vor Flitsch verlief. Aus diesem Graben erhoben sich am Morgen des 24. Oktobers 1917 die Steirer zum Sturm auf die italienische Talstellung. Im Hintergrund der Javorček.

Komm.-Rat Ludwig Gelautz (Klagenfurt), damals Stabsfeldwebel in der 14. Kompanie im IV. Baon des IR. 7, entsann sich noch an Einzelheiten:

„Die Italiener wußten, daß wir angreifen wollten. ‚Wann kommt ihr endlich? Wir haben schon die Messer geschliffen', riefen sie schon Tage vor der Offensive über die Slatenikschlucht höhnend zu uns herüber.

Am Abend vor dem Angriffstag turnten wir über steile Hänge am Javorček trotz Regen und pechschwarzer Nacht lautlos in die Slatenikschlucht hinunter.

Durchnäßt, frierend und mit dem vor jedem Angriff unvermeidlichen faden Gefühl in der Magengrube, kauerten wir in der Schlucht, die mit dem wild tosenden Lärm des Slatenikbaches erfüllt war. Ein Glück, daß die Italiener nichts gemerkt haben! Sie hätten in der Mausefalle, in der Slatenikschlucht das ganze Baon vernichten können.

Vor uns stellte sich in der Finsternis der Hang zur ersten italienischen Stellung auf. Von Schlafen war keine Rede. Um 2 Uhr begann das Erdbeben der Artillerieschlacht. Von Stunde zu Stunde warteten wir darauf, daß die bisher noch nicht erlebte Feuerwirkung auch die Stellungen treffen würde, die wir am Morgen stürmen sollten. Aber kein Schuß ging auf sie nieder.

Als wir uns um 9.30 Uhr, klamm vor Kälte und naß bis auf die Knochen, zum Sturm erhoben, da hatten wir mit dem Leben abgeschlossen. Wir hetzten den mörderisch steilen Hang hinauf. Ich hörte das Rattern italienischer MG, aber wir achteten nicht darauf."

An Einzelheiten des Einbruchs konnte sich Gelautz nicht mehr entsinnen, aber ein Eindruck haftete unauslöschlich in seiner Erinnerung:

„Die Sturmwellen robbten sich am steilen, felsdurchsetzten Karsthang mit Händen und Füßen empor. Wir brüllten ‚Hurra!' und in den Kampflärm tönte unentwegt das Sturmsignal. Wir hatten es jahrelang nicht mehr gehört und glaubten nach der Hölle der Materialschlachten am Isonzo, es gehöre der Vergangenheit an. Und hier war es wieder, das alte, aufreizende, anfeuernde, mitreißende, altösterreichische Signal. Ein Hornist blies es, mühte sich aufwärts, stürmte, stand und blies es wieder, immer wieder, dieses Signal, diese rätselhafte, vorwärtspeitschende, verpflichtende Tonfolge, die sogar das Sterben leichter machte . . .

Wir stürmten durch die von den Sturmtruppen gesprengten Gassen, durch die Hindernisse und brachen in die italienische Stellung ein.

Ohne uns aufzuhalten, hetzten wir an den Gefangenen vorbei, den Berg hinauf."

Als es dunkel wurde, befanden sich die Reste des Baons Barger knapp über der Baumgrenze unter der Jama Planina. Die vordersten Teile erhielten wieder Feuer. Erschöpfung, Schneetreiben und einbrechende Dunkelheit erzwangen die zweite Nächtigung in durchnäßten Uniformen. Diesmal aber im Schnee, in einer Höhe von etwa 1500 Meter bei bitterer Kälte. Die Männer hockten sich zusammen. Rücken an Rücken. Die allgemeine Lage war unbekannt. Vom Durchbruch im Tal wußte Barger nichts. Seit 13 Uhr war die Verbindung mit dem Regiment unterbrochen. Vom Rombon war den ganzen Tag über Artilleriefeuer und Gefechtslärm zu hören. Ebenso aus Richtung Vršič, Za Kraju. Weder rechts noch links gab es Anschluß. Hinter sich wußte Barger die festungsartig ausgebauten italienischen Stellungen am Polounik. Sein Bataillon hatte sie ja auf nur etwa 800 Meter Breite durchstoßen, aber weder nach rechts noch nach links aufgerollt. Im Rücken schien die italienische Front noch zu stehen. Das Bataillon hing also scheinbar hoffnungslos in der Luft. Barger wähnte sich eingeschlossen. Die ganze Nacht hindurch waren Marschgeräusche und italienische Laute zu hören. Zusammen mit seinen Offizieren beurteilte Barger die Lage des Bataillons als aussichtslos. Es schien keinen anderen Ausweg zu geben als zurückkämpfen zur Ausgangsstellung. Am Morgen sollte angetreten werden.

Als es aber heller wurde — zum erstenmal schien seit Wochen wieder die Sonne aus strahlend blauem Himmel — rieben sich die Männer vom IR. 7 die Augen. Unter ihren Biwakplätzen verlief der Weg zur Jama Planina. Die Ursache der nächtlichen Geräusche war klar: Da unten lag der Rückzugsweg der italienischen Polounikbesatzung. Barger griff unverzüglich die Jama Planina an, fand aber keinen Widerstand mehr. Dafür verlassene, vergaste Batteriestellungen, Tote, Verwundete und riesige Mengen an Beute aller Art. Unten im Tal lag Karfreit. Der Weg ins Isonzotal war frei!"

Die Überraschung war vor allem gelungen, weil die Italiener nach den Erfahrungen der vorangegangenen Isonzoschlachten mit einem tagelangen Trommelfeuer gerechnet hatten, bevor der Infanterieangriff losbrechen würde; der Angriff um 9.30 Uhr kam unerwartet. Hauptmann Barger erzählte später, er habe in einem italienischen Bataillonsgefechtsstand am Polounik unmittelbar nach dessen Eroberung eine in jäher Hast verlassene, üppig gedeckte Tafel vorgefunden. Sie ließ darauf schließen, daß man noch nicht mit dem Sturm gerechnet hatte. Dabei kannten die Italiener durch die Überläufer von Tolmein und durch abgehorchte Gespräche mit Ausnahme der X-Zeit alle Einzelheiten über den Angriff bis zum Feuerplan.

Zweifellos dürfte auch der Schock durch die in Masse überraschend vor dem Drahtverhau auftauchenden Stürmer im damals noch ungewohnten Stahlhelm die Stellungsbesatzungen erfaßt haben, die durch die jäh von Frontabschnitt zu Frontabschnitt springenden Gerüchte über die furchtbare Wirkung des Gasangriffs im Tal zwischen Polounik und Flitscher Straße wenigstens teilweise demoralisiert waren, obwohl sie selbst keinerlei Feuerwirkung zu überstehen hatten. Immerhin hatten einige italienische Richtschützen auf den Abzug gedrückt. Den Stürmenden war starkes Abwehrfeuer entgegengeschlagen. Der steile, von Felsblöcken durchsetzte, zerklüftete Hang mit dem Buchenwaldbestand bot allerdings tote Winkel und schützte die in viel zu dichten Schützenketten heraufklimmenden Siebener davor, niedergemäht zu werden. Das Bataillon verlor nur 20 Tote und 80 Verwundete. Bei einer Kampfstärke von 800 Mann sind diese Verluste angesichts der ausgebliebenen Artillerievorbereitung gering. Was entscheidend zum Erfolg beitrug, war die Kampfmoral der Angriffstruppe, die im wahrsten Sinn des Wortes zu jedem Opfer bereit war.

Entscheidend für das „Wunder im Slatenikgraben" war aber zweifellos die Persönlichkeit Zigurniggs. Der 35 Jahre alte Oberleutnant, der als Eisenbahningenieur alle Möglichkeiten einer Enthebung vom Kriegsdienst ausgeschlagen hatte, genoß wegen seiner Tapferkeit im Regiment einen legendären Ruf. Er pflegte seinen Leuten immer zu sagen: „Kameraden, bevor ihr tot seid, bin ich tot." Er schärfte ihnen immer ein: „Beim Angriff schaut, wo ich bin." Univ.-Prof. Menninger von Lerchenthal sagte von ihm: „Bei jeder Kampfhandlung — es ist das der entscheidende Moment — kommt es dazu, daß irgendwo die Taktik aufhört und das Drauflosgehen anfängt. Das muß mit Todesverachtung geschehen. Hierin war Zigurnigg unübertrefflich." Zigurnigg ist am letzten Tag der Offensive, am 17. Dezember 1917, am Mt. Asolone gefallen. Er hatte wenige Tage zuvor für seine Tat am Polounik die Goldene Tapferkeitsmedaille für Offiziere erhalten.

Im Slatenikgraben gemahnt heute sichtbar nichts mehr an den Sturm von 1917. Was an Relikten noch da ist, verdeckt die Vegetation. Boris

Ostan, ein alter Flitscher Bergsteiger, der wegen seiner Kenntnis der damaligen Stellungen den Spitznamen „Kaverne“ trägt, fand vor dem Zweiten Weltkrieg im Schluchtgrund des Slatenikgrabens drei Stürmer vom Bataillon Bargers, drei Gerippe. Drei österreichische Stahlhelme lagen einer neben dem andern und drei Rucksäcke ebenso. Die Rucksäcke waren voll mit Munition.

Auch im Süden von Flitsch, auf den Höhen des Vršič waren die dort angreifenden Bosniaken am ersten Angriffstag gescheitert, obwohl der Gipfel des Vršič nach einer großangelegten Minensprengung in die Luft geflogen war. Auch die Krnplatte ostwärts des Krngipfels war gesprengt worden. Die drei gewaltigen Sprengtrichter auf der Höhe 2163 sind heute noch zu sehen. Unter den Blöcken liegen noch die Skelette der Besatzung. Ein vergessenes Massengrab.

Auf dem Gipfel bilden heute Knochen und Blindgänger ein makabres Gipfelkreuz.

Die Sprengungen im Krngebiet hatte übrigens der armeeberühmte slowenische Oberleutnant Mlaker geleitet, der Spezialist des Minenkrieges. Die Slowenen sind heute noch stolz auf ihn, wie man überhaupt im jugoslawischen Isonzotal immer noch von den „Unseren“ spricht, wenn von den Verteidigern der Isonzofront die Rede ist. So ließ auch das Titoregime das Rombondenkmal in Log pod Mangartom unangetastet. Es steht in einem Heldenfriedhof der Monarchie und zeigt einen Kaiserschützen und einen Bosniaken, sie sehen hinauf zu „ihrem“ Berg, dem Rombon!

Armee marschiert mit Regenschirm

Die atemberaubende Schnelligkeit des deutschen Vorstoßes, die Panik und die Auflösung der Kampfmoral erstickten Gegenmaßnahmen der kopflos gewordenen italienischen Führung im Keim. In den folgenden Tagen wurde die italienische Front vom Monte Peralba bis zum Meer in einer Breite von 160 Kilometern aufgerissen. Durch die Bresche stürmten die verbündeten Armeen in die friaulische Ebene.

Auf den Rückzugsstraßen wälzt sich plündernd und waffenlos, zu

Fuß, zu Pferd, mit LKW, das geschlagene italienische Heer. Frontwärts ziehende Reserven werden als „Streikbrecher" beschimpft und aufgehalten. Vom Rombon bis zum Meer fluten die Italiener zurück. Dann stürzt auch die Front in den Karnischen Alpen ein. General Cadorna flieht mit dem Hauptquartier von Udine nach Treviso.

Auf allen Straßen, die vom Isonzo nach Westen und Süden führen, marschieren die Kolonnen der deutschen und österreichischen Angriffsarmeen.

Die Offiziere haben Probleme mit den todmüden, ausgehungerten Soldaten, die in ein Schlaraffenland hineinstoßen, in dem der Wein in Strömen fließt. Sie dürfen nicht verweilen, sie müssen dem Feind auf den Fersen bleiben; das kostet ungeheure Überwindung.

Der Vormarsch war ein Triumph der Disziplin. Natürlich gab es groteske Erscheinungen. Die Leute requirierten im Marschieren. Schuhe, Regenmäntel, Wein, Seife, Schokolade — so im Vorbeigehen. Weil aber der Infanterist seine ganze Habe selbst tragen mußte, legte ihm das Requirieren große Beschränkungen auf.

Gewiegte fanden bald einen Ausweg, vor allem bei den Deutschen: Sie „beschlagnahmten" sich kurzerhand Gefangene. Jeder hatte seinen Italiener, der ihm die Beute trug. Allerdings kamen bald zu viele auf den Gedanken. Zum Schluß wußte man bei manchen Verbänden nicht: marschieren deutsche Soldaten vor oder italienische zurück.

Die Armee mußte mit energischen Befehlen dazwischenfahren. Die Italiener aber taten gerne mit, sie hatten bald heraus, daß es sich mit den Tedeschi und Austriaci nicht schlecht lebt.

Während des Vormarsches öffnete der Himmel seine Schleusen. Helmut Schittenhelm, vom Deutschen Alpenkorps, berichtet: „Bei allen vormarschierenden Truppen ist der Regenschirm zum begehrtesten Ausrüstungsstück geworden. Es war ein geradezu phantastischer Anblick, die marschierende Kolonne unter einer Unzahl von Regendächern zu sehen."

Ein Armeebefehl mußte das Mitführen dieses „zivilistischen Kennzeichens" verbieten.

So sehr die deutschen und österreichischen Divisionen den fliehenden Italienern dichtauf folgten — am Tagliamento, der gewaltige Hochwassermassen führte und zu einem breiten Strom geworden war, staute sich in den ersten Novembertagen 1917 der Vormarsch.

Die Sturmdivisionen, die aus den Bergen herausgebrochen waren, liefen nun vor dem Strom auf. Genau in dem Raum zwischen Gemona, Majano, Coloredo, San Daniele, in der Zone, die das Erdbeben 1976 in eine Trümmerlandschaft verwandelt hat, stellten sich im Oktober 1917 die Divisionen zum gewaltsamen Tagliamentoübergang bereit.

Bosniaken turnen sich am 2. November 1917 nach schweren Kämpfen über die verbogenen Eisenteile der Brücke bei Majano und stürmen das Westufer. Um 11.00 Uhr nachts stehen die Kompanien des Bataillons Redl als einzige Truppe der vier angreifenden Armeen jenseits des Flusses. Der schmale, durch Leitern verbesserte Notsteg verzögert das Nachrücken der Verstärkung. Mit zehnfacher Übermacht greifen die Italiener immer und immer wieder an. Sie haben wohl erkannt, was der verlorene Übergang für sie bedeutet!

Die Offiziere fallen, die Munition wird knapp, die Handgranaten sind verbraucht. Stunde um Stunde verrinnt, die Unterstützung will und will nicht kommen. Den tapferen Bosniaken schwindet die Hoffnung. Endlich, gegen 3.00 Uhr nachts, rückt das bosnisch-herzegowinische Infanterieregiment Nr. 2 unter Graf Coudenhove an. Mit neuer Kraft werden die Italiener von der Straße nach Flagogna vertrieben und in die Weinberge geworfen. Damit wankt im Trommelfeuer auch die Tagliamentofront. General Cadorna befiehlt: Rückzug bis zur Piave.

Der Sturm am Isonzo hatte die ganze italienische Armee in die Flucht gewirbelt. Die Italiener bezifferten ihre Verluste auf 740.000 Mann. 10.000 Tote, 30.000 Verwundete und Gefangene, 400.000 Versprengte, die monatelang nicht mehr greifbar waren. Die Verluste der deutschen 14. Armee sind nicht bekannt. Aber die österreichische Stoßtruppe von Flitsch, 40.000 Mann stark, verlor an Toten nur rund 2000 Mann.

300 Kilometer vom Isonzo entfernt, an der Piave, beginnt man aber schon der Auflösung Herr zu werden.

Dort passieren die Flüchtlingsmassen die Stege. Mann hinter Mann. Von den italienischen Feldgendarmen werden die Offiziere angehalten; wenn sie nicht wissen, wo ihr Truppenteil liegt, führt man sie uferaufwärts. Ein paar Schüsse: mit Schuldigen werden Unschuldige erschossen.

Ein Kreuz auf der Golobar Planina

Auf der Golobar Planina hat Julius Kugy den Durchbruch erlebt. Sie muß einmal die größte und schönste Alm im Flitscher Becken gewesen sein. Nun ist sie trostlos verwachsen. Die Weideböden ersticken in einem Meer von Brennesseln und hohem Gras. In ihm verschwinden die einstigen Pfade und österreichischen Schützengräben. Trotz ihrer Verlassenheit und ihrer Verwilderung läßt sie ihre frühere Schönheit aber immer noch erahnen. Ein dunkler Zauber liegt darauf.

Versunken im Unkraut überdauerte ein Kreuz. Es ist der letzte Rest des Soldatenfriedhofes. Hier liegen irgendwo unter dem Almboden die Gebeine der Österreicher, die auf dem Lipnik, auf dem Vršič und auf der Golobar Planina gefallen sind. Jener Erwin Pöch ist darunter, Julius Kugys junger Freund, das Klettergenie aus Wien, der von Tarvis aus so begeistert in den Krieg gezogen war. 1915, im Sommer, hat es hier auf der Golobar Planina so manche kritische Situation gegeben, und der Vršičgipfel, der im Süden der Alm aufragt, war eine Zeitlang ein blutiger, unheimlicher Ort. Italiener hatten den Gipfel überrumpelt, und die Österreicher hatten sich knapp darunter in dem steilen Hang festgebissen und waren daraus in zahlreichen mörderischen Nahkämpfen nicht zu vertreiben. Vom benachbarten Lipnik mußte die Besatzung oft untätig zusehen, wie am Vršič mit Handgranaten und Sturmdolchen auf engstem Raum gerungen wurde. Bis 1917 blieb die Lage auf dem Gipfel unverändert. Vor der Offensive am 24. Oktober bohrten die Österreicher einen Stollen unter die italienische Gipfelstellung, die nur 15 Meter über ihnen lag, und am Morgen des 24. Oktober 1917 flog sie in die Luft. Die Bosniaken stürmten über verschüttete Leichen im Schneesturm, der über den Bergen tobte.

Hier in diesem Raum zwischen Golobar Planina und Ravne hat Julius Kugy den Aufmarsch zur Offensive und später den Durchbruch von Flitsch im Train der vorgestürmten 55. Infanterie-Division erlebt, einer Elitedivision, die zum großen Teil aus Bosniaken bestand.

Kugy schrieb in seinen Erinnerungen über die Offensive:

„Nachrichten über eine geplante große Unternehmung waren durchgesickert. Sie waren noch dunkel und unklar. Das Ziel unserer Division sei Bergogna, hieß es. Ich erhielt den Auftrag, die Ausbildung meiner Mannschaft zu betreiben. Wir waren jeden Vormittag in den Felsen oberhalb des Versnjiklagers, meine Schüler kamen rasch und schön voran. Dovgan hat sich als Lehrer und Vorankletterer ausgezeichnet. Die Seilbahnen begannen immer fieberhafter zu arbeiten. Plötzlich erschien General Below auf Besuch. Er sprach nach der Meldung ganz kurz und klar: Offensivstoß gegen Italien! Er baue auf gutes Zusammenarbeiten und auf Erfolg! Deutsche Offiziere kamen auf und ab. Wenn sie in die Stellungen gingen, trugen sie österreichische Kappen. Es wurde Postsperre verhängt. Ernste, schneidige Gesichter tauchten bei uns auf; ausgewählte eigene Offiziere, denen von früheren großen Offensiven ein Ruf voranging. Wir arbeiteten schweigend, die Mojstrovkastraße belebte sich immer mehr und mehr, schließlich war sie von endlosen Kolonnen heranrückender österreichisch-ungarischer und deutscher Truppen und Trains bedeckt. In der Nacht fuhr schwere Artillerie. Der Himmel war gnädig. Nebel hingen herein, es schneite wiederholt. Die Fliegerbeobachtung konnte nicht arbeiten, der Feind hat nichts gesehen und einen solchen Umfang der Bewegung auch nicht geahnt. Die zwölf besten meiner Schüler, auf die es auch die 11. Hochgebirgskompanie abgesehen hatte, wollte ich gerne als Bergführerpatrouille bei mir zusammenhalten; mein Vorschlag war schon genehmigt, schließlich mußte ich sie aber ihren Regimentern auf deren Andringen zurückgeben. Ihre letzte Betätigung in den Bergen der Trenta war die Bergung eines feindlichen Fliegers, der, von den Nebeln getäuscht, in einem der Ostkare des Pelc, in der sogenannten Srednjica, auf 1900 Meter Höhe hatte niedergehen müssen. Der Apparat war zerschellt, man hatte den Aufprall bis ins Trentatal hinab gehört. Der Pilot war trotz gebrochener Gliedmassen in 36stündiger tapferer Arbeit allein zur Sohle des hinteren Trentatales gekrochen, der gleichfalls schwer verwundete und halberfrorene Beobachtungsoffizier wurde auf rauhen Steigen herabgeholt. Es ist während des Transportes alles geschehen, um den armen Jungen zu laben und zu erhalten und er war guter Dinge. Trotzdem wurde mir später gesagt, er sei im Spital gestorben.

So kam der 24. Oktober heran, der Tag der losbrechenden Offensive. Wir harrten ungeduldig im Versnjiklager, ich selbst schlief in der Säge östlich desselben, denn Soča war auf Befehl geräumt worden. Es standen dort 30,5 cm-Mörser und Reihen schwerer Haubitzen, die fast unausgesetzt feuerten und man dachte an feindliche Gegenwirkung, die ausgeblieben ist. Wir erfuhren wenig. Das Flitscher Becken sei genommen, der Widerstand der Höhen schwer zu brechen, Scharen von Gefangenen wurden hereingebracht, vom Rombon und vom Prevalasattel herüber drang unausgesetzt der Donner schwersten Artilleriefeuers. Am 25. früh kam vom Gefechtsstandpunkt unseres Divisionärs, Prinz Schwarzenberg, Marschorder. Wir erstiegen über Zaotoko die steilen Waldhöhen des Kozjibreg und kamen nach Golobar Planina. Inzwischen hatte der meisterhafte Rückenstoß der Deutschen von Tolmein nach Karfreit herauf den Feind gänzlich aus der Fassung gebracht und seine dominierenden Höhenstellungen auf dem Vršičkamm und dem Polounikrücken waren vor unseren anstürmenden Kärntnern und Bosniern gefallen. Wir zogen sofort weiter und erreichten gegen Abend die feindliche Stellung auf Kote 1270, die am Vormittag genommen worden war. Im engen Küchenraum einer, vom Volltreffer eines unserer 30,5 cm-Mörser teilweise demolierten Offiziersunterkunft verbrachte unsere kleine Staffel die Nacht. Wir wachten am Feuer. Zwei Verwundete und ein zu Tode erschöpfter Italiener teilten die Unterkunft mit uns. Die ganze Zeit waren Scharen von Gefangenen an uns vorbeigezogen, Golobar Planina zu. Wir sahen, wenn sich Verwundete darunter befanden, viele sehr trostlose und herzerweichende Bilder!

Der Morgen des 26. Oktober zog strahlend auf, und mit ihm die Gewißheit eines geradezu fabelhaften Erfolges. Alle die furchtbaren Höhenstellungen vom Vršič bis zum Krn hin, die der Feind und wohl auch wir selbst für uneinnehmbare Festungen gehalten hatten, waren in unserem Besitz. Ihre Besatzungen zogen als Gefangene an uns vorüber. Ich hatte am Abend vorher unter herumgestreuten Papieren und Fotografien das Bild eines italienischen Hauptmanns gefunden, und es als Erinnerung zu mir gesteckt. Wie war ich erstaunt, als ich plötzlich diesen Hauptmann an der Spitze von 1700 Gefangenen erblickte, die eben in langen Zügen an uns vorbeikamen. Er war am Monte Rosso und nicht auf unserer Kote 1270 gestanden, umso merkwürdiger erschien auch ihm dieser Zufall. Wir schieden mit einem freundschaftlichen Händedruck voneinander.

Die Gefangenen waren fast ausnahmslos guter Dinge. ‚Siamo contentissimi, contentissimi‘, hieß es, ‚la guerra per noi è finita‘. Nur die höheren Offiziere schritten ernst und stumm an uns vorbei. Ein verwundeter Hauptmann, der von seiner Mannschaft getragen wurde, blickte düster auf diese Bilder eines schauerlichen Zusammenbruches. ‚Mi creda', sagte er, ‚sanguina il mio cuore!' (‚Wir sind sehr zufrieden! Der Krieg ist für uns beendet!' — ‚Glauben Sie mir, es blutet mir das Herz!')

Der Kanonendonner klang schon weit von Südwesten herüber, in der Nähe knatterte nur ab und zu Gewehrfeuer auf. Rombon und Prevalasattel lagen noch im schwersten Geschützfeuer.

Wir stiegen die große Automobilstraße über Za Kraju Richtung nach Karfreit gegen Ravne hinab. Was wir da beiderseits des Weges an Beute gesehen haben, läßt sich nicht schildern noch schätzen. Die Italiener hatten alles stehen lassen, und waren Hals über Kopf geflüchtet. Überall die beredten Spuren einer beispiellosen Panik. Das eindruckvollste Bild waren wohl fünf feindliche schwere Haubitzen, die knapp am Straßenkörper nahe aneinander aufgefahren standen; tiefer unten das Ungetüm eines ganz großkalibrigen, auf Automobilrädern aufmontierten Typs, das finster und verlassen mit hochragender Mündung, noch als Beutestück unheimlich drohend, an der Straße harrte. Hatten in den oberen Strecken Trainmaterial, Handwaffen, Helme und Granaten aller Art und Kaliber vorgeherrscht, so waren es tiefer unten mehr Fuhrwerke und steckengebliebene volle und leere Autokarren und Automobile aller Gattungen, dann Minenwerfer. An Gefangenen dürften wir in diesen Tagen 6000 begegnet sein. Wegen der herumliegenden Handgranaten war das Begehen der Straße bei zunehmender Dunkelheit nicht ungefährlich. So kamen wir über Ravne und das noch rauchende Drezenica zu der vom Feinde glatt abgesprengten Brücke über den Isonzo, wo das Chaos einen Höhepunkt erreichte. Wir konnten nicht geradeaus nach Karfreit marschieren, sondern mußten den weiten Umweg über Ladra und Idersco nehmen. In Ladra übernachteten wir in einem italienischen Feldspital. Ein schweres Geschütz feuerte die ganze Nacht hindurch Richtung Matajur. Bei jedem Schuß fuhr ein roter Schein durch das ganze Becken und die Erde erbebte.

Am nächsten Tag setzten Regengüsse ein. Schon in Bergogna waren wir bis auf die Haut durchnäßt. Nur auf einen kurzen Augenblick waren die Wolken auseinandergetreten, und mein Wunsch, den grünen Stol von dieser Seite zu sehen, war erfüllt. Ein Artillerieoberst stand am Wege, er konnte uns endlich sagen, daß Cividale und Udine in unserer Hand sind."

Kugy beschreibt dann den langen Marsch bis zum Grappamassiv und setzt den vielen Tapferen seiner Kanaltaler Hochgebirgsschule, die am Monte Pertica und am Asolone gefallen sind, ein Denkmal.

Rommel am Monte Grappa

Durch das Natisonetal stoßen die deutschen Truppen nach Süden. Auf dem Gipfel des Matajur erhält auch Oberleutnant Rommel den Befehl, mit seinen vier Kompanien in das 800 Meter tiefer gelegene Dorf Masseris abzusteigen; dort gibt es zum erstenmal seit 50 Stunden kurze Ruhe.

Die gefangenen italienischen Stabsoffiziere hat Rommel mitgenommen. Er ladet sie in Masseris zu einem einfachen Abendessen ein. „Eine Unterhaltung kam dabei nicht zustande", erinnert er sich. „Auch das bescheidene Mahl wird kaum angerührt. Die Herren sind zu erschüttert über ihr und ihres stolzen Regimentes Schicksal. Ich verstehe Sie vollkommen und hebe frühzeitig die Tafel auf."

Bei Morgengrauen des 27. Oktober 1917 ist die Abteilung Rommel schon wieder unterwegs im Natisonetal. An einem Teil überqueren die Schützen den reißenden Torrente Torre. Ein italienischer Gefangener, der einen großen Sanitätstornister auf dem Rücken trägt, wird durch die starke Strömung vom Seil gerissen und treibt schreiend, auf dem Rücken liegend, stromab. Rommel gibt seinem Rappen die Sporen und galoppiert dem Italiener nach; es gelingt ihm, in die Strömung zu kommen, ehe dieser untergeht; in Todesangst erfaßt der Italiener den Steigbügel; das Pferd bringt beide an Land.

Der Vormarsch bringt die Abteilung bei Majano, das 1976 durch das Erdbeben zerstört wurde, an den Tagliamento. Am 3. November 1917 erhält sie den Befehl, als Vorausabteilung der steirischen k. k. 22. Schützendivision in die Berge bei Meduno zu stoßen und so rasch als möglich das Piavetal zu erreichen. In der einsamen, verschneiten Felsenwelt der Clautaner Alpen mit ihren wilden Pässen leisten entschlossene italienische Nachhuten erbitterten Widerstand. Bei einem Angriff über eine dachsteile, vereiste Flanke stürzt Hauptmann Gössner Hunderte Meter in die Tiefe; der 60jährige Alpinist und alte Gefährte Rommels war seit 1914 wohl tausendmal dem Tod an allen Fronten entronnen. Hier erfüllte sich sein Schicksal.

Über Cimolais erreicht Rommel mit der Spitze seiner in dramatischen Gebirgskämpfen erschöpften Kompanien bei Longarone die Piave. Es ist das Longarone, das nach dem Zweiten Weltkrieg durch die schreckliche Sturzflut eines aus den Ufern getretenen Stausees so traurige Berühmheit erlangt hat. Über 1000 Menschen fanden damals den Tod.

Hier strömen italienische Divisionen durch das enge Tal nach Süden; Rommels Hauptmacht ist noch hoch in den Bergen, aber er teilt mit einer Handvoll Leuten den Heerwurm der Zehntausenden in zwei Teile. Bei den Durchbruchsversuchen der italienischen Verbände, die, zum Teil noch intakt, aus den Karnischen Alpen zurückströmen, geht es drunter und drüber.

Das Soldatenglück bewährt sich hier wieder, das Rommel so lange nicht verlassen hat. In der Nacht auf den 11. November wälzt sich auf der Straße nach dem Piavebett eine riesige, johlende Menschenlawine auf Pirago zu. Rommel hat etwa 50 Mann bei sich. Sie hören die Masse herantoben; es müssen Tausende sein! Sind es Gefangene? Betrunkene, Überläufer? Rommel zögert den Schießbefehl zu geben. Da ist das dunkle Meer der schreienden schwarzen Schemen heran. Und jetzt feuern sie aus der Hüfte. „Feuer!“ schreit Rommel, aber seine Gebirgsschützen sind schon überrannt, niedergemetzelt. Er selber springt über eine Brückenmauer und entkommt.

Das WGB stößt an der Spitze der steirischen Schützendivision bis zum Monte Tomba vor; hier endet der Siegeslauf der Offensive. Es ist Mitte November. Auf den Bergen des Grappamassives in 1700 bis 2000 Meter Höhe liegt schon Schnee. Fünf französische und sechs englische Divisionen werfen sich im Grappamassiv den vorstürmenden Truppen entgegen, deren Angriffsschwung bereits zu verebben beginnt. Eine Schreckenszeit fängt an, auch für die Schwaben des WGB, das nun im November und im Dezember beim Kampf um den verschneiten Gipfel verblutet. Es gibt kein Holz, es gibt keine Kavernen, es gibt kein wärmendes Feuer; schutzlos preisgegeben ist die Truppe dem Eiswind, den Granaten und dem Erfrierungstod. Im Nu sinken die Bestände der Kompanien Rommels auf ein Drittel herab.

Vielleicht hätte es das „Phänomen Rommel“ im Zweiten Weltkrieg gar nicht mehr gegeben, wenn die deutsche Heeresleitung Rommel nicht Anfang Jänner 1918 dem WGB entrissen hätte. Er wurde zu einem Stab nach Deutschland versetzt.

Die Schicksalsstraße am Grappa

Der Tornado, der am 24. Oktober 1917 in den Julischen Alpen losgebrochen war, verebbte nach einem Vormarsch über 400 Kilometer in den Novembertagen 1917 an der Piave und am Grappamassiv.

An der Piave gelang es zwar am 21. November 1917 bei Zenson einen Brückenkopf zu bilden. Aber die Kraft der Angreifer reichte nicht mehr aus, um die Offensive weiter zu tragen.

Denn auch im mächtigen Grappamassiv, das westlich des Piaveflusses aufragt und den Weg in die Ebene und nach Venedig sperrt, war der Sturmlauf zum Stehen gekommen.

Es hat nach dem Krieg zwischen dem Sieger von Flitsch, dem General Alfred Krauss, und seinen Divisionskommandanten noch lange heftige Auseinandersetzungen gegeben, warum das Grappamassiv der Oktoberoffensive zum Verhängnis wurde.

Der mächtige Bergstock wird in der Angriffsrichtung vom engen Piavetal und vom Tal der Brenta flankiert.

Offensichtlich beeinflußt vom erfolgreichen Talstoß bei Flitsch und Tolmein wollte nun der Kommandant des I. Korps, das den Durchbruch bei Flitsch erzwungen hatte, auch im Grappamassiv den Gegner auf den Höhen nur binden, die entscheidenden Stöße in die Venezianische Ebene aber durch das Brenta- und Piavetal führen.

Aber da taten die Divisionskommandanten, die Generäle Wieden, Schwarzenberg und Rudolf Müller nicht mit. Was bei Flitsch mit viel Glück möglich war, schien ihnen in diesen schluchtartigen Tälern unmöglich zu sein. Sie wollten ihren Divisionen die, ihrer Meinung nach, sinnlosen Blutopfer ersparen. Zwar konnten sie sich dem Befehl des Korpskommandanten nicht widersetzen, sie führten aber die Talstöße mit der gebotenen Vorsicht und kamen dort auch prompt nicht weiter.

Dafür griffen die Divisionen aus dem Raum von Feltre heraus energisch die Höhen an und sie kamen dort verhältnismäßig gut voran.

Allerdings hatten sie keine starken Reserven. Die hielt sich Krauss für die fixe Idee der Talstöße zurück. Er wußte ja nicht, daß seine Generäle gar nicht daran dachten, sich dort zu verbluten. Und so kam es zu jenem dramatischen Novemberabend 1917, an dem die Cadornastraße Italien rettete.

Ein Bataillon des steirischen Schützenregimentes 3, das in Flitsch den Talstoß geführt hatte, war auch hier wieder an der Spitze der deutschen 14. Armee. Eine Kompanie erreichte nach tagelangem Kampf auf den Höhen des Grappamassivs den Monte Pertica. Sie hatte kaum mehr Widerstand gefunden. Drei Kilometer im Südosten ragte bereits der Gipfel des Grappa auf. Von dort aus und von dem ein Kilometer im Süden des Monte Pertica gelegenen Höhenzuges beiderseits des Monte Asolone aus hätten die Angreifer schon die Venezianische Ebene sehen und ungehindert zur Stadt Bassano absteigen können.

Es war an diesem Nachmittag auf dem Grappa keine kampffähige italienische Einheit mehr.

Aber die Steirer, die seit Tagen fast nicht geschlafen, kaum gegessen hatten und ständig im Kampf gegen weichende Italiener gewesen waren, fielen vor Erschöpfung um. Für diesen Tag war ihre Leistungskraft zu Ende.

Das wäre jetzt die große Stunde für die k. u. k. Armee gewesen. Nachfolgende Reserven hätten mit frischer Kraft den Angriff zum unbesetzten Gipfel tragen und entlang der Cadornastraße in die Ebene hinunterstoßen können. Sie hätten Panik ausgelöst.

Aber diese Reserven gab es nicht. Zumindest nicht auf den Höhen. Die warteten auf Befehl von General Krauss im Tal, 20 Kilometer hinter dem Grappagipfel, auf ihr Eingreifen im Talstoß.

Während die Schwarmlinien der todmüden Steirer in den Schnee des Monte Pertica sanken, wurde unten in Bassano ein beherzter italienischer General zum Retter seines Vaterlandes. Er raffte alle verfügbaren Kraftwagen zusammen, verfrachtete das einzige verfügbare Alpinibataillon auf diese ratternden Kisten und hetzte sie über die endlosen Serpentinen der schon 1916 angelegten Cadornastraße auf den Berg. Sie besetzten im Laufe der Nacht ungehindert die nach Nord und West streichenden Hänge und Grate des felsigen Grappagipfels.

Ununterbrochen hörten die Posten der steirischen Dreierschützen das

Gebrumm der Lastwagen. Als das Bataillon am Morgen weiter in Richtung Gipfel vorgehen wollte, schlug ihm bereits wildes Feuer entgegen. Die Stille der Bergwelt über den kargen Almböden wurde zerrissen vom Rattern der italienischen MG.

Das war das Ende der Offensive!

Der Winter kam. Die Truppen gingen in 1700 Meter Höhe in Stellung. Das Grappamassiv wurde zur Hölle der Materialschlacht. Mit furchtbarem Artillerieeinsatz versuchten Italiener, Franzosen und britische Elitetruppen die Österreicher von ihren Höhenstellungen zwischen Brentatal und Piavetal zu werfen. Die Verluste waren erschreckend, solange es noch keine Kavernen gab.

Nur ein Jahr dauerte der Krieg auf dem Grappa. Es fielen auf beiden Seiten je 10.000 Mann, ein unheimliches Gleichgewicht der Leichenberge.

Der Grappa ist heute der heilige Berg der Italiener. Er ist übersät mit Denkmälern. Der Gipfel trägt zwei gewaltige Grabmäler. Noch im Tode liegen sich die italienischen und die österreichischen Gefallenen in den Ossarien gegenüber. Markierte Wege führen zu den Stellungen von einst und die Spuren der Kampfanlagen verraten noch immer auf erschütternde Weise wie arm und materiell unterlegen die Soldaten der Monarchie gewesen waren.

Die Italiener hatten Sprengstoff in unbeschränkten Mengen besessen. Sie hatten für Geschütze, Maschinengewehre, Kavernen riesige Stol-

Oben:
In der Straßenschlucht zwischen Flitsch und Čezsoča. Hier lagen die italienischen Reserven, die vom Gas vernichtet wurden. Das Bild zeigt einen bayrischen Pionier des Gaswerferbaons inmitten toter Italiener.

Unten:
Die Straßenschlucht heute. Rechts Überreste eines italienischen Bunkers. In den Unterkünften hatte das Gas seine furchtbarste Wirkung erzielt.

len in den Leib des Monte Grappa gesprengt. Der ganze Berg ist unterminiert.

Nur drüben im Norden, Osten und Westen, wo die Österreicher lagen, und wo die Gipfel öfter für Stunden den Besitzer wechselten, da hat sich der Sprengstoffmangel in armseligen niederen Kavernen verewigt. Ihre Eingänge sind am Monte Asolone und am Monte Pertica und auf den anderen Höhen meist verschüttet. Da gibt es nirgends betonierte Bunker, nur die Reste von Kampfgräben, die von der Titanenfaust der italienischen Kavernenbatterien immer wieder umgepflügt worden sind. Über die riesigen Sprengtrichter wächst schütter das Gras. Dort wo einst am Asolone die Leichenhaufen von Stürmern und Verteidigern lagen, da huschen im Winter die Gehänge der Schilifte über den einst von Granaten zerfetzten Südhang.

Über die 16 Kilometer lange Cadornastraße, die der vorsichtige italienische Oberbefehlshaber schon 1916 hatte erbauen lassen, rollt heute der Ausflugsverkehr aus Bassano zu den umkämpften Höhen empor. Auch von Feltre aus führt eine Autostraße zum Gipfel. Ihre Trasse folgt der Angriffsrichtung der österreichischen Divisionen, die im November 1917 bis zum Grappa vorgestoßen waren.

Bassano, die Stadt unmittelbar am Fuß des Monte Grappa, ist seit dem Ersten Weltkrieg ein vaterländisches Mekka der Italiener. Das lebensgroße Standbild eines Generals schaut hinauf zum wuchtigen Klotz des Grappa und zu den Serpentinen jener Straße, die im November 1917 eine so schicksalhafte Rolle gespielt hat.

Hier am Grappa sollte sich das Schicksal der Monarchie erfüllen, über die der drohende Untergang in ersten Meutereien im Hinterland schon seine Schatten warf.

Oben:
Unter dem Vršičgipfel war die italienische Stellung nur wenige Meter vom österreichischen Postenstand entfernt. Am 24. Oktober 1917 früh wurde die von österreichischen Pionieren unterminierte italienische Stellung in die Luft gejagt. Die Bosniaken stürmten den Gipfeltrichter.

Unten:
Blick vom Kleinen Schlichtel auf den Rombon. Auf dem vom Gipfel nach Westen streichenden Grat kämpften sich vom 24. Oktober bis 27. Oktober Tiroler Kaiserjäger zum Teil in wilden Schneestürmen und gegen italienische Abwehr zum Prevalasattel durch.

DIE MEUTEREI VON JUDENBURG

AM ISONZO

Triglav blickt in das Sočatal,
Sieht seine Söhne in Eisen und Stahl.

Triglav und Škrat, der lustige Zwerg,
Steigen hernieder vom heiligen Berg.

Triglav, der dreigesichtige Gott,
Treibt mit den Feinden blutigen Spott.

Triglav tötet. Škrat aber lacht. —
Tod und Gelächter der Sočaschlacht.

Der Schriftsteller und Journalist Bodo Kaltenböck schrieb diese Worte vor dem Zweiten Weltkrieg in seinem Buch „Armee im Schatten". Der 1914 aus dem Ruhrgebiet zur k. u. k. Armee eingerückte Fähnrich hat seinem slowenischen Regiment in diesem Buch ein erschütterndes literarisches Denkmal gesetzt. In der Tat gehörten die im Banne der Julischen Alpen aufgewachsenen Soldaten zu den besten der k. u. k. Armee. Nicht umsonst hat Kaiser Karl 1916 nach seiner Thronbesteigung den damals vierjährigen Kronprinz Otto zum Regimentsinhaber eingesetzt. Dieses slowenische Infanterieregiment Nr. 17 trug bis zu seinem Ende die Bezeichnung „Kronprinzenregiment".

Es hat seinem Namen Ehre gemacht. Die Regimentsgeschichte meldet stolz, daß es bei diesem Truppenkörper sowohl in Rußland wie auch an der Front gegen Italien so gut wie keine Überläufer gegeben hat.

Es hielt am Isonzo und in Südtirol eisern dort, wo es hingestellt wurde.

Aber offensichtlich sollte mit der Auszeichnung dieses südslawischen Regimentes nicht nur dessen hervorragende Tapferkeit gewürdigt werden. In Wien wollte ein kluger Kopf damit auch eine weit vorausschauende politische Wirkung erzielen. Dieses ruhmreiche Hausregiment der Slowenen sollte das Regiment des Kronprinzen, also des künftigen Kaisers werden. Eine Symbolik, von der man hoffte, daß sie dazu beitragen würde, das soldatische tüchtige Volk zwischen Triglav und Adria an die Dynastie zu binden. In der Tat waren gerade in Laibach zu jener Zeit auch nationalistische Kreise noch bereit, ein autonomes Slowenien innerhalb einer föderalistischen Monarchie zu akzeptieren. Auch das slowenische Offizierskorps fühlte zwar slowenisch, hielt aber in seiner Mehrheit dem großen übernationalen Reich die Treue bis zuletzt. Und dennoch sollten es Söhne des Landes der Julischen Alpen sein, die mit der „Meuterei von Judenburg" nach der Marinemeuterei von Cattaro ein zweites großes Flammenzeichen setzen sollten, das den Untergang des Reiches eingeleitet hat.

Es war im Frühjahr 1918. Die Verbindung zwischen Italien und der jugoslawischen Emigration hatte die ersten Früchte getragen. Vom 9. bis 11. April 1918 fand auf dem Kapitol in Rom der erste große Kongreß der „von Habsburg unterdrückten Völker" statt. Es kam zu stürmischen „Versöhnungskundgebungen" zwischen Italien und den jugoslawischen Sendboten, zu denen auch der Bataillonsführer Dr. Pivko, der Verräter von Carzano, gehörte.

Das italienische Hauptquartier wurde zum Ausgangspunkt der gegen die Donaumonarchie und vor allem gegen ihre Armee gerichteten Wühlarbeit. Eine große Druckerei in Reggio Emilia besorgte täglich die Erzeugung von Tausenden in allen Nationalsprachen Österreich-Ungarns abgefaßten Flugblättern, die durch Granatwerfer in die österreichischen Schützengräben geschleudert, durch Propagandapatrouillen zu den Horchposten gebracht, durch Flieger über den k. u. k. Armeen und auch über weiten Gebieten in der Heimat abgeworfen wurden.

Dazu traten zahlreiche andere, raffiniert ersonnene Propagandamittel: Grammophone, die zwischen den Linien aufgestellt waren und nationale Lieder spielten, persönliche Verlockungen unterschiedlichster Art. Unter ihnen, alles andere an Zugkraft übertreffend, verführerische Brotlaibe, die, auf den Bajonetten aufgespießt, den Hungernden von drüben gezeigt wurden. Eine außerordentlich gefährliche Waffe, in vollendeter Weise angewendet, bedrohte seit den Tagen des römischen Kongresses den Geist des österreichisch-ungarischen Feldheeres.

Einen Monat nach diesem jugoslawischen Kongreß in Rom kam es im steirischen Judenburg beim Ersatzbataillon des berühmten slowenischen IR. 17, dem Regiment „Kronprinz", zur Meuterei.

Die Motive waren vielfältig. Der größte Feind des guten Geistes war der Hunger. An der Südwestfront betrug damals das Durchschnittsgewicht der Soldaten 50 Kilogramm. Mehr noch als an der Front schlich das Gespenst des Hungers durch die Kasernen der Heimat. Maisklumpen und Dörrgemüse waren die Hauptnahrung. Pferdefleisch war selbst in der Offiziersküche zur seltenen Feinkost geworden.

Zum Hunger kamen noch die nationalen Emotionen. Nicht an der Front. Dort kämpften auch die Landsleute des Verräters Pivko mit bewundernswerter Tapferkeit. Aber in der Heimat wurden die Soldaten immer mehr in die nationalen Strömungen hineingezogen.

Eine verheerende Rolle spielten die Heimkehrer aus Rußland. Von 1914 bis 1917 waren fast zwei Millionen österreichisch-ungarische Soldaten lebend und zum Teil verwundet in Gefangenschaft geraten. Sie wurden im Laufe der Zeit in Sibirien bis an die mandschurische Grenze, nach Turkestan, an die kalten Meere der Murmanskküste, verschleppt. Ihrer 500.000 hatten durch Hunger, Krankheit und Entbehrung den Tod gefunden; 150.000 starben an ihren Wunden. Die russische Soldateska ermordete 30.000. Über 11.000 fielen im russischen Bürgerkrieg. Das furchtbare Schicksal der Kriegsgefangenen hat in unzähligen Büchern und Schilderungen einen ergreifenden Niederschlag gefunden. Eine Anklage gegen russische Unmenschlichkeit ist das Buch „Armee hinter Stacheldraht" von Erich Dwinger. Das Leid stand vielfach kaum dem des Kameraden an der Kampffront nach, nicht selten übertraf es dieses sogar.

Diese Heimkehrer hatten das Chaos der russischen Revolution erlebt und nicht wenige hatten sich daran infiziert. Sie brachten den Bazillus des Bolschewismus mit in die Heimat. Überaus hart empfanden es viele Heimkehrer, daß man sie nach schweren Jahren und oft abenteuerlicher Flucht wieder zu den Fahnen rief. Die Heeresleitung gab ihnen nur zwölf Wochen Erholungsurlaub.

Die meisten von ihnen wollten nicht mehr kämpfen. So stellten diese infizierten Heimkehrer zu der auch sonst schon gewaltigen Zahl von Stellungs- und Fahnenflüchtigen alsbald ein beträchtliches Kontingent.

Wie übrigens auch in Deutschland und anderwärts hielten sich damals bereits viele Tausende waffenfähiger Männer in Stadt und Land verborgen. Im Süden der Monarchie bildeten sich bewaffnete Räuberbanden, die in den Wäldern hausten und von der Bevölkerung aus Sympathie oder Furcht ernährt und dem Zugriff des auch schon bedenklich erlahmenden Armes der Gerechtigkeit entzogen wurden.

Diese „grünen Kader" machten im Sommer 1918 schon eine ganz ansehnliche Armee aus, die auch über Maschinengewehre und sogar über einzelne Geschütze verfügte. Als Kaiser Karl im Mai 1918 bei seinen Antrittsbesuchen in Sofia und Konstantinopel durch das Gebiet der „grünen Kader" fuhr, mußten besondere Vorsichtsmaßnahmen gegen bewaffnete Überfälle getroffen werden.

Eine gleichfalls wohlbekannte Abart von Fahnenflüchtigen stellten die ungezählten Urlauber dar, die mit gefälschten Reiseurkunden wochen- und monatelang ihren Truppenteil stets an der falschen Front „suchten" und dabei auch noch gewinnbringende Geschäfte abzuwickeln verstanden.

Wie ein warnendes Feuerzeichen flammte zu Anfang Februar 1918 in Cattaro ein Aufstand auf den dort liegenden Schiffen der Kriegsmarine auf, der erst durch das Eingreifen von Landbatterien und das Aufkreuzen einer, von Pola herangeholten Schiffsdivision unterdrückt werden konnte. Es wurden Todesurteile vollstreckt. Der Führer der Revolte, ein slowenischer Fähnrich zur See, hatte für alle Fälle ein Seeflugzeug bereitgehalten, mit dem er dann, die Komplicen im Stich lassend, nach Italien flog.

Drei Monate später kam es in allen Richtungen der Windrose bei Ersatztruppen zu Meutereien, die einander in auffallend knapper Zeit folgten. Die Deutsch-Österreicher ausgenommen, waren fast alle Völkerschaften des Reiches beteiligt. Alle Ausschreitungen wurden mit Waffengewalt niedergeschlagen und mit angemessener Strenge geahndet. Aber der Kaiser neigte eher zur Milde als zur Härte. Ganz im Gegensatz zu den Staatsführern auf der anderen Seite der Front.

Aber was sollte auch Härte noch helfen? Mit dem Hunger und den Rußlandheimkehrern war der Geist der Zersetzung in das Ersatzheer gekommen. Genau solche Heimkehrer bildeten den Kern des 1000 Mann starken Ersatzbataillons in Judenburg, das zum großen Teil aus jungen Slowenen des Jahrganges 1900 bestand. Die 18jährigen Rekruten hatten eine achtwöchige Ausbildung hinter sich und sollten zur

Front abgehen. Aber der Marschbefehl kam nicht und es bildete sich bei dieser Truppe eine alkoholfreudige Abschiedsstimmung: „Jeder Tag kann der letzte sein! Also ‚živio', Kameraden!"

Und aus einer betrunkenen Szene heraus sprang der Funke, der die aufgestaute Spannung zur Explosion brachte.

Es fing eigentlich alles ganz harmlos an. Der 12. Mai 1918 war ein sonniger Tag. Auf der Schießstätte in Judenburg fand ein Preisschießen statt. Die Garnison hatte es veranstaltet und außer den Offizieren des Infanterieregimentes Nr. 17 nahmen auch Behördenvertreter, Unteroffiziere und Mannschaften an dem Wettbewerb teil. Die Stimmung war ungezwungen und heiter. Gewiß, angeheiterte Soldaten bildeten schon nachmittags über die ganze Straßenbreite Ketten, marschierten mit der Ziehharmonika, sangen ihre slowenischen Lieder, und alles mußte ihnen ausweichen. Aber nichts deutete darauf hin, daß die Flamme des Aufruhrs wenige Stunden später zum häßlichsten Geschehen in der langen, ruhmreichen Geschichte dieses slowenischen Eliteregimentes führen sollte.

Nach dem Preisschießen begaben sich die Offiziere in ihre Messen, die Mannschaften in die Gasthäuser. Bei dem marschbereiten Bataillon, das zum Teil aus Rußlandheimkehrern, zum großen Teil aus 18jährigen bestand, herrschte die gewisse, durch regen Alkoholgenuß gekennzeichnete Abschiedsstimmung.

Und so muß es wohl passiert sein. Fritz Wolf, Pensionist in Graz, war damals Korporal im IR. Nr. 17. Er war zu dieser Zeit zwar nicht in Judenburg, aber er diente nach der Revolte in einer Frontkompanie des Regimentes, deren Angehörige die unheimliche Nacht von Judenburg mitgemacht hatten. Er sprach slowenisch und tschechisch. Er erinnert sich an die endlosen Gespräche seiner Kameraden über diese Ereignisse.

Die Stimmung war schon lange explosiv. Es gab Widersetzlichkeiten, die Arrestlokale waren überfüllt. Die Leute lungerten zuviel in den Wirtshäusern herum. Dazu kam der Einfluß der Rußlandheimkehrer und der ewige Hunger. Die Leute wurden niemals satt. In dieser Zeit des knurrenden Magens war jeder jedem um einen besseren Bissen neidig. Allein, daß die Offiziere in ihrer Messe eine andere Verpflegung hatten, machte schon böses Blut. Und dann kamen die nationalen Momente dazu. Bei den Rußlandheimkehrern waren Leute, die träumten von einem Jugoslawien und einer Herrschaft des Proletariats in ewigem Frieden. Alles in allem, die Stimmung in diesem Haufen war katastrophal. Und dennoch meinte Fritz Wolf, es hätte zu dem Unheil vielleicht nicht kommen brauchen, wenn der junge unerfahrene Fähnrich nicht gewesen wäre, der als Kaserneninspektion im Barackenlager einen Haufen randalierender Soldaten antraf, die voll wie Strandhaubitzen waren.

Nun gibt es beim Militär eine vernünftige Regel, die man auch bei der Polizei beherzigen sollte: Besoffenen tritt man nicht mit der herausfordernden Autorität des Vorgesetzten gegenüber, sondern behandelt sie mit der Vernunft, die den Betrunkenen abhanden gekommen ist.

Der Fähnrich tat das nicht. Er fuhr mit Befehlen zum Einhalten des Zapfenstreiches dazwischen, und als die aufsässigen Burschen nicht gehorchten, drohte er mit Waffengebrauch. In diesem Augenblick müssen die Dämme geborsten sein. Im Nu waren ein paar Rädelsführer da, die, von allen guten Geistern verlassen, zu toben begannen.

Als erste Maßnahme riefen die Meuterer das Marschbataillon ins Gewehr. „Alarm, Alarm, Alarm", gellte der Ruf durch die Baracken. Die jungen Soldaten, die ihre acht Wochen dauernde Ausbildung hinter sich hatten, zwängten sich in ihre Marschadjustierung und wurden in den Strudel des Geschehens gerissen, ohne zunächst recht zu wissen, was eigentlich geschah. Der Teufel war los. Das Lager wurde zum Hexenkessel. Die Rädelsführer an der Spitze, stürmten die Meuterer die Kanzleien des Lagers und schlugen alles kurz und klein.

Bis jetzt mag alles noch eruptiver Ausbruch aufgestauter Unzufriedenheit und Empörung gewesen sein. Aber jetzt taten die Rädelsführer etwas, was verdammt nach planmäßiger Aktion aussah: sie verschafften sich Munition und sie bemächtigten sich der Standeslisten und ließen sie in Rauch und Flammen aufgehen. Mit diesem Schlag war der Aufruhr von fast 1000 Mann anonym geworden. 1000 Namen waren nicht mehr da, ausgelöscht, verschwunden. Ein Bataillon war für den Kommiß nicht mehr existent.

Die Vernichtung der Standeslisten sollte später eine völlige Aufklärung der Affäre verhindern.

Vorläufig aber nahm das Unheil seinen Lauf. Nach den Kanzleien plünderte die tobende Menge die Kantine des Lagers, und die Beute, die sie dort machte, stachelte die Begehrlichkeit der ewig krachenden Mägen auf.

Wie Lemminge strömten die kopflos gewordenen, schreienden Männer hinter den Aufrührern aus dem Lager: Auf zu den Magazinen der Proviantur, auf zur Militärbäckerei, zum Tabakhauptverlag, zu den Läden in der Stadt! Die Jungen wurden, ungläubig und verwirrt, in den Sog des Unheils gewirbelt. Sie waren die leichteste Beute der Psychose. Alle waren bewaffnet. Die Kolonne wälzte sich schreiend und sinnlos schießend durch die Gassen Judenburgs zum Hauptplatz. Es war 22.30 Uhr. Die Bürger der 6000 Einwohner zählenden Stadt hielten den Atem an.

Die Lawine wälzte sich durch die nächtliche Burggasse zum Hauptplatz. Aber gerade in dieser Burggasse war im sogenannten Burgleitnerstadel die Ersatz-MG-Kompanie stationiert, und diese Kompanie war fest in der Hand ihres Kommandanten Oberleutnant Schluga. Dieser Oberleutnant Schluga aber hatte in jener Nacht Garnisonsinspektion und sah sich nun dem Ungeheuerlichen gegenüber, das da im Barackenlager im Westen Judenburgs vor sich ging.

Er wollte Alarm schlagen. Aber da war nichts, was in Judenburg hätte alarmiert werden können. Die einzige intakte Formation war das 1000 Mann starke Marschbataillon und das meuterte.

Was sonst noch da war, das waren nur Rekruten. In aller Hast wurden sie aus den Betten geholt. Man ließ sie antreten, aber es hatte keinen Zweck, diesen jungen Burschen der ersten Ausbildungswoche scharfe Munition in die Hand zu drücken. Sie hatten noch nie geschossen. So wurde Munition nur an die Ausbildner ausgegeben. Eine einzige Einheit war einigermaßen verwendbar und das war die MG-Ausbildungskompanie des Oberleutnant Schluga im Burgleitnerstadl.

Und die ging auch prompt in der Burggasse in Stellung. Die Meuterer waren bereits zum Hauptplatz durchgezogen. Man hörte sie dort toben, schreien und schießen, und unter den Kolbenhieben zerschellte das Glas der Schaufenster. Die MG-Kompanie machte mit ihren Leuten Front gegen Westen, um weiteren Zuzug aus den Baracken zu verhindern. Ein MG sicherte zum Hauptplatz hin und feuerte zunächst mit Platzpatronen auf die Meuterer. Inzwischen war es in der Kaserne gelungen, aus Ausbildnern und gedienten Leuten sowie wiederhergestellten Verwundeten eine Alarmeinheit zu bilden, und unter dem Kommando eines Leutnants zum Hauptplatz in Marsch zu setzen.

Der junge Leutnant Winder sieht sich einer schrecklichen Situation gegenüber. Er weiß, wie man Stellungen verteidigt, feindliche Gräben aufrollt und in der Hölle der Granaten die Nerven behält. Aber da, auf dem nächtlichen Hauptplatz, den eine einzige Bogenlampe überstrahlt, ist die Welt scheinbar aus den Fugen geraten. Die Welt bestand für ihn und seine Kameraden bisher aus Pflicht, Gehorsam und Disziplin.

Und hier brach vor ihm alles zusammen, was eisernes Gefüge der Ordnung war. Eine brüllende, plündernde Menge vor den Läden; aber auch Haufen, die Front gegen die anmarschierende Einheit machten. Leutnant Winder hatte schon beim Anmarsch befohlen: „Bajonett auf!" Jetzt gellte sein Kommando: „Fällt das — Bajonett!"

In breiter Front, die die ganze Straße ausfüllte, marschierte die Kompanie Winders mit blitzendem gefällten Bajonett gegen die Aufrührer vor. Die drohende eiserne Mauer der Mann an Mann vorbrechenden Bajonette ist tausendfach bewährt bei Assistenzen in der unruhigen Monarchie. Aber so kann man gegen ungebärdige Zivilisten vorgehen, nicht aber gegen Soldaten, die mit dem Tod auf Du und Du gestanden sind.

Aus der Menge tönen Schreie: „Gremo domu" (Auf, nach Hause!) und „Zivio Jugoslavija" (Es lebe Jugoslawien!). Da ist sie, die nationale Parole. Die Anführer wollen damit die aufgebotenen Kameraden auf die Seite der Empörer bringen. Aber noch zündet der Funke nicht. Da trifft den Leutnant eine aus der Menge abgefeuerte Kugel. Er bricht zusammen, und nun überrennt die johlende, schießende Menge die Assistenz.

Alle Straßenlampen in der Stadt werden zerschossen. Im Dunkel stürmen die Rebellen den nur von einem Mann besetzten Gendarmerieposten und die Kaserne, wo alles kurz und klein geschlagen wird. Die in der im Hochparterre befindlichen Messe versammelten Offiziere springen aus dem Fenster. Sie sind waffenlos und flüchten. Die Meuterer versuchen auch, den Burgleitnerstadl zu stürmen, um sich in den Besitz der dort lagernden 19 schweren MG zu setzen. Oberleutnant Schluga läßt nun scharf schießen. Die Garben rattern in die Finsternis. Die Richtschützen zielen hoch. Dennoch sterben bei der Schießerei acht Soldaten.

Im Kaffeehaus auf dem Hauptplatz wird eine 21jährige Kellnerin durch die Kugel eines Meuterers getötet, die einem neben ihr am Fenster stehenden General gegolten haben mochte.

Die rund 92 Offiziere der Garnison zerflattern im Chaos der Nacht.

Einige setzen sich nach Obdach ab. Es sind Frontoffiziere unter ihnen, die Tod und Teufel nicht fürchten, aber angesichts dieser entfesselten Anarchie findet keiner die Energie zur Tat. Allerdings hätte hier auch nur Brachialgewalt geholfen und über die verfügte niemand in dieser Nacht.

Nur Oberleutnant Schluga hält sich in seinem Burgleitnerstadl die ganze Nacht. Später wird er in eine kriegsgerichtliche Untersuchung gezogen, weil sich Leute fanden, die, vielleicht um sich selbst zu dekken, ihn beschuldigten, er müsse es mit den Meuterern gehalten haben. Nach den Ereignissen kam allerdings vom Militärkommando Graz ein für die geflüchteten Offiziere wenig schmeichelhafter Befehl, in dem es hieß, daß der einzige, der scheinbar in dieser Nacht seine Pflicht getan habe, Oberleutnant Schluga war.

Rings um den Burgleitnerstadl, der heute längst nicht mehr existiert, tobte damals der entfesselte Mob. Geplündert wurde die Garnisonsgroßmenage, die Militärbäckerei, das Lebensmittelmagazin der Gußstahlwerke, und alle Magazine von Firmen und der Eisenbahn. Alle Schaufenster wurden eingeschlagen und die Läden ausgeraubt. Dem Posten vor dem Tabakhauptverlag fuhr ein Bajonett zwischen die Rippen. Die schreiende Menge warf Rauchwaren in Bündeln und Kisten auf die Straße. Rucksäcke, mitgebrachte Taschen und Körbe wurden gefüllt.

Denn nicht nur die Meuterer plünderten! Arbeiter des Gußstahlwerkes, meist radikale Marxisten, schlossen sich den Meuterern an. Nach der Unheilsnacht mußten 124 Verhaftungen unter der Zivilbevölkerung vorgenommen werden. 345 Personen wurden wegen Plünderungen angezeigt. Monate später erfuhr z. B. die Gendarmerie, daß eine angesehene Gastwirtin Silberbesteck aus der geplünderten Offiziersmesse angekauft und in einem Misthaufen versteckt hatte. Als eine Gendarmeriepatrouille an der Haustür klopfte, sprang die Wirtin im Nachthemd in die Mur. Sie fand als letztes Opfer den Tod in den Wellen.

Gegen Morgen wurde es in der Stadt ruhiger. Die Plünderer hatten in den Gaststätten Hektoliter Wein und Schnaps getrunken. Jetzt waren die meisten erschöpft. Die Haufen begannen sich zu zerstreuen. Noch Tage später kehrten ausgehungerte, ausgenüchterte Meuterer freiwillig zurück oder wurden demoralisiert und durchnäßt von Patrouillen eingefangen.

Oberstleutnant v. Kiesewetter schreibt in der Regimentsgeschichte des IR. 17: „Gegen Morgen ist es in der Stadt schon ruhiger. Um halb 5 Uhr begeben sich die Kompaniekommandanten bereits zu ihren Kompanien und beginnen Ordnung zu schaffen. Oberstleutnant v. Metnitz geht sodann mit einigen Offizieren und Unteroffizieren in die Murvorstadt und zum Bahnhof hinunter. Unterwegs schließen sich weitere Unteroffiziere an und es können schon einzelne herumstreifende Leute entwaffnet und abgeführt werden. Der Bahnhof ist ausgeplündert, ein großes Rudel von bewaffneten Leuten durchstöbert noch die Magazine. Oberstleutnant v. Metnitz tritt mitten unter sie und kommandiert ‚Habt acht!'. Gewohnheitsmäßig nehmen die Leute Stellung und folgen auch der Aufforderung, die Waffen abzulegen. Nur ein Mann bringt noch sein Gewehr gegen Hauptmann Klein in Anschlag, wird aber von Hauptmann Ratz niedergeschlagen. Auf diese Weise gelingt es, an die 300 Mann zu entwaffnen und in die Stadt zu führen. Um etwa 9 Uhr vormittags war überall Ruhe, und der Dienstbetrieb setzte ein. Um 10 Uhr vormittags kamen mittels Kraftwagen General Kosel und Major von Morawetz vom Militärkommando Graz an. Ersterer übernahm das Kommando über sämtliche in Judenburg befindlichen Truppen und verfügte sofort das Standrecht. Gegen 11 Uhr vormittags kamen die ersten Assistenztruppen an, welche aus Kompanien des IR. 27 und des Gebirgsschützenregimentes 1 aus Graz und Leoben bestanden. Ihnen folgten in den ersten Nachmittagsstunden Abteilungen der IR. 37, 68 und 132, so daß gegen Abend bereits einige tausend Mann zur Verfügung standen."

Im Laufe des Vormittags war ein Haufen von etwa 400 Mann der Meuterer nach Unzmarkt gekommen. Der kluge Bürgermeister ließ ihnen sogleich ein Mittagessen bereiten, „da sich der Weg bis Krain denn doch noch ziehe". Das Essen übte, wie im Felde jede Fahrküche, eine magische Anziehungskraft aus. Mittlerweile aber verständigte das gewitzte Gemeindeoberhaupt die Ersatzkompanie des FJB. 7 und 20 in Murau und Neumarkt. Von den Assistenzkompanien wurden die Leute alsbald umzingelt und nach Judenburg zurückgeschafft.

Einen Tag nach der Meuterei, am Abend des 13. Mai, war der größte Teil der Meuterer wieder in Judenburg in Gewahrsam. Im Laufe der nächsten Tage brachten Patrouillen des Dragonerregimentes 5 und des IR. 47 noch Leute aus dem Lavanttal und aus den Julischen Alpen zurück. Wieviele Leute tatsächlich entkommen waren, ließ sich schwer feststellen, da die Meuterer ja alle Standeslisten vernichtet hatten.

Am 16. Mai tagte in den Räumen des Bezirksgerichtes Judenburg das Kriegsgericht. Vier Soldaten, von denen man wußte, daß sie mit den vielen Hundert anderen an den Plünderungen beteiligt waren, wurden herausgegriffen und angeklagt. Die Verhandlung begann um 9.00 Uhr früh. Um 12.00 Mittag wurde das Urteil gefällt: „Tod durch Erschießen". Die Verurteilten waren: Anton Hafner, verheiratet, Korporal, 30 Jahre, aus Godesic bei Bischoflack; Karl Mozina, ledig, Gefreiter, 25 Jahre, aus Oberlaibach; Alois Stefanic, ledig, Infanterist, 21 Jahre, aus Heiligenkreuz; der vierte war der Infanterist Franz Dantovk, über den keine näheren Angaben bekannt sind.

Zwei Stunden nach dem Urteil, um 14.00 Uhr, war die Vollstreckung des Urteils angesetzt.

Auf einer Wiese in der Nähe des Friedhofes hatte ein Bataillon Ungarn mit Stahlhelmen Aufstellung genommen. Sie bildeten ein Karree, welches nach der Waldseite hin offen war. Längs der Reichsstraße waren die Siebzehner aufgestellt, und ganz Judenburg war zum Richtplatz hinausgezogen. Kurz vor 14.00 Uhr kamen unter starker Bedeckung die Verurteilten: Anton Hafner, den man als Rädelsführer bezeichnete, rauchte ruhig seine Zigarette und winkte den Soldaten und Zivilisten zu. Kurz vorher hatte er noch seinem Vater eine Karte geschrieben mit den wenigen Worten: „Lieber Vater! Teile Dir mit, daß ich heute um 2.00 Uhr erschossen werde." Der 21jährige Stefanic war völlig gebrochen und weinte auf dem ganzen Weg. Die beiden anderen waren sehr gefaßt. Auf dem Richtplatz wurde das Urteil noch einmal verlesen und den Siebzehnern in die slowenische Sprache übersetzt.

Als erster wurde Korporal Hafner in die Mitte des Karrees geführt, die anderen standen streng bewacht abseits und mußten der Hinrichtung zusehen. Hafner kniete nieder, ein Zugsführer verband ihm die Augen und sechs Ungarn unter dem Befehl eines Offiziers vollzogen die Hinrichtung. Von vier Kugeln getroffen sank er rückwärts um und gab noch immer Lebenszeichen von sich. Noch zweimal wurde auf ihn geschossen, und dann folgten die übrigen drei, die vorher dem Sterben der anderen zusehen mußten. Zwei Tage später wurden auf dieselbe Weise wieder zwei Soldaten und zwar der Zugsführer Alois Rogelj aus Suhor, 30 Jahre alt und der Infanterist Franz Hrahonina, 23 Jahre alt, aus Wien gebürtig, erschossen.

Das war sicher eine grausame Maßnahme, aber gemessen an dem, was in Frankreich und in Italien bei Meutereien geschah, war die Sühnemaßnahme so maßvoll, wie es dem humanen Prinzip dieser einzigartigen Donaumonarchie entsprach. In Italien wurden meuternde Truppenteile stets „dezimiert". Die Einheit mußte antreten, der Profoß schritt die Front ab und blieb bei jedem einzelnen Mann stehen. Jeder Zehnte wurde erschossen. So wurden auch in Frankreich meuternde Truppenteile bestraft. Zu jener Zeit, als das Kriegsgericht in Judenburg tagte, ließ Clemenceau in Frankreich einen ehemaligen Minister und einen Zeitungsherausgeber erschießen, weil sie für den Frieden eingetreten waren.

Am 19. Mai schon ließ Kaiser Karl die weiteren Untersuchungen in Judenburg einstellen; er wollte keine Hinrichtungen mehr. Gedankt hat ihm für seine Milde niemand in der Donaumonarchie.

Fritz Wolf erinnert sich: „Die Mannschaft sprach später immer wieder von Hafner; sein Bild wurde verklärt. Es wurde behauptet, daß er unschuldig erschossen worden sei, er habe mit den Plünderungen nichts zu tun gehabt."

Die sechs Meuterer wurden in einem Grab im Judenburger Friedhof beigesetzt und im Sommer 1923 über Auftrag der südslawischen Regierung exhumiert und im Heldenfriedhof zu Laibach unter großen militärischen Ehren bestattet.

Soldaten und Gendarmen suchten in Judenburg noch lange nach der entführten Diebsbeute, und man fand in der Stadt und in der ganzen Umgebung Lebensmittel und Schmucksachen eingegraben. Wie gesagt, 124 Verhaftungen wurden unter der Zivilbevölkerung vorgenommen, 345 Personen wurden angezeigt und über 1000 Hausdurchsuchungen vorgenommen.

Noch im Juni tagte der Senat des Kreisgerichtes Leoben. Es wurden eine Reihe von Zivilpersonen wegen Diebstahl und Hehlerei angeklagt und verurteilt. Pivkos Verrat in Carzano und die Meuterei von Judenburg ist im ersten Nachkriegsslowenien als „Beitrag zur Befreiung aus dem österreichischen Völkerkerker" hochgepriesen worden.

War die Meuterei wirklich ein Aufstand gegen die Monarchie, eine politische Aktion, ein Freiheitskampf, wie ihn die jugoslawische Geschichte dargestellt haben will?

Fritz Wolf sagt: Nein! Ihm waren die Vorgänge in der Mannschaft dieses Regimentes tief vertraut. Alle seine Kameraden, mit denen er bis zum Ende an der Südwestfront stand, waren „Meuterer von Judenburg". Alle hatten die Vorgeschichte und die Ereignisse des 12. Mai mitgemacht und das aufwühlende Erlebnis wirkte auch an der Front noch immer nach. Aus ihren Gesprächsthemen, die in tausend Variationen in den Schützenlöchern und Unterständen wiederkamen, formte sich in Wolf ein klareres Bild, als es Historiker später aus dürftigen Fakten rekonstruieren konnten.

Und Wolf sagt entschieden: „Von Vorbereitungen zu einem Aufstand war keine Rede. Die Ereignisse kamen über die Männer wie ein Ungewitter, das sich entladen hatte. Allerdings, die Erbitterung und die Unzufriedenheit in diesem Bataillon muß gefährlich gewesen sein, und es war offenbar so, daß niemand von den Offizieren, die vielfach nicht Slowenisch konnten, diese schwelende Unzufriedenheit bemerkt hatte.

Das Hauptmotiv aber war der Hunger. Die Mannschaft sollte zum Beispiel 480 Gramm Maisbrot bekommen, doch das stand nur auf der Verpflegsliste. Die Kassen des Bataillonsproviantoffiziers waren übervoll. Er bekam das Geld für die vorgesehene Verpflegung, aber er konnte nirgends Verpflegung kaufen. Als die Meuterei ausbrach, war die Brotlieferung von täglich 500 Gramm für fünf Tage im Rückstand. Die Leute waren geladen. Als es dann am 12. Mai in der Kantine zum Zusammenstoß zwischen dem Fähnrich und den Betrunkenen kam, die die Kantine nicht räumen wollten, krachte es. Aus einem alkoholischen Exzeß wurde eine Kettenreaktion."

Die Regimentsgeschichte des IR. 17 meldet, daß etwa 100 Angehörigen des Regimentes die Flucht in die krainische Heimat geglückt sei. Die Zahl ist zu niedrig gegriffen. Nach späteren Erhebungen waren es 270 bis 300 Mann.

Auf die Haltung des Frontregimentes hat sich die Meuterei des Ersatzbataillons nicht ausgewirkt. Zu den Regimentern, die bis zuletzt ihre Stellungen hielten, gehörte das IR. 17, das Kronprinzenregiment. Einer seiner letzten Offiziere, der 1978 verstorbene Ministerialrat Dr. Strametz, Wien, sagte mir noch kurz vor seinem Tode: „Diese slowenischen Kameraden von einst haben sich bis zum Ende als treue, zuverlässige Altösterreicher bewiesen. Das Regiment war die Verkörperung einer deutsch-slowenischen Schicksalsgemeinschaft."

Nach dem Krieg waren die Kontakte unter den einstigen Kameraden des IR. 17 abgerissen. Und dennoch lebte hüben und drüben die Erinnerung an die Schicksalsgemeinschaft, die in der Hölle der Materialschlacht am Isonzo und in Südtirol entstanden war. Dr. Strametz erzählte mir eine Episode: Er war 1928 mit einem Kameraden vom

Triglav nach Wochein abgestiegen. Beide marschierten in der Finsternis zum Bahnhof. Ein Bauernwagen überholte sie, und Strametz sagte: „Da sollte man mitfahren können.“ — „Gospod Oberleutnant“, tönte es da freudig aus der Dunkelheit, und der Bauer hielt mit einem Ruck die Pferde an. Ein Soldat war es vom Kronprinzenregiment, und er hatte den Regimentsadjutanten von einst an der Stimme erkannt.

Kennzeichnend für das Zusammengehörigkeitsgefühl war das Ende des Ersatzbataillons, das nach der Meuterei von Judenburg nach Tolmezzo verlegt worden war. Von dort marschierte es beim Zusammenbruch 1918 durch das Kanaltal, und die Regimentsgeschichte berichtet: „Am 2. November 1918, um 8.00 Uhr früh, leistet die Mannschaft in gewohnter Strammheit ihrem Bataillonskommandanten die Ehrenbezeugung. Als um 11.00 Uhr Tarvis erreicht ist, erscheinen Hauptmann Knific und Hauptmann Suflaj. Letzterer meldet seine Einrückung vom Urlaub. Hauptmann Knific hingegen weist die schriftliche Vollmacht des Laibacher Nationalrates vor, die slowenische Mannschaft des Ersatzbataillons zu übernehmen und nach Laibach zu führen.

Ähnliches ist erwartet worden, und so spielte sich die Auseinandersetzung in aller Ruhe ab. Oberstleutnant von Metnitz läßt die Mannschaft in Tarvis auf einem Hang neben der Straße Aufstellung nehmen und ruft die Offiziere vor die Front. In ergreifenden Worten erwähnt er die rund 500jährige Zusammengehörigkeit Krains mit den österreichischen Erblanden, die Schicksalsverbundenheit aller bisherigen Teile der alten Monarchie und das über alles Lob erhabene tapfere Verhalten der Söhne Krains in den Reihen der ruhmreichen Armee. Hauptmann Suflaj übersetzt die Rede in die slowenische Sprache und schließt mit einem ‚Zivio‘ auf Oberstleutnant von Metnitz. Brausend stimmt alles ein und im nächsten Moment ist der ausnahmslos verehrte Führer stürmisch umringt. Vom Offizier bis zum einfachen Bauernsohn will jeder seine Hand drücken und im Nu ist er auf kräftige Schultern gehoben und im Kreise auf die Straße getragen. Nun verabschieden sich auch die deutschsprachigen und slowenischen Offiziere untereinander

Menage auf dem Javorček. Von seinem Gipfel stieg in der Nacht zum 24. Oktober 1917 das Baon Barger zum Sturm in den Slatenikgraben ab. Auch der spätere Bundeskanzler Gorbach war dabei.

und bei manchem Händedruck blicken schimmernde Männeraugen ineinander. Die Verpflegsvorräte werden auf die beiden Gruppen, auf deutsche und slowenische aufgeteilt und um ein Uhr nachmittags marschiert die deutsche Gruppe gegen Villach weiter."

Ein erschütterndes Ende im Angesicht der Julischen Alpen, die so lange für Slowenen und Deutsche eine gemeinsame Heimat waren.

Ein schicksalhaftes Ende.

Aber noch war es nicht so weit. Noch stand die k. u. k. Armee ausgelaugt und ausgehungert, aber immer noch unerschüttert, an der Piave und auf dem Grappamassiv.

Oben:
Die einzigen nichtdeutschen Regimenter, die zum Rammstoß im Raume Flitsch eingesetzt wurden, waren die Bosniaken. Die prächtigen Soldaten gehörten zu den Besten der Besten der Monarchie.

Unten:
Ein erbeutetes italienisches Geschütz schwersten Kalibers.

„WELTUNTERGANG“ AN DER PIAVE

Unzählige Touristen passieren jahraus, jahrein auf der Fahrt in ihre Urlaubsorte in Italien die Brücken der Piave. Nicht viele werden dabei gewahr, daß sie den Schicksalsfluß der österreichisch-ungarischen Monarchie überschreiten, daß diese weiten Ebenen beiderseits des Stromes Schauplatz einer gigantischen Tragödie waren, der Anfang vom Ende des Unterganges der Monarchie, der sich im November 1918 hier vollzog.

Hier an der Piave und oben auf dem Grappamassiv verblutete im Juni 1918 die erschöpfte alte Armee im Kampf gegen einen materiell vielfach überlegenen Feind.

Im Juni 1918 verlief die österreichisch-ungarische Front gegen Italien vom Stilfserjoch nach Süden bis zum Gardasee, von dort in westöstlicher Richtung über die Hochfläche von Asiago und das Grappamassiv, nördlich von Bassano bis zur Piave und folgte dann dem Fluß bis an seine Mündung bei Jesolo, das heute zu einem beliebten Badeort der Deutschen und Österreicher geworden ist.

Im Frühsommer 1918 entschloß sich die österreichisch-ungarische Heeresleitung mit einer großen Schlacht eine Entscheidung zu erzwingen, obwohl die Versorgungslage katastrophal war. Personell war es zwar möglich geworden, durch den Friedensschluß mit Rußland die ausgebluteten Divisionen aufzufüllen, aber die Ausrüstung und Bewaffnung war miserabel, die Rohstofflage drosselte die Rüstungsproduktion. Die Artillerie hatte zuwenig Geschütze, und die Geschütze, die sie hatten, waren schon ausgeleiert und schossen ungenau. Das spürte dann die eigene Infanterie. Der Nahrungsmangel hatte ein Massensterben der Pferde zur Folge, die Armee war so für eine Bewegungsschlacht viel zuwenig mobil.

Das Dörrgemüse, das von den Soldaten grimmig „Drahtverhau“ genannt wurde, bildete nachgerade die Hauptnahrung des Heeres. An Brot, meist aus minderwertigem Maismehl erzeugt, erhielt der Mann der Kampftruppe kaum 500 Gramm, in der Krisenzeit oft tagelang nur 125 Gramm. Die Zufuhr von Schlachtvieh war ganz ungenügend und deckte im Durchschnitt nicht mehr als ein Drittel der ohnehin auf 200 Gramm für jeden Mann verminderten Fleischgebühr. Der Mann an der Front bekam daher bestenfalls 160 Gramm Fleisch, die übrigen im Armeebereich befindlichen Soldaten jedoch oft gar keines. Die Fettgebühr betrug nur acht Gramm.

Die höheren Befehlsstellen führten in bewegten Worten Klage über diese Not. So richtete der um das Wohl seiner Truppen sehr besorgte Heeresgruppenkommandant Feldmarschall Boroevic am 17. Februar an den Chef des Generalstabes nachfolgende Depesche: „Verpflegslage bei Isonzoarmee und 6. Armee äußerst kritisch; verträgt keinen Aufschub, da Anzeichen bedrohlicher Lockerung der Disziplin und Erschöpfung infolge der nun vier Wochen andauernden Hungerperiode vorliegen. Rationelle Einwirkung aller Offiziere und aller Kommandanten beginnt zu versagen. All das wurde vorausgesehen und wiederholt darauf hingewiesen, daß unabsehbare Folgen eintreten werden. Wenn die Armeen infolge Hungers zerstört werden, wird das Hinterland gewiß verhungern, weshalb die Lösung dieser Frage nicht zweifelhaft sein kann. Rasche, durchgreifende und ausgiebige Sanierung äußerst dringend."

Der „Hungerappell" Boroevic's verhallte natürlich ungehört. Neun Tage später erfolgte ein neuer Hilferuf, der folgend ausklang: „Bei den Truppen zünden die unausgesetzten Vertröstungen, daß das Hinterland darbt und daß man durchhalten müsse, nicht mehr. Dies umso weniger, als bekannt ist, daß es in der Monarchie noch immer ausgedehnte Gebiete mit unerschöpflichen Verpflegungsmitteln gibt und weil der Mann genau weiß, daß die Versorgung *deutscher* Truppen weit besser ist.

Die Truppen vertragen keine Experimente; sie müssen entsprechend versorgt werden, um leben und kämpfen zu können. Es wird daher nochmals dringendst um energische Maßnahmen gebeten, damit die gegenwärtige Verpflegskrise raschestens behoben werde."

Zum Hunger in der Kampftruppe kamen noch die Beeinflussungen aus der Heimat durch den Ersatz, durch Urlaub und durch die Post.

Italien hingegen hatte sich nach der Katastrophe vom Oktober 1917 wieder glänzend erholt. Die Rüstung war durch die Alliierten wieder auf volle Touren gebracht worden. Sieben französische und britische Elitedivisionen stützten als Korsettstangen die italienische Front.

Diese war im Winter 1917/18 zu einer tiefen und mächtigen Widerstandszone ausgebaut worden.

Was man aber in der österreichisch-ungarischen Heeresleitung nicht rechtzeitig erfahren hatte, das war das neue Verteidigungsverfahren, das auf alliierter Seite nach dem deutschen und österreichischen Durchbruch am Isonzo 1917 entwickelt worden war. Man hatte erkannt, daß es falsch war, die Truppen in den vordersten Stellungen vom Vernichtungsfeuer einer Angriffsmaschine zermalmen zu lassen und diese Linien dann im verlustreichen Gegenstoß wieder zu nehmen.

Die neue Taktik bestand darin, dem Angreifer den nach einem Vernichtungsschlag geballter Artillerieeinwirkung ohnedies nicht zu verhindernden Einbruch in die vordersten, schwach besetzten Stellungen gar nicht zu verwehren, dafür aber außerhalb des Feuerbereiches der feindlichen Artillerie mächtige Eingreifreserven bereitzuhalten, die damals bei den Italienern schon durch Massen von Kraftwagen beweglicher gemacht werden konnten.

Frühzeitig hatten die Italiener durch tschechische Verräter von der österreichischen Absicht erfahren, in einer gigantischen Schlacht im Sommer 1918 eine Entscheidung zu erzwingen. Eine sprungbereite gewaltige Kriegsmaschinerie stand deshalb schon Anfang Juni an der ganzen Front von Jesolo bis zum Astico bereit, um den Stoß der Österreicher aufzufangen.

Und dagegen sollte das unterernährte, miserabel ausgerüstete vielsprachige Heer der Monarchie angreifen?

Aber es blieb keine andere Wahl. Die Bedenken, die von militärischer Seite gegen die große Schlacht erhoben wurden, wurden vom außenpolitischen Druck an die Wand gespielt.

Die Deutschen hatten von Österreich-Ungarn eine Entlastungsoffensive für ihre eigene Schlacht im Westen verlangt. Diese Offensive sollte sieben der britischen und französischen Divisionen in Italien binden.

Vielleicht hätte der Kaiser sich diesem deutschen Wunsch widersetzen können, wenn diese ominösen Sixtusbriefe nicht gewesen wären. Bei einem seiner geheimen Versuche, durch Vermittlung seines Schwagers, des Prinzen Sixtus von Bourbon-Parma, einen Separatfrieden zu schließen, hatte der Kaiser den Franzosen ein Zugeständnis gemacht: Er hatte den französischen Anspruch auf das damals noch deutsche Elsaß anerkannt.

Aber den Franzosen, besser gesagt dem greisen französischen Ministerpräsidenten Clemenceau, ging es nicht um die Beendigung des Krieges, sondern um die Vernichtung der Mittelmächte.

„Krieg, nichts als Krieg“, war seine Parole.

Der „alte Tiger“, der der Meinung war, daß 20 Millionen Deutsche auf der Welt zuviel waren, hängte die geheime, höchst vertrauliche Erklärung des Kaisers rücksichtslos an die große Glocke. Kaiser Karl stand vor aller Welt als bündnisbrüchig da. Sein Ableugnen konnte die Affäre nicht aus der Welt schaffen.

In der Monarchie wurden die Sixtusbriefe trotz der Kriegsmüdigkeit mit schwerem Mißfallen aufgenommen, besonders in ihrem deutschsprachigen Teil. Aber sogar die Tschechen waren gegen einen Separatfrieden, weil sie in einem solchen Fall fürchten mußten, daß Böhmen von deutschen Truppen besetzt würde.

Kaiser Karl mußte eine Beschwichtigungstour nach Deutschland unternehmen. Am 12. Mai 1918 bekräftigte er vor aller Welt seine Bündnistreue zu Deutschland.

Und damit hatten jene Generäle im österreichisch-ungarischen Hauptquartier gewonnen, die für eine, auch die Westfront der Deutschen entlastende Entscheidungsschlacht in Italien eintraten.

Das Verhängnis nahm seinen Lauf.

So trostlos die Verpflegung war, so traurig es mit Munition und schweren Waffen stand, die Stimmung der österreichisch-ungarischen Kerntruppen war relativ gut. Es herrschte überall Zuversicht.

Das Generalstabswerk „Österreich-Ungarns letzter Krieg“ berichtet 20 Jahre nach dem Krieg: „Die Regimenter traten kampfwillig zum Angriff an. Sie fühlten sich den Italienern überlegen und erhofften eine Wiederholung des im Herbst 1917 errungenen glänzenden Sieges. Es soll aber nicht verschwiegen werden, daß die schlecht ernährten und mangelhaft bekleideten Soldaten es heiß ersehnten, sich so wie im Vorjahr aus den Vorräten des Feindes wieder einmal sattessen und neu ausstatten zu können.“

Die opferbereiten Soldaten der Monarchie wußten freilich nicht, daß, zu allem materiellen Ungemach, auch noch die Führung versagen sollte. Die Siegeszuversicht der Truppen stand im Gegensatz zu den Besorgnissen mancher hoher Befehlsstellen, die um die Schwächen des bevorstehenden Unternehmens wußten.

Die Front gegen Italien bestand damals aus zwei großen Abschnitten. Den Teil vom Stilfserjoch bis zur Piave befehligte Feldmarschall

Conrad; die Front an der Piave, von der Brenta bis zur Adria, kommandierte Feldmarschall Boroevic, der „Löwe vom Isonzo", der eherne General, der in der Menschenmühle am Karst in elf mörderischen Schlachten gegen die sechsfache italienische Übermacht siegreich geblieben war.

Dieser Feldmarschall Boroevic bewies mehr politischen Weitblick als Feldmarschall Conrad.

Boroevic sagte nämlich zunächst zur Idee einer großen Offensive rundweg nein. Er erkannte, daß der Krieg in seine letzte Phase eingetreten war. In dieser sollte man seiner Ansicht nach kein Risiko mehr eingehen und nicht alles auf eine Karte setzen: In dieser kritischen Phase sollte die Armee genügend stark sein, um eingeleiteten Verhandlungen Nachdruck zu verleihen.

Erst als die k. u. k. Heeresleitung und der Kaiser nun aus den erwähnten außenpolitischen Gründen auf die Offensive bestanden, fügte sich der Feldmarschall mit Groll und Sorge. Aber er verlangte in seinem Operationsplan, daß seine Heeresgruppe an der Piave den Schwerpunkt der Offensive bilden sollte.

Dieser Wunsch stand nun im Gegensatz zum Plan Feldmarschall Conrads, der nicht an der Piave, sondern auf der „Hochfläche von Asiago", genannt auch „Hochfläche der Sieben Gemeinden", den entscheidenden Durchbruch in die italienische Ebene erzwingen wollte. Diesen Stoß aus dieser Hochfläche herab wollte er schon vor 1914. Er versuchte ihn dann vergeblich bei der Maioffensive 1916. Dieser Plan war bei Conrad geradezu zur fixen Idee geworden. Und diese Idee war im Juni 1918 absurd. Denn der Feldmarschall wußte, daß die Waldzone am Südhang der Hochfläche eine einzige Festung war und daß sie nicht nur von Italienern, sondern auch von britischen und französischen Elitedivisionen verteidigt wurde.

Aber das nahm Conrad nicht zur Kenntnis, und da er bei dem schwachen Kaiser den längeren Arm hatte, wurde auch sein Angriffsunternehmen gebilligt. So erhielt also jeder Heerführer Gelegenheit, seine eigene Offensive zu führen.

Es wurde beschlossen, einen riesigen Zangengriff zu führen, der sich aus „zwei vollkommen gleichwertigen Operationen" von der Gebirgsfront, also von der Hochfläche von Asiago und dem Grappa her, und über die Piave hinweg zusammensetzen sollte.

Ein solcher Zangenangriff verspricht aber nur dann Erfolg, wenn jeder Zangenarm so stark ist, daß sein Zupacken gelingen kann. Das war aber nicht der Fall.

So hatten also am 15. Juni 1918 die österreichisch-ungarischen Armeen auf einer Frontbreite von 140 Kilometer von der Adria bis zu der Hochfläche von Asiago loszustürmen, wobei wahnwitzigerweise nirgends ein massiver Schwerpunkt gebildet worden war.

Am 11. Juni setzten jedoch schwere Regengüsse ein, die Piave führte Hochwasser und wurde zum reißenden Strom. Das schlechte Wetter gefährdete den Erfolg des Gasschießens, das den feindlichen Widerstand hätte lähmen sollen.

Dramatische Stunden für die Führung! Dennoch entschloß sich die k. u. k. Heeresleitung zum Losschlagen am vorgesehenen Termin. Es gelang im Schutze des strömenden Regens die Angriffsdivisionen und das Überschiffungsgerät ohne große Verluste an den vorgesehenen Einbruchstellen an der Piave bereitstellen zu können.

Auf der Hochfläche von Asiago aber setzte das Verhängnis schon frühzeitig ein. Massierte französische, italienische und britische Truppen brachten bereits am 1. Juni den aufmarschierenden österreichischen Angriffstruppen in ihren Sturmausgangsstellungen schwere Verluste bei.

Zudem war es der eigenen Aufklärung nicht gelungen, in dem dichten Wald am Südhang der Hochfläche von Asiago die glänzend getarnten feindlichen Batterien auszumachen. Was sich hier verbarg, konnte selbst mit Fliegerbeobachtung nicht richtig geordnet werden. Bis Ende Mai kannte man nur die Aufstellungsorte von 580 Geschützen, während man aus den Quellen des Spionagedienstes wußte, daß in dem fraglichen Gelände mindestens 1000 Geschütze stehen mußten. Heute wissen wir, daß es 1320 waren. Der Wunsch, die feindliche Artillerie noch vor Beginn des großen Angriffes lahmzulegen, war also schon von vornherein unerfüllbar. Ein schwerer Vorwurf, der FM. Conrad gemacht werden muß, denn auch die meisten Bunker und feuerspeienden, verdrahteten Stellungen in der Dichte der Waldzone kannte man nicht. Dazu kam noch, daß den Truppen Conrads, wie gesagt, nicht nur Italiener, sondern in der Masse Briten und Franzosen von Elitedivisionen gegenüberstanden.

Über all diese Erkenntnisse hatte sich FM. Conrad, offenbar im Vertrauen auf die Wirkung des Gasangriffes, hinweggesetzt. In der Nacht auf den 15. Juni, als die letzten Vorbereitungen getroffen wurden, standen auf der Hochfläche von Asiago oder der „Sieben Gemeinden“, wie sie auch genannt wurde, acht österreichische Divisionen, also fast 100.000 Mann, in geschlossener, nahezu gerader Linie zum Angriff bereit. Es waren bewährte Truppen aus allen Königreichen und Ländern der vielsprachigen Donaumonarchie.

Dieser todgeweihten, sprungbereiten Phalanx gegenüber lagen sieben Divisionen der Engländer, Franzosen und Italiener auf der Lauer. Sie waren über die Absichten ihres Gegners genau unterrichtet, sie kannten sogar den Angriffstermin auf die Stunde genau.

Am 14. Juni, um 23.00 Uhr, eröffneten 1320 italienische Geschütze ihr Feuer auf die Bereitstellungsräume der Angriffsdivisionen. Einzelne Verbände wurden zerschlagen, ehe die österreichische Offensive überhaupt losbrechen konnte.

Auf dem Grappamassiv hatten die österreichisch-ungarischen Angriffstruppen in 1000 Meter Höhe gegen die todbringenden Geschütze und Maschinengewehre der Italiener anzurennen. Ihre eigene Artillerie war schwach. Es war nicht möglich, genügend Geschütze in Stellung zu bringen, weil keine geeigneten Zufahrtsstraßen vorhanden waren.

Die todesmutige Infanterie konnte nicht damit rechnen, daß die feindlichen Stellungen niedergekämpft würden.

Auch an der 55 Kilometer langen Piavefront waren die Italiener auf die österreichische Offensive vorbereitet. Schon am 23. Mai hatte ein übergelaufener tschechischer Leutnant über eine bevorstehende Offensive Mitteilung gemacht.

Am 14. Juni 1918 desertierten dann Soldaten der bereitgestellten Angriffstruppen und kündigten den Beginn der Offensive für den folgenden Tag an. Die Italiener trafen zwar alle Vorbereitungen. Sie nahmen die Masse ihrer Truppen aus den vordersten Stellungen zurück, um sie einem Vernichtungsfeuer zu entziehen, aber sie glaubten nicht an einen Angriff über die hochangeschwollene Piave. Sie hielten einen Übergang für unmöglich.

Die alte österreichisch-ungarische Armee aber machte das „Unmögliche“ wahr.

Statt Gastod nur Hustenreiz

Am 15. Juni 1918 begann um 3.00 Uhr früh an der ganzen 140 Kilometer langen Front vom Meer bis zur „Hochfläche der Sieben Gemeinden“ die schauerliche Symphonie der österreichisch-ungarischen Artillerie. Um 7.00 Uhr früh erhoben sich die österreichisch-ungarischen Armeen mit rund 350.000 Mann zu ihrem letzten großen Sturm.

Aber der Feuerorkan von unerhörter Wucht ging ins Nichts. Das Gas, das die feindlichen Batterien vernichten und das Leben in den vordersten Stellungen auslöschen sollte, wirkte nicht. Es war durch lange Lagerung unschädlich geworden. Es tötete nicht, es löste nur Hustenreiz aus.

Das war ein Todesurteil für die Infanterie, denn auch das gewaltige Zerstörungsfeuer der tausend Geschütze, das auf die vordersten italienischen, britischen und französischen Stellungen niederging, pflügte leere Schützengräben um. In genauer Kenntnis des Angriffsbeginns war die Masse der Verteidiger vorher in eine zweite Linie zurückgenommen worden. Dort stand sie zum mächtigen Gegenstoß bereit, während die vom Gasfeuer unbehelligt gebliebene italienische Artillerie ihren Eisenhagel auf die Sturmwellen niedergehen ließ.

Furchtbar war der Blutzoll der Angreifer auf der Hochfläche von Asiago. Mit unvergleichlicher Todesverachtung drangen Teile der Angriffsdivisionen in die Hölle dieser Waldzone mit ihren betonierten, sich gegenseitig flankierenden MG-Nestern und betonierten Batteriestellungen ein, deren Besatzung in Kavernen mit 15 Meter tiefen Schachteingängen das österreichische Vernichtungsfeuer vollkommen unversehrt überstanden hatten.

Alsbald sahen sich die im Waldgeflecht auseinandergerissenen österreichisch-ungarischen Regimenter schweren Gegenangriffen der Briten und Franzosen gegenüber.

Mehr Erfolg hatten die Österreicher am Grappa. Schlagartig zerriß am 15. Juni 1918, um 3.00 Uhr früh, auch dort der gewaltige Feuerschlag der österreichisch-ungarischen Batterien die Stille der Nacht. Aber der Feind war vorbereitet, und es dauerte nicht lange, dann donnerten auch die Geschütze der Italiener. Schwerer Eisenhagel wuchtete auf die Sammelräume der Angreifer nieder.

Als die Sturmtruppen um 7 Uhr früh gegen die betonierten Bollwerke der Italiener vorbrachen, schlug ihnen überall rasendes Feuer entgegen. Auch hier hatten die Gasgranaten ihre Wirkung verfehlt. Das Feuer der österreichischen Batterien war nach späteren italienischen Berichten weder zielsicher noch planvoll, es ging ins Nichts.

Dennoch waren ungarischen und kroatischen Regimentern auf dem rechten Flügel der Angriffsdivisionen, also auf den Bergkuppen im Westen des Grappamassives, überraschende Einbrüche gelungen. In weniger als zwei Stunden waren vier stark befestigte Linien der Italiener durchbrochen und zwei italienische Regimenter zerschlagen worden. Ein Loch klaffte in der italienischen Front.

Wirrwarr auf dem Grappa

Die italienische Führung war bestürzt. Alarmmeldungen hatten die italienischen Reserven im Brentatal beinahe schon zum Rückzug veranlaßt. Schon wurden Maßnahmen getroffen, um unten in Bassano, in der Ebene, im Falle des Verlustes der Grappastellungen eine neue Front aufzubauen. Aber tragische Fehler und Mißverständnisse bei den Angriffsverbänden und das Abreißen aller Verbindungen zur höheren Führung hatten zum Verhängnis geführt.

Die durchgebrochenen österreichisch-ungarischen Truppen waren bis zum Südrand des Grappamassivs vorgestoßen. Schon sahen sie vom Col del Fagheron hinunter auf Bassano und die Ebene, an deren Horizont bereits die Adria schimmerte. Aber ihre Reihen waren gelichtet, die Verbände waren durcheinandergeraten, die Munition war ausgegangen, alle Drahtverbindungen nach rückwärts waren abgerissen und Funk gab es damals ja noch nicht. Die vorgeprellten Stürmer sahen sich plötzlich aufgesplittert und hoffnungslos verlassen hinter der aufgerissenen italienischen Front. Sie hätten, wenn sie stark genug gewesen wären, ohne Widerstand nach Bassano in die Ebene absteigen können.

Aber die sehnsüchtig erwartete Verstärkung der zweiten Angriffswelle kam nicht nach. Diese war im mörderischen Geschoßhagel des Sperrfeuers der kavernierten italienischen Batterien zersplittert. Teile der nachfolgenden Regimenter irrten führerlos im feindlichen Geschützfeuer umher, alle Offiziere waren gefallen oder verwundet worden.

Und jetzt kam es zur Tragödie. Um ca. 18 Uhr kamen zwei versprengte Bataillonskommandanten jenes IR. 85, das u. a. den Durchbruch erzielt hatte und bis zum Col del Fagheron und dem Col Moschin vorgestoßen war, zum Brigadier zurück und erstatteten eine folgenschwere Falschmeldung. Sie berichteten, daß die Stürmer am Fagheron keine Munition mehr gehabt und den Berg deshalb wieder aufgegeben hätten. Am Col Moschin hätten sich die Reste der vorgebrochenen Truppen mit Steinen gewehrt und hätten sich dann zurückgezogen. Die Überlebenden gingen angeblich, von den Italienern verfolgt, auf den Col Miglio zurück.

In dieser scheinbar bedrängten Lage ließ die Brigade nun die österreichische Artillerie geballtes Sperrfeuer auf die angeblich geräumten Höhen legen, um die Italiener am Nachrücken zu hindern.

Aber diese Höhen waren gar nicht geräumt. Da waren auch gar keine Italiener. Hier hatten die Reste des IR. 85 und IR. 67, Ungarn und Kroaten, mit sagenhafter Tapferkeit ausgeharrt, obwohl sie keine Munition mehr hatten und in völliger Unkenntnis der Lage waren.

Jetzt jaulten plötzlich Granaten heran, aber nicht vom italienischen Grappagipfel her. Zum Teufel, das waren österreichische Granaten. Die eigenen Batterien hämmerten auf die Tapferen nieder, sie mußten den Eisenhagel hilflos über sich ergehen lassen, denn sie hatten nicht einmal Leuchtraketen, um dem Wüten der eigenen Batterien ein „Halt“ zu signalisieren. Aber sie gaben in heroischer Haltung den eroberten Raum sogar jetzt noch nicht auf.

Gegen Abend setzte dann auch noch italienisches Artilleriefeuer ein und vollendete das Massaker. Als die Italiener am 16. Juni, um 7 Uhr früh, gegen die vorgebrochenen, isolierten Spitzen der österreichischen Angriffstruppen zum Gegenstoß antraten, waren nur noch 25 Offiziere und 250 Mann am Leben, die dann, seelisch zerrüttet, in Gefangenschaft gingen.

Auch im mittleren Abschnitt der Front auf dem Grappamassiv gelang den österreichisch-ungarischen Truppen der Einbruch. Es ist dies jener Raum westlich des Gipfels, der heute von einem riesigen Ossarium für die Gefallenen beherrscht wird.

Damals, am 15. Juni 1918, in der Frühe, waren die Truppen aus der ungarischen Tiefebene trotz der schlechten Artillerievorbereitung, trotz des Versagens der Gasgranaten und trotz des italienischen Feuerorkans im Raum des Monte Asolone durchgebrochen und hatten 2000 Gefangene gemacht.

Eine Sturmabteilung erreichte an diesem Tag gegen 13 Uhr bei der „Osteria la Cibera" auf der Südseite des Grappa die Cadornastraße, die sich von Bassano heraufzieht. Eine in einer Rechtskurve in den Fels eingelassene Tafel erinnert heute an den südlichsten Punkt, der damals von den österreichisch-ungarischen Truppen erreicht worden war.

Aber auch dort blieb diese vorgeprellte Sturmabteilung allein. Wieder waren alle Drahtverbindungen nach rückwärts abgerissen, die Truppen gerieten im Sperrfeuer der italienischen Batterien auseinander, es herrschte vorne eine heillose Verwirrung, während die Stäbe rückwärts keine Ahnung von der Lage hatten.

So konnte es kommen, daß auch hier Falschmeldungen über einen italienischen Gegenangriff und einen angeblichen Verlust des Eckpfeilers Monte Asolone die Führung in Panik zu Defensivmaßnahmen veranlaßte, statt den tatsächlich erzielten Durchbruch und die italienische Verwirrung tatkräftig auszunutzen.

General Horsetzky, der Kommandant des im Grappaabschnitt eingesetzten XXVI. Korps, schrieb später: „Die Italiener hatten gar keinen Angriff auf den Asolone unternommen. Noch am Vormittag des nächsten Tages war auf 1,5 bis 2 Kilometer vor unserer Front kein Feind zu sehen. Es war, als ob ein böser Geist am 15. Juni abends auf der Alpe sein Unwesen getrieben hätte."

Nicht nur am Südrand, auch im östlichen und nördlichen Teil des Grappamassives gelangen Bosniakenregimentern und dem IR. 7 auf dem Solarolo und der Sternkuppe überraschende Einbrüche. Der in Klagenfurt lebende Pensionist Martin Schratzer: „Ich erinnere mich an einen wahren Berg von Leichen."

Dr. Ferdinand Wotzelka, Selztal: „Wir Siebener stürmten, an zahllosen verwundeten und toten Bosniaken vorbei, die Sternkuppe. In einem grellen Blitz verlor ich das Bewußtsein und wachte erst Tage später verwundet in einer Kaverne auf."

Allen tollkühnen Durchbrüchen zum Trotz: Der Angriff auf dem Grappa scheiterte schon am ersten Tag.

Sturm über den Schicksalsfluß

Am 15. Juni, um 3 Uhr früh, brüllten am ganzen Piavelauf vom Grappastock bis zum Meer die österreichischen Geschütze los. Eine Feuerzunge lief die Ebene entlang. Tausendstimmig brüllte sie auf. Tausende Abschüsse vereinigten sich zu einem Stahlgewitter von schrecklicher Wucht. Im dichten Nebel, der vielfach über dem Fluß lag, standen 240.000 Mann der Heeresgruppe Boroevic zum Sturm über die Piave bereit.

Um den Kampfereignissen näher zu sein, hatte sich der Feldmarschall, der „Löwe vom Isonzo", um 3 Uhr früh nach Oderzo begeben, um vom Kirchturm aus Augenzeuge der entbrennenden Schlacht zu sein.

Nach dem Operationsplan sollte hier aus dem Raum Oderzo der Stoßkeil des Angriffes die italienische Verteidigung am Piaveufer überrennen und Treviso erreichen.

Tausende von Granaten pflügten die italienischen Stellungen um. An der 55 Kilometer langen Front erwiderten die Italiener das Feuer dennoch mit solcher Wucht, daß es stärker war als das der Angreifer. Trotzdem stürzten sich um 6.45 Uhr die zur ersten Welle gehörenden Truppen mit todesverachtendem Drang nach vorn, um so schnell wie möglich das Feuer zu unterlaufen und das Westufer des hochangeschwollenen, reißenden Flusses zu gewinnen.

Heute ist die Piave ein ruhiges Wasser, die Kraftwerksbauten am Oberlauf haben ihr die Wucht genommen. An jenem 15. Juni 1918 aber schaukelten Tausende von Pontons, bis zum Rand mit todgeweihten Soldaten der Monarchie beladen, über reißende Wellen, aus denen die Wasserfontänen der italienischen Granaten hochschossen.

Einer von den 240.000 Kämpfern an der Piave hat später seine Eindrücke aus seinem Gesichtswinkel geschildert, der Batteriekommandant

Oberleutnant Fritz Weber. Er schrieb: „An den Übersetzungsstellen raste ein Feuerorkan von unerhörter Wucht. Ohne Pause erfolgten die Einschläge, schwarzer Rauch stand wie eine Mauer die Piave entlang. Die Hindernisse an den Uferböschungen sind verschwunden, die Stellungen Trümmerhaufen. Aber die Kraft der feindlichen Artillerie ist ungebrochen. Ihre Fesselballone, von Kampffliegern bewacht, sehen alles, was da vorgeht. Unsere Flieger waren trotz heldenmütiger Aufopferung der feindlichen Abwehr nicht gewachsen. So kam es, daß die Sicht des Feindes während der ganzen Schlacht ungestört blieb und uns fürchterliche Verluste beibrachte.

Pioniere stürzen sich im Feuer an die Ufer. Im nächsten Augenblick schwimmen Pontons auf dem Wasser, reihen sich aneinander, Balken werden darübergeworfen, Glied um Glied wächst die Brücke.

Wir sehen dem Schauspiel atemlos zu. Schon ist das Feuer der Italiener zurückgenommen. Schrapnells krepieren zu Dutzenden über dem Fluß, Granaten reißen schäumende Fontänen hoch. Aber die Brücke wächst und wächst, immer neue Eisenkähne werden von den Tollkühnen hinausgestoßen. Da und dort schlägt ein Volltreffer in die dichtbesetzten Pontons, Menschen treiben im Wasser, verschwinden mit fuchtelnden Armen, tauchen wieder auf, kämpfen verzweifelt um ihr Leben, werden vom Gewicht ihrer Ausrüstung erbarmungslos in die Tiefe gezogen.

Infanterie läuft die Böschung herunter, geht im Laufschritt über die schwankende Brücke. Da und dort ein Schrapnell, das mit heißem Blei in sie schlägt. Schreie gellen auf, wieder treiben Menschen in den grauen Fluten. Aber die ersten sind drüben, eine Kompanie, eine zweite. Schon atmen wir auf, als plötzlich eine schwarze Rauchwolke aus der Mitte der Brücke springt. Volltreffer! Das schmale Band ist entzwei, die Trümmer schwimmen im Fluß. Haufen von Menschen springen entsetzt ins Wasser, waten, ringen, versinken; andere gewinnen das Ufer, fallen unter dem Bleihagel der verfolgenden Schrapnells. Der Fluß ist eine Feuerhölle, aber da geschieht das Unfaßliche: Die Pioniere machen sich ein zweites Mal an die fürchterliche Arbeit. Ohne Zögern stürmen sie vor, neue Pontons erscheinen auf den spritzenden Wellen, werden aneinandergereiht und verbunden."

Das letzte Opfer der Pioniere

Fritz Weber erinnert sich: „Die Pioniere laufen auf dem schmalen Gerippe hin und her, legen Pfosten an Pfosten, werden im Laufen getroffen, stürzen, fallen ins Wasser. Die Luft zischt und heult, weiße Schrapnellwölkchen springen in ganzen Ketten aus dem Himmelsblau, der Fluß brodelt vor Füllkugeln und Granaten. Es dauert, dauert eine Ewigkeit, bis sie das andere Ufer gewinnen.

Die Brücke steht ein zweites Mal! Wieder laufen Infanteriemassen zum Wasser hinunter, rennen über das schwankende Band, klimmen die Böschung drüben hinauf. Das feindliche Feuer wettert ohne Unterlaß. Aber es ist, als hätte der blinde Zufall mehr Einsehen mit dem Heldenwerk der Pioniere als der Mensch es mit dem Menschen hat. Die Brücke steht im kochenden Wasser, da und dort splittern Bretter und Balken unter den Einschlägen. Menschen fallen, die anderen hasten über die Leiber der Gefallenen hinweg.

Österreich-Ungarns Pioniere, die Helden der Donau- und Saveübergänge, haben am 15. Juni 1918 traurigen Angedenkens ihren ehrenvollsten Tag erlebt. Es war zugleich der Tag ihrer Vernichtung. Siebzig Brücken und Stege wurden von den Tapferen über die Piave gebaut. Das gesamte Brückenmaterial des Reiches ging dabei zugrunde, ungezählte Söhne unseres Vaterlandes ertranken in den Wellen des Flusses, der das Schicksal der Monarchie besiegeln sollte. Die Tausende lenkten alle Höllen der feindlichen Abwehr auf sich, um der alten

Oben:
Hier an der Piave endete der deutsch-östereichische Vormarsch im November 1917. Buschwerk säumt heute wieder die Ufer dieses Schicksalsflusses der Monarchie.

Unten:
Das Grappamassiv. Der Gipfel hätte am 27. November 1917 kampflos besetzt werden können, aber das steirische Spitzenbaon am Monte Pertica sank in der Nacht total erschöpft in den Schnee. Reserven waren nicht vorhanden.

Boccaor
Col dei Prai
Mte. Grappa
Mte. Coston
Mte. Pertica

Armee noch einmal den Weg zum Sieg zu bahnen — jeder von ihnen ein Märtyrer zum Heil des Ganzen. Daß wir unterlagen, war nicht ihre Schuld."

„Aller Gegenwehr zum Trotz", erinnert sich Weber, „gelingt es in den ersten Vormittagsstunden gewaltige Infanteriemassen über den Fluß zu schaffen. Die italienische Dammstellung ist in unserer Hand, aber es ist kein Sieg, sondern eine furchtbare Enttäuschung. Auch hier hatten ungezählte Gasgranaten und Brisanzgeschosse vergeblich gewütet, die Stellungen waren schon vor Beginn unseres Feuers geräumt worden. Riesige Mengen von Munition sind in leeren Gräben verpufft."

Das Wichtigste, den Gegner festzuhalten, ihn mit dem ersten wuchtigen Stoß zu zerschmettern, ist mißlungen. Die Brücke ist zwar ziemlich beschädigt, große Löcher klaffen in ihrem Boden, aber die Honvéds turnen in langer, dünner Kette hinüber. Sie laufen um ihr Leben. Jede Kompanie, die aus den Deckungen geht, um den Übergang zu wagen, hat schon schwere Verluste, noch ehe sie die auf- und niederschaukelnden Bretter betritt. „Neben mir liegt ein Major", schreibt Weber, „Kommandant des Bataillons, das eben den Fluß übersetzt. Das Monokel ins Auge geklemmt, die Zähne zusammengebissen, sieht er der Dezimierung seiner Truppe zu. Die Muskeln in seinem braunen Gesicht beben vor Erregung, von Zeit zu Zeit wühlt er mit den Fingern in seinem Blusenkragen, als fürchte er, ersticken zu müssen.

Drei Kompanien sind schon drüben, nur die Maschinengewehrabteilung müht sich noch mit ihren Traglasten am Brückenkopf. Da schlägt eine schwere Granate mitten in den Schwarm, reißt einen fürchterlichen Trichter, an dessen Ränder sich Getroffene wälzen. Der Major packt mich am Arm, rüttelt mich in seiner Verzweiflung. ‚Die Trottel!', brüllt

Oben:
Ein Fliegerabwehrgeschütz an der Südwestfront. Die Wirkung war sicher nur eine moralische.

Unten:
Die österreichischen Flugzeuge erreichten in der ersten Phase des Krieges nur eine Höhe von 2000 Meter. Sie waren deshalb im Gebirge zur Artilleriebeobachtung nicht einzusetzen.

er los. ‚Die verdammten Idioten! — Schau dir meine armen Kerle an! Warum, zum Teufel jagt man sie da hinein? Sie gehen ja alle zugrunde! — Sind denn die hinten ganz von Gott verlassen? Das ist ja entsetzlich! Ich kann nicht mehr zuschauen, ich . . .‘

Er knirscht mit den Zähnen, das Monokel in seinem Auge bohrt sich tief ins Fleisch.“

Über die Lage am Westufer verdanken wir Fritz Weber einige Blitzlichter: „Aus dem Ufergehölz sausen Minen hoch, das Bersten wird ein ums andere Mal von den furchtbaren Detonationen der Dreißiger-Mörser überdröhnt. Gefallene liegen lang ausgestreckt im hellen Sonnenlicht. Ein Infanterist humpelt vorbei, sein rechter Fuß ist am Knöchel abgerissen, blutig ragt der Knochenstumpf aus der zerfetzten Wikkelgamasche. Der arme Teufel hat das Gewehr wie eine Krücke unterm Arm und sucht verzweifelt in Deckung zu kommen, ehe ihn die nächste Schwere in Stücke reißt. Ein Leutnant schreit: ‚Meine Augen, meine Augen. Es ist nicht mehr auszuhalten. Hilfe, meine Augen!‘ Sein Gesicht ist ein blutiger Klumpen.“

Und die eigene Artillerie schießt in die eigenen Reihen. Fritz Weber, der als Batteriekommandant mit seinem Beobachter mit der Infanterie vorging, schildert eine Szene: „Rote, grüne und weiße Leuchtpatronen schwirren hoch, Maschinengewehre hämmern, Gewehrfeuer knattert. Die Italiener kommen! Ihre Granaten schlagen jetzt hinter uns ein, aber die eigenen krachen mit höllischer Ausdauer in das Dorf, in die eigene Infanterie. Einige Honvéds sind in unserer unmittelbaren Nähe, ich höre sie fluchen und weiß, daß diese Flüche uns gelten, daß sie uns Artilleristen erbarmungslos niederschießen, wenn sie uns erkennen.

Wir kauern nebeneinander und schauen in die flammende Nacht hinaus. Bei jedem Aufheulen von rückwärts hoffe und glaube ich, daß sie hinten endlich begriffen haben und um hundert Meter oder zweihundert Meter weiter schießen werden. Aber die Einschläge liegen noch immer zu kurz, sie müssen unter der eigenen Infanterie gräßliche Verheerungen anrichten. Trotzdem hält die Linie. Man sieht die Italiener zurückgehen, verfolgt von schwerem Maschinengewehrfeuer und dem rasenden Schießen der Honvéds.

Endlich wird es stiller. Auf welch weitem Umweg es gelungen ist, die Batterie zu verständigen, daß sie cineinhalb Stunden in uns hineingepulvert haben, weiß ich nicht. Aber dieses höllische Kreuzfeuer hätte nicht länger anhalten dürfen, ohne daß alles, was noch Beine hatte, geflüchtet wäre.

Im Morgengrauen suche ich den Bataillonskommandanten auf. Was ich von ihm zu hören bekam, ist nicht zu schildern. Vorwürfe, Drohungen mit dem Kriegsgericht, Anklagen, Beschimpfungen. Sein Adjutant tot. Dreiviertel des Bestandes des Bataillons tot oder verwundet, das letzte Viertel erbittert, dem Meutern nahe. Vergebens, ihn zu überzeugen, daß wir alle, auf deren Häupter sich die Schale des Zornes ergoß, schuldlos waren, daß die Schuldigen dort saßen, wo niemand von uns hinlangte.

Der Mann, alle Martern dieser Nacht im blutleeren, tiefzerfurchten Gesicht, wollte sich nicht beruhigen. Er stellte mir und den Artilleristen seines Abschnittes eine Anzeige in Aussicht, Degradierung, Erschießen.

Der letzte Akt der Junitragödie nahm einen furchtbaren Verlauf. Im Morgengrauen gelang es uns, einen schweren Angriff der Italiener abzuwehren. Kurz darauf kam die Nachricht, daß nördlich von uns die Linie durchbrochen sei und alles in regelloser Flucht zurückgehe. Gleich darauf kam es bei uns zur Katastrophe. Die Reste der Infanterie räumten die Stellungen und flüchteten gegen den Strom. Rasendes Feuer peitschte hinter uns her. Unter den Einschlägen der Granaten, den Explosionen der Schrapnells schien das Wasser zu kochen. Schwimmer und Nichtschwimmer warfen sich hinein und versuchten, das andere Ufer zu erreichen.

Wievielen es gelang, wird wohl nie festzustellen sein. Verzweifelte Hilferufe gellten durch das Krachen des Verfolgungsfeuers, unzählige Leichen trieben die hochgehende Piave hinunter. Ohne Instrumente und Waffen, fast unbekleidet, kamen Fähnrich Nehr, ein Telefonist und ich ans Ufer. Als wir zur Batterie zurückkehrten, fanden wir nur noch Reste derselben vor. Ein Geschütz durch Volltreffer zerstört, ein zweites einem Rohrkrepierer zum Opfer gefallen; schwere Verluste unter der Bedienung, die Überlebenden erschöpft, mutlos, verzweifelt."

Der Stoßkeil der k. u. k. Armee gegen Treviso war schon am Ufer zerschellt. Aber nicht überall gab es Fehlschläge. Im Süden und im Norden der Piavefront konnte der Fluß bezwungen und am Westufer Raum gewonnen werden.

Im Raum S. Dona di Piave, wo heute die große Autobahnbrücke den Fluß überquert, waren die österreichisch-ungarischen Truppen in 8 Kilometer Breite bis zu 4 Kilometer tief in das Stellungsnetz der

Italiener eingebrochen und hatten mehrere tausend Gefangene, 37 Geschütze und sonstige reiche Beute an Kriegsgerät eingebracht.

Bei den Italienern war hier schon Panik ausgebrochen. Ein italienisches Divisionskommando funkte um 8.30 Uhr in Klarschrift: „Wir sind geschlagen."

So wie im Süden war auch im Norden mit der Eroberung des Montello ein unglaublicher Erfolg geglückt. Dieser 369 Meter hohe, langgezogene Bergrücken liegt 25 Kilometer östlich von Bassano. Der Ostabfall dieser 12 Kilometer langen und 6 Kilometer breiten Erhebung stürzt in einer bis zu 50 Meter hohen Felsstufe steil zur Piave ab. Eine von Nervesa bis unterhalb der Suseganabrücke am Westufer sich hinziehende, den Wasserspiegel um 4 Meter überhöhende Kaimauer schien das Landen von Pontons unmöglich zu machen.

Die Italiener rechneten deshalb hier mit keinem Angriff. Als Überläufer sie aber dennoch auf die Absicht der Österreicher aufmerksam machten, führten sie wenige Tage vor dem 15. Juni eine Übung durch und kamen zu dem Schluß, daß eine Flußüberquerung hier unmöglich und undurchführbar sei.

Sie waren daher vor Schrecken gelähmt, als die im Schutz des natürlichen und auch künstlichen Nebels gelandeten Truppen urplötzlich vor den Stellungen auftauchten und diese mit Sturmdolch, Handgranaten und Flammenwerfern überrannten. Bis 13 Uhr war der Montello im Besitz der Österreicher. 400 Italiener gingen in Gefangenschaft, 70 italienische Geschütze fielen unversehrt in österreichische Hände.

Die Hiobsbotschaft über den Verlust des Montello wirkte im großen Hauptquartier der Italiener, im heute so bekannt gewordenen Bad Abano, niederschmetternd.

In Befürchtung eines österreichischen Durchbruches wurden zwei Divisionen angewiesen, die Verteidigungsstellungen zwischen Bassano und Asolo zu besetzen. Aber der Durchbruch erfolgte nicht. Die Österreicher im Brückenkopf von Montello waren abgeschnitten. Es gelang im hageldichten italienischen Sperrfeuer nicht, weitere Verstärkungen über den Fluß zu bringen, der Bau einer Kriegsbrücke mißlang.

Am Abend des ersten Schlachttages war sich Feldmarschall Boroevic in seinem Hauptquartier in Udine darüber im klaren, daß eine Fortsetzung der Offensive aus den gewonnenen Brückenköpfen heraus schon angesichts der Versorgungslage unmöglich war. Die Divisionen am Westufer waren vorläufig abgeschnitten. Das Überschiffungsmaterial war zum großen Teil zerstört. Auf einer Flußlänge von fast 55 Kilometer konnte am ersten Angriffstag nur eine einzige Brücke gebaut werden. Die Leitungen zwischen Artilleriebeobachtern am Westufer und den Batterien am Ostufer waren ständig zerschossen.

Professor Georg Drozdowski, Klagenfurt, der damals als blutjunger Fähnrich in einer Batterie, in der alle Sprachen der Monarchie gesprochen wurden, über die Piave geschwommen war, erinnert sich: „Es gab keine Verbindung zwischen den mit der Infanterie vorgehenden Artilleriebeobachtern und den Batterien. Die Drähte wurden immer wieder im Feuer zerfetzt."

So verfluchten die Stürmer am anderen Ufer, die sich im Stich gelassen wähnten, die Kameraden der Artillerie umsonst, sie konnten ihnen nicht helfen. Und die Männer der Nachschubkolonnen kamen mit Munition und Verpflegung nicht über den Fluß. Erschüttert schildert Fritz Weber das Aussehen der Honvéds, mit denen er kämpfte: „Gelbe Gesichter mit sterbensmatten Augen! Die 14 Tage besseres Essen vor dem Angriff hatten die Hungermale nur noch vertieft."

Und dieser Infanterie befahl das k. u. k. Armeekommando die Fortsetzung des Angriffes: Direktion Treviso. Aber dazu kam es nicht mehr.

Heer zwischen Feuer und Wasser

Die italienische Heeresleitung, das Commando supremo, warf jetzt alle verfügbaren Reserven an die Piave.

Dort donnerten auch am 17. Juni pausenlos die Kanonen. Die am Westufer stehenden Truppen suchten in den Brückenköpfen in blutigen Kämpfen weiteren Boden zu gewinnen. Schon war es gelungen zahlreiche Brücken zu schlagen, da trat die Katastrophe ein: Der Himmel öffnete seine Schleusen. In wenigen Stunden stieg das Wasser um 70 Zentimeter, mit einer Geschwindigkeit von fast vier Metersekunden wurde die Piave zu einer reißenden Flut.

In der Nacht auf den 18. Juni 1918 schlugen die entfesselten Elemente mit furchtbarer Gewalt zu. An der oberen Piave wurden alle Stege und Brücken von den braunen Fluten mitgerissen. Die Trümmer trieben stromabwärts und knallten auf die Pontonbrücken im Mittelabschnitt. Diese barsten, und ihre Teile schossen wie Bomben weiter stromabwärts und zerstörten alles, was an Brücken und Stegen hinter der schwer ringenden Front vorhanden war.

Der Verkehr war nun nur noch durch Überschiffen möglich. In den reißenden Wogen aber war jede Fahrt ein Abenteuer. Die Hin- und Rückfahrt eines Pontons dauerte vier bis fünf Stunden. Befehle, Verbandszeug und Verpflegung mußten aus Flugzeugen abgeworfen werden. Bei dem damaligen Stand der Luftwaffe war das ein Tropfen auf den heißen Stein. Dem Feind war in dem entfesselten Element ein mächtiger Bundesgenosse entstanden.

Weder Verstärkungen für Artillerie und Infanterie konnten das Westufer erreichen. Der ohnedies unzulängliche Nachschub an Munition und Verpflegung setzte nun völlig aus. Die Verwundeten, deren Zahl in die vielen tausende ging, konnte nicht mehr zurückgebracht werden. Aber auch die Massen von Gefangenen, die nicht abtransportiert werden konnten, wurden in den Brückenköpfen zum Problem.

Die fast ununterbrochenen ohne Schlaf seit vier Tagen im Kampf stehenden, den Regengüssen schutzlos preisgegebenen Truppen waren psychisch und physisch erschöpft. Die Verluste waren erschreckend. Die Kompanien schmolzen auf ein Drittel ihres Standes zusammen, die Offiziersverluste waren enorm. Die Trümmer von Bataillonen wurden oft von blutjungen Leutnants geführt. Fast alle Offiziere waren verwundet oder gefallen.

Auch die Drahtverbindungen mit den Kommandos am Ostufer waren abgerissen. Brieftauben und Blinkgeräte konnten nur sporadisch helfen. Längst ging es nicht mehr um Angriff. Die Kräfte am Westufer hatten sich jetzt nur mehr ihrer eigenen Haut zu wehren. Die Wende in der Piaveschlacht war da.

„Von ehernen Griffen gefaßt", heißt es in ‚Österreich-Ungarns letzter Krieg', „standen die, westlich der Piave fechtenden Truppen jetzt zwischen Feuer und Wasser."

Um diese Gunst des Schicksals auszunützen, entschloß sich die italienische Führung zum Gegenangriff. Und just in dieser schicksalsschweren Stunde der Piaveschlacht wurde dem Kaiser bei einem „Gipfelgespräch" im Hofzug in Spilimbergo von den eben aus Wien eingetroffenen Generalstabsoffizieren ein Bericht über die Munitionsversorgung und die Lebensmittellage eröffnet, der niederschmetternd war.

Im Hinblick darauf, daß es in den nächsten Tagen unmöglich werde, die Truppen ausreichend mit Nahrung und Munition zu versorgen, erachtete es Boroevic nunmehr als unnütz, noch weiteres Blut zu vergießen. Er drängte den Kaiser, die Operationen auf der Westseite der Piave abzubrechen.

Aber der Monarch konnte sich nicht entschließen, den Rückzugsbefehl zu geben. Erst nachdem Erzherzog Joseph eindringlich warnte, daß der Montello zu einer zweiten Hölle Doberdo werden würde, wenn man nicht über die Piave zurückginge, entschloß sich der Kaiser am 20. Juni, um 19.16 Uhr, nach schwerem Seelenkampf zu dem Befehl an Boroevic: „Die Truppen der Heeresgruppe sind auf das linke Piaveufer zurückzunehmen."

Die Loslösung vom Feind geschah in den nächsten Tagen und Nächten so geschickt, daß die Italiener nichts von der Bewegung merkten und noch auf die Stellungen der Österreicher trommelten, als diese schon größtenteils geräumt waren. Erst am 23. Juni abends ging den Italienern ein Licht auf. Sie drängten nach. „Die letzten beißen die Hunde" — die Nachhuten der zurückgehenden Verbände erlitten noch schwere Verluste, aber das Gros war in Sicherheit.

Die Italiener dachten aber nicht daran, über die Piave nachzustoßen. Die neuntägige Schlacht hatte ihnen wieder neuen Respekt vor dieser Armee der Donaumonarchie abgerungen. Die italienischen Verluste waren gewaltig.

Sie beziffern sich in der Zeit vom 15. Juni bis 25. Juni auf 8030 Tote, 28.998 Verwundete und 47.802 Vermißte, also Gefangene. Insgesamt verloren sie demnach 80.000 Mann.

Und das alles, obwohl das von der österreichisch-ungarischen Artillerie verschossene Kampfgas vollkommen versagt hatte, obwohl durch Verrat der Beginn der Schlacht bekannt war, obwohl die ersten Stellungen, auf die der Orkan der Granaten niederging, rechtzeitig geräumt werden konnten. Freilich, auch die österreichischen Verluste waren erschreckend. Die drei Angriffsarmeen auf der Hochfläche von Asiago, auf dem Grappa und an der Piave verloren vom 14. bis 25. Juni 11.643 Mann an Toten. 11.643 in elf Tagen! Eine erschütternde Zahl, wobei noch zu bedenken ist, daß auch von den Verwundeten später noch tausende starben.

Mit 80.852 Verwundeten waren die Verluste der Österreicher dreimal so hoch wie die der Italiener. Infolge der Unterernährung, die die Widerstandskraft herabsetzte, schieden ferner 24.508 Kranke aus der Kampffront. An Vermißten hatte die k. u. k. Armee 25.547 Mann zu beklagen. Dazu zählen über 1000 Mann, die von den Wellen fortgerissen wurden. Die Zahl der österreichischen Gefangenen gab die italienische Seite mit 24.100 Mann an. Die Österreicher verloren also weit weniger an Gefangenen als die Italiener.

Die Gesamtzahl der österreichischen Verluste betrug 142.550 Offiziere und Mann. Das war weit mehr als die Verluste in der schrecklichen 11. Isonzoschlacht, die Österreich 110.000 Mann gekostet und doppelt so lange gedauert hatte.

Der Rückzug an der Piave löste in der italienischen Führung Freudentänze aus. Man hatte voreilige Vorstellungen vom bevorstehenden Zusammenbruch der Monarchie.

Wider Erwarten war aber trotz der mißlungenen Offensive die Kampfmoral dieser hungernden, von Darmkrankheiten und Rheumatismus gepeinigten Soldaten noch nicht zerstört.

Der Mann im Schützengraben empfand die Niederlage nicht als seine eigene. Er hatte nur jedes Vertrauen zur Führung verloren. Sie hatte versagt.

In der Tat, die Truppe traf für diesen Mißerfolg keine Schuld.

Das Werk „Österreich-Ungarns letzter Krieg“ stellt vor der Geschichte fest:

„Beim Angriff gaben alle Regimenter fast ausnahmslos ihr Bestes her. Offizier und Mann stürmten mit dem gleichen Schwung wie im Jahre 1914. Die Begleitartillerie wetteiferte an Mut mit den Kameraden der Infanterie. Unsere Fliegertruppe zeigte sich den bisher überlegenen feindlichen Geschwadern als ebenbürtig und die Sappeure und Pioniere haben an der Piave ihre schwere Pflicht, die sie bis zur Erschöpfung in Anspruch nahm, treu und tapfer erfüllt und sich als wahre Helden erwiesen.“

Der zu Tode gehetzte Löwe hatte seine letzten gewaltigen Prankenhiebe ausgeteilt.

Die politischen Folgen der mißglückten Offensive aber waren verheerend. Beim deutschen Bundesgenossen hatte die Monarchie ihr letztes Prestige verspielt. In der Armee setzte sich die Erkenntnis durch, daß diese Offensive die letzte war! Die Folge war ein vermehrtes Überlaufen zum Feind und die Zunahme der Fälle von Fahnenflucht ins Hinterland.

Kaiser Karl wollte zunächst beide Heeresgruppenkommandanten, Boroevic und Conrad, der allgemeinen Mißstimmung opfern, obwohl Boroevic, der „Löwe vom Isonzo", eindringlich vor der Offensive gewarnt hatte. Schließlich entschloß sich der Monarch aber, nur Feldmarschall Conrad zu verabschieden, in dessen Befehlsbereich vor allem der Angriff gescheitert war. Er wurde „in die Wüste" geschickt, aber mit der Grafenwürde ausgezeichnet.

Mit Graf Conrad von Hötzendorf trat die markanteste Führergestalt des k. u. k. Heeres von der Kriegsbühne ab. Dem Wagemut seiner Führung war es 1914 zu danken, daß der russischen Dampfwalze Halt geboten werden konnte. Freilich trägt er auch die Verantwortung dafür, daß das aktive Heer 1914 mit veralteten taktischen Grundsätzen antrat. Da wurden die dichten Schwarmlinien gegen Maschinengewehre geführt, die Offiziere, wie zu Radetzkys Zeiten, mit gelber Feldbinde und gezogenem Säbel als Zielscheiben vor der Front. Das war nicht zu verantworten! Und nicht zu verantworten war auch seine Junioffensive auf der Hochfläche von Asiago.

Es gab bis dahin in der Kriegsgeschichte keinen einzigen Fall, wo eine Armee planmäßig einen geschlossenen Angriff gegen einen Wald geführt hätte. Dem FM. Conrad blieb es vorbehalten, trotz aller Warnungen mit acht Divisionen gegen eine lückenlose Waldzone anzustürmen, die von einem entschlossenen Feind verteidigt und festungsartig ausgebaut war.

Eine tragische Schuld für das Mißlingen der Gesamtoffensive lag natürlich auch beim Kaiser, der nicht hart genug war, dem Plan Conrads ein „Nein" entgegenzuwerfen. Er ließ sich von der Symbolfigur Conrads und seiner Geltung so beeinflussen, daß er es nicht wagte, dessen Vorschläge zurückzuweisen.

So kam es zu dem abenteuerlichen Plan, an der Piave und im Gebirge gleichzeitig anzugreifen. Im Zweiten Weltkrieg hat der Panzergeneral Guderian für den Angriff die berühmte Devise geprägt: „Nicht kleckern, sondern klotzen!"

Bei der Junischlacht 1918 hat man nur gekleckert, nirgends geklotzt.

Es wurde auf 140 Kilometer Frontbreite angegriffen und an keiner Stelle ein wirklicher Schwerpunkt gebildet.

Heute drängt sich die Frage auf, ob bei der katastrophalen materiellen Not der Monarchie das Wagnis einer Schlacht im Juni 1918 nicht schon überhaupt zu groß gewesen war. Wäre es nicht besser gewesen, „Gewehr bei Fuß“ zuzuwarten, so wie es Boroevic wollte?

Man hat im Vertrauen auf die kampffrohe Haltung im Heer in einer Art „Weltuntergangsstimmung“ alles auf eine Karte gesetzt und die letzten materiellen Reserven verheizt. Siegen oder Untergehen.

Der Untergang dieser großen, unvergleichlichen, vielsprachigen europäischen Armee dauerte dann noch fünf Monate lang.

TOTENTANZ AM TOR ZUR ADRIA

In diesen fünf Monaten nach der tragischen Junischlacht lagen die Armeen des FM. Boroevic wieder in ihren alten, nassen Stellungen vor der sumpfigen Piavemündung bei Jesolo bis zu den armseligen Gebirgsstellungen auf dem Grappamassiv.

Obwohl der innenpolitische und wirtschaftliche Zerfall unaufhaltsam fortschritt, war die militärische Führung der Monarchie nicht bereit, die Initiative dem Feind zu überlassen. Schon wurde für den Frühherbst eine neue Offensive zwischen Brenta und Montello ins Auge gefaßt. Man hoffte noch auf deutsche Hilfe. Aber mit dem „schwarzen Tag", dem 8. August 1918, waren auch an der Westfront die Würfel für die Niederlage gefallen. Die Lage der Monarchie im Sommer 1918 war trostlos. Hunger im Hinterland, unterernährte Truppen an der Front.

In einem Bericht des FM. Boroevic an die Regierung heißt es über die Stimmung im Heer:

„Der wirtschaftlichen Notlage gemäß und wegen der langen Kriegsdauer strebt alles von der Front weg zu Verwendungen im Hinterland ... Daß der Krieg den Kampf um Sein oder Nichtsein bedeutet, ist keineswegs mehr Allgemeinbewußtsein. Die nationalen Verhetzungen haben es soweit gebracht, daß Truppen verschiedener Nationalitäten einander nicht mehr voll vertrauen. Ungarische Verbände erhoben ernstlich die Beschuldigung, daß die Artillerie einer tschechischen Brigade absichtlich in sie hineingeschossen habe. Bei einer polnischen Division mit polnisch-tschechischer Mannschaft wurde dieselbe Beschuldigung gegen Honvédbatterien erhoben. Die Kroaten zeigten sich wieder darüber erbittert, daß Honvédtruppen magyarischer Herkunft in Kroatien im Hinterland sind und dort requirieren, während sie kämpfen müßten.

Der feste Zusammenhalt der Armee, das gute aktive Offizierskorps ist nicht mehr. Alle Reserveoffiziere und auch die Mannschaften politisieren. Alle zersetzenden Erscheinungen an der Front, Verrat,

Überlaufen aus Hunger oder nationaler Verhetzung, sind Folgeerscheinungen der Zustände im Staat. Die Armee tut noch ihre Pflicht. Es muß aber immer schlechter werden, wenn nicht im Staat in jeder Richtung Ordnung gemacht wird."

Wie trostlos es bereits im Inneren der Donaumonarchie aussah, erfuhren die leitenden militärischen Persönlichkeiten der Südwestfront bei einer Besprechung, zu welcher der Stellvertreter des Chefs des Generalstabes, GM. Waldstätten, die Generalstabschefs der Frontarmeen am 21. August nach Belluno berufen hatte. Hier wurde von den Vertretern der Armeen auf die mangelhafte Verpflegung und Ausrüstung der Truppen und auf die zersetzenden Einflüsse der Politik im Hinterland hingewiesen. Die immer aufreizender schreibenden Zeitungen, Briefe der Angehörigen, Urlauber und schließlich die Einflüsse der Heimkehrer untergruben die noch vorhandene Disziplin und förderten die Kriegsmüdigkeit.

Der Vertreter des Armeeoberkommandos mußte bei dieser Besprechung offen bekennen, daß die Mittelmächte den Krieg über den kommenden Winter hinaus nicht durchhalten könnten.

Waldstätten gestand, daß alle Bemühungen des AOK., den zersetzenden Einfluß der Presse einzudämmen, erfolglos waren. Die Presse sei und bleibe unbeschränkte Herrscherin der öffentlichen Meinung in der Monarchie und arbeite systematisch in dynastie- und armeefeindlichem Sinne. Mittel, wie die Zensur oder das Verbot der Zustellung der Zeitungen an die Front genügten nicht mehr. Die Presse, sagte Waldstätten bitter, schreibe eben, was sie wolle und nicht das, was ihr vom Staat nahegelegt werde. Macht- und hilflos stünden der Kaiser und das AOK. diesem Treiben gegenüber.

Die Lebensmittel- und Rohstoffkrise wurde durch die Unfähigkeit der meisten Behörden, die vorhandenen Vorräte zu erfassen und ihrer Bestimmung zuzuführen, noch erhöht.

Die slawischen Bezirke der österreichischen Reichshälfte hatten beispielsweise im Jahre 1917 nur 30 bis 40 v. H. jener Lebensmittel abgeführt, die nach den Ernteergebnissen erwartet wurden. In Ungarn waren im allgemeinen 50 bis 70 v. H. abgeführt worden, in den Alpenländern ebensoviel, in den deutschen Bezirken der Sudetenländer aber über 90 von Hundert.

Die Schwierigkeiten der Ernährung und der materiellen Versorgung stiegen 1918 derart an, daß der Krieg nahezu nur noch den Charakter eines wirtschaftlichen Existenzkampfes angenommen hatte, der an den Lebensnerv der Armee und der Bevölkerung ging.

Unter diesen Umständen wurde der Ersatz für die ausgeblutete Front immer schwieriger. Ein Glück, daß im Laufe des Krieges die Verlustzahlen zurückgegangen waren.

Die Nachwelt hat ein völlig falsches Bild von den ungeheuerlichen Menschenopfern, die die Monarchie im Ersten Weltkrieg erbracht hat.

In unserer Erinnerung lebt nämlich nur der Krieg in den Bergen Südtirols und der blutige Name „Isonzo“ fort.

Aber weder in Südtirol noch am Isonzo und an der Piave hat die Monarchie am schlimmsten geblutet. Die schauerlichsten Menschenverluste trug sie im Osten, in Galizien und in den Karpaten, in den ersten Kriegsjahren. Hier die dramatische Verlustliste der Monarchie:

Im ersten Kriegsjahr (von September 1914 bis Juli 1915): gefallen 271.839 — verwundet 905.796 — kriegsgefangen 838.873.

Im zweiten Kriegsjahr: gefallen 106.901 — verwundet 458.846 — vermißt 474.907.

Im dritten Kriegsjahr: gefallen 71.086 — verwundet 291.774 — vermißt 285.833.

Im vierten Kriegsjahr: gefallen 69.539 — verwundet 259.305 — vermißt 128.870.

Die Infanterie hat an diesen Verlusten einen Anteil von 95 Prozent. Es zeigt sich, daß die Materialschlachten der zweiten Kriegshälfte, ausgefochten zum Teil mit minder ausgebildeten Kämpfern, weniger Opfer forderten als der Bewegungskrieg mit den vortrefflich geschulten Soldaten zu Kriegsbeginn. Dem Rückgang der Menschenverluste stand allerdings, von Mitte 1917 angefangen, eine beträchtliche Zunahme der Erkrankungen gegenüber.

Im vierten Kriegsjahr (bis Ende Juli 1918) gingen z. B. 1,000.000 Offiziere und Soldaten an Krankheit ab. In den letzten drei Monaten des Krieges allein 366.000 Offiziere und Soldaten.

Die Ursache lag darin, daß immer mehr Männer in den Kampf gezwungen wurden, deren körperliche Widerstandskraft von Haus aus geringer war. Sie konnten den großen Strapazen umso weniger Trotz bieten als auch ihre Ernährung immer schlechter wurde.

Während der Zerfall im Inneren fortschritt, wurde von der slawischen Emigration im Ausland das Begräbnis der Vielvölkergemeinschaft vorbereitet. Die aktivsten Totengräber waren die Tschechen.

In den Weststaaten und in Italien hieß die Parole 1918 noch immer „Sieg um jeden Preis". In der Monarchie hieß sie „Frieden um jeden Preis".

Die pazifistische Agitation fand in den Industriegebieten Österreichs ein ideales Klima vor. Dort hungerte die Bevölkerung, dort wütete die Grippe, dort mangelte es an allem, während die Behörden gegen den Schleichhandel machtlos waren und auch außerstande schienen, sich in Böhmen, Galizien und Ungarn durchzusetzen, wo man an Bodenfrüchten reich war, aber sich vor der Ablieferung für die übrigen Teile der Monarchie drückte.

So sehr die rote Agitation beim Ersatzheer in der Heimat auf fruchtbaren Boden stieß, so wenig vermochte sie allerdings die Masse der Frontsoldaten anzustecken. „Dieser unterernährte, jeder Freude bare Frontsoldat des Jahres 1918 mit der zerschlissenen Uniform und dem bleichen hohlwangigen Gesicht unter dem Stahlhelm hockte im Trommelfeuer irgendwo in einer Kaverne, einem Graben oder einem Granattrichter, griff zum Gewehr, wenn es vorne losging und folgte seinem Führer zum Gegenstoß. Ohne jede Begeisterung, aber aus Pflichtgefühl, aus Zwang, aus Kameradschaft.

Aber seine Kriegsmüdigkeit war unbezwingbar, quälend wurde das Gefühl, auf verlorenem Posten zu stehen, weil die Heimat die Armee im Stich ließ. An den fleischlosen Tagen grollten die Truppen in maßloser Verbitterung dem Hinterland, da die Überzeugung vorherrschte, daß an diesen Verhältnissen die unverantwortliche Unordnung im Hinterland schuld sei. Haß gegen die Schieber und Kriegsgewinnler glühte in den Truppen."

Viele Tage sahen die Truppen hier am Tor zur Adria keinen Bissen Fleisch, kein Gramm Fett, früh und abends nur leeren schwarzen Kaffee, mittags ein inhaltsloses Dörrgemüse, eine mit allerlei minderwertigen Ersatzmitteln gestreckte, der Menge nach völlig unzureichende Brotration, bestenfalls etwas Käse oder Kürbis. Das war das Hungermenü der Frontsoldaten.

Im Sommer 1918 fehlte es dazu noch an Bekleidung. Es fanden sich Leute, die ohne Hose oder Unterwäsche, nur mit einem kurzen Mantel bekleidet, auf Posten stehen mußten. Bei manchem Frontregiment fehlte bei jedem dritten Mann der Mantel. Es gab Abteilungen, die zur Besichtigung nicht ausrücken konnten, weil Monturstücke fehlten. Offiziere mußten sich vor dem Urlaub von Kameraden Uniformstücke ausleihen.

Zu aller Last für diese verarmten, ausgezehrten Truppen wütete in leeren Bäuchen auch noch die Ruhr. Die Influenza fand in den unterernährten Kämpfern auch an der Front leichte Opfer. An der Piave grassierte noch dazu die Malaria in der Armee. Im September 1918 gingen an der Piave täglich etwa 800 Mann ab, die an Malaria erkrankt waren. Trotz allem: Bei allen räumlich begrenzten Vorstößen im August und September bissen die Italiener an der Front überall noch immer auf Granit.

Todeskeim aus der Heimat

Trotz Hunger und Erbitterung gegen das Hinterland, trotz aller Kriegsmüdigkeit war die Armee noch bis zum 23. Oktober 1918 einsatzbereit. Es gab bis dahin keine Meutereien an der Front.

Aber das änderte sich schlagartig nach den Ereignissen in Wien und Budapest. Am 16. Oktober erließ Kaiser Karl das berühmte „Manifest". Danach sollte Österreich zu einem Bundesstaat werden, „in dem jeder Volksstamm auf seinem Siedlungsgebiet sein eigenes staatliches Gemeinwesen bilden sollte". In dem Manifest war viel vom Zerlegen der Monarchie die Rede, aber wenig vom Gemeinwesen.

Und da gab es auch nicht mehr viel Willen dazu. In Agram, Prag und Budapest wollte man von Österreich nichts mehr wissen. Am selben 16. Oktober 1918 verkündete der ungarische Ministerpräsident Wekerle im ungarischen Abgeordnetenhaus unter einem Freudentaumel des Hauses den Entschluß zum Rückzug Ungarns auf eine reine Personalunion. Das heißt, Ungarn löste sich von der Monarchie, nur Karl als König wurde noch anerkannt.

In der militärischen Führung war man sich im klaren darüber, daß der Rückzug der ungarischen Truppen und des Kaisers Manifest über die Bildung von Nationalstaaten das Gefüge an der Kampffront sprengen müßten. Es gab deshalb Befehlshaber, die das Manifest gar nicht an die Truppen weiterleiteten.

Aber die aufschreckenden Nachrichten von der drohenden Revolution, von den Versprechungen des Kaisers, den einzelnen Nationen die Autonomie zu sichern, vor allem die Gerüchte über die Abtrennung Ungarns, flackerten überall in den Schützengräben an der weiten Kampffront auf, die von der Adria bei Jesolo bis zum Ortler reichte. Niemand wußte Genaueres, die Feldpost war gesperrt, der Urlaub war gesperrt. Wilde Gerüchte gingen um, zumal die Regierung schon befohlen hatte, alles Entbehrliche aus Venetien zurückzuschaffen.

Im Hinblick auf die vom Kaiser angestrebten Friedensverhandlungen sollte freilich die Armee intakt bleiben. Am 17. Oktober appellierten FM. Boroevic und der Heeresgruppenkommandant an der Tiroler Front, Erzherzog Joseph, an ihre Truppen, auszuharren, „denn jeder militärische Mißerfolg müsse die Bedingungen eines Friedens verschlechtern, jedes Wanken der Front würde die Ländergier des Feindes ins Unermeßliche steigern".

Aber es war schon zu spät. Am 23. Oktober 1918 abends meldete Boroevic an Baden, daß bei ungarischen und südslawischen Verbänden die Meinung um sich greife, daß sie wegen der Bildung neuer Nationalstaaten nicht mehr verpflichtet seien, an der italienischen Front für die Monarchie zu kämpfen, sondern daß sie in die Heimat müßten, um diese zu schützen!

Der Aufruhr flammte zuerst in den Ruhestellungen auf. In Fiume entwaffnete eine meuternde kroatische Marschkompanie die ungarischen Honvéds, lieferte Assistenztruppen einen Kampf und hißte auf der Kaserne die kroatische Flagge.

Und schon hagelte es alarmierende Nachrichten aus den frontnahen Gebieten. Eine ungarische und eine kroatische Brigade weigerte sich, im Raume Belluno zur Ablösung an die Front zu marschieren. Wenige Stunden später verweigerten Bosniaken der berühmten 55. Infanterie-

Oben:
Ausbildung am Flammenwerfer, der gefürchteten Waffe des Stellungskrieges. Ein Flammenwerfer in Aktion.

Unten:
Diese Aufnahme wurde am 27. März 1918 an der Piavefront gemacht. Ein österreichischer Stoßtrupp macht sich fertig zum Vorbrechen zu einer gewaltsamen Aufklärung.

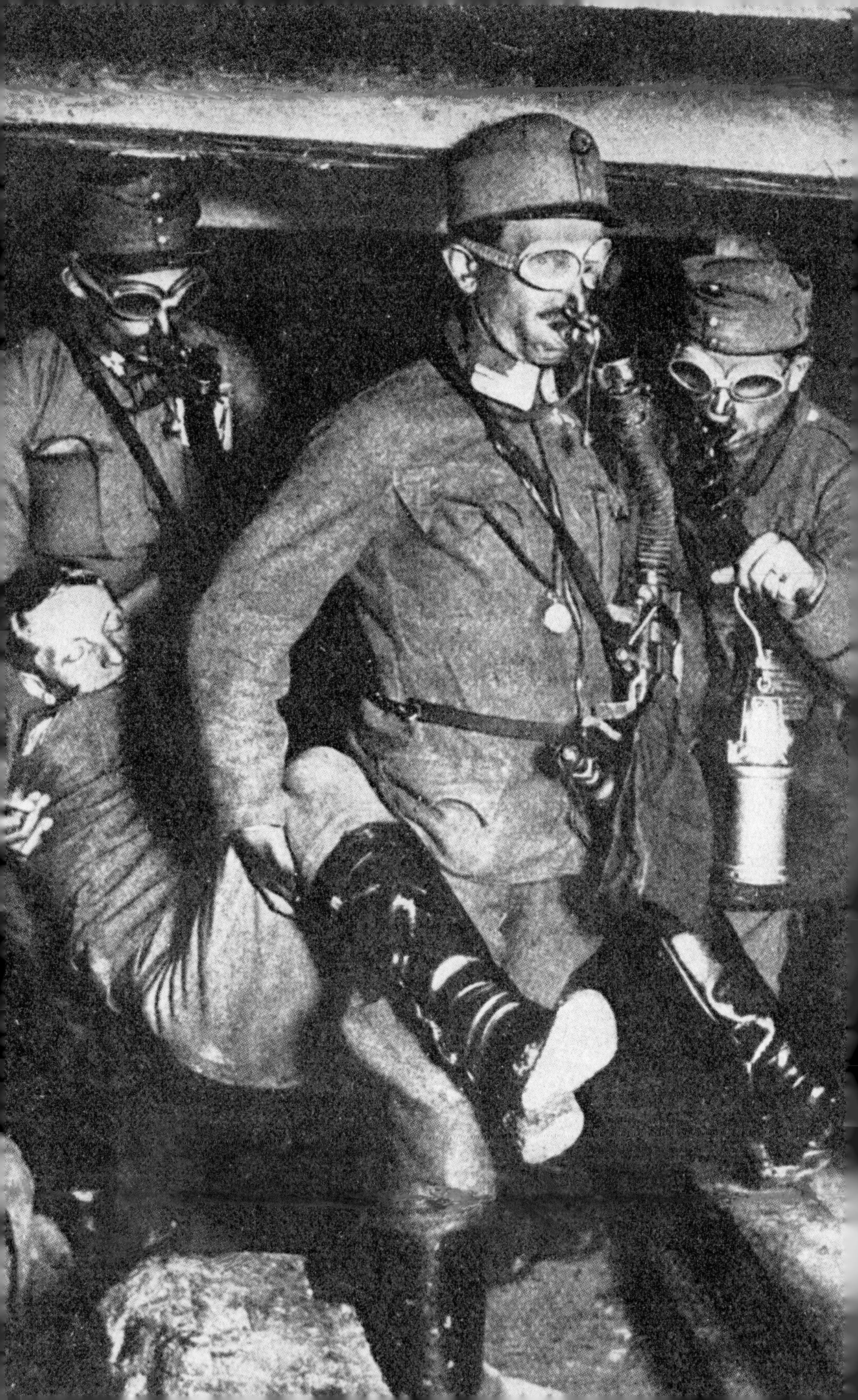

Division den Gehorsam. Zwei Bataillone des Kärntner IR. 7 entwaffneten sie. Aber dann meuterten tschechische Regimenter und wollten nicht mehr an die Front.

Man suchte die meuternden Abteilungen zu beruhigen und sie rasch von den Kampftruppen zu entfernen, um diese vor Ansteckung zu bewahren. Aber am 24. Oktober 1918 breitete sich der Aufruhr wie ein Flächenbrand auch unter den ungarischen Truppen in Tirol aus. Und genau in dieser furchtbaren Krisensituation brach die seit Wochen vorbereitete italienische Offensive zwischen Brenta und Piave los.

Die sinnlose letzte Schlacht

Das war für die hungernde, von der Heimat verlassene Armee eine entsetzliche Lage. Aus vielen tausenden Feuerschlünden brach das Schrecknis des italienischen Vernichtungsfeuers über sie herein.

Die Führung der Monarchie hatte das Unheil schon lange kommen sehen. Sie hatte deshalb schon Anfang Oktober begonnen, alles nicht für eine Abwehr unbedingt erforderliche wertvolle Kriegsgerät aus Venetien abzuziehen. Sie hatte an Präsident Wilson eine Friedensbitte gerichtet, die dieser allerdings kühl überging. Er erkannte dafür die Selbständigkeit der Tschechen und Rumänen an und sprach so ein Todesurteil über die Monarchie.

Der Kaiser wollte nutzlosem Blutvergießen vorbeugen und an die italienische Regierung eine Depesche senden, man möge von einem geplanten Angriff absehen, der von beiden Seiten viele Tausende von Toten fordern mußte. Aber die Regierung beschwor den Kaiser, das nicht zu tun, denn das würde den Eindruck erwecken, die k. u. k. Armee sei für eine Abwehr schon zu schwach. Der Kaiser würde durch diesen Schritt nur das Gegenteil erreichen.

Der Schreckensruf „Gas" ertönte auch am Grappamassiv und auf den „Sieben Gemeinden" in den österreichischen Stellungen — Kameraden tragen gaskranken Offizier aus dem Unterstand.

Aber der weichherzige Monarch wollte dennoch keinen Schritt unversucht lassen. Am 23. Oktober nachmittags richtete er aus eigenem Antrieb an den Papst eine Depesche, in der er ihn bat, bei der italienischen Regierung zu intervenieren, sie möge aus reinen Menschlichkeitsgründen ihren Plan aufgeben. Erst nach vier Tagen kam ein abschlägiger Bescheid der Kurie nach Wien. Der Papst hatte nicht interveniert, er hatte den Erfolg dieses Schrittes von Anfang an bezweifelt.

Er hätte zum Intervenieren auch gar keine Zeit mehr gehabt, denn Rom hatte am 24. Oktober bereits losgeschlagen, obwohl inzwischen Wiens Waffenstillstandsangebot vorlag. Italien hätte kampflos das nahe Ende des Krieges abwarten können, aber Rom hoffte auf Beute.

Aus 7000 Geschützen brach damals am 24. Oktober 1918 die Hölle los. Mit einer schaurigen Symphonie des Schreckens begann der letzte Waffengang der alten Armee.

Nach stundenlangem Trommelfeuer erhoben sich um 7.00 Uhr früh im Grappagebiet und an der Piave die Italiener zum Sturm.

Die von Hunger zermürbten österreichisch-ungarischen Truppen der Frontstellungen hatten schon seit Wochen das Ende des Krieges erwartet. Sie hatten von bevorstehenden Waffenstillstandsverhandlungen gehört, sie hatten von Meutereien hinter der Front gehört. Wer will da noch in letzter Stunde fallen?

Dennoch geschah das Wunder: Als sich die Truppen, die das Trommelfeuer überlebt hatten, angegriffen sahen, da wehrten sich diese „freudlosen Soldaten der Pflicht“ verzweifelt mit innerem Ingrimm. Mit letzter Kraft warfen sie sich den Sturmwellen entgegen. „Erschütternd“, so schreibt das Geschichtswerk ‚Österreich-Ungarns letzter Krieg‘, „war der Heldenmut dieser k. u. k. Regimenter, zusammengesetzt aus fast allen Völkern und Stämmen der Monarchie: Deutschen, Magyaren, Polen und Tschechen, Kroaten und Serben, Rumänen, Slowenen und Slowaken. Sie alle standen noch einmal in opfermutiger Waffenbrüderschaft zusammen und harrten aus, unbekümmert um die Vorgänge im Hinterland, geleitet von anerzogenem Pflichtgefühl und natürlichem Selbsterhaltungstrieb. Der kaum mehr erwartete Angriff forderte erbitterte Gegenwehr heraus, um das Leben so teuer wie möglich zu verkaufen oder die drohende Gefangenschaft abzuwenden.“

So geschah das Unglaubliche: Die italienische Armee holte sich vor der Armeegruppe Belluno blutige Köpfe. Überall wurden am 24. Oktober 1918 morgens die angreifenden italienischen Sturmsäulen am

Grappamassiv und an der Piave vom Feuer der österreichisch-ungarischen Maschinengewehre und der österreichischen Artillerie empfangen. Wo die Stürmer in vernichtete Stellungen eindringen konnten, wurden sie in blutigem Gegenstoß sofort wieder geworfen. Am Abend des ersten Schlachttages war der italienische Angriff vor der festgefügten Front der österreichischen Armeegruppe Belluno vollkommen gescheitert.

Meuterei um Meuterei flammt auf

Die italienische Offensive stieß also zunächst auf eine noch unerschütterte Front. Aber jetzt begann sich mit der Schnelligkeit eines Steppenbrandes der Aufruhr dahinter auszubreiten. Es zeigte sich, daß die in Reserve stehenden, dem Kampf seit längerer Zeit entrückten Truppen in ihrem inneren Gefüge viel rascher litten als die von Tod und Verderben umwitterten Besatzungen der Hauptkampflinien. Die Reserven waren den Einflüssen des Hinterlandes, der Etappe, der unheilvollen Politik viel stärker ausgesetzt als die Soldaten der Front.

So begann das Unheil hinten, an allen Frontabschnitten von Tirol bis zur Piave. Es begann bei den Ungarn. Einzelne Honvédtruppenkörper weigerten sich, zur Ablöse nach vorn zu gehen. Sie verschanzten sich in ihren Barackenlagern und hielten den Zugang zum Teil mit Maschinengewehrfeuer unter Beschuß. Man war machtlos. Woher die Kräfte nehmen, um eine solche Meuterei niederzuschlagen?

Eine verhängnisvolle Entscheidung wurde getroffen: Den ersten zwei meuternden Divisionen wurde der von ihnen geforderte Abtransport nach Ungarn genehmigt. Vergeblich beschwor FM. Boroevic am 26. Oktober in einem Fernschreiben an das Badener Hauptquartier, diese Maßnahme zu widerrufen, denn das müsse zur Katastrophe für Heer und Staat führen.

Es kam, wie es kommen mußte. Wie ein Lauffeuer verbreitete sich die Nachricht von der straflosen Meuterei, mit der man sich die Heimkehr erzwingen konnte, an der ganzen Front vom Ortler bis zum Meer.

Meuterei um Meuterei flammte auf. Eine Hiobsbotschaft löste die andere ab.

Hochbewährte Truppenkörper lehnten sich gegen Einsatzbefehle auf. Zum Teil versagten beste Regimenter, die zur Ablösung der abziehenden Ungarn an die Front sollten. Sogar ein Kaiserjägerbataillon weigerte sich, anstelle der heimkehrenden Ungarn zu kämpfen.

So rollten am 27. Oktober, während vorne noch mit namenloser Erbitterung gekämpft wurde, die Rücktransporte der Ungarn durch Trient. Auf dem Bahnhof war gerade ein Bataillon des berühmten Linzer IR. 14 zur Einwaggonierung an die Front begriffen. Höhnische Zurufe der heimrollenden Magyaren erbitterten die Oberösterreicher derart, daß sie den Gehorsam verweigerten.

Ähnliches geschah bei Teilen des ruhmreichen Salzburger Hausregimentes. Die Geschichte dieses Regimentes berichtet, daß das zum Einsatz auf dem Monte Pertica bestimmte Sturmbataillon am 27. Oktober abends angewiesen wurde, augenblicklich nach Fonzaso zu marschieren, um dort das Korpskommando zu besetzen und die Zugänge von Feltre, wo zwei tschechische Regimenter gemeutert hatten. Was sie in Fonzaso sahen, war erschütternd. Ein ungarisches Regiment zog singend und in aufgelöster Ordnung durch die Straßen. Die Magyaren triumphierten, da sie sich den Abmarsch in die Heimat erzwungen hatten. Gleichzeitig marschierten zwei Bataillone eines deutsch-österreichischen Regimentes nach Feltre zur Front. Das Verhalten der Ungarn empörte sie. Sie sollten jetzt in die Hölle des Grappa, um für diese Kampfverweigerer einzuspringen, die jetzt ungehindert nach hinten gehen konnten? „Wir marschieren nicht mehr nach vorne", erklärten sie.

Andere aber marschierten doch und ließen die Kameraden vorne nicht im Stich. Dazu gehörte das Kärntner IR. 7. Auch die Salzburger des IR. 59 waren am 29. Oktober 1918 nach langem Zureden der Offiziere und Unteroffiziere und dem besonnenen Teil der Mannschaft noch bereit, den Marsch an die Front auf die „Sieben Gemeinden" anzutreten.

Es war merkwürdig, daß nicht alle Honvédverbände gleichzeitig meuterten. Viele von ihnen kämpften in den nachfolgenden Tagen weiter und haben noch schwere Blutopfer gebracht. Aber das böse Beispiel machte bei Tschechen, Kroaten und Slowenen Schule. Beim slowenischen Gebirgsschützenregiment 2 entzündete sich der Aufruhr. In Codroipo nahmen Meuterer dieses Regimentes am 23. Oktober ihre

Offiziere gefangen. Das Kärntner Gebirgsschützenregiment 1 mußte aufgeboten werden, um die Meuterei niederzuschlagen.

Mit unheimlicher Schnelligkeit erfaßte der Geist des Ungehorsams alle in Reserve befindlichen Divisionen hinter der schwer ringenden Front. Immer mehr Verbände weigerten sich, zur Ablösung oder zum Einsatz an die Front zu marschieren.

Am 28. Oktober 1918, um 9 Uhr, meldete FM. Boroevic an die Heeresleitung: „Die Widerstandskraft unserer Truppen erlahmt auffallend umso mehr, als die Zahl der Verbände, die mit Berufung auf das kaiserliche Manifest und Unabhängigkeit den Gehorsam verweigern, in bedenklichem Maße zunimmt und die Mittel fehlen, dieselben zum Gehorsam zu zwingen."

Am selben Tag sucht Wien bei Wilson um einen Separatfrieden an. Um 15.45 Uhr erhält die in Trient aufgestellte Waffenstillstandskommission den Befehl, zu Verhandlungen ins italienische Hauptquartier nach Abano abzugehen.

Drama am Monte Pertica

Während sich das alles abspielt, ist den Italienern bis zu dieser Stunde, nach viertägigem Ringen, auch an der Piave noch immer kein Durchbruch geglückt. Zwar versagen viele Truppenteile. Die Italiener hatten bereits 30.000 Gefangene gemacht, aber andere Verbände hielten ihre Stellungen wieder in erbittertem, heldenmutigem Kampf. Unerschüttert steht die Verteidigung auf dem 1700 Meter hohen Grappamassiv. Mit namenloser Erbitterung wird vor allem um den Monte Asolone und den Monte Pertica gekämpft. Wiederholt wechseln die Gipfel ihre Besitzer. Am 26. Oktober hatten die Italiener nach zweitägiger Schlacht auf dem Grappamassiv 35.000 Mann an Toten und Verwundeten verloren und nur einige Vorstellungen und den Monte Pertica gewonnen. Der Durchbruch war mißglückt. Die Italiener stellten ermattet ihre Angriffe ein.

Durch diesen überraschenden Abwehrsieg emporgerissen, raffte man sich auf österreichischer Seite am 26. Oktober am Grappamassiv zum

Gegenangriff auf, um vor allem den heißumstrittenen Monte Pertica wieder zu gewinnen.

Durchführen sollte den Angriff ein ungarisches Regiment, ein Sturmbataillon und das Kärntner IR. 7. Aber das Sturmbataillon und das ungarische Regiment weigerten sich, den Marsch an die Front anzutreten. Das IR. 7 stürmte allein. Von 1400 Stürmern überlebten nur 400 Mann.

Über diese antike Tragödie der Pflichterfüllung bis zum Tode gibt es einen Augenzeugenbericht, den eines Bataillonkommandanten, des Hauptmannes d .R. Dr. Assam aus Graz. Hier einige Stellen aus seinem dramatischen Bericht:

„Wir lagen bei Belluno auf Retablierung. Optimisten glaubten schon, hier das Kriegsende erwarten zu können. Da ritten am 23. Oktober 1918 die apokalyptischen Reiter über uns.

Mit einer Assistenz gegen das b. h. Infanterieregiment 4 ging's an. Das Manifest des Kaisers, das den Staatenbund verkündete, und sich über Bosnien-Herzegowina ausschwieg, hatte seine Wirkung bereits getan. Die Bosniaken meuterten.

Mein Baon wurde alarmiert, das Dorf, in dem die Bosniaken lagen, zu umzingeln, diese selbst konnten ohne weitere Schwierigkeiten von ihren Kommandanten entwaffnet werden.

Am nächsten Morgen Marschbefehl. Das Regiment hatte per Bahn nach Feltre abzugehen.

Nachmittag sollte mein Baon marschieren. Mittags kommt verstört der Kommandant der dritten Kompanie, Oberleutnant Schmid, zu mir gestürzt: Mannschaft weigert sich anzutreten. Ursache: Die gestrige Meuterei bei den Bosniaken, von denen behauptet wurde, sie wären sofort ins Hinterland abgeschoben worden.

Ich ging zur Kompanie, ließ antreten. Es ging ohne Widerrede. Sprach mit den Leuten scharf, doch ohne den Bogen zu überspannen, fragte nach eventuellen Klagen und im Nu war die Sache gründlich erledigt.

Aber es sollte besser kommen. Marschbereit erwartete ich in meinem Zimmer die Zeit des Abgehens, da poltert mein Adjutant, Oberleutnant Hügel, gefolgt vom Kommandanten der MG-Kompanie, Oberleutnant Koschatzky herein: ‚MG-Kompanie weigert sich anzutreten, sie will nicht mehr in Stellung gehen.'

Die MG-Kompanie bestand aus unseren besten Leuten, bis auf eine verschwindende Minderheit aus Deutschen. Hier ist die Sache sehr ernst.

Ich eile zur Kompanie, lasse wieder antreten, alles benimmt sich sehr stramm militärisch, man sieht sofort, daß nirgends eine Spitze gegen die Offiziere gewollt ist. Aber hier hilft das Reden fast nichts. Sie sagen, sie als Deutsche wären immer die Wurzen. Wo es gefährlich sei, müßten sie in die Lücken springen, bluten, den Staat stützen, andere meuterten und dürften dafür ins Hinterland.

Nur mit Mühe gelang es, die Leute umzustimmen. Zwei Tage lang marschierte dann das Regiment zur Verstärkung an die Front auf dem Grappamassiv. Es gibt keine Nachtruhe, immer weiter."

Assam schreibt u. a.: „Ein endloser Nachtmarsch. Die Straßen gerammelt voll Truppen, vielfach nicht vom besten Geist beseelt. Ich bemerkte Gruppen, auf die ihre Offiziere beschwörend einsprachen, um sie zum Weitermarsch zu bewegen. Oft reißt meine Kolonne ab. Dann kann ich selbst gehen und mir mein Baon wieder zusammensuchen. Wir erhalten Befehl, in einem Munitionslager in der Nähe Handgranaten zu fassen.

Fluchend und stöhnend werden auf elendigen steilen Fußpfaden in der rabenschwarzen Finsternis Verschläge herangeschleppt, die Handgranaten ausgeteilt, was in der Dunkelheit endlos dauert.

Wir erreichen dann ein Lager mit Flugdächern, fallen um vor Müdigkeit. Aber wütendes Artillerieduell scheucht bald den kurzen Schlaf. In Scharen heulen die eisernen Vögel durch die Luft heran, stoßen herab, wühlen die Schnäbel in die Erde, bersten mit Blitz und Qualm, schleudern im Tod haßerfüllt eiserne Saat umher.

In kleinen Gruppen zu acht bis zehn Mann mit großen Abständen geht's durchs Artilleriefeuer. Wir haben Ausfälle durch Giftgas und Granaten.

Schlaf, nur Schlaf! Das schrie aus all den brennenden Augen, aus jedem, der harten eingefallenen Gesichter. Aber erbarmungslos riß die Furie der Front uns weiter.

Wir erreichen ein neues Lager. Viele Kavernen, doch alle voll Wasser und Dreck, nichts zum Liegen und Schlafen. Klein, eng, kalt, bin ich eben mit meinem Adjutanten in einem Loch untergekrochen. Wir lassen aus lehmbraunem Kavernenwasser Kaffee kochen. Ich will endlich ein bißchen schlafen, da kommt wieder Abmarschbefehl.

Sie wollen uns zu Tode hetzen, es ist nicht anders. Es geht wankend weiter.

Der Weg zertrichtert, Tote liegen im Dreck, grauenhaft besudelt von Blut und Kot. Hier hat es vor wenigen Stunden einen Fähnrich unseres Regimentes in Fetzen gerissen.

Wir erreichen wieder ein Lager. Alles steht im Weg bei dickster Finsternis, niemand kann sich setzen, denn der Dreck liegt knöchelhoch. Endlose Verwundetentransporte schieben sich durch das Chaos.

Wir haben bereits Angriffsbefehl erhalten. Bei Morgengrauen des 27. Oktober 1918 soll der Monte Pertica, der vor wenigen Tagen verlorenging, wieder genommen werden. Das Regiment soll mit dem ungarischen Regiment Nr. 6 angreifen.

Aber das Infanterieregiment Nr. 6 hatte den Gehorsam verweigert und war zurückgeschickt worden. So mußte der Angriff statt mit sechs, mit nur drei Bataillonen durchgeführt werden. Bei dem Zustand der Mannschaft? Zwei Nächte fast nicht geschlafen, fortwährend marschiert. Seit 24 Stunden nichts mehr gegessen. Was man hier treibt, ist ein Verbrechen.

Dabei die Angriffspläne. Eine papierene Generalstäblerarbeit, undurchführbar!

So wehrte ich mich gegen diesen Angriff, so entschieden ich nur konnte. Ich erklärte unserem Regimentskommandanten, zu einer solchen Aufgabe sei ich einfach unfähig, und ein solcher Angriff trüge bereits den Kern des Mißlingens in sich.

Die beiden anderen Baonskommandanten stimmten energisch zu. Oberstleutnant Kerschner ging nochmals zum Divisionskommandanten, einem Generalmajor Schulhof, um Einspruch zu erheben. Vergebens. Stur wird befohlen: ‚Es muß einfach gehen.' Also greifen wir erbittert an.

Die Artillerievorbereitung setzt ein. Eine Schwere schießt zu kurz. Steine hageln, Splitter. Verspätet, doch gut geordnet geht es los. Die Kompanie in Wellen hintereinander. Sturmpatrouillen voraus, dahinter ich persönlich mit der MG-Kompanie als Reserve.

Es geht wider Erwarten gut. Rechts und links sehe ich im ersten Zwielicht die Baone vorgehen. Aber die eigene Artillerie fetzt in uns hinein, die ersten Opfer bleiben liegen.

Infanteriefeuer knallt uns entgegen, ein MG rasselt, dann sind wir in der italienischen Stellung. Schon springen die ersten Italiener über die Erdhaufen. Hände hoch, Sacktuchwinken. Es ist 27. Oktober, 6,15 Uhr.

Ein Kraterfeld der ganze Berg, flache Mulden in wirren Linien deuten ehemalige Gräben an, von Feind und Freund und wieder Feind. Denn wir nehmen nun den Pertica zum zweiten Male. In den Trichtern liegen unsere Leute, stürmen dann wieder vor. Schon schießt die feindliche Artillerie. Es hagelt Granaten.

Dann sind endlich auch meine schweren MG da. Sie gehen in Stellung und schon beginnen die ersten Gegenangriffe, durch zeitweise Nebelschwaden begünstigt. Handgranaten fliegen. MG rasseln. Wahrhaft heldenhaft steht die Mannschaft im rasenden Artilleriefeuer, wehrt ab.

Und der Tod mäht! Verwundete wollen geborgen werden. Doch ihr Rufen geht unter im Höllenlärm. Einer, dem die Beine abgerissen wurden, pfeift mit der Schwarmpfeife. Ich winke ihm, will Sanitäter holen, finde keine, andere Geschehnisse drängen sich dazwischen. Heute noch klingen diese Pfiffe anklagend in meinen Ohren.

Ich setze meine ganze Person dafür ein, kleine Reserven aus der Front zu ziehen, halte alle Offiziere, die ich treffe, energisch dazu an. Es ist entsetzlich schwer. Die hungrige, übermüdete, überreizte Mannschaft neigt zu Kopflosigkeit. Wo einer zurückgenommen wird, droht eine Panik auszubrechen. Keuchend, brüllend arbeiten die Offiziere, die Pistole in der Hand und nach und nach gelingt das schwere Werk.

Die Verluste steigen. Soeben habe ich mit Leutnant Dworak gesprochen. Als ich wiederkomme, liegt er in seinem Trichter mit glasigen Augen, spricht mit Mühe. In einem Loch liegen fünf oder sechs beisammen, eine Granate fährt hinein, wirft sie zerfetzt auseinander. Verwundete gehen zahlreich zurück.

Einer hält mich an, dem das Blut durch den Ärmel läuft: ‚Herr Hauptmann, heut hab' i wieder guatgmacht, was i gestern verbrochen hab'.' Nun erkenne ich ihn. Er ist einer von den Meuterern bei der zweiten Kompanie und ich klopfe ihm beruhigend auf die Schulter. Ein anderer liegt schwer atmend, beide Oberschenkel in grauenvoller Symmetrie zerrissen. Und über all den Jammer schreitet man hinweg mit einem Gleichmut, den ein vierjähriger Krieg uns gab.

Die Munition droht auszugehen. Ordonanzen ins Südlager waren erfolglos. So laufe ich selbst hinab, erhalte Träger, Handgranaten, Munition, schreibe eine Meldung an das Regimentskommando, bitte dringendst um eingreifbereite Reserven, keuche den Steilhang wieder hinauf. Vor mir, mit Wort und Stock getrieben, die Träger.

Gerade komme ich zurecht. Schon haben sie drei Gegenangriffe nur mit Bajonett abgewehrt. Nun wird die Stimmung wieder zuversichtlich.

Die Front scheint felsenfest zu stehen. Tollkühn stehen die Leute in ihren Löchern, mit Mühe nur sind sie zu bewegen, sich nicht überflüssig zu zeigen. In einem Granattrichter kommandiert ein Mann mit blutüberströmtem Helm so schneidig und zuversichtlich, daß ich mir entzückt seinen Namen notiere. Es war ein Infanterist, Max König. Ein Stabsfeldwebel kommt daher, erschöpft, mit schlaffem Arm. Er hat so viele Handgranaten geworfen, daß er nun den Arm nicht mehr rühren kann.

Ich teile Kompanieabschnitte ein. Es fehlt an Offizieren, alle tot oder verwundet.

Nun glaube ich, mit meinem Adjutanten die 200 Schritt zu einer Kaverne hinabgehen zu können. Ein Telefonist folgt nach.

Ich habe die Kaverne aber kaum betreten, da schreit draußen einer gellend: ‚Unsere gehen zurück!'

Ich stürze aus der Kaverne. Richtig, am linken Flügel ein Zurückfluten. Ich laufe, schreie, brülle, schieße — umsonst. Der Strom ist nicht mehr zu dämmen und reißt die ganze Front des Baons mit sich.

Ich hätte ebensogut ein Meer aufhalten wollen. Ein Blick auf die Uhr zeigte die elfte Stunde. Mit Mühe gelingt es später, die Reste des Regimentes hinter der Front zu sammeln. Ein Befehl des Brigadekommandos: ‚Perticaspitze wiedergewinnen', wirkt wie offener Hohn.

Unsere Verluste waren entsetzlich. Mit 1800 Mann sind wir heraufmarschiert, ein armseliges Häuflein von rund 400 bringen wir noch zusammen. Fast alle Offiziere verwundet oder tot.

Dennoch wird eine neue Verteidigungslinie aufgebaut, und auch am 29. Oktober werden alle italienischen Angriffe abgewiesen.

Wir haben am 29. Oktober durch den Feind fast keine Verluste. Aber die eigene Artillerie schießt so beharrlich in uns hinein, daß es manchmal wie Trommelfeuer anmutet. MG und Infanteriegeschütze werden zum Großteil zerschossen. Alles Toben am Telefon, alles Melden, alles Abschießen grüner Leuchtraketen hilft nichts. Die höheren Kommandos können die schuldigen Batterien nicht herausfinden. Wir verlieren durch das eigene Feuer wieder 70 Mann.

Grauenhafte Bilder überall. Nie sah ich soviele zerfetzte Menschen umherliegen. Hirn und Eingeweide kleben an den Felsen, unten am Weg lagen die Toten, zu regelmäßigen Haufen geschlichtet, wie Holzscheiter. Die Sanität hatte alle Hände voll zu tun, die Verwundeten zu bergen.

Am 30. Oktober 1918 nachmittag wieder Alarm. Wieder stürmt der Feind. Flinke Gestalten laufen herab, im Nu sind sie in einer Mulde verschwunden. Schon fliegen ihre Handgranaten. Es dauert eine Weile, bis die Kompanien, die sich gegen den Hang entwickeln, in Ordnung kommen. Dann aber geht es hinauf, unaufhaltsam, ich selber mit zwei Handgranaten an der Spitze. Angstverzerrte Gesichter, erhobene Hände — so sausen sie geduckt durch unsere Linien. Einer reicht einem unsrigen einen halben Laib Brot. Der kostet und wirft mit allen Zeichen der Empörung dem Geber das Brot auf den Kopf. Einige wollen fliehen, die fallen wohl alle. Einer hebt die Hände hoch, fällt im selben Augenblick, ohne seine Haltung zu verändern, steif wie ein Pfahl rücklings zu Boden.

Bald ist wieder Ruhe. Ich lasse einige Gefangene verhören. Acht Regimenter sollen uns gegenüberstehen. Abends werde ich zu Oberstleutnant Benesch gebeten. Die Aufregungen der letzten Tage haben aus dem wackeren Mann eine Ruine gemacht. Er teilt mir mit, daß die Front geräumt werden soll. Ich sitze fassungslos. Räumen? Wir halten doch!"

Soweit das Tagebuch Assams. Das alles geschah zu einer Zeit, in der ringsum die Front schon in voller Auflösung begriffen war.

Der Todeskampf zwischen Kanin und Adria

Der Monte Pertica ist heute eine unscheinbare Kuppe, zwei Kilometer westlich des riesigen Ossariums auf dem Gipfel des Monte Grappa.

Die von Granaten verschütteten Eingänge sind fast nicht mehr zu erkennen. Nur die grünen Narben der Granattrichter bedecken den ganzen Berg, dessen Rasen buchstäblich Blut getrunken hat.

Ein Kreuz auf dem Gipfel des Monte Pertica erinnert nur an die italienischen Gefallenen. Eine Tafel kündet: „Vom 21. Oktober bis

28. Oktober 1918 fielen auf diesem Berg 35 Offiziere und 700 Mann."

So wie am Pertica war auch die zweite Säule des Grappagebietes, der Monte Asolone bis zum 31. Oktober 1918 unerschüttert gehalten worden. War die heldenmütige Selbstaufopferung der Verteidiger hier sinnlos?

Aus heutiger Sicht: ja. Aber nicht aus dem Geschehen jener Tage. Die Armee war das Herz der Monarchie. Wenn sie aufhörte zu bestehen, starb das Reich.

Die k. u. k. Heeresleitung und alle Kommandanten waren sich darüber einig, daß nur mit einer einigermaßen intakten Armee im Rükken vernünftige Waffenstillstandsbedingungen zu erreichen waren. Wenn Rückzug, dann mußte es ein geordneter Rückzug sein!

Am 28. Oktober, um 13 Uhr, hatte die k. u. k. Heeresleitung in einem Telegramm an das Hauptquartier des FM. Boroevic in Udine verkündet, daß die österreichisch-ungarische Regierung bei Wilson um einen Separatfrieden angesucht habe. Es sei zu erwarten, daß die Antwort des Präsidenten in etwa zwei bis drei Tagen eintreffen werde. Dann könne der Waffenstillstand abgeschlossen und mit der Räumung begonnen werden. Das Armeeoberkommando richtete deshalb einen beschwörenden Appell an die Heeresgruppe Boroevic, die den italienischen Offensivstoß aufzufangen hatte: „Hält die Front nicht, so ist es fraglich, ob die Entente sich in Verhandlungen einläßt. Ihre Truppen werden dann nach Trient und Villach vordringen und uns den Frieden diktieren. Es handelt sich also darum, die Truppen zu beruhigen und ihnen das Ausharren bis in die nächste Woche nahezulegen."

„Gut und schön", fluchte Boroevic. Er erklärte aber postwendend in einem Telegramm an das Armeeoberkommando in Baden, weder die Dynastie, noch die Monarchie, noch die im Werden begriffenen Nationalstaaten könnten sich erhalten, wenn die lawinenartig anwachsende Krise der Armee nicht überwunden werde. Mit Verheißungen, daß der Abschluß des Waffenstillstandes bevorstehe, sei die Kampfmoral nicht mehr zu heben. Man müsse wirksamere Mittel wählen, flammende Aufrufe der Abgeordneten erlassen. „Sie haben ja durch ihre Reden die jetzige Lage der Armee verschuldet", donnerte der „Löwe vom Isonzo".

Noch stand trotz aller Meutereien die Front in Tirol und auf der Hochfläche von Asiago. Bis zum 28. Oktober hatte auch die Front an der Piave noch einigermaßen gehalten. Seit 23. Oktober schon trommelten dort Tausende von italienischen, britischen und französischen Geschützen auf die ausgelaugten, seelisch zermürbten Verbände der k. u. k. Divisionen, die sich fast pausenlosen Durchbruchsversuchen entgegenwarfen, obwohl die Zersetzung ihre verheerenden Folgen zeitigte. Auch hier weigerten sich Reserven, nach vorne zu gehen. Am Monticanodamm verließ ein ganzes Regiment in Panik seine Stellungen, als es von einem italienischen Geschwader im Tiefflug angegriffen wurde. Die Staffeln brausten wenige Meter über den Boden und schossen aus Maschinengewehren. Dieser bisher völlig unbekannten Angriffsart hielt die zerrüttete Infanterie nicht stand, obwohl sie kaum größere Verluste hatte. Die moralische Wirkung hatte schon genügt.

Andererseits schlugen sich viele Regimenter, auch ungarische Brigaden mit verzweifeltem Mut. So kamen die ohnedies nur zaghaft angreifenden Italiener vielerorts tagelang überhaupt nicht über die Piave. Ihre Brücken zerbarsten im Feuerhagel der österreichisch-ungarischen Batterien. Zum letzten Mal bot Boroevic die kleine, opferbereite, wagemutige österreichische Luftfahrttruppe auf. In rollenden Angriffen warf sie ihre Bomben auf die Piavebrücken. Es gab Beweise erschütternder Tapferkeit auch bei der Artillerie. Am Monticano brachen britische Truppen bis in den Artillerieraum der Österreicher durch. Bis zum letzten Augenblick feuerten die offen aufgefahrenen österreichischen Batterien mit Kartätschenschrapnells auf die britische Infanterie.

Aber was nützte das todesmutige Ausharren der einen, wenn die anderen nicht mehr kämpfen wollten und vor allem die Reserven meuterten? Es war geradezu ein Wunder, daß unter diesen Umständen die langsam zurückweichende Front nicht schon sofort zerbarst.

Freilich, am 29. Oktober 1918, reifte der von den Italienern in Richtung Vittorio di Veneto erzielte Durchbruch zu einer Katastrophe für die Armee heran. Jetzt waren die auf dem Grappa kämpfenden Regimenter davon bedroht, abgeschnitten zu werden.

Nördlich von Vittorio klaffte ein 30 Kilometer breites Loch, dahinter war nichts als meuternde Reserven. Ganze Regimenter verließen die Front, marschierten ab: Richtung Heimat!

FM. Boroevic war es jetzt klar, daß es nichts mehr zu halten gab. Jetzt galt es nur noch das Gefüge der Armeen und ihren geordneten Rückzug zu sichern. Wenn hier die Dämme brachen, mußte es beim regellosen Rückfluten zu einer Katastrophe kommen.

In dieser verzweifelten Lage schlug er am 29. Oktober mittags der

Heeresleitung vor, das italienische Höchstkommando wissen zu lassen, daß man Venetien räumen wolle, daß dieses Land aber nur dann vor Zerstörung bewahrt werden könne, wenn sich das österreichisch-ungarische Heer den Rückzug nicht erkämpfen müsse. Die Italiener sollten also sofort die Feindseligkeiten einstellen.

Um 17.00 Uhr wurde durch die Radiostation Pola tatsächlich ein diesbezügliches Telegramm an das italienische Höchstkommando abgesandt. Gleichzeitig erhielt auch Boroevic den Räumungsbefehl.

Aber die Italiener dachten gar nicht im Traum daran, jetzt Blut zu sparen. Sie hatten den Krieg begonnen und sich dabei bis jetzt nur blutige Köpfe geholt. Jetzt, wo die österreichisch-ungarische Armee in Auflösung war, wo nur noch wenige Truppen in der Hand der Führung geblieben waren, jetzt, wo die feindliche Armee den Rückzug antrat, jetzt endlich winkte der große billige Erfolg.

Und so wurden die italienischen Armeen mit feurigen Befehlen und großsprecherischen Appellen zum „letzten Kampf" angespornt. Zum Kampf gegen ein Reich, das praktisch gar nicht mehr bestand. Denn während Truppen der Monarchie sich noch immer die Italiener vom Leibe hielten, war der 28. Oktober zu einem entscheidenden Markstein des Zerfalls geworden.

An diesem Tag riß der Prager Nationalausschuß die Regierungsgewalt an sich. Die Führer der Slowaken bekannten sich in einer Erklärung zur Einheit der „tschechisch-slowakischen Nation". In Agram nahm der Landtag in feierlicher Sitzung ein Gesetz an, daß Kroatien, Slowenien und Dalmatien mit Fiume zur völkischen Einheit des „Nationalstaates der Serben, Kroaten und Slowenen" trete. In Laibach ergriff der slowenische Nationalrat die Macht.

Am 30. Oktober übergab Kaiser Karl die Adriaflotte den Jugoslawen und die Donauflottille den Ungarn. Am 1. November legte der Landeschef von Bosnien-Herzegowina, Generalleutnant Sarkotic, sein Amt nieder.

In Krakau bildete sich aus radikalen Politikern eine Liquidierungskommission, die sich ganz Galiziens und des polnischen Teiles von Schlesien bemächtigen wollte und den Anschluß an Polen verkündete.

In Czernowitz riß ein Vollzugsausschuß der Rumänen die Regierungsgewalt an sich. Am 30. Oktober trat dann als letzte die provisorische Nationalversammlung in Wien zusammen. Es wurde ein Freistaat „Deutsch-Österreich" gegründet. Dazu gehören sollte auch Deutschböhmen und ein aus Westschlesien und Nordmähren zu schaffendes Sudetenland.

In Budapest verbrüderte sich in der Nacht auf den 31. Oktober die Masse der Soldaten der Garnison mit dem Mob auf der Straße. Offener Aufruhr tobte durch die Stadt. Der Stadtkommandant, der an der Isonzofront hochbewährte eiserne General Lukachich, erbat über Fernsprecher vom Kaiser die Erlaubnis zum Waffengebrauch — der Kaiser lehnte ab.

Glied um Glied zerfiel in diesen letzten Tagen die Monarchie.

Die Schlacht, die keine war

Aber erst um Mitternacht auf den 31. Oktober 1918 verließen die letzten Verteidiger des Col Caprile, des Monte Asolone, des Monte Pertica und des Monte Spinuccia, die seit einem Jahr blutgetränkten Kampfstätten. Seit 23. Oktober hatten sie allen Angriffen der Italiener getrotzt.

„Ihnen blieb der Ruhm, in aussichtsloser Lage, vor sich den Feind, hinter sich eine verfallende, von Anarchie erfüllte Etappe, von den Eingreifdivisionen im Stich gelassen, aber sich selbst getreu, bis zum letzten Augenblick ausgeharrt und den letzten Abwehrsieg der sterbenden alten Armee ausgefochten zu haben.“ Der Rückzug vollzog sich auf dem Grappa unbemerkt vom Feind. Fast 1000 Geschütze mußten zurückgelassen werden. Die Kanoniere hatten bis zum letzten Schuß ausgeharrt und dann die Rohre gesprengt.

Über das Absetzen vom Monte Pertica berichtet Hauptmann Assam in seinem Tagebuch: „Noch am 30. hatten wir im Nahkampf den Monte Prassolan erobert. Nun kam endgültig der Befehl zum Rückzug. Wir entschließen uns, langsam die Front dünner und dünner zu machen und in kleinen Teilen zurückzugehen. Ein langes Stück führt der Weg im Angesicht des Prassolan. Meine Kolonne wächst reißend. Versprengte, Davongelaufene aller möglichen Truppenkörper werden nicht vorgelassen. Wir zwingen sie, sich hinten anzuschließen. Ein Leutnant von Schützen 6 will mit flinken Beinen vorbei, er erhält unversehens eine Ohrfeige von meinem Adjutanten und ist gar nicht besonders aufgebracht darüber. Er schließt hinten an. Dann wilde Schreie von rückwärts: ‚Die Wallischen, die Wallischen kommen!' Ich sehe mich um. Richtig, auf der Höhe des Prassolan sind sie. Aber dieses Gesindel soll uns nicht laufen sehen. Pistole heraus und was davonlaufen will, bekommt die Mündung vor die Nase. Nur der Schützenleutnant kann seine Feigheit nicht mehr bändigen. Er gibt Fersengeld und ich in einer unbegreiflichen Aufwallung von Gutmütigkeit schieße ihn nicht nieder. Wir gehen in Stellung, schießen. MG-Garben pfeifen. Dann setzen wir uns wieder ab. Um eine Bergnase herum sind wir wieder gedeckt. Meine Kolonne ist schon aufs Vier- oder Fünffache angewachsen. Schlacken von Soldaten, mit Angst angefüllt vom Kopf bis zu den Zehen. Mehr als einmal heult ihr wahnwitziges Geschrei, ‚die Wallischen', aber die Italiener drängen gar nicht nach. Wir gehen im ruhigen Marschtempo weiter, niemand darf voraus, ein paar Kujone, die sich auf Abkürzungen verdrücken wollen, schieße ich mit der Pistole zurück.

Munitionsmagazine, Seilbahnen sind zum Sprengen bereit. Zündschnüre sind sichtbar. Ruhig wartend stehen Pioniere daneben."

So war es damals. Aus der Entfernung eines halben Jahrhunderts gesehen, zeigte die alte Armee in jenen Tagen ein rätselhaftes Bild. Sie hatte im Ganzen ihre Kampffähigkeit verloren, aber sie brach nicht gänzlich auseinander. Hinter der Front: abmarschierende Truppen der versprengten Soldatenhaufen, Plünderer und Meuterer und fast totaler Zusammenbruch des Versorgungsapparates. Aber vorne immer noch Divisionen, Regimenter, Bataillone, die in der Hand ihrer Führer blieben und sich aufopferten. Ihnen war es zu danken, daß die Masse der Armeegruppe im Raum Belluno der Einkreisung durch die italienischen Divisionen entrinnen konnte.

Versprengte Haufen, die erschöpft liegengeblieben waren, abgeschnittene Nachhuten, gesprengte Geschütze und ausgeplünderte Depots säumten die Rückzugslinien. Zu dieser Stunde war das gespenstische Gefüge der Armee noch soweit, daß man hoffte, am Tagliamento sporadischen Widerstand leisten zu können. Aber das verhinderte allein schon der Zusammenbruch der Lebensmittelversorgung. Die Truppen wurden nicht nur durch den Zerfall des Reiches demoralisiert, sondern auch durch den Hunger. Trotzdem warfen sich überall noch Nachhuten dem Feind entgegen. Sie sprengten Munitionsdepots, Brücken und

Straßenübergänge. Spilimbergo z. B. wurde mit Geschützen und MG erbittert verteidigt, während die von Tieffliegern ununterbrochen angegriffene Armee der Reichsgrenze zustrebte. An der Livenza gingen österreichisch-ungarische Truppen am 2. November 1918 sogar noch zum Gegenangriff über, um sich die Italiener vom Leib zu halten.

Unerwünschte Waffenruhe

Die Nachhuten der Armee hielten in der friaulischen Ebene das Ostufer des Tagliamento, als am 3. November, um 2.00 Uhr früh, der telegrafische Befehl zur Waffenruhe aus Velden eintraf, wo Boroevic sein Hauptquartier aufgeschlagen hatte.

Die Vorgeschichte des Waffenstillstandes ist ein weitgehend aus unserem Bewußtsein entschwundenes, unrühmliches Kapitel italienischer Geschichte.

Drei Wochen hatten die österreichisch-ungarischen Unterhändler schon in Trient gewartet, bevor sich die Italiener überhaupt zu Verhandlungen herabließen.

Als am 29. Oktober der Hauptmann des Generalstabes, Ruggera, nächst Serravalle mit zwei Trompetern, der weißen Parlamentärflagge voran, die vorderste Linie überschreiten wollte, wurde die Abordnung mit Feuer überschüttet. Die Trompeter wurden verwundet, sie bliesen im Liegen weiter das italienische Signal: Feuer einstellen.

Aber der Feuerüberfall konnte noch Verschulden untergeordneter Stellen sein. Was aber jetzt einsetzte, das war ein listiges Hinauszögern der Waffenstillstandsverhandlungen. Hauptmann i. G. Ruggera hatte einen Brief General Webers von Webenau, in dem um sofortigen Abschluß eines Waffenstillstandes ersucht wurde. Aber die Italiener schickten Ruggera wieder unter dem Vorwand zurück, Weber von Webenau sei für sie nicht kompetent, er müsse neue Vollmachten des Armeeoberkommandos vorlegen.

Es ging Rom um jeden Tag Zeitgewinn! Die italienische Heeresleitung hätte es in der Hand gehabt, der Bevölkerung Venetiens Not und Zerstörung und den eigenen Soldaten Tod und Verwundung zu ersparen. Aber das bisher so erfolglose Heer Italiens sollte als „Sieger“ in Triest und Trient einziehen. Und darum mußte die sterbende k. u. k. Armee weiterkämpfen. Man brauchte einen noch feuernden Feind, auch wenn er schon mit dem Tode rang.

Vor der eigenen Armee hielt die italienische Heeresleitung die österreichischen Waffenstillstandsangebote deshalb streng geheim. Man führte bei den Kontakten der nächsten Tage die Kraftwagen der Waffenstillstandskommission stets mit abgeblendeten Scheinwerfern und verborgen vor den Augen italienischer Soldaten nach Abano, dem italienischen Hauptquartier, wo die Verhandlungen stattfanden, die mit unzähligen Kniffen hinausgezögert wurden. Volle drei Tage hatte es gedauert, ehe die österreichisch-ungarische Waffenstillstandskommission überhaupt von Serravalle bis vor die italienischen Unterhändler gelangt war.

Dann war von mündlichen Verhandlungen erst recht keine Rede. General Weber hatte nur die Bedingungen entgegenzunehmen: Totale Abrüstung, Freigabe aller besetzten Gebiete und Räumung eigenen Bodens bis zu einer Linie, die ganz Südtirol bis zum Brenner, das Pustertal bis Toblach, das Tarviser Becken, das Isonzogebiet, Görz, Istrien samt Triest, Westkrain und Norddalmatien der Besetzung durch Italiener preisgab. Außerdem sollte die Monarchie den Alliierten den Durchmarsch durch Österreich gestatten, damit sie Deutschland in den Rücken fallen konnten. Weber weigerte sich, diese Bedingungen anzunehmen. Den nun notwendigen Gedankenaustausch zwischen der Waffenstillstandskommission mit Baden erschwerten die Italiener, indem sie die Österreicher zwangen, in das weit entfernte Pola zu fahren, um dort über Budapest nach Baden gedrahtete Depeschen austauschen zu können.

Das kostete natürlich alles wieder Zeit, in der Menschen noch unnötigerweise sterben mußten. Es kam zu einem Hin und Her. Kaiser Karl sträubte sich gegen die Bedingungen. Bayern schickte zu seinem Schutz sofort eine Division auf den Brenner. Aber ein Widerstand Wiens war sinnlos geworden. Durch den Rückzug ungarischer und vor allem tschechischer Truppen war die zurückweichende Front siebartig durchlöchert und der Feind konnte überall durch Lücken eindringen und die noch ausharrenden Truppenteile von hinten umzingeln. Es gab keine Rettung mehr.

So ging am 3. November, kurz nach 1.20 Uhr, die Depesche an die

Armee, alle Waffenstillstandsbedingungen anzunehmen und alle Feindseligkeiten sofort einzustellen.

Dieser Feuereinstellungsbefehl war von der österreichischen Heeresleitung in der selbstverständlichen Voraussetzung erlassen worden, daß die Italiener nach Annahme aller Bedingungen dasselbe tun würden.

Das aber taten sie nicht! Umsonst versuchte General Weber die Waffenruhe gleich nach Unterzeichnung des Vertrages zu erreichen. Das sei unmöglich, wurde erklärt, die italienischen Truppen seien überall in Bewegung und es würde mindestens 24 Stunden dauern, bevor man sie von der Einstellung der Feindseligkeiten verständigen könne.

Diese Ausrede war offener Hohn. Binnen einiger Stunden hätten die italienischen Truppen gestoppt werden können. Aber man wollte sie gar nicht stoppen. Rom brauchte einen Sieg und zum Sieg gehören Gefangene. Und so wurde von den Italienern verfügt, daß der Waffenstillstand erst 24 Stunden nach der Unterzeichnung in Kraft treten solle. Genau am 4. November 1918, um 15.00 Uhr.

Die italienische Heeresleitung, die wußte, daß die österreichisch-ungarische Heeresleitung die Waffenruhe bereits verfügt hatte, erteilte jetzt allen zur Verfolgung angesetzten Truppen den strikten Befehl, sich durch Proteste des Gegners in der Vorrückung nicht aufhalten zu lassen. Wer bis 4. November, 15.00 Uhr, durch italienische Truppen überholt sei, habe als kriegsgefangen zu gelten.

So kam die Katastrophe über die alte Armee. Die Nachricht vom Waffenstillstand hatte sich wie ein Lauffeuer an allen Fronten verbreitet. Überall verstummte auf österreichischer Seite das Feuer. Im konzentrischen Vormarsch von Südosten, Süden und Westen stießen die italienischen Truppen am 3. November morgens gegen Trient vor. Italienische Kavallerie ritt unbeschossen zwischen den lagernden und abziehenden österreichisch-ungarischen Abteilungen hindurch. Italienische Panzerautos fuhren an den nicht mehr kämpfenden Truppen vorbei und bahnten sich auf den, von Fuhrwerksmassen verstopften Straßen ihren Weg.

Ihnen folgte Infanterie, brachte ihre MG und Geschütze gegen die überholten Truppen in Stellung und zwang sie, die Waffen niederzulegen. So fiel vor Trient ein großer Teil der Kaiserjäger-Division in Gefangenschaft. Am 3. November, um 15.00 Uhr, erreichten Vorhutkavallerie und Panzerautos der Italiener noch atemlos vom unbehinderten hastigen Vormarsch Trient. Unter dem Geläute der Kirchenglocken rückten die italienischen Schwadronen in die von Plünderungen beunruhigte Stadt. Der „Sieg“ wurde lärmend gefeiert. In den Straßen jubelte die italienische Bevölkerung. Alle k. u. k. Truppen im Raume Trient wurden als kriegsgefangen erklärt. Dann stießen die Italiener weiter vor bis Salurn.

Auf der Hochfläche von Asiago umzingelten britische Truppen die ahnungslosen Steirer vom IR. 27 und 127 und andere Regimenter und nahmen sie gefangen. An der Tiroler Westfront wurden die in den Hochgebirgsstellungen gebliebenen österreichisch-ungarischen Truppen von den Tälern abgeschnitten und für gefangen erklärt.

Ein großer Teil der Truppen der Heeresgruppe Krobatin in Tirol war in diesen unglückseligen Stunden nach zahllosen siegreichen Kämpfen nicht in einem ritterlichen Waffengang, sondern in einem Akt infamer Heimtücke ohne Gegenwehr 36 Stunden nach Feuereinstellung gefangengenommen worden.

Etwas besser als den Truppen in Südtirol ging es den Armeen, die bei ungeheuren Verpflegungsschwierigkeiten durch die Venetianer- und Fassaner Alpen zu den Julischen Alpen zurückgingen.

Hier vermochten die Italiener im Gebirge weniger zu überholen, und wo sie zu heftig nachdrängten, wurden sie von den Nachhuten beschossen. Die Divisionen dieser Heeresgruppe (Boroevic), die an der Piave so lange in bewundernswerter Tapferkeit ausgeharrt hatten, marschierten auch jetzt in geschlossenen Kolonnen. Bei Cencenighe wurde eine Bosniakennachhut von den Italienern angegriffen, es gab Tote und Verwundete.

Die Bevölkerung von Primiero stellte sich unseren heimkehrenden Truppen entgegen und beschoß sie aus dem Hinterhalt.

Auch bei den österreichisch-ungarischen Armeen, die zum Tagliamento und in die Julischen Alpen zurückmarschierten, blieben große Verbände intakt. Sie marschierten bewaffnet und setzten sich vereinzelt gegen die Umzingelung zur Wehr. Der sterbende Löwe verschaffte sich noch in den letzten Todeszuckungen Respekt.

Die Schützenlinie lebender Leichen

Das Vorstürmen und Überholen durch die italienischen Truppen war auch noch dadurch erleichtert worden, daß die noch geordnet zurückmarschierenden Divisionen keine Straßen und Brücken gesprengt hatten. Nach dem Befehl zur Feuereinstellung waren alle diesbezüglichen Orders widerrufen worden.

Jetzt fuhren die italienischen Schwadronen, Panzerautos und Radfahrbataillone am Tagliamento überall in die österreichisch-ungarischen Kolonnen hinein. Am 3. November besetzte eine vorgeprellte italienische Schwadron Udine, wo österreichische Assistenzkompanien gegen Plünderer eben noch scharf geschossen hatten.

Am selben Tag landeten nachmittags Bersaglieri und eine Marineabteilung ohne Schwertstreich in Triest. Drei Jahre lang hatten die Italiener Hekatomben von Menschenleben geopfert, um diese Stadt zu erobern und hatten die 20 Kilometer von Görz bis zum ersehnten Ziel im Kampf dennoch nie geschafft. Erst der toten Monarchie konnten sie diese Stadt entreißen, wo Alt-Österreich bis heute nicht vergessen ist.

Nach dem Fall von Trient und Triest zögerten die in der Venetianischen Ebene angesetzten italienischen Verfolgungstruppen, den Kampf mit dem in die Julischen Alpen zurückweichenden Gegner aufzunehmen, der die Waffen bereits niedergelegt hatte. Aber das italienische Höchstkommando wies die zaudernden Führer scharf zurecht. Sie wurden dazu aufgeputscht, in den letzten 24 Stunden noch möglichst viele Truppenteile des Gegners abzuschneiden und ohne Kampf gefangenzunehmen. Am 4. November vormittags stießen Panzerautos von Tolmezzo nach Stazione per la Carnia, an der heutigen Autobahn Tarvis—Udine, und fuhren dann, ununterbrochen aus ihren Maschinengewehren feuernd, die Kolonnen der Österreicher entlang bis Resiutta. Hier fielen im Angesicht des Kanin die letzten Schüsse des Ersten Weltkrieges.

In Panik lösten sich die Verbände auf. Alles, was sich nun von ihnen im Fellatal befand, wurde oft wenige Stunden und Minuten vor Ablauf der italienischen Feuereinstellungsfrist für gefangen erklärt.

Nicht überall hatten die Italiener so leichtes Spiel. Als drei ungarische Divisionen den Weg durch das Fellatal versperrt sahen, griffen sie zu den Waffen. Vor Gemona entbrannte ein kurzer blutiger Kampf, in den auch die italienische Zivilbevölkerung durch Heckenschützen eingriff. Die Ungarn vernichteten in Gemona alle Geschütze. Dann schleppten sich die vor Hunger entkräfteten, frierenden, in Lumpen gehüllten Soldaten bei grimmiger Kälte drei Tage lang über das wild zerklüftete Gebirge ins Isonzotal, das sie bei Saga erreichten. Hinter ihnen hatten sich die Bewohner von Gemona damals bei Fackelschein in gieriger Hast auf die zurückgelassenen Fuhrwerke der Madjaren gestürzt.

Auch südlich von Cividale hatten sich sudetendeutsche Truppen geweigert, dem Feind die Waffen abzuliefern. Sie jagten ein angreifendes italienisches Kavallerieregiment mit Feuer in die Flucht. Auch an vielen anderen Orten hielten sich diszipliniert nach Norden strebende Einheiten die italienischen Verfolger durch Waffengewalt vom Leibe. Bei Ajello, San Georgio, Cervignano sprachen noch am 4. November mittags österreichisch-ungarische Maschinengewehre. Aber das waren sporadische Einzelfälle. Die meisten Verbände, die sich umzingelt sahen, hielten sich an den Waffenstillstandsbefehl und streckten die Waffen.

Als am 4. November 1918, genau 36 Stunden nach der österreichischen Waffenruhe, auch die italienische in Kraft trat, meldete das italienische Heer, es habe in der „Schlacht von Vittorio Veneto" 400.000 Gefangene gemacht und 5000 Geschütze erbeutet.

Noch 30.000 tote Österreicher

Die „Schlacht" von Vittorio Veneto, die in der letzten Phase niemals stattgefunden hat, wird von den Italienern bis heute als „Vittoria di Vittorio Veneto" alljährlich am 4. November gefeiert.

Bis in unsere Tage herein wird der Angriffskrieg der Italiener glorifiziert.

Unserer Jugend aber wird im Geschichtsunterricht die Wahrheit über diesen „Sieg“ verschwiegen. Zwei Jahre lang hielten die Italiener die rund 480.000 österreichischen Gefangenen fest. 30.000 starben, als schon längst Frieden war, an Entkräftung in den italienischen Lagern.

Die dem Schlußakt des erschütternden Dramas entkommenen, immer noch gewaltigen österreichisch-ungarischen Heeresmassen strömten nun nach dem endgültigen Waffenstillstand wie eine Sturzflut der Heimat zu. Zahlreiche Verbände blieben geschlossen und bewaffnet. Aber der Großteil löste sich auf. Lebensmittelmagazine wurden geplündert. Bei Innsbruck und in Villach kam es zu Ausschreitungen. Auf den Bahnhöfen und auf offener Strecke lauerten mächtige Haufen entlaufener Soldaten, um sich auf die vorbeifahrenden Züge zu stürzen. An jedem Waggon hingen wie Trauben die Heimkehrer aufgelöster Verbände. Sie lagen auf den Waggondächern, ballten sich auf den Plattformen. Sie standen dicht gedrängt auf den Trittbrettern, sie ritten auf den Puffern und selbst die Lokomotiven wurden gestürmt. Hunderte bezahlten damals ihre Hast heimzukommen, in Kurven, in Tunnels und unter Brückenträgern mit dem Tode.

Die Rückzugsstraßen in den Julischen Alpen säumte das zurückgelassene Heeresgut: Geschütze, Munition, Fuhrwerke mit und ohne Pferde, Autos. Tausende von Pferden irrten damals herrenlos umher, ohne Wartung, dem Hungertod preisgegeben.

Schießereien an den Bahnhöfen waren an der Tagesordnung. Typisch der schwere Zusammenstoß auf dem Bahnhof Graz, wo 1800 Tschechen und Polen am 10. November, um 23.00 Uhr, aus einem Transportzug mit Maschinengewehren das Feuer eröffneten. Die Bahnhofswache, Heimkehrer vom Grazer Schützenregiment 3, blieben die Antwort nicht schuldig. Ein Feuerhagel prasselte gegen den Zug. Die Steirer stürmten die Waggons. Den Polen und Tschechen, die acht Tote und 20 Verletzte zu beklagen hatten, wurden 15 Maschinengewehre, die Verpflegung und die Pferde abgenommen. Die schuldigen acht Offiziere wurden verhaftet.

Inmitten dieses Chaos aber trafen andere Truppen, vor allem solche aus Deutsch-Österreich, voll bewaffnet und geordnet in den Hauptstädten ein und wurden begrüßt und demobilisiert.

Denn auch das gab es noch mitten im Untergang: Einen kaiserlichen Demobilisierungsbefehl, der am 5. November erlassen worden war. Es war der letzte Befehl für die Armee Österreich-Ungarns, die nicht mehr bestand und deren Feldtruppen, in nationale Bestandteile auf-

Bilder rechts oben:
Die Gestalt des Feldmarschalls Conrad (rechts) steht in klaren Konturen in der Geschichte. Unverdient ins Dunkel aber geriet das Andenken an Feldmarschall Boroevic (links).
Man hätte glauben können, daß seine unerbittliche Härte bei der Verteidigung von Triest nach dem verlorenen Krieg Kritik herausgefordert hätte. Das geschah nicht. Das Urteil seiner Offiziere hat vielleicht am treffendsten Kurt Abel in seinem Buch „Karst" formuliert:
„Sein eiserner Wille bannte alle die Tausenden draußen in den Stellungen und die zertrümmerten Mauern.
Mit magischer Furcht und zugleich mit erzenem Vertrauen erfüllte er alle, die unter seinem Befehl standen. Ein großer Führer der Armee.
Ähnliches hat auch Fritz Weber geschrieben.
Nach dem Zusammenbruch erreichte Boroevic mit seinem ausgeplünderten Stab Klagenfurt. Auch das Gepäck des Feldherrn war Plünderern zum Opfer gefallen. Seine kroatische Heimat ließ mitteilen, daß sie seine Heimkehr nicht wünsche. Vollkommen mittellos stand der Feldmarschall da. Er hatte nicht einmal Zivil. So trennte er sich aus seiner Generalhose die roten Streifen. Mitleidige Menschen schenkten ihm einen schwarzen Rock dazu. Mit seiner Frau bezog er ein bescheidenes Zimmer in einem kleinen Haus am Wörther See. Die Stadt Klagenfurt gab dem „Löwen vom Isonzo" einen bescheidenen Vorschuß auf eine eventuelle spätere Pension, damit er wenigstens nicht Hunger zu leiden brauche.
Am 20. Mai 1920 starb er im Alter von 64 Jahren in Klagenfurt.
Sein letzter Stabschef, General Pittreich, hielt vor einer kleinen Trauergemeinde die Abschiedsrede. Dann wurde die Leiche nach Wien überführt.
In Österreich ist er fast vergessen. Dagegen erzählt die 1952 erschienene „Encyclopaedia Britannica" voll Bewunderung von dem ehemaligen Gegner der Entente, der in elf siegreichen Schlachten, gegen italienische Armeen focht, die doppelt so stark und wesentlich besser ausgerüstet waren als jene Österreichs."

Bild unten:
Julius Kugy

Bilder umseitig:
Oben:
Piaveschlacht: Drahtseilsteg in einem eben gebildeten Brückenkopf stellt die Verbindung zur vorgegangenen Infanterie her.

Unten:
Junioffensive am Piave. Österreichisch-ungarischer Sturmtrupp landet am Montello. Rechts vorne schießt die Fontäne einer italienischen Granate hoch. Ein dramatisches Bild.

1914

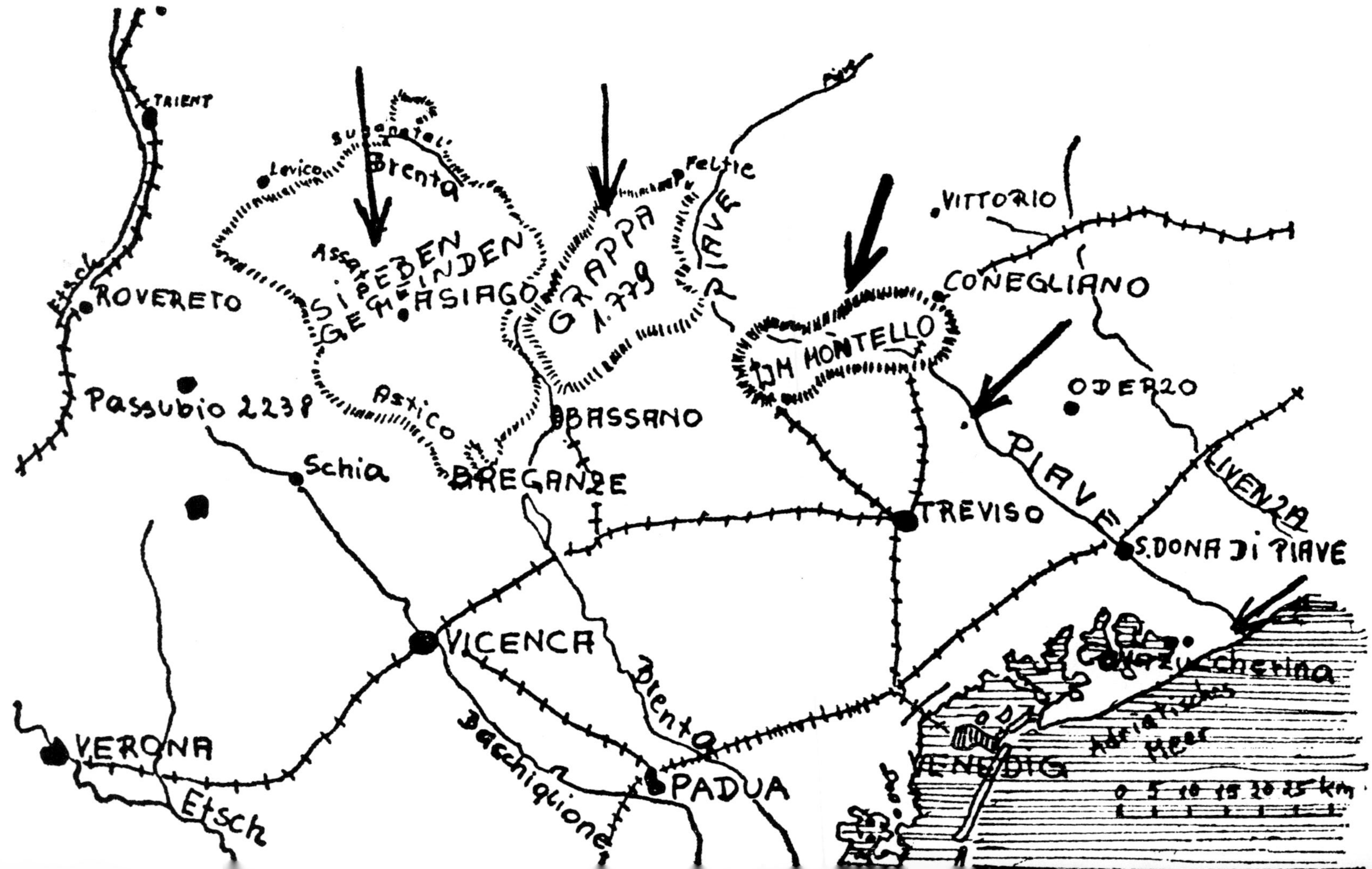
TRIENT
Levico
Suganatal
Brenta
Etsch
ROVERETO
Assatal
SIEBEN GEMEINDEN
ASIAGO
GRAPPA
1.779
Feltre
PIAVE
M. MONTELLO
VITTORIO
CONEGLIANO
ODERZO
Passubio 2238
Astico
BASSANO
Schia
BREGANZE
PIAVE
LIVENZA
TREVISO
S. DONA DI PIAVE
VICENCA
Brenta
Bacchiglione
VERONA
PADUA
Etsch
VENEDIG
Adria tisches Meer
0 5 10 15 20 25 km

gelöst, in die neuen Staaten drängten, die sich beeilten, Grenzbarrieren aufzurichten und sich voneinander abzuschließen.

Zu „Österreich-Ungarns letzter Krieg“ heißt es: Die Gegner konnten Fehler machen soviele sie wollten. Schließlich mußte das Übergewicht von Gütern und Menschen ihnen den militärischen Sieg in die Hand spielen! Gegenüber diesen Günstlingen des Schicksals war für die Feldheere der Mittelmächte jede Stunde, in der die militärische Entscheidung hinausgeschoben wurde, ein unwiederbringlicher Verlust.

Trotz ihrer ungeheuren materiellen und zahlenmäßigen Unterlegenheit lebte in der von einer gewaltigen Tradition zusammengehaltenen k. u. k. Armee ein Daseinswille von ungeheurer Kraft.

Reut-Nicolussi, der Südtiroler Märtyrer, schreibt in seinem Buch „Tirol unterm Beil“: „Wenn ich nach mehrmonatlichem Schützengrabendienst ein Feldbataillon aus der Front zurückgehen sah, hohläugig, bleichwangig, zerfetzt, Papierschnüre statt Leder am Leib, mußte ich mich über zwei Dinge wundern: Über das unzerstörbare Heldentum dieser Triarier des Weltkrieges und über die militärische Unzulänglichkeit des Feindes, der es nicht fertigbrachte, mit seinen gemästeten Divisionen die Schützenlinien lebender Leichen zu überrennen.“

Bilder umseitig:

Oben:

Sanitätsunterstand im Grappamassiv. Auf der Tragbahre ein toter Italiener. Auf der Bahre das an den Wickelgamaschen erkennbare abgerissene Bein eines österreichischen Soldaten.

Unten:

Der Gipfel des Monte Pertica trägt heute ein schlichtes Kreuz. Hier verblutete das IR. 7 während die Auflösung ringsumher schon im vollen Gange war. Der links im Bilde sichtbare Gipfel des Grappa ist heute von einem gigantischen Mahnmal gekrönt. Es erinnert an die 10.000 Italiener und die 10.000 Österreicher die im Kampf um diesen Berg in einem einzigen Jahr gefallen sind.

Bild links:

Die Front verlief vom Ortler über den Pasubio—Asiago—Grappa bis zur Piave und dann den ganzen Flußlauf entlang bis zum Meer. Die Pfeile zeigen die Hauptstoßrichtungen der österreichisch-ungarischen Armeen am 15. Juni 1918 an.

Das war der letzte Akt der Tragödie.

Der Vorhang fiel.

In den Julischen Alpen rasselten improvisierte Grenzbalken nieder und trennten die Völker.

Die Italiener marschierten in das slowenische Isonzotal und in das rein deutsche Kanaltal ein. Von Selbstbestimmungsrecht war keine Rede mehr.

Der Doppeladler war tot.

Aber dort, wo er 1918 zwischen Triest und Grado niederging, ist er heute vielen Menschen als Vorbild für Europa wieder zum Symbol geworden.

Und das nicht nur an der Adria. Auch in den Tälern der östlichen Julischen Alpen lebt die Erinnerung an das alte Reich. Man spricht an der Soča heute noch von den „Unsern", wenn von den Soldaten der Isonzofront die Rede ist.

Natürlich sagen das nur die Alten.

Aber auch für die geschichtsbewußte Jugend an Save und Soča erhebt sich die Frage: War diese Zeit der Monarchie nicht besser als die Gegenwart?

Die Geschichtswissenschaft hat das Bild längst korrigiert, das überhitzter Nationalismus einst von der alten Monarchie gezeichnet hat.

Kein ernst zu nehmender Historiker kann heute die Monarchie als „Völkerkerker" bezeichnen. Franz Joseph wurde zur Symbolfigur für ein Reich, das nicht an innerer Schwäche, sondern durch äußere Gewalt zugrunde gegangen ist. Den Beweis dafür liefert nicht zuletzt die Selbstaufopferung der Armee.

Vor 1914 rechnete man in den Staatskanzleien und Generalstäben Europas, daß die Monarchie nach vier Wochen schon auseinanderfallen werde. Sie hielt sich vier Jahre lang.

Die Erinnerung an Kaiser Franz Joseph lebt weiter. Sie verbindet sich am Isonzo weitgehend mit seiner späten Regierungszeit, als von

Böhmen bis zur Adria Sicherheit und bescheidener Wohlstand herrschte. Den kleinen Völkern und Volksgruppen gab dieses Reich weit mehr Freiheit und Entfaltungsmöglichkeit als die Nationalstaaten der Nachfolgezeit. Bei allen Mängeln im Gefüge des Reiches waren jene Grundgebiete vorbildlich geordnet, die den Bürger am engsten berühren. Noch rühmt man in den einstigen Gebieten der Monarchie die funktionierende, saubere politische Verwaltung, die unbestechliche, korrekte Beamtenschaft, die unparteiische Rechtssprechung, die unerreichte innere Sicherheit. Lauter Dinge, die man heute vor allem in Italien nicht kennt.

Das Ausmaß, in dem die bürgerlichen Grundrechte unter dem alten Kaiser garantiert wurden, ist in den meisten Nachfolgestaaten heute nur noch eine ferne Sage. Dazu kommt noch der stabile Geldwert, die „Krone", die Grundlage des ökonomischen Aufstiegs in diesem idealen Wirtschaftsraum.

Was im Küstenland dem Kaiser so hoch angerechnet wird, ist die Vornehmheit und Zurückhaltung, mit der der Herrscher seine Regierungsgewalt ausgeübt hat. Zum anderen ist es sein Fleiß und sein spartanisch schlichter Lebensstil gewesen, der ihm die Herzen der einfachen Leute nahebrachte, so daß man zwischen Triest und Triglav noch heute davon spricht.

Zeitlebens war der Kaiser der Armee verbunden. Ohne sich in Einzelheiten von Führung und Organisation einzumischen, wachte er doch sorgsam über das innere Gefüge dieser Armee, in der 16 Sprachen geredet wurden, eine Armee, wie es ihresgleichen in der Welt nicht gab.

Von ihrem heroischen Ringen künden keine Denkmäler. Ihre Spuren sind dort getilgt, wo sie die schwersten Blutopfer gebracht hat, im Osten und Südosten der Weite Rußlands, in Rumänien, in Serbien.

Die Divisionen des Donaureiches standen in der Ukraine und am Asowschen Meer. Ihre Batterien feuerten bei Damaskus. Die hechtgrauen Kämpfer starben in Albanien, an der deutschen Westfront und vor Odessa.

Die Kampfstätten auf fremder Erde sind heute meist unerreichbar. Die Gräber eingestampft, die Leiden und Leistungen der k. u. k. Armee vergessen, als wenn es sie nie gegeben hätte.

Nur die Spuren des Verteidigungskrieges gegen Italien sind heute noch da. Verschüttete Gräben da und dort, Steige in den Bergen, Reste von Deckungen. Bald werden aber auch die letzten Spuren des großen

Opferganges der alten Armee von der Natur ganz getilgt sein. Die Steinmauern werden einstürzen, die Kriegswege verwachsen.

Nur die in den Fels gesprengten Kavernen werden auch unsere geschichtslose Zeit überdauern. Sie werden auch spätere Generationen noch an den unbekannten Soldaten erinnern, der sich, unbedankt von der Mit- und Nachwelt, bis zum bitteren Ende für das alte Reich geopfert hat.

ENDE

INHALTSVERZEICHNIS

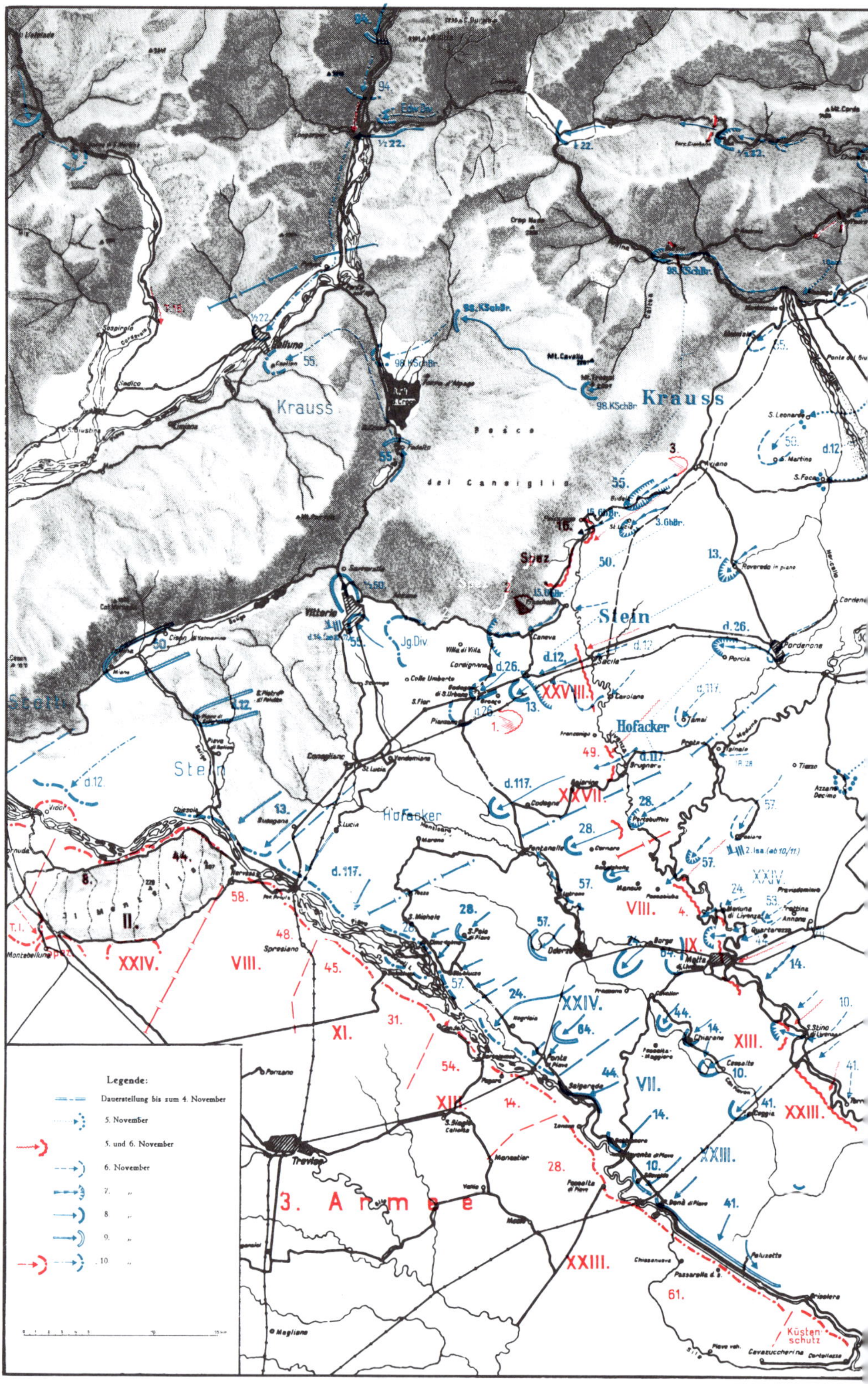
Legende:
Dauerstellung bis zum 4. November
5. November
5. und 6. November
6. November
7. „
8. „
9. „
10. „
Belluno
Krauss
Stein
Hofacker
Vittorio
Sacile
Pordenone
Conegliano
Oderzo
Motta di Livenza
Treviso
3. Armee
Montebelluna
Spresiano
San Donà di Piave
Küstenschutz
Bosco del Cansiglio
Mt. Cavallo
Caneva
Cordignano
Porcia
Brugnera
Fontanelle
Ponte di Piave
Salgareda
Chiarano
Cessalto
Ceggia
Cavazuccherina
Cortellazzo
Maniago
Aviano
S. Leonardo
Sequals
Monastier
Roncade
Meolo
Mogliano
XXIV.
VIII.
XI.
XIII.
XXIII.
XXVIII.
XXVII.
XXIV.
VII.
XXIII.
II.